JN409518

건국 대통령 이승만

생애 · 사상 · 업적의 새로운 조명

연세대 이승만연구원 학술총서 5

건국대통령 이승만

생애·사상·업적의 새로운 조명

유영익 지음

일조각

발간사

대한민국을 건국한 이승만 대통령에 관한 논란이 다시 한 번 확산되고 있습니다. 이승만 대통령을 친일파로 묘사하고 있는 '백년전쟁'이라는 요상한 동영상이 인터넷을 중심으로 확산되고 있기 때문입니다. 이 동영상을 제작한 민족문제연구소는 노무현 정부 당시 우리 사회에서 가장 예민한 단어인 '친일'의 개념을 자신들 입맛대로 확장하여 급기야는 박정희 대통령을 친일 명단에 포함시키더니, 이제는 한 걸음 더 나아가 마침내 이승만 대통령도 친일파라는 말도 안 되는 억지 주장을 퍼뜨리며 선량한 국민은 물론 어린 학생들을 오염시키고 있습니다. 참으로 통탄할 일입니다.

세상이 아무리 어지러워도 이승만 대통령 그리고 박정희 대통령이 친일파라는 주장을 아무런 책임도 지지 않고 마구 해대는 상황을 받아들이기란 참으로 난감합니다. 평생을 일본을 상대로 한 독립운동에 헌신한 건국의 예언자 이승만을 두고 도대체 무슨 근거로 친일파라고 단정하는지 이해가 되지 않습니다. 또한 평생을 '우리도 잘 살아 보자'며 발전에 매진한 부국의 예언자 박정희 대통령 없이 2013년 오늘날 어찌 우리가 일본과 당당히 어깨를 겨룰 수 있겠습니까. 이 두 분의 지도자가 없는 대한민국을 어떻게 우리가 상상이나 할 수 있겠습니까. '항일'과 '극일'을 실천한 분들에게 친일파라니요?

세상이 어지러우면 세상을 깨우치는 위대한 저작이 탄생하기 마련입니다. 유영익 교수가 바로 그런 책을 쓰셨습니다. 이승만연구원의 전신인 현대한국학연구소 소장으로 오랫동안 재직하면서 갈고 닦은 연구 성과가 이제야 집대성되어 마침내 한 권의 두툼한 학술서적으로 세상에 나오게 되었습니다. 감히 말씀드릴 수 있습니다. 대한민국에서 이승만 연구에 가장 헌신하였고 또 가장 뛰어난 업적을 쌓아온 분이 바로 유영익 교수라고. 유영익 교수야말로 이화장에 묻혀 있던 '이승만 문서'의 존재를 세상에 알렸을 뿐더러, 그걸 기초로 탄탄한 연구업적을 하나하나 쌓아 오신 분입니다. 이 책은 이러한 인고의 노력이 맺은 핵심적인 결실입니다.

이 책을 통해 이승만 대통령의 업적이 학계의 전문가들 사이에 가감 없이 알려지고 또 정당하게 평가받기를 기대합니다. 이러한 과정을 거쳐서 대한민국의 모든 국민들 특히 미래를 짊어질 젊은이들이 이승만 대통령을 올바로 이해하게 되리라 믿어 의심치 않습니다. 오랜 시간 연구에만 매진하신 유영익 교수의 노고에 경의를 표하며 삼가 축하의 말씀을 드립니다. 또 엄청난 분량의 원고를 검토하며 출판이 마무리될 수 있도록 도와준 오영섭 연구교수께도 감사의 말씀을 드립니다. 대한민국의 건국과 발전을 제대로 이해하는 작업의 주춧돌이 이제라도 이렇게 튼튼히 놓인 것을 저 스스로도 감사하고 싶습니다.

연세대학교 이승만연구원

원장 **류석춘**

학문의 가치와 한국 현대사 연구의 중요성을

누구보다도 더 깊이 이해하시는

모범적 기독교인 기업가 김성현 회장님께 이 책을 바칩니다.

서문

우남 이승만을 다시 생각하며

2012년 10월 3일, 미국의 명문 사학 프린스턴대학교에서 뜻깊은 행사가 열렸다. 'The Syngman Rhee *1910 Lecture Hall'이라 이름 붙은 이승만 기념 강의실의 명명식이 개최되었는데, 대한민국 건국 대통령 이승만 박사의 얼굴 부조 동판이 벽면에 설치되고 기념식도 성황리에 열렸다. 앞으로 이 대학에선 '이승만 기념 학술 기금'으로 국제 관계와 공공정책을 다루는 정기적인 학술대회도 연다고 한다.

잘 알려진 대로 프린스턴대학교는 이승만의 모교이다. 이승만은 20대 초반, 배재학당을 졸업한 뒤 박영효朴泳孝를 주동으로 하는 쿠데타에 가담했다가 6년 가까이 옥고를 치르고 민영환閔泳煥의 밀사로 도미, 조지워싱턴대학교에서 학사를, 하버드대학교에서 석사를, 그리고 프린스턴대학교에서 박사학위를 받았다.

오늘날, 한국 사회에서 이승만을 바라보는 시각은 극명하게 갈린다. 국부國父로 추앙하는 사람들이 있는가 하면 독재자로 깎아내리는 사람들도 있다. 다행히 최근에 이승만을 재평가하자는 움직임이 학계와 언론계를 중심으로 시작되어, 이승만의 공功과 과過를 분리해 객관적으로 평가하자는 바람직한 분위기가 자리 잡고 있는 실정이다.

그러나 여전히 많은 이들이 이승만을 평가할 때, 극단에서 극단으로 오가는 경향을 보이는데, 이는 한국 사회의 이념적 경화硬化와 맞물려 쉽게 가라앉지 않고 있다. 정작 문제는 이승만을 감정적으로 비난하는 사람들이나 이승만을 그저 우상시하는 사람들이나 모두 '장님 코끼리 만지기식'으로 이승만을 이해하고 평가한다는 사실이다.

이승만은 1910년 프린스턴대학교에서 국제정치학 분야의 박사학위를 받았다. 졸업한 지 100년이 넘어 모교에 기념 강의실을 갖게 된 것이다. 왜 이제 와서일까? 거기에는 그만한 충분한 이유가 있다. 역사란 흐르는 시간과 함께 재인식되게 마련이고 이제 우리는 이승만을 올바로 평가해볼 시점에 와 있는 것이다.

필자는 4·19 세대로 당시의 대학생이라면 응당 그랬듯이, 이승만의 독재에 반대해 데모에 나서기도 했다. 오랜 세월 필자의 머릿속에 이승만은 독재자이자 고집불통의 노인네로 남아 있었다. 역사학을 전공하고 가르치면서 필자가 가졌던 이러한 고정관념에 의문을 갖게 되었지만, 본격적으로 이승만을 연구하기 시작한 것은 1994년 이화장梨花莊에 소장되어 있던 '이승만 문서'를 정리하면서부터였다.

앞질러 가자면, 다른 것은 제쳐놓고 1910년경에 미국의 명문 사학에서 박사학위를 받은 한국인이 이승만 이외에 누가 있었는가? 이승만은 왕족의 후예로 태어나 뿌리 깊은 봉건적 유가 문화에서 자란 인물이다. 이런 인물이 미국의 일류 대학교에서 박사학위를 취득했다는 것만으로도 이승만은 뛰어난 수재이자 민족의 선각자로 인정받아 마땅하다. 그리고 그가 성취한 학문적 깊이는 결국 역사상 최초의 민주공화국인 '대한민국 건국'이라는 결실로 우리 민족에게 돌아왔다.

이승만을 비난하는 주된 논거 가운데 하나는 그가 '사상적으로 천박한 인물'이라는 지적이다. 이는 우리나라 안팎 지성계의 오랜 통념이다. 그러나 이승만은 개화기에 ≪매일신문≫과 ≪제국신문≫의 창간에 참여해 우리나라 언론인 가운데 최초로 근대적인 신문 논설을 썼고, 한성감옥서에 갇혀 있을 때에도 엄청난 양의 논저를 남긴 인물이다.

세상에서 이르는 바 높다, 귀하다, 천하다 하는 것은 인심으로 질정質定한 형편을 구별함이려니와 실로 천리天理를 볼진대 그 소위 귀하고 높다는 자나, 약하고 천하다는 자나 이목구비耳目口鼻와 사지백태四肢百態는 일반으로 타고나서 더하고 덜한 것이 없나니 이는 하늘이 다 각기 제가 제 일을 하며 제가 제 몸을 보호할 것을 일체로 품부稟賦하심이라.

위의 글은 양반 사회의 서슬이 퍼렇던 20세기 초, 이승만이 옥중에서 쓴 『독립정신』에 들어 있는 내용이다. 이승만이 해방정국의 한국에서 그 어떤 정치인보다 민주적인 평등권을 주장했다는 사실은 다시 한 번 상기되어야 한다. 바로 이런 점을 실제로 확인해보자는 것이 이 책이 꾸며진 첫 번째 이유가 될 터이다.

태평양전쟁이 한창이던 1943년 5월 15일 이승만이 미국 대통령 루스벨트에게 보낸 편지만 보더라도 우리는 이승만의 탁월한 역사 인식을 다시 한 번 확인할 수 있다.

군국주의 일본이 대한제국을 멸망시킨 것을 시작으로 아시아의 여러 지역을 하나둘씩 정복한 끝에, 드디어 1941년 12월 진주만을 공격했다. 이로써 미국은 자국의 문명과 민주주의를 보호하는 데에 수많은 인명과 수억의 전비戰費를 허비하게 된 것이다……. 이처럼 동아시아를 시작으로 불행한 사태가 확산한 것은 서양의 정치가들이 독립된 한국이 동양 평화의 보루라는 사실을 인식하지 못한 데서 비롯된 것이다. 역사적으로 일본의 팽창주의를 견제할 수 있는 민족은 오로지 한국인뿐이었는데 서양의 정치가들은 이 사실을 모르고 한국을 독립된 부강한 나라로 만들어주기는커녕 오히려 일제를 옹호해 세계평화를 위협하는 폭력적인 존재로 육성하는 데 물심양면의 지원을 아끼지 않았다…….

이승만은 시종일관 미국을 향해 당당한 태도를 보였다. 이승만은 1882년에 맺은 조미수호통상조약을 미국이 지키지 않아 조선이 일제의 식민지가 되었다는 점을 뼛속까지 새기고 있었으며, 해방정국과 6·25전쟁 당시에도 신생국 한국이 살아남으려면 미국의 배신을 다시는 당하지 말아야 한다는 각오로 벼랑 끝 외교에 나섰다. 이는 한미상호방위조약이라는 한미동맹으로 결실을 보았고, 이승만의 표현대로 우리는 "이 조약으로 말미암아 누대에 걸쳐 갖가지 혜택을 누리" 고 있는 셈이다. 이는 최근 영토 문제로 중·일 간의 군사적 긴장이 높아가는 동북아시아의 현실을 볼 때 그 중요성이 더욱 분명해지는데, 자주독립과 한미동맹을 동전의 양면으로 이해했던 이승만의 혜안과 업적이야말로 다시금 재조명돼야 할 중요한 주제라 하겠다.

이승만은 1948년부터 1960년까지 12년간 대통령직을 유지하면서 허다한 실정失政을 저지른 건 사실이지만 이 기간에 그는 6·25전쟁을 극복하면서 한미상호방위조약을 체결했을 뿐만 아니라 미국식 대통령제를 확립하고, 농지개혁 단행, 63만 명 수준의 상비군 육성, 의무교육제 도입, 양반제도의 근절과 남녀평등의 실현, 기독교의 보급 등 일련의 획기적인 제도개혁을 달성했다. 그런데 이러한 업적은 이승만의 선견지명과 고집이 아니었다면 달성될 수 없는 그 나름의 고유한 업적이었다. 그 결과 대한민국은 그가 대통령직에서 물러난 후 세계 역사상 유례없는 비약적 발전을 성취할 수 있게 되었다. 따라서 대한민국 건국 대통령으로서 이승만이 이룩한 업적과 실정을 따질 때 '공 7, 과 3' 이상으로 채점하는 것이 마땅하다.

이렇듯 이 책은 이승만의 생애와 사상 그리고 업적을 다루면서 그간 우리가 오해하거나 미처 알지 못했던 건국 대통령 이승만의 사상과 공적을 새롭게 살펴보는 데 목적이 있다. 특히 이승만이 사상적으로 절대 천박하지 않았고 그가 추진한 정책은 당대의 어떤 정치인보다 개혁적이고 선진적이었으며 대통령으로서 이룩한 업적 역시 단연 돋보였다는 사실을 조목조목 확인해보고자 한다.

부디 이 책이 이승만의 생애와 사상 그리고 업적을 객관적으로 재평가하는 데 요긴하게 쓰이되, 앞으로 더 활발한 연구가 여러 분야에서 이뤄져 대한민국의 건강한 발전에 도움이 되었으면 한다.

2013년 4월 9일

유영익

감사의 말씀

이 책은 필자가 연세대학교 국제학대학원 석좌교수로서 '현대한국학연구소(현 '이승만 연구원'의 전신)'를 개설하고 그 연구소의 초대 소장직을 맡은 1997년 8월부터 연세대 석좌교수직에서 물러난 2008년 8월까지 발표했던 다섯 편의 논문*에다 최근에 탈고한 한 편의 논문을 추가해 엮어낸 것이다. 이 책이 세상에 나올 수 있게 된 것은 그동안 필자를 믿고 아껴주신 여러 분들의 도움 덕분임을 절감하면서 이 자리를 빌려 그분들에게 마음 깊이 우러나는 감사의 인사를 드리고자 한다.

우선 이화장梨花莊에 오랫동안 소중히 간직해온 '이승만 문서'를 필자에게 아무런 조건 없이 활용하도록 허락하신 이승만 대통령의 사자嗣子 리인수李仁秀 박사님에게 깊은 감사를 표하고 싶다. 필자가 이승만 문서의 정리와 한국 현대사 연구를 추진할 목적으로 연세대에 현대한국학연구소를 설립하려 할 때 그 설립 기금을 희사하신 삼성그룹의 이건희李健熙 회장님에게도 깊이 감사드린다. 이와 동시에 자신의 애정 어린 고급 저택을 이승만 연구 수행에 필요한 공간으로 사용하도록 연세대학교에 기증하신

최송옥崔松玉 여사님께 머리 숙여 감사한다. 애당초 연세대 현대한국학연구소 설립 과정에서 송자宋梓 총장님과 더불어 산파역을 담당하셨고 현대한국학연구소에서 발간한 일련의 자료 총서의 출간을 지원해주신 중앙일보사의 홍석현洪錫炫 회장님에게도 깊은 감사의 인사를 드린다. 또한, 2006년 필자에게 영예로운 경암학술상(인문·사회분야)을 수여하심으로써 실의에 빠져 있던 필자로 하여금 다시 분발하여 학문에 정진할 수 있도록 격려해주신 경암 송금조宋金祚 이사장님과 영부인 진애언陳愛彦 경암교육문화재단 상임이사님에게 깊이 감사한다. 더불어서 2009년 이후 지금까지 필자가 한동대학교 석좌교수로 재직하는 동안 필자에게 물심양면의 지원을 베풀어주신 봉원장로교회의 김성현金星顯 장로님에게 심심한 감사를 드린다.

이 책에 담긴 논문들을 집필하면서 필자는 여러 선학들이 개척해놓은 탁월한 연구에서 많은 것을 배웠다. 그들 가운데 펜실베이니아대학교 정치학과 명예교수 이정식李庭植 박사, 워싱턴 소재 '아메라시언 데이터 리서치 서비스The Amerasian Data Research Service'의 소장 방선주方善柱 박사, 하와이대학교 역사학과 명예교수 최영호崔永浩 박사, 청계연구소 소장 손세일孫世一 전 국회의원 등은 자신들이 소장한 희귀 자료와 논저들을 할애해주시면서 필자의 연구와 저술 활동을 격려해주셨다. 이 자리에서 이분들의 학은에 깊이 감사드린다.

이 책을 저술할 때 국내에서 구하기 어려운 미국의 자료들을 필자 대신 채탐해 필자에게 보내주고 또 이 책의 초고를 살펴 조언을 아끼지 않으신 '프린스턴한겨레문화연구회'의 이종숙李鐘淑 전 회장님에게 깊이 감사드린다. 포항공과대학교 인문사회학부의 고정휴高珽烋 교수, 연세대학교 이승만연구원의 오영섭吳瑛燮 연구교수, 독립기념관 한국독립운동사연구소의 홍선표洪善杓 책임연구원, 그리고 최근에 발간된 『하와이 대한인국민회 100년사』의 저자 이덕희李德姬 여사 역시 필자에게 이승만 연구에 필수적인 귀중한 자료들을 아낌없이 제공해주었을 뿐만 아니라 이 책의 원고를 정밀하게 검토하고 오류를 교정해줌으로써 이 책의 질을 높여주었다. 이들에게 깊은 고마움을 표하고 싶다.

필자가 이 책을 발간할 엄두를 낸 것은 연세대 이승만연구원의 류석춘柳錫春 원장님의 격려와 권고 때문이다. 이 책을 이승만연구원 학술총서의 하나로 출판하도록 배려해주신 류 원장님께 깊이 감사드린다.

필자는 이 책이 국내 굴지의 출판사인 일조각에서 출판되는 것을 영광으로 생각한다. 일조각은 일찍이 창립자인 한만년韓萬年 사장님의 생존 당시 19세기 한국사를 다룬 필자의 졸저를 세 권이나 출판해준, 말하자면 필자와 인연이 깊은 출판사이다. 이번에 출판하는 이 책은 학계에서 '논쟁의 여지가 많은' 역사적 인물을 다룬 책이기에 출판사로서 선뜻 출판 결정을 내리기가 쉽지 않았을 것이다. 그럼에도 필자를 믿고 이 책의 출판을 결정하신 김시연金時姸 사장님의 용단에 경의와 감사를 표하는 바이다. 아울러서 이 책의 원고를 철저히 검토하고 이 책의 편제와 표현 등에 적절한 조언을 해주신 일조각의 편집부 관계자 여러분께도 감사를 드린다.

---

* 이 책에 실린 다섯 논문의 원제목과 출전은 아래와 같다.
- 「우남 이승만의 개혁 · 건국사상」. 『아세아학보』 20(1997. 12), 7~45쪽.
- 「3·1운동 후 서재필의 신대한(新大韓) 건국 구상—필라델피아 대한인총대표회의 의사록 및 대한민국 임시정부 각원들에게 보낸 공한 분석」. 김용덕 등 편, 『서재필과 그 시대』(서재필기념회, 2003), 325~401쪽.
- 「한미동맹 성립의 역사적 의의—1953년 이승만 대통령의 한미상호방위조약 체결을 중심으로」. 『한국사시민강좌』 36(2005. 2), 140~180쪽.
- 「이승만 대통령의 업적—거시적 재평가」. 유영익 편, 『이승만 대통령 재평가』(연세대학교 출판부, 2006), 475~576쪽.
- 「이승만 국회의장과 대한민국 헌법 제정」. 『역사학보』 189(2006. 3), 101~127쪽.

차례

제3부 업적

제4부 보론

제1부
생애

1904년 11월, 고종의 측근인 민영환과 한규설의 밀사로 미국행에 오르기 전에 찍은 가족 사진.
(왼쪽에서부터) 누이, 부친, 아들(1906년 사망), 조카, 이승만, 첫 부인의 모습이 보인다.

제1장 이승만의 정치 역정

—독립운동을 중심으로—*

우남雩南 이승만李承晩(Syngman Rhee: 1875~1965)은 대한민국 건국에 절대적으로 공헌한 '건국 대통령'이다.

이승만은 1945년 10월, 33년간의 망명 생활을 끝내고 조국에 돌아와 모스크바3상회의에서 미국과 소련이 결정한 4국의 5년간 신탁통치안을 반대하고 미국 주도의 유엔 감시하에 총선거를 치러 남한에 과도정부를 세우도록 함으로써 해방 3년 만인 1948년, 대한민국을 수립하는 데 큰 공을 세웠다.

이승만이 이러한 대업大業을 달성할 수 있었던 것은 대내적으로 남한의 대다수 국민으로부터 적극적 지지를 이끌어낼 수 있는 정치 비전과 카리스마를 갖췄고, 대외적으로는 미국 조야의 지도자들을 설득할 수 있는 탁월한 외교 능력과 국제적 명성을 갖췄기 때문이었다.

이승만은 비범하게 타고난 자질과 우수한 학력, 그리고 미국 망명 이전에 국내에서 시도한 정치 개혁 운동과 외국에서 오랫동안 지속해온 독립운동 경험으로 누구보다 뛰어난 정치 기량을 닦을 수 있었다.[1]

---

* 이 장은 저자의 영문 저서 *The Making of the First Korean President: Syngman Rhee's Quest for Independence, 1875-1948*의 내용을 발췌 · 축약한 것이다.

1. 청년 이승만

이승만은 1875년* 황해도 평산에서 아버지 이경선李敬善과 어머니 김해 김씨의 6대 독자로 태어났다. 세종대왕의 맏형인 양녕대군讓寧大君 이제李褆의 16대손으로 신분상으로는 왕족에 속했지만 7대조 이래 집안에 벼슬하는 사람이 끊겨 가세는 빈한했다.[2] 세 살 때 서울로 이주한 이승만은 여섯 살부터 스무 살 때까지 남대문 근처 낙동과 도동에 있는 서당에서 과거 급제를 목표로 사서삼경四書三經의 유학서와 『통감절요通鑑節要』 등 사서史書를 읽어 동양 고전과 역사에 통달했다. 서당에서 치르는 도강都講(종합시험)에서는 항상 장원壯元을 했지만 열두 살 때부터 나이를 속여 가며 매년 치른 과거에서 번번이 낙방의 고배를 마셨다. 아마도 조선 말 무렵 극심했던 과거제도의 문란이 큰 이유였을 것이다.[3]

1894년 7월, 청일전쟁과 갑오경장으로 과거제도가 폐지되자 이승만은 이듬해 4월 미국인 감리교 선교사 헨리 아펜젤러Henry G. Appenzeller가 설립한 배재학당培材學堂에 입학해 2년 동안 영어와 신학문을 익혔다. 이승만은 배재학당에서 스승이자 이후 독립운동의 거목으로 함께 일할 서재필徐載弼 박사와 만나는데, 당시 서재필은 '삼일천하'로 끝난 갑신정변(1884)에 가담했다가 미국으로 망명, 의사 자격증을 획득하고 미국 시민권을 얻어 1895년 12월에 귀국한 상태였다. 이승만은 배재학당에서 서재필의 특강을 접하면서 서구, 특히 미국의 민주주의 사상과 제도에 매료되었다.

이승만은 배재학당 입학 후 반년 만에 이 학당의 영어 교사로 발탁될 만

---

* 이승만이 태어난 이 시기, 일본은 메이지유신(1868)의 변혁기를 정리하고 조선 침략의 야욕을 차근차근 준비해나가기 시작했다. 이승만이 태어난 다음 해인 1876년, 일본은 힘을 앞세워 조선과 불평등 조약인 강화도조약을 맺었다.

큼 영어 습득 능력이 탁월했고 1897년 7월, 배재학당 종업식終業式에서 600여 국내외 내빈을 앞에 두고 '조선의 독립The Independence of Korea'이라는 주제로 영어 연설을 함으로써 일약 정가의 유명 인사가 되었다.[4] 이 연설을 출발점으로 이승만은 온 생애를 한국의 독립 실현에 바쳤다.

1897년 여름, 배재학당을 떠난 이승만은 1898년 4월 ≪매일신문≫의, 그리고 8월에는 ≪제국신문≫의 창간에 관여해 신문사의 사장 또는 편집자로 자유, 평등, 민권, 국권 등 근대 정치사상을 전파하는 한편, 3월부터 만민공동회萬民共同會의 연사로 거리연설에 나서 외세의 압력에 굴복하는 정부를 비판하는 데 앞장섰다.

특히 1898년 3월 10일에는 종로에서 러시아의 절영도絶影島 조차租借 요구에 반대하는 만민공동회를 개최해 그 총대위원總代委員으로서 러시아의 국권 침탈 기도를 강력하게 성토했고, 그 결과 3월 17일 러시아 정부가 조차 요구를 철회했을 뿐만 아니라 서울에서 군사 교관과 재정 고문을 철수시키는 놀라운 성과를 거두었다.[5]

이어서 11월 5일부터는 대한제국에 미국식 공화제를 도입하려 했다는 혐의로 체포된 독립협회 지도자 17명의 석방을 요구하는 항의 시위를 6일간 이끌어 17명 모두의 석방을 이뤄냈다.[6] 청년 이승만은 한 해 동안에 이렇게 괄목할 만한 업적들을 달성함으로써 장안에서 '열혈애국청년熱血愛國青年'이라는 명성을 얻었고 정관계에서 유망한 청년 지도자로 주목받게 되었다. 그 결과 약관을 갓 지난 스물셋의 나이로 1898년 11월 28일 고종 황제가 개원한 우리나라 최초의 태아적 국회인 중추원中樞院의 의관議官으로 임명되었다.[7]

의관이 된 이승만은 12월 6일 만민공동회를 다시 소집하고 이를 배경 삼아 12월 16일 열린 제1차 중추원회의에서 '과격 강경파' 의관인 최정덕崔廷德 등과 함께 정부 대신 후보자인 '재기가감자材器可堪者' 11명을 투표로 천거해 이들로 새 내각을 구성하도록 하는 운동을 펼쳤다. 이때 이승만을 포함한 과격 강경파 의원들은 11명의 후보자의 한 사람으로 고종 황제가 극도로 경계했던 급진 개혁파의 영수 박영효朴泳孝*를 천거했다. 과격 강경파 의원들의 이 같은 행동은 고종 황제의 심기를 건드렸고 고종은 12월 22일 군대를 동원해 독립협회를 해산하기에 이른다. 결국, 만민공동회와 독립협회는 12월 25일 강제 해산당했다. 이 과정에서 이승만 또한 1899년 1월 2일 의관직에서 면직되었다.[8]

그 뒤 이승만은 급진 개혁파의 영수 박영효를 중심으로 한 입헌군주제 정부를 수립하려는 박영효 추종자들의 쿠데타 음모에 가담했다. 고종을 퇴위시키고 의화군義和君 이강李堈을 새 임금으로 옹립하려 했던 이 쿠데타는 불행히도 사전에 발각되었고 이승만을 비롯한 관련자들은 체포되었다. 이승만은 1899년 1월 경무청 구치소에 구금되었고 그해 7월에 개정된 평리원(고등법원) 재판에서 종신형을 선고받아 한성감옥서漢城監獄署에 장기 수감되는 신세가 되었다.[9] 이후 고종 황제의 감형 특사를 세 차례 받아 5년 7개월간의 영어 생활을 마치고 1904년 8월 7일 석방되었다.

체포 직후 이승만은 경무청 구치소에서 혹독한 고문을 받았고 그 뒤로 사형을 예상했기에 정서적으로 극한 상황에 몰리게 되어, 이승만은 이를 극복하는 과정에서 기독교에 입신했다.[10] 이로써 이승만은 조선 왕조의 고위 양반, 특히 왕족 가운데 처음으로 개신교에 발을 디딘 선비가 되었다. 하나님을 믿게 된 이승만은 한성감옥서에서 성경 공부반을 조직해 기독교

* 갑신정변(1884)의 주역 가운데 한 사람인 박영효는 1884년 12월 일본으로 망명했다가 1894년 귀국해 제2차 김홍집 내각의 내무대신을, 그리고 1895년 5월 17일에는 박정양 내각의 내부대신을 지내며 갑오경장을 적극 추진하던 중 7월 초에 고종을 폐위하고 명성왕후를 제거하려는 음모, 이른바 불궤不軌를 꾸몄다는 혐의를 받아 체포될 위기에 빠지자 7월 7일 재차 일본으로 망명한 급진 개화파 지도자였다. 유영익, 「박영효와 갑오경장」, 『동학농민봉기와 갑오경장』(일조각, 1998), 참조.

전도에 나섰고, 이원긍李源兢 · 이상재李商在 · 김정식金貞植 · 유성준兪星濬 등 옥중의 정치범들과 간수장 이중진李重鎭의 가족 등 40여 명을 기독교로 개종시키는 성과를 올리기도 했다.

이승만은 옥살이 중에 '옥중 학교'와 '옥중 도서실'을 개설해 운영했으며 영문 서적과 신문, 잡지를 탐독하면서 한국 최초의 영한사전 편찬을 시도하는 한편 ≪제국신문≫에 논설을 기고하면서 『독립정신』이라는 방대한 국민 계몽서를 저술해냈다.[11]

2. 밀사 외교와 미국 유학

이승만은 러일전쟁이 한창이던 1904년 8월, 한성감옥서에서 풀려나 그해 11월에 고종 황제의 측근인 친미파 민영환閔泳煥과 한규설韓圭卨의 밀사로 발탁돼 미국으로 건너갔다.[12]

이승만의 역할은 존 헤이John M. Hay 미 국무장관과 시어도어 루스벨트Theodore Roosevelt 대통령 등 미국의 정치인들을 만나 미국과 조선이 1882년에 체결한 조미수호통상조약朝美修好通商條約에 따라 러일전쟁 종결 후 대한제국이 독립을 보존할 수 있도록 거중조정居中調停*에 나서달라고 요청하는 것이었다.

미국에 도착한 이승만은 1905년 2월 20일, 친한파 하원의원 휴 딘스모어Hugh A. Dinsmore의 소개로 국무장관 헤이를 만났다. 이 회동에서 헤이 장관은 이승만에게 미 정부는 조미조약에 명시된 제반 의무를 전력으로 이행하겠다고 약속했다.[13] 그러나 헤이는 그해 7월 병사했고 애석하게도

* 국제기구, 국가, 개인 등 제삼자가 국제 분쟁을 일으킨 당사국 사이에 끼어 분쟁을 평화적으로 해결하는 일을 말한다.

그의 약속은 수포로 돌아갔다.

이어서 이승만은 하와이에서 선교 활동 중인 윤병구尹炳求 목사와 함께 포츠머스Portsmouth강화회의를 며칠 앞둔 1905년 8월 4일, 루스벨트 대통령을 면담했다. 그 자리에서 이승만은 "미국 정부는 대한제국의 독립을 유지할 의무가 있으며 이번 강화회의에서 그 의무를 이행해달라"고 요청했다.

루스벨트는 이승만과 윤병구에게 요구 사항을 문서로 작성해 주미 한국 공사관을 통해 미 국무부에 제출하면 그 문서를 포츠머스강화회의 석상에 올려놓겠다고 대답했다. 이는 이승만의 요청을 사실상 거부한 것이었다.

당시 루스벨트는 이승만의 요청을 거부할 수밖에 없었다. 루스벨트는 이미 7월 27일 도쿄에서 미 육군장관 윌리엄 태프트William H. Taft와 일본 총리 가쓰라 다로桂太郎가 합의한 밀약, 즉 '미국은 러일전쟁 후 한국을 일본의 보호국으로 만드는 데 동의한다'는 이른바 '가쓰라-태프트 밀약'을 7월 31일 추인한 상태였다.[14] 이로써 이승만의 처녀 외교는 실패로 끝이 났다.

밀명 수행에 실패한 이승만은 미국에 남아 정규 대학 교육과정을 밟았다. 이승만은 조지워싱턴대학교를 졸업하고 하버드대학교에서 석사과정을 마쳤으며 1910년 여름 프린스턴대학교에서 박사학위(Ph.D.)를 받았다. 역사학과 국제법, 정치학 등을 전공한 이승만의 박사 학위 논문은 「미국의 영향을 받은 국제법상의 중립Neutrality As Influenced by the United States」이었다. 7월 18일 열린 프린스턴대학교 학위 수여식에서 이승만은 재학 시절 이승만을 아꼈던 우드로 윌슨T. Woodrow Wilson* 총장에게 학위증

* 미국의 제28대 대통령(재임 1913~1921). 윌슨은 정계에 나서기 전인 1890년부터 프린스턴대학교의 교수로 재직했고 1902년 이 학교 총장의 자리에 올랐다. 1911년 미국 민주당 후보로 뉴저지 주지사에 당선됐으며, 1912년엔 민주당 후보로 추대돼 대통령에 당선됐다. 4년 후엔 재선에 성공했다. 윌슨은 제1차 세계대전 직후인 1918년 1월 민족자결주의를 내걸고 14개 평화 원칙을 발표, 파리강화회의에서 국제연맹 창설을 주도했다. 그러나 미국 상원이 베르사유조약의

서를 받았다.[15]

당시 이승만의 나이는 서른다섯이었다. 이승만은 5년이라는 짧은 기간에 미국 동부의 명문대학교에서 학사, 석사, 박사 학위를 모두 취득한 보기 드문 수재로 미국 사회에 자신의 이름을 알렸고 서양사(특히 미국사)·정치학·외교학·국제법 등 근대적 학문을 전공한 한국인 최초의 국제정치학자가 되었다.

이로써 이승만은 뛰어난 영어 구사 능력과 더불어 미국의 정치 문화를 속속들이 이해하는 학문적인 실력과 안목을 가진 '미국통'의 국제정치 전문가로 활동하게 된 것이다.

3. 기독교 민족교육 운동과 105인사건

프린스턴대학교에서 박사학위를 받은 이승만은 1910년 10월, 일제의 식민지로 전락한 조국으로 돌아왔다.

이승만은 뉴욕에 본부를 둔 YMCA 국제위원회에서 임명한 황성기독교청년회(통칭 서울YMCA)의 '청년학관' 학감學監*자격으로 청소년들에게 성경, 세계사, 국제법 등을 가르치는 한편 YMCA 전국 조직을 구축하는 일에 주력했다.[16]

이 시기에 서울YMCA에 몰려와 이승만 박사의 '명강의'를 들은 제자들 가운데에는 임병직林炳稷, 이원순李元淳, 허정許政, 정구영鄭求瑛, 안재홍安在鴻, 이한호李漢浩 등, 훗날 독립운동과 대한민국 건국에 크게 공헌한 인

비준을 거부해 미국은 국제연맹에 가입하지 못했다. 1919년 노벨평화상을 받았다. 이승만과는 프린스턴대학교 재임 시절 개인적으로 인연을 맺었다.

* 영어로는 Student Department Secretary이다. 이승만은 이 직책으로 뉴욕의 YMCA 국제위원회로부터 월 75달러의 봉급을 받았다.

사들이 대거 포함되어 있었다.

이승만은 1911년 5월 초부터 6월 말까지 전주, 군산, 광주, 평양, 선천 등 전국의 주요 도시(선교 구역)를 방문, 강연하면서 YMCA 전국 조직을 구축하고자 했다. 이 전도 여행의 마무리 행사는 개성에서 열렸다. 1911년 6월 말, 전국 각지의 YMCA 대표 93명이 개성에 있는 한영서원韓英書院에 모였고 한영서원 원장 윤치호尹致昊의 사회로 제2회 전국학생하령회全國學生夏令會가 열렸다. 이 하령회의 참석자들은 두 명의 미국인 선교사로부터 부흥 설교를 들은 다음 세계기독학생연맹The World Student Christian Federation의 가입 여부를 놓고 토론을 벌였다.[17]

이승만은 이 모임의 총무 자격으로 전국의 대표자들을 소집했다. 그러나 이 모임을 예의 감시한 일제의 조선총독부는 당시 전국적으로 활발했던 기독교 민족주의자들의 활동을 독립운동으로 간주해 대대적인 탄압에 나섰다. 일제는 1911년 9월, 한국의 기독교 지도자들을 '데라우치寺內 총독 암살 미수' 혐의로 체포하기 시작했다.

이승만은 조선총독부가 조작한 '105인사건'의 체포자 명단에 올랐다.[18] 그러나 이승만은 서울YMCA의 총무 필립 질레트Philip L. Gillett*와 뉴욕에서 급히 서울로 온 YMCA 국제위원회 위원장 존 모트John R. Mott 박사의 항의성 개입으로 체포를 면했다.

체포를 면한 이승만은 1912년 봄에 미국 미니애폴리스에서 열리는 기독교감리회세계총회The Quadrennial General Conference of the Methodist Episcopal Church의 한국 평신도 대표로 뽑혀, 3월 26일 출국했다.[19]

이승만은 미국으로 가는 도중 일본에 들러 도쿄와 가마쿠라鎌倉를 방문, 일본에 유학하는 한국인 학생들을 모아 학생복음회學生福音會를 조직했

* 한국 이름은 길례태吉禮泰로 1905년 '황성YMCA야구단'을 만들어 우리나라에 야구를 처음 소개했다.

다. 당시 도쿄에는 한성감옥서에서 함께 복역했던 김정식이 나와 있었다. 김정식은 도쿄에 한국 YMCA 회관을 건립하는 일을 추진하고 있었고 이를 안 이승만은 건축 자금 모금 운동을 펼쳐 218명의 유학생으로부터 1천362엔을 모금해주었다.[20]

당시 이승만이 도쿄에서 만나 알게 된 유학생들 가운데에는 김정식 이외에도 김성수金性洙, 백남훈白南薰, 신석우申錫雨, 조소앙趙素昂, 조만식曺晩植, 안재홍安在鴻, 신익희申翼熙, 민규식閔奎植, 문일평文一平, 최상호崔相浩 등이 있었다.

일본을 떠나 미국에 도착한 이승만은 미니애폴리스 총회에 참석하고 뉴저지로 달려가 그곳에 사는 은사 윌슨을 세 차례 면담했다. 당시 뉴저지 주지사였던 윌슨은 민주당 대통령 후보로 지명된 상태였다.

이승만은 장로교 목사의 아들인 윌슨에게 한국에서 일어난 기독교 탄압 사건을 설명했다. 그러고는 대선 유세 때 '105인사건'으로 체포된 한국 기독교 지도자들의 석방에 도움이 될 만한 발언을 해달라고 부탁했던 것 같다. 그러나 윌슨은 이승만의 부탁을 들어주지 않았다.[21]

크게 실망한 이승만은 귀국을 포기하고 네브래스카 주 헤이스팅스Hastings에서 소년병학교少年兵學校를 설립해 운영하는 옥중 동지 박용만朴容萬을 찾아갔다. 박용만과 상의한 이승만은 그간 계속 제의를 해온 하와이 한인 사회의 초청에 응하는 모양새를 갖춰 하와이행을 결심했다.[22]

4. 하와이에서의 민족교육·선교사업과 1915년의 풍파

이승만은 1913년 2월 3일 호놀룰루에 도착했다. 이 무렵 하와이 군도群島에는 1902년부터 1905년 사이 하와이로 이주해온 4천500여 명의 한국인 노동자들이 사탕수수 농장에서 일하고 있었다. 이승만은 이들 동포를 규합해 그들의 지원을 받아가며 긴 안목을 가지고 독립운동의 발판을 마련했다.

우선 『한국교회핍박』이라는 저서의 집필에 들어가 두 달 만인 4월에 책을 출판했다. 이 책에서 이승만은 1885년 미국 개신교 선교사의 방한으로 전래된 기독교가 비교적 짧은 시간에 교세를 확장할 수 있었던 경위와 성과를 분석하고, 한국 기독교계의 발전을 우려한 일제의 탄압 정책을 강도 높게 비판했다.

또 8월에는 하와이 미 감리교 선교부의 감리사 존 와드만John W. Wadman 박사[23]의 추천으로 미 감리교 선교부에서 설립해 운영하던 '한인기숙학교The Korean Boarding School for Boys'의 교장직을 맡았다. 교장에 취임한 이승만은 학교 이름을 '한인중앙학원The Korean Central School'으로 고치고 여학생을 받아들여 남녀공학 학교로 개편, 민족교육을 펼쳐나갔다.[24]

9월에는 월간지 ≪태평양잡지≫를 창간했다.[25] 그리고 1914년부터는 한인중앙학원의 여학생들을 위한 기숙사 건립에 매달렸다. 그런데 호놀룰루에 여학생 기숙사를 건립하려고 노력하는 동안 이승만은 1909년에 결성된 하와이 한인 교포들의 자치기관인 대한인국민회大韓人國民會 하와이 지방총회The Korean National Association of Hawaii(약칭 하와이국민회)와 마찰을 빚게 된다.

하와이국민회는 샌프란시스코에 본부를 둔 대한인국민회 중앙총회의 산하기관으로 1914년 당시 회원 2천400여 명을 거느린 미국 내 최대 규모의 한인 자치단체였다. 하와이국민회는 하와이 군도에 흩어져 사는 한인들로부터 월 5달러의 '의무금'과 기타 여러 가지 명목의 특연特捐을 거둬들여 약 3만 5천 달러의 자금을 확보하고 이 자금으로 한인들의 교육과 출관, 복지사업을 지원하고 있었다. 또한, 하와이국민회는 1914년 말, 밀러거리Miller Street에 총회관을 준공했고, 하와이국민회 산하의 연무부鍊武部를 통해 박용만이 1914년 8월에 오하우 섬 '산 너머'에 설립한 대조선국민군단大朝鮮國民軍團과 병학교兵學校를 지원하고 있었다.[26] 당시 박용만은 1912년 12월에 호놀룰루로 건너와 국민회의 기관지 ≪신한국보新韓國報≫(나중에 국민보國民報로 개칭)의 주필을 맡고 있었다.

이승만은 1914년에 하와이국민회 회장으로 선출된 김종학金鐘學과 그 아래 임원들이 자기가 열심히 추진하는 교육 사업에는 비협조적이면서도 별 필요가 없다고 본 총회관 건축이나 위험천만한 박용만의 무력 양성 사업 지원에는 적극적인 것에 불만을 품었다.

이승만은 때마침 1915년 1월 15일에 소집된 하와이국민회 지방총회 대의회에서 전년도 총회관 건축비 보고서를 검토하는 과정에서 일부 임원들이 재정을 범용한 사실을 발견하고 이를 구실 삼아 하와이국민회 지도부의 혁신을 결심하게 되었다.

이승만은 하와이 군도의 여러 섬을 찾아다니며 지지자들을 규합했다. 이들은 주로 각 지방 교회의 목사와 전도사, 그리고 한국어 학교 교사들이었다. 이승만 지지자들은 이승만의 지시로 하와이국민회의 혁신 운동에 참여할 '혁명대'를 조직하기 시작했다.[27]

또한, 이승만은 자신이 발행하는 ≪태평양잡지≫에 하와이국민회 임원들의 재정 비리를 비판하는 성명을 발표해[28] 김종학 회장으로 하여금 하와이국민회 지방총회 특별 대의회를 소집하도록 압박했다. 이로써 1915년 5월 1일, 하와이국민회 특별 대의회가 열렸다. 이 대의회는 지방 대의원 총 76명 가운데 31명만이 참석했기에 법정 정족수 미달이었다. 게다가 회의 기간 내내 김종학 지지파와 이승만 신임파(혁명대) 간에 몸싸움이 그치질 않았다. 이런 이유로 김종학은 5월 14일 정회를 선포하고 퇴장했다. 이를 기회로 삼아 이승만 신임파 대의원들이 회의를 속개하고 김종학 회장을 파면한 다음, 자파의 대표자 정인수鄭仁壽를 임시회장으로 뽑고, 이어서 공금 1천345달러 60센트를 횡령했다는 혐의로 김종학을 하와이 법정에 고소했다.[29]

1915년 6월 15일, 정인수 임시회장은 하와이국민회 임시 대의회를 소집해 새 회장단과 임원을 선출했다. 회장에 홍한식洪漢植 목사, 부회장에 정인수, 총무에 안현경安玄卿, 구제부장에 주영환朱永煥, 감사에 이종후李鍾厚 등 친親이승만계 인사들이 선출되었고,[30] 이승만 자신은 하와이국민회에 새로 설치한 '재정보관인財政保管人'이라는 직책을 맡았다.[31] 이같이 이승만은 1915년 5월과 6월에 단행된 하와이국민회 지도부 혁신운동을 주도해 자신의 지지자들을 하와이국민회의 요직에 배치하고 자기 자신은 하와이국민회의 재정권을 확보하는 데 성공했다.

이것이 이른바 '1915년의 풍파'로 알려진 사건의 윤곽이다. 이 풍파를 계기로 이승만은 하와이 한인 사회에서 '아무도 그의 전횡을 막을 수 없는' 최고 실권자로 부상했다. 바야흐로 하와이 한인 사회의 이승만 '득의전성시대得意全盛時代'가 열렸던 것이다.[32] 동시에 이승만은 이때부터 김종학을 동정하며 박용만을 지지하는 사람들로부터 '분열주의자' 또는 '독재자'라는 비난을 받기 시작했다.[33]

'1915년의 풍파'를 거치며 하와이국민회의 재정권을 장악한 이승만은 그동안 자신의 교육 사업을 밀어주었던 하와이 미 감리교 선교부와의 관계를 단절하고 독자적으로 교육 활동을 펼치기 시작했다.[34] 우선 이승만은 미 감리교 선교부가 운영하는 한인중앙학원의 교장직을 그만둔 다음, 1916년 3월에 여자 기숙사를 갖춘 한인여자학원The Korean Girls' Seminary을 개설하고 이어서 1918년 9월에는 한인여자학원을 한인기독학원The Korean Christian Institute으로 개칭해 이 학원의 이사장 겸 원장직을 맡았다. 이렇게 발족한 한인기독학원은 미 감리교 선교부에서 완전히 독립한 9년제 남녀공학 중고등학교로, 미국의 일반 중고등학교에서 가르치는 교과과정 이외에 한글과 한국사 과목을 추가로 가르침으로써 학생들을 민족의식을 갖춘 지도자로 양성해냈다.[35]

한인기독학원을 설립한 이승만은 미 감리교 선교부에서 완전히 독립한 민족 교회의 필요성을 절감했다. 이승만은 뜻을 같이하는 한인들과 1918년 7월 호놀룰루에 신립교회新立敎會를 설립하고 예배를 보다가 그해 12월 23일, 이 교회의 이름을 한인기독교회The Korean Christian Church로 바꿈으로써 새로운 민족 교회를 탄생시켰다.[36]

이렇게 이승만이 하와이국민회의 재정 지원으로 민족주의 학교를 설립해 운영하고 독립 교단의 민족 교회를 창립하자, 박용만이 설립한 대조선국민군단과 부속 병학교는 쇠퇴일로에 접어들어 결국 1917년 겨울에 해체되고 말았다.

게다가 미 감리교 선교부가 1905년에 설립한 호놀룰루 한인감리교회The Honolulu Korean Methodist Church의 교인들 가운데 다수가 이승만이 설립한 한인기독교회로 옮기는 현상이 나타났다.[37] 하와이 한인 사회의 분위기가 이렇게 바뀌자 한때 결의형제였던 이승만과 박용만은 불구대천지원수不俱戴天之怨讐가 되었고 한인기독교회와 한인감리교회 교인들 간의 인간관계 역시 서먹서먹해졌다.

5. 필라델피아 대한인총대표회의

1918년 11월, 독일의 항복으로 제1차 세계대전이 끝나고 1919년 1월 18일부터 파리에서 강화회의가 열렸다. 이에 1918년 11월 25일, 샌프란시스코에 본부를 둔 대한인국민회 중앙총회(총회장 안창호)는 이승만과 정한경鄭翰景을 파리강화회의에 참석할 한국 대표로 선임했다.[38] 이를 계기로 이승만은 일약 국제무대에서 한민족의 독립 열망을 대변할 정치가이자 외교가로 떠올랐다.

이승만은 1919년 1월 초, 하와이를 떠나 워싱턴에 도착해 파리 여행에 필요한 여권을 신청했으나 미 국무부는 이승만에게 여권을 내주지 않았다.[39] 실의에 빠진 이승만은 국내에서 3·1운동이 일어났다는 소식을 듣기 7일 전인 1919년 3월 3일, 정한경과 공동명의로 윌슨 대통령에게 청원서를 제출했다. 당시 윌슨 대통령은 파리강화회의에 참석해 국제연맹The League of Nations 창설에 몰두하고 있었다. 이승만과 정한경은 청원서에서 '장차 완전한 독립을 보장한다는 조건으로 한국을 새로 창설되는 국제연맹의 위임통치委任統治하에 둘 것'을 요청했다.[40] 그러나 윌슨은 아무런 반응도 보여주지 않았다.

미 국무부의 협조 거부로 파리강화회의에 참석할 수 없게 된 이승만은 1919년 2월 13일 필라델피아에 거주하는 은사 서재필을 찾아갔다. 이승만은 서재필에게 한국인의 독립 열망을 미국 정부와 국민에게 널리 알려야 한다며 '한인대회a Korean Convention'의 개최를 제안했다.[41] 서재필은 이 제안을 흔쾌히 받아들였고, 4월 14일부터 16일까지 3일간 필라델피아에서 대한인총대표회의The First Korean Congress가 개최되었다. 필라델피아의 한인대회는 3·1운동 직후 미주에서 열린 최초의 대규모 한인 집회로, 중국 상하이에서 거의 동시에 개최된 제1차 임시의정원 회의(4월 10일)와 더불어 한국 독립운동사에 길이 남을 역사적인 모임이었다.

이 대회엔 윤병구·민찬호·정한경·임병직林炳稷·조병옥趙炳玉·장택상張澤相·유일한柳一韓·민규식閔奎植·장기영張基永·김현구金鉉九·이용직李容稷·윤영선尹永善·김노디(김혜숙) 등 150여 명의 애국지사가 참석했다. 이들은 대부분 미국 각지와 영국에 흩어져 유학하거나 생업에 종사하던 인물들이었다.

서재필은 대회 의장으로 추대되었고 참가자들은 모두 다섯 개의 결의문을 채택했다. 그중 하나인 '한국인의 목적과 열망The Aims and Aspirations of Koreans'은 유일한이 기초한 결의문으로 일명 '[건국]종지宗旨'라 부른다. 그 내용의 핵심은 '우리는 백성의 교육 수준을 살피되, 될 수 있는 대로 미국의 정치체제를 본뜬 정부를 갖기를 원한다. 앞으로 10년간 정부의 권력을 집중시키는 것이 필요하다'는 것으로, 신대한新大韓 건국의 청사진을 제시했다고 평가할 수 있다.[42]

대회 마지막 날엔 태극기를 앞세우고 필라델피아 시내를 행진한 다음 미국 독립기념관Independence Hall에 도착해 이승만의 선창으로 "대한공화국 만세"와 "미국 만세"를 소리 높여 외침으로써 미국인들에게 한국인의 독립 의지를 천명했다.

6. 대한민국 임시정부 대통령

이승만은 조국에서 3·1운동이 일어났다는 소식을 3월 10일 필라델피아에서 서재필에게 전해 들었다. 이승만은 4월 11일 상하이에서 수립된 대한민국 임시정부(이하 상하이 임정)의 국무총리로 선출되었고 그 뒤 4월 23일에는 서울에서 수립된 한성 임시정부(이하 한성 임정)의 집정관총재執政官總裁로 추대되었다. 이승만은 상하이 임정의 국무총리 선출 소식을 4월 15일 필라델피아에서 열린 대한인총대표회의 중에 전보로 통보받았다. 그리고 한성 임정의 집정관총재로 추대되었다는 사실은 5월 말에서 6월 초 사이에 인편으로 전해 들었다.[43] 이승만의 당시 나이는 마흔넷이었다.

이승만은 자신이 한성 임정의 집정관총재로 추대된 사실을 확인한 다음, 6월 14일부터 '대한공화국 대통령President of the Republic of Korea' 이라는 명의로 윌슨 대통령과 기타 열강의 수반, 그리고 파리강화회의 의장에게 외교문서를 보내 '대한공화국'의 탄생을 알리고 임시정부의 승인을 요구했다.[44]

더불어 이승만은 김규식金奎植을 대한공화국 파리강화회의 대표로 임명하고 김규식에게 윌슨 대통령의 협조를 받아 파리강화회의에 한국 독립 문제를 제기하도록 조처했다. 당시 김규식은 4월 초 상하이에서 결성된 신한청년당新韓青年黨 대표 자격으로 이미 파리에 가 활약하고 있었다.[45] 그러나 이승만과 김규식의 노력에도 불구하고 윌슨을 포함한 파리강화회의 참가국 대표들은 한국의 독립 문제를 완전히 외면한 채 6월 26일 회의를 종결했다.

파리강화회의에 걸었던 한국인의 기대가 무산되자 이승만은 1919년 8월 25일 한성 임정 집정관총재의 직권으로, 상하이 임정과 상의하지 않은 채, 워싱턴에 구미위원부歐美委員部(The Korean Commission to America and Europe for the Republic of Korea)를 설립했다.[46] 구미위원부의 설립 목적은 독립운동에 필요한 자금을 모아 그 자금으로 국제사회에서 대한민국 임시정부의 승인을 얻어내는 데 필요한 선전과 홍보 등 외교 활동을 펼치는 것이었다. 이승만은 8월 중순 파리에서 워싱턴으로 건너온 김규식을 구미위원부의 초대 위원장으로 임명한 다음, 9월 1일부터 그와 공동명의로 공채표公債票(bond)를 발행해 이를 팔아 독립운동 자금을 마련했다.[47]

그러면서 이승만은 필라델피아에 설치된 '대한공화국 통신부'를 구미위원부 산하로 편입시켰다. 이승만은 또 서재필에게 대한공화국 통신부의 영문 월간 잡지 ≪대한평론*The Korea Review*≫의 발행을 맡겼다. 구미위원부에서는 한국 독립의 당위성을 담고 있는 프레더릭 매켄지Frederick A.

McKenzie의 『자유를 위한 한국의 투쟁*Korea's Fight for Freedom*』, 정한경 Henry Chung의 『한국 사정*The Case of Korea*』 등 개인 저술과 『제1차 한인의회 의사록*The First Korean Congress*』, 대한공화국 법률고문 프레드 돌프Fred A. Dolph가 쓴 『한국의 입장*Brief for Korea*』 등 한국의 독립을 홍보하는 책자를 발행하거나 발행을 지원했다.[48]

그 뒤 이승만은 서재필의 도움을 받아 미국 주요 도시와 런던, 파리 등지에 한국친우회The League of Friends of Korea를 조직해나갔다. 이승만은 이 단체를 이용해 서구 상류사회의 양심적 지도자들에게 '한국 독립'의 대의를 알리고 국제사회의 지지를 확보하려 했다. 1919년 5월 필라델피아에서 첫 조직이 만들어졌고 이승만과 서재필은 1919년 10월 초부터 그 이듬해 6월까지 친한파 선교사인 호머 헐버트Homer B. Hulbert와 베크S. A. Beck 등을 대동하고 한국친우회 지부가 설립되었거나 앞으로 설립될 가능성이 있는 미국 내 주요 도시를 순방했다.

이승만과 서재필은 방문하는 도시에서 일제의 한국 침략을 규탄하고 한국 독립의 당위성을 설명하는 강연회를 열어 한국친우회 조직을 확대, 강화해나갔다.[49] 이런 노력으로 한국친우회는 1921년 중반까지 2만 5천 명의 회원을 확보할 수 있었다.[50]

7. 상하이에서의 임시정부 대통령직 수행

이승만은 1919년 6월 중순부터 열강 지도자들에게 보낸 외교 문서에 '대통령President'이란 직함을 사용했다.[51] 이에 상하이 임정의 일부 인사들은 이를 참칭僭稱이라 항의하면서 직함 사용을 중단하라고 요구했다. 이러한 항의에 이승만은 영어로 대통령President은 집정관총재의 정당한 번역이라고 주장하면서 이미 이 직함을 외교문서에 사용했기 때문에 바꿀 수 없다고 버텼다.[52] 결국 상하이 임정에서는 내무총장 겸 국무총리 서리 안창호의 제의에 따라 9월 6일에 개헌을 단행, 대통령중심제 헌법을 채택한 다음, 이승만을 임시대통령으로 선출함으로써 이 문제를 일단락했다.[53]

1920년 3월 5일, 상하이 임시의정원의 일부 의원들은 임시대통령 이승만에게 임정의 수도 상하이로 당장 부임하라고 요구하면서 부임하지 않으면 불신임不信任할 뜻을 내비쳤다.[54] 이승만은 이 요청을 거절할 수 없어 4월 20일 상하이 임정에 상하이로 부임할 뜻을 공식 통보했다. 이어 이승만은 워싱턴을 떠나 호놀룰루로 갔다. 이승만은 호놀룰루에서 반년 이상 준비한 끝에 1920년 11월 16일 임병직 비서와 함께 밀항을 시도했다. 이승만이 밀항한 배는 사망한 중국인 노동자들의 시신을 본국으로 운반하는 화물선 웨스트하이카*West Hika* 호였다.[55] 이승만 일행의 상하이 밀항은 호놀룰루 시내에서 장의사葬儀社를 경영하는 이승만의 미국인 친구 윌리엄 보스윅William Borthwick이 주선해주었다.[56]

12월 5일 상하이에 도착한 이승만은 1921년 1월 1일부터 5월 말까지 약 6개월간 미국인 안식교 선교사 크로푸트J. W. Crofoot 목사의 사택에 기거하면서 임시대통령의 직무를 수행했다.[57] 크로푸트 목사의 사택은 상하이 프랑스 조계租界* 안에 있었기에 그 집에 머문 동안 이승만은 어느 정도 신변을 보호받을 수 있었다.

상하이 체류 기간의 생활비 일부는 1917년부터 1921년까지 상하이 신규식申圭植의 집에서 기거하고 있던 윤보선尹潽善이 서울 굴지의 기업가이

---

* 아편전쟁 이후 중국의 개항 도시에 영국, 프랑스, 미국, 독일, 일본 등 8개 열강이 설치한 거류 지구. 지구 안의 행정권과 경찰권을 스스로 행사한 사실상의 치외법권지역이었다. 1845년 영국이 상하이에 조계를 처음 설치했고 그 뒤로 열강들이 앞다퉈 설치해 한때 28개 지구에 이르렀다. 조계는 제2차 세계대전이 끝나고 폐지되었다.

며 안동교회 장로인 그의 부친 윤치소尹致昭(윤치호의 조카)로부터 얻어낸 3천 원의 헌금으로 충당했다.[58]

임시대통령 이승만은 1921년 1월에 상하이에서 세 차례 국무원(내각) 회의를 열었다. 이승만은 국무회의에서 자기보다 먼저 상하이에 도착해 임정을 이끌고 있던 국무총리 이동휘李東輝, 노동국 총판(전 내무총장 겸 국무총리 서리) 안창호, 학무총장 김규식 등 상하이 임정의 실력자들과 독립운동의 추진 전략, 임시정부의 운영 방식, 독립운동 자금의 모금과 지출 방법(특히 공채표 발매 문제), 구미위원부의 적법성 등을 놓고 심각한 논쟁을 벌였다.[59]

그 결과 이승만의 외교 독립 노선에 불만을 품은 무투파武鬪派 독립운동가 이동휘가 1월 24일에 국무총리직을 사퇴한 데 이어 4월 29일에는 김규식이, 5월 11일에는 안창호가 잇달아 사퇴하면서 이들을 따르는 정부 요인들이 속속 사표를 던지는 사태가 벌어졌다. 임정을 탈퇴한 이동휘는 소련의 레닌Vladimir Lenin이 제공한 정치자금으로 상하이에 고려공산당高麗共産黨을 조직해 이승만에 대항했고, 김규식과 안창호는 박용만, 여운형呂運亨 등과 연대해 1921년 2월, 박은식朴殷植, 원세훈元世勳, 김창숙金昌淑 등이 발기한 국민대표회의國民代表會議 소집 운동에 가담함으로써 이승만의 지도력에 도전했다.[60] 당시 박용만은 이승만 대통령 휘하의 임시정부에서 외무총장으로 복무하기를 거부하고 베이징으로 가서 신채호申采浩, 신숙申肅, 장건상張建相 등 반反이승만 인사들과 합세해 군사통일촉성회軍事統一促成會를 조직, 이승만의 친미 외교 노선을 맹렬히 비난하고 있었고, 여운형은 상하이에서 고려공산당에 가입해 활약하고 있었다.

상하이 정가에서 사면초가에 빠진 이승만은 1921년 2월 중순에 이르자 한때 임시대통령직 사퇴를 심각하게 고려했다. 그러나 여러 파벌로 갈라진 독립운동가들을 통합해 지도할 마땅한 대체 인물을 찾지 못해 결국 임

시대통령직을 유지하기로 했다.[61]

이승만은 3월 5일에 자신을 지지하는 장붕張鵬·조완구趙琬九·윤기섭尹琦燮 등 기호파畿湖派 인사 45명에게 임시정부를 절대 옹호한다는 내용의 성명을 발표케 한 다음, 4월 24일에는 같은 취지 아래 장붕·윤기섭·조완구 이외에 신규식·이동녕李東寧·황중현黃中顯·김구金九·신익희申翼熙 등을 포함한 기호파 인사 129명으로 구성된 협성회協誠會를 발족시켰다.[62]

이렇게 급한 대로 자신의 정치적 입지를 굳힌 이승만은 5월 16일, 법무총장 겸 국무총리 서리 신규식, 내무총장 이동녕, 재무총장 이시영李始榮, 군무총장 노백린盧伯麟 등으로 구성된 이른바 기호파 내각을 출범시켰다. 그리고 그 다음 날 이승만은 임시의정원에 '외교상 긴급과 재정상 절박切迫의 이유로 부득이 미국으로 돌아간다'는 교서敎書를 제출하고, 18일에는 일반 국민을 상대로 '임시대통령의 유고諭告'를 남긴 다음,[63] 친구들과 작별한 뒤 쑤저우蘇州를 둘러보고 상하이로 돌아와 상하이 인근 우쑹吳淞에 머물다가 5월 29일 미국으로 출발했다. 미국으로 귀환할 때 호놀룰루까지의 배표는 상하이YMCA의 총무로 한국 독립운동을 여러모로 음조陰助하고 있던 미국인 장로교 선교사 조지 피치George A. Fitch 목사가 구해주었다.[64]

워싱턴으로 가는 길에 호놀룰루에 도착한 이승만은 7월 14일 그곳에 있는 심복 세 사람, 즉 민찬호閔燦鎬, 이종관李鍾寬, 안현경安玄卿을 앞세워 '임시정부의 옹호와 유지'를 표방하는 단체인 대한인동지회大韓人同志會(약칭 동지회)를 발족시켰다.[65]

이승만이 하와이에 동지회를 조직한 두 가지의 또 다른 이유가 있었는데, 하나는 6개월 뒤 워싱턴에서 개최될 9개국 군축회의에 대비해 외교 활동에 필요한 재정 지원을 하와이 한인 교포들로부터 확보하는 것이었고,

다른 하나는 하와이에 남아 있는 박용만 추종자들의 반反임정, 반反이승만 운동을 차단하고 견제하는 것이었다.

8. 워싱턴군축회의 외교 노력과 임시대통령직 탄핵 · 면직

1921년 8월 말, 워싱턴에 도착한 이승만은 11월 12일에 미국 주도하에 열릴 예정인 워싱턴군축회의The Washington Disarmament Conference(일명 태평양회의, 약칭 워싱턴회의)*에 대비해 한국의 독립 문제를 제기할 수 있는 모든 외교적 수단을 동원했다.

우선 이승만은 당시 구미위원부 임시위원장이던 서재필과 함께 미국 본토와 하와이에 거주하는 한인 교포들과 국내의 유지들에게 서신을 보내거나 필요하면 직접 만나 외교 경비의 지원을 요청했다. 이로써 7만 5천237달러라는 거액의 특별헌금을 모으는 데 성공했다.[66] 이승만은 이 헌금으로 구미위원부 전속 변호사 돌프의 도움을 받아 워싱턴회의에 배포할 각종 영문 자료를 준비했다.

당시 이승만이 준비한 자료의 목록은 다음과 같다. 책자인 『*Briefs for Korea*(한국적요)』, 청원서인 「*Korea's Appeal to the Conference on Limitation of Armament*(워싱턴군축회의에 전하는 한국의 요구)」, 그리고 이

---

* 해군 군비 축소와 태평양–극동 문제를 의제로 미국 · 영국 · 프랑스 · 이탈리아 · 일본 · 중국 · 네덜란드 · 포르투갈 등 9개국이 참가한 이 회의는 1921년 11월 12일 시작돼 1922년 2월 6일, 5개국이 해군 군축 조약을 체결하면서 막을 내렸다. 이 회의는 제1차 세계대전 중 시작된 미국과 일본의 군함 건조 경쟁으로 과도한 군비 지출이 발행하자 군축의 필요성을 느낀 미국의 제의로 이뤄졌으며 아시아와 태평양에서의 일본의 독주를 견제하고 중국과 시베리아, 태평양에서 열강 간의 이해관계를 조정하려는 목적도 있었다. 이 회의의 결과로 독일은 산둥반도의 권리를 중국에 넘겨주었고 일본은 시베리아에서 철군했으며 미국은 태평양에서의 일본의 세력 확대를 견제할 수 있었다.

청원서의 추가본인 「*Supplementary Appeal to the Conference on Limitation of Armament in the Pacific and Far East*(태평양, 극동과 관련한 군축회의 의제에 따른 추가 요구)」와 상하이와 서울에 있는 한인 지도자들이 보내온 「대한민국대태평양회의지요구大韓民國對太平洋會議之要求」와 「한국인민치태평양회의서韓國人民致太平洋會議書」의 영문 번역본 등이었다. 이승만은 이 자료들을 회의에 참가한 각국 대표단과 언론사에 배포했다.[67]

또한, 이승만은 워싱턴회의에서 외교 활동을 효과적으로 추진하고자 찰스 토마스Charles S. Thomas 콜로라도 주 전 상원의원을 특별고문으로 영입했다. 이렇게 해서 단장 이승만, 부단장 서재필, 서기 정한경, 특별고문 토마스 등으로 구성된 5명의 한국대표단The Korean Mission은 본격적인 외교 활동에 들어갔다.

한국대표단은 우선 워싱턴회의의 주최국인 미국의 대표단 단장 찰스 휴스Charles E. Hughes 국무장관을 상대로 회의 참석권과 발언권을 얻는 데 주력했다. 이때 플로이드 톰킨스Floyd Tomkins 목사를 비롯한 미국 내 2만 5천 명의 한국친우회 회원들은 미국대표단에 편지를 써 보냄으로써 한국대표단의 외교 활동을 측면에서 지원해주었다.[68]

이렇게 철저하게 준비하고 노력했지만, 워싱턴회의 참가국 대표들, 특히 미국대표단의 휴스 단장은 한국대표단에 회의 출석권과 발언권을 허용하지 않을 뿐만 아니라 한국대표단이 제출한 각종 문서에도 별 관심을 보여주지 않았다. 한마디로, 이승만이 단장을 맡은 한국대표단의 워싱턴회의 외교는 완전히 실패로 끝이 났다.[69]

이승만과 구미위원부의 외교 활동이 소기의 성과를 거두지 못하고 실패하자 상하이와 베이징의 독립운동가들 사이에서 이승만 대통령에 대한 신망이 크게 떨어졌다. 이승만을 적극 지원했던 상하이 임정의 신규식 내각은 워싱턴회의 종결 직후에 붕괴했고, 임시의정원 내에서도 기호파 의원

들의 영향력이 대폭 줄어들었다.[70]

더욱이 중국 내 한국 독립운동가들은 워싱턴회의를 주도한 미국 등 자본주의 열강 대표들이 약소민족의 대표단에 보여준 매정한 태도에 크게 실망했다. 이 가운데 김규식, 여운형 등 사회주의적 성향의 인사 56명은 1922년 1월 모스크바에서 개최된 극동피압박민족대회(일명 극동인민대표대회)에 참가해 현지에서 맹활약함으로써 신생 강대국이었던 공산주의 국가 소련의 환심을 사는 데 열을 올렸다.[71]

다른 한편, 안창호, 박은식 등 민족주의 계열의 인사들은 베이징과 만주에 흩어져 있는 반反이승만, 반反임정 성향의 독립운동가들 124명을 상하이로 불러들여 1923년 1월부터 6월까지 국민대표회의를 개최했다. 이들이 상하이 임정을 '개조'하느냐, 그렇지 않으면 이를 아예 없애고 새로운 임시정부를 '창립'하느냐의 문제를 놓고 갑론을박甲論乙駁을 벌이는 동안 상하이 임시정부 정가는 어수선한 분위기가 계속되었다. 결국, 이 국민대표회의는 1922년 9월 이승만 대통령이 상하이 임정의 내무총장으로 임명한 김구의 명령으로 해산되었다.[72]

그러나 이러한 중국 내 한인 독립운동가들 간에 팽배하던 반反이승만 분위기를 배경으로 안창호를 따르는 친홍사단계의 서북파西北派 인사들과 최창식崔昌植, 여운형 등 상하이파 고려공산당 계열의 인사들은 1925년 3월 18일 제13회 임시의정원의 주도권을 장악한 채 이승만 임시대통령 탄핵안을 통과시켜 이승만을 임시대통령직에서 면직했다.[73] 이 탄핵안은 국민대표회의 기간인 1923년 4월 28일에 이미 한 번 의정원에 제출되었다가 보류된 사안이었다.

이에 앞서 3월 10일, 상하이 임정의 국무총리 겸 대통령 서리였던 박은식은 '대통령령令'으로 워싱턴 구미위원부의 폐지를 명령했다.[74] 요컨대, 상하이 임정은 1925년 3월, 이승만의 대통령직을 박탈함과 동시에 구미위원부를 폐쇄함으로써 이승만의 정치·외교 활동을 전면 봉쇄했다.

상하이 임정 측의 조치에 분격한 이승만은 4월 29일 호놀룰루에서 「대통령 선포문」을 공포했다. 이승만은 이 선포문에서 임시의정원의 탄핵 조치를 '정부 전복을 꾀하는 자들의 위법망행違法妄行'이라고 규탄하면서 자신은 '한성 정부의 대표적 외교기관인 구미위원부를 유지해 외교 선전 사업을 계속 진행하겠다'고 선언함으로써 구미위원부를 계속 운영할 의지를 표명했다.[75] 실제로 이승만은 1930년대 초까지 한성 임정의 대통령(집정관총재) 직함을 유지했으며[76] 또 해방 후인 1949년까지 워싱턴에 구미위원부를 존속시키며 활용했다.[77]

1941년 구미위원부가 폐지되고 그 대신 '주미외교위원부駐美外交委員部'가 설치되었지만, 영어 명칭은 이전의 'The Korean Commission'을 그대로 사용했다. 영어 명칭을 그대로 둠으로써 대외적으로는 구미위원부가 종전과 같이 유지되는 모양새를 갖춘 셈이었다.

9. 동지식산회사의 운영 실패와 1931년의 풍파

워싱턴회의 외교가 실패로 끝나자 1919년 초부터 미국 동부에서 이승만과 동고동락同苦同樂하며 독립운동을 펼쳤던 서재필, 정한경, 임병직 등 이승만의 측근들은 독립운동을 일단 포기하고 제각기 생계를 찾아 사방으로 흩어졌다. 이승만 역시 구미위원부의 남은 일을 정리한 뒤 1922년 2월 워싱턴을 떠나 뉴욕, 시카고, 덴버, 캘리포니아의 주요 도시들을 방문해 그동안 자기를 지지해준 동포들에게 감사를 표한 후 9월 초 샌프란시스코를 거쳐 임정의 수도 상하이가 아니라 하와이로 돌아갔다.

1922년 9월 7일 호놀룰루에 도착한 이승만은 그곳에서 한동안 한인기독학원의 시설 확장에 관심을 쏟았다. 이듬해 7월 초부터 9월 초까지 2개월 동안 한인기독학원의 학생 20명과 인솔 교사 3명을 '모국 방문단'이란 명의로 한국에 파견해 학교 시설 확장에 필요한 기금 모금 운동을 펼쳤다.[78] 이승만 자신은 1924년 1월 말부터 11월 초까지 9개월간 미주의 여러 도시를 순방하고 파나마운하를 관광하면서 정치 재기를 구상했다.[79]

오랜 휴식과 장고長考 끝에 호놀룰루에 돌아온 이승만은 1924년 11월 17일부터 20일까지 4일간 '하와이한인대표회'를 개최했다. 이 회의에는 동지회의 24개 지방 대표 이외에 한인기독학원, 한인기독교회, 태평양잡지사, 대한부인구제회, 교민총단僑民總團[80] 등 동지회 유관 5개 단체의 대표들이 참석했다.

이 회의의 목적은 동지회를 확대, 강화하는 것이었고 이승만은 이 회의에서 동지회의 총재總裁로 선출되었다. 총재 밑에 신설된 이사부理事部에는 민찬호(기독교회 중앙부장), 김영기(교민총단장), 김노듸(기독학원), 김유실(대한부인구제회 중앙부장), 곽래홍(기독학원찬성회 중앙부장), 윤치영尹致暎(≪태평양잡지≫ 주필), 김성기(동지회 주무원) 등이 이사로 선임되었다. 그리고 회계는 윤치영, 서기는 허성이 맡았다.

회의 참가자들은 ≪태평양잡지≫를 동지회의 기관지로 정하는 한편, 비폭력주의를 포함한 「동지회 3대 정강」과 「3대 정강 진행 방법」을 채택해 장차 국내외에서 동지회 회원 '백만 명' 확보 운동을 펼칠 것을 결의했다.

이밖에 동지회 내에 실업부를 두어 한인의 경제력 양성 사업을 추진키로 결의했는데, 그 구체적 방법으로 1주당 100달러의 주식을 팔아 자본금 5만 달러를 마련해 합자회사를 설립하는 안이 통과되었다. 이로써 하와이에 한인들이 주도하는 동지회합자회사가 설립되었다.[81]

이러한 일련의 결의 사항을 종합해보건대, 이승만은 이 대표회를 계기로 비폭력주의 명분 아래 당분간 일제와의 정면 대결을 피하면서 동지회

합자회사를 설립, 운영해 하와이 교포의 생활 수준을 높이고 동시에 자신의 정치 외교 활동에 필요한 자금을 여유 있게 마련하겠다는 복안을 마련한 듯 보인다.

이승만이 1924년 11월 하와이한인대표회를 거치며 추진하기로 한 비폭력주의 경제실력양성운동은 서울에 있는 이승만의 옥중 동지들에게 영향을 미쳐 1925년 3월 신흥우申興雨의 자택에서 동지회의 자매단체인 흥업구락부興業俱樂部가 비밀리에 조직되었다.[82] 이 단체의 회장엔 이상재가 추대되었다.

하와이한인대표회의 결의에 따라 하와이 한인 교포들은 1925년 12월 자본금 3만 달러로 호놀룰루에 동지식산회사同志殖産會社를 설립했다. 이승만 '총재'와 신성일 '사장'의 공동 운영 형태로 발족한 동지식산회사는 하와이섬Island of Hawaii(일명 Big Island)에 있는 올라아 지구Olaa District의 오히아ohia나무로 뒤덮인 산림지를 사들였다. 그리고 그곳에 동지촌同志村을 조성하고 한인 노동자를 유치해 그들의 노동력으로 오히아나무를 벌목해 선박 제조용 목재와 가구 등을 만들어 팔거나 숯가루를 제조해 폭약 제조회사에 판매함으로써 이익을 남기려 했다. 그러나 불행하게도 동지식산회사는 이승만과 신성일의 경영 미숙과 때마침 미국 전역을 강타한 대공황The Great Depression의 여파로 자금난을 겪게 되었고 시설 확충마저 실패하면서 사업 개시 4년 만인 1930년 10월, 도산 위기를 맞았다.[83]

이승만은 동지식산회사의 파산이 우려되던 시점인 1930년 7월 15일부터 21일까지 '동지미포대표회同志美布*代表會'를 개최해 동지회 헌장憲章을 개정하고 통과시켰다. 이 헌장에 따라 이승만은 자신의 위상을 동지회의 총재 겸 '수령'으로 높이면서 중앙 이사부의 인원을 9명으로 확대해 미

* 미포美布는 미국과 하와이를 뜻함.

국 본토에서 유능한 인물들을 초청해 새 이사로 영입했다. 이승만은 이러한 일련의 조치로써 동지회 조직을 강화하고 '백만 명' 회원 확보 운동을 본격화하려 한 것이다. 이와 동시에 이승만은 자신의 영향력 아래에 있는 하와이 교민총단과 한인기독교회가 소유한 재산 일부를 저당 잡히거나 매각하도록 종용했다.[84] 물론 이는 동지식산회사의 파산을 막기 위해서였다.

그런데 교민총단의 손덕인孫德仁 단장과 한인기독교회의 이용직李容稷 목사가 이승만의 요구를 거절함으로써[85] 이 두 단체와 이승만을 주축으로 하는 동지회 간에 껄끄러운 잡음이 발생했다. 이때 손덕인과 이용직의 태도에 공감한 교민단 기관지 ≪국민보≫의 주필 김현구金鉉九는 동지미포대표회 시카고 대표 자격으로 호놀룰루에 온 김원용金元容과 합세해 9월부터 ≪국민보≫에 이승만의 '독재'를 규탄하는 글을 싣고 이승만의 퇴진을 촉구하는 이른바 '민중[주]화운동Democratization Movement'을 전개했다.[86]

김현구는 교민단의 태도를 두둔하면서 ≪국민보≫를 통해 5년 전 상하이 임정이 이승만을 탄핵·면직한 사실과 구미위원부의 폐지 명령을 내린 사실을 들먹이면서 하와이 한인 사회에서 이승만이 그동안 '임시정부 대통령'으로 자처하며 '군림君臨'한 것은 잘못이라고 비판했다.[87]

이승만 비판 운동에 앞장선 이용직, 김현구, 김원용 등은 1930년 여름 동지미포대표회同志美布代表會가 개최되기 전 혹은 그 기간에 이승만의 초청으로 미 본토에서 호놀룰루에 건너온, 이른바 신도인新渡人들이었다. 이들은 오래전부터 하와이에 살아온 한인 교포들과 달리 미 본토에서 고등교육을 받은 지식인들이었다. 이들은 이승만과 그를 에워싼 동지회 인물들로 구성된 하와이 한인 사회의 기존 지도 세력의 '봉건적, 비민주적 조직 운영과 독선적 행위'에 거부감을 갖고 이승만을 배신, 그를 비판함으로써 이승만의 동지회 활성화 운동에 제동을 걸었던 셈이다.[88]

이승만에 반대하는 교민단과 이승만을 지지하는 동지회 간의 알력은 급기야 1931년 1월 13일 동지회 회원들이 호놀룰루의 교민총단관僑民總團館에 난입해 이를 점령하는 이른바 '교민총단관 점령사건'을 불러왔다. 교민총단관을 불시에 점령한 동지회 회원들은 14일 ≪국민보≫ 주필 겸 교민단 재무인 김현구를 파면한 다음, 15일에 교민단 총부단장 선거를 실시해 단장에 이종관, 부단장에 정인수를 선출하고 이어 기존 총단장 손덕인과 부단장 안영찬을 탄핵하고 해임 처리했다.[89] 이를 계기로 손덕인 단장을 지지하는 '교민단 측'과 이승만을 받드는 '동지회 측' 간에 총단관의 소유권을 둘러싸고 법정 소송이 제기되었다.[90]

이 사건에 뒤이어 2월 19일에는 한인기독교회에서도 마찰이 일어났다. 14개 지방 교회를 대표하는 대의원들이 참석한 제13회 정기총회에서 동지회계 인사들이 한인기독교회 중앙부를 새로 구성한 다음, 한인기독교회를 미 감독교회에 부속시키려 했다는 이유로 이용직 목사를 파면했다. 이를 계기로 한인기독교회 내에서도 동지회 측 교인들과 이용직 목사를 옹호하는 교민단 측 교인들 간에 소송이 발생했다.[91]

교민총단관 점령사건 관련 소송은 2월 7일 하와이 순회재판소의 앨버트 크리스티Albert M. Cristy 판사가 재판을 맡았다. 양측의 법정 공방을 심리한 크리스티 판사는 4월 16일의 재판에서 교민단 측이 총단관의 정식 임원이라고 판결했다. 이로써 교민단 측이 법정투쟁에서 승리한 것이다.[92] 동지회 측은 판결에 불복해 두 번 상고했으나 이 상고는 12월 29일 '증거 불충분'의 이유로 기각되었다. 한인기독교회 관련 법정 소송 역시 1931년 11월 19일경에 재판으로 결말이 났는데, 이 재판에서도 교민단 측이 승소해 동지회 측은 두 소송에서 모두 지고 말았다.[93]

1931년 1월부터 11월까지 계속된 법정 공방과 그에 따른 두 파 간의 유혈 폭력 사태에 깊이 관련되었던 이승만은 법정 소송에서 동지회 측이 패소하자 자신의 권위와 명예에 손상을 입은 채 1931년 11월 21일 슬며시 하와이를 떠났다.[94] 이 '풍파'의 여파로 1930년대 초에 900여 명에 달했던 하와이 동지회의 회원 수는 1931년에 500~600명 수준으로 감소했다.[95] 이로써 이승만은 동지식산회사 경영 실패의 여파로 자신이 1915년 이래 15년 이상 공들여 유지해온 하와이 한인 사회 내에서의 지도력에 치명상을 입고 말았다.

10. 제네바 국제연맹 회의 외교·선전 활동

1931년 9월, 일본의 관동군은 전격적으로 만주의 핵심부를 강점해 만주사변을 일으켰다. 만주사변은 상하이 임정과 미주 한인 사회에서 궁지에 몰렸던 이승만에게 독립운동의 새 계기를 가져다 주었다. 국제정세에 밝은 이승만은 한국의 독립을 위해선 일본의 만주 침략으로 미국과 유럽에서 고조된 반일 감정을 부추겨 미일전쟁을 앞당겨야 한다고 판단했다.

때마침, 1933년 2월 스위스 제네바에서 국제연맹The League of Nations 회의가 열릴 예정이었다. 이 회의에선 일제의 만주 침략을 규탄하는 「리턴 보고서The Lytton Report」의 채택 여부가 주요 의제로 다뤄질 예정이었다.

이승만은 누구보다 이 회의의 중요성을 잘 알고 있었기에 이 회의에 참석해 자신이 구상한 반일 외교와 선전 활동을 펼치고자 준비했다. 우선 이승만은 1932년 11월 10일, 김구의 한국독립당韓國獨立黨이 이끄는 상하이 임정의 국무회의(수석국무위원 조완구趙琬九, 외교부장 조소앙趙素昻)가 인준한 국제연맹 총회 대한민국 임시정부 '특명전권수석대표' 자격을 얻었다.[96]

이어서 12월 중순에는 헨리 스팀슨Henry L. Stimson 미 국무장관으로부터 출입국에 필요한 '외교관 여권diplomatic passport'을 이례적으로 발급

받았다.[97] 스팀슨은 1932년 1월 7일 '미국 정부는 일제의 만주 침탈 행위를 절대 승인하지 않을 것'이라는 내용의 '스팀슨독트린The Stimson Doctrine'을 발표한 바 있는 인물이었다.

여권을 발급받은 이승만은 하와이의 동지회(중앙부장 이원순李元淳)가 마련해준 외교 활동비를 지참하고[98] 1932년 12월 23일, 뉴욕에서 출발해 제네바로 떠났다.

1933년 1월 4일 제네바에 도착한 이승만은 '대한민국 임시정부 대통령'을 자처하면서[99] 대한민국 임시정부의 승인과 임시정부의 국제연맹 가입을 시도했다. 그러나 제네바 회의에 참석한 중화민국 대표단과 제네바 주재 미국 총영사 프렌티스 길버트Prentiss B. Gilbert는 이승만에게 그러한 외교 노력이 국제연맹 회의 소집 취지에 걸맞지 않아 실패할 것이라고 충고했다. 이에 이승만은 전략을 바꿔 일제 군부가 급조한 만주국滿洲國의 괴뢰성을 폭로하고 만주에 거주하는 한국인 이주자 100만 명이 자기가 원하는 국적을 선택할 권리가 있다는 점에 초점을 맞춘 선전 활동을 펼쳐나갔다.[100]

이승만은 1933년 2월 8일 자신의 주장을 담은 「만주에 있는 한국인의 진상Statement of the Koreans in Manchuria」이라는 문서를[101] 국제연맹의 사무국과 회원국 대표들, 그리고 세계 주요 신문과 방송 기자들에게 배포한 다음 몇몇 저명한 신문기자들과 인터뷰했다. 이어서 2월 18일 국제연맹의 방송시설을 이용해 「한국과 극동의 위기Korea and the Crisis in the Far East」라는 제목의 방송 연설을 했다.[102] 이승만의 이러한 활발한 선전 활동으로 2월 22일과 23일에 ≪뉴욕 타임스≫를 포함한 구미의 주요 신문에 이승만이 소개되고 그의 주장이 실리는 등 상당한 홍보 효과를 거두었다.[103]

이승만은 3월 20일, 제네바에서 출판한 『만주에 있는 한국인들*The Koreans in Manchuria*』이라는 자신의 저서를[104] 국제연맹 사무총장 에릭 드러먼드Eric Drummond에게 보내면서 "국제사회가 일찍이 일본의 한국 병탄을 묵인했기 때문에 지금과 같은 만주 침략 사태가 발생했다며 국제연맹이 한국인의 호소를 귀담아듣고 문제 해결에 임하라"고 당부하는 내용의 서한을 동봉했다.[105]

이승만은 이 저서를 자신보다 먼저 제네바에 도착한 상하이 임정의 '외교특파원' 서영해徐嶺海의 협조를 받아 제네바에 모여든 각국 외교관과 언론인들에게도 배포했다.[106] 이러한 다각적인 선전 활동으로 이승만은 2월 24일 국제연맹 본회의에서 「리턴 보고서」가 채택되고 이어서 3월 27일 일본이 국제연맹을 탈퇴하는 데 간접적으로 이바지했다.[107]

국제연맹 총회가 끝나자 이승만은 6월 11일 런던을 방문해 영국 의회 내 '한국친우회'의 회장직을 역임한 귀족원의 맘해드 경Lord Mamhead을 만났다. 다음 날, 이 둘은 런던에서 개최된 세계경제회의The World Economic Conference의 진행 상황을 라디오를 통해 함께 경청하며 세계정세에 관한 의견을 교환했다.[108]

이어서 파리로 건너간 이승만은 소련 입국에 필요한 비자를 받아 모스크바로 출발했다. 이승만은 제네바에 머물 당시 제네바 주재 중국 대표 후시처胡世澤(Victor Hoo)와 미국 총영사 길버트를 만나 미국, 중국, 소련, 한국 등 4개국이 연대해 일본의 아시아 대륙 침략을 제지해야 한다고 주장하며 자신이 직접 러시아를 방문할 수도 있다고 말했는데, 후시처와 길버트는 이 제의에 호의적인 반응을 보인 바 있었다.[109] 이에 이승만은 소련을 직접 방문, 외무성 관리를 만나 자신의 4개국 연대 구상 안을 협의하기로 한 것이다.

7월 19일, 이승만은 모스크바에 도착했다. 그러나 뜻밖에도 소련 외무성은 갑자기 태도를 바꿔 도착한 지 하루 만에 이승만을 모스크바에서 강제 퇴거시켰다.[110] 이유는 당시 동청철도東淸鐵道를 소련으로부터 매입하고자 모스크바를 방문 중이던 일본 사절단이 이승만의 비밀 외교 협상 계획을 탐지하고 이승만의 출국을 요구했기 때문이었다. 결국, 소련에서 쫓겨난 이승만은 폴란드를 거쳐 유럽 남부의 명승지를 두루 방문한 다음 1933년 8월 뉴욕으로 돌아왔다.

이승만은 제네바 체류 기간이던 2월 21일 저녁, 드루시 호텔Hotel De Russie 식당에서 우연히 필생의 반려자가 될 프란체스카 도너Francesca Donner 양을 만났다.[111] 이승만은 모스크바 방문 길에 프란체스카의 모국인 오스트리아의 빈에 들러 결혼을 약속했고, 미국으로 돌아간 지 1년이 지난 1934년 10월 8일 뉴욕의 몽클레아 호텔Hotel Montclaire에서 화촉을 밝혔다.[112] 당시 이승만의 나이는 쉰아홉 살이었고 프란체스카는 서른넷이었다. 결혼 후 하와이로 건너간 이승만 부부는 1939년까지 한인기독학원의 일을 돌보다가[113] 워싱턴으로 이사했다.

11. 태평양전쟁 기간 임정 승인 외교 활동

1939년 11월 말 워싱턴으로 이사한 이승만은 오랫동안 예상하고 기다렸던 미·일 간의 전쟁이 임박했다고 판단하고 『*Japan Inside Out: The Challenge of Today*(일본 내막기: 오늘의 도전)』이라는 영문 저서를 집필해 1941년 8월 1일 이 책을 출판했다.[114]

이승만은 이 저서에서 한반도와 만주, 그리고 중국을 침략한 군국주의 일본이 세계 정복의 야욕을 달성하려고 머지않아 태평양에서 미국에 도전할 것이라 예고하면서 미국이 당장 실력으로 일본을 제재하지 않으면 미·일 간 충돌이 불가피하다고 주장했다. 이승만은 노벨 문학상 수상자 펄 벅Pearl Buck 여사의 호의적인 서평이 표지에 실린 이 책을 미국 대통령 프랭클린 루스벨트Franklin D. Roosevelt 부처夫妻, 국무장관 코델 헐Cordell

Hull, 육군장관 스팀슨, 국무부 극동국 특별 정치 고문 스탠리 혼백Stanley K. Hornbeck에게 증정했다.[115] 이 책에서 예고한 대로 1941년 12월 7일 진주만사건이 발발하자 이 책은 미국 식자들 간에 널리 읽혔고 이승만은 '예언자'로 유명세를 타게 되었다.

태평양전쟁 기간인 1941년부터 1945년 사이에 이승만은 워싱턴에 거점을 두고 미국 정부가 충칭重慶 대한민국 임시정부(충칭 임정으로 약칭)를 승인하도록 하는 데 필요한 외교와 선전에 총력을 기울였다.

이승만은 1941년 6월 4일, 충칭 임정으로부터 '대한민국 임시정부 주미외교위원부 위원장 겸 주워싱턴전권대표駐華盛頓全權代表'로 임명된 상태였다. 태평양전쟁 발발 8개월 전인 1941년 4월, 미국에 있는 9개 한인 단체들의 대표자들은 북미국민회(위원장 김호金乎)의 주도하에 해외한족대회를 개최하여 재미한족연합위원회在美韓族聯合委員會(The United Korean Committee in America)를 발족시켰다. 그런 다음 임정을 위해 워싱턴에 주미외교위원부를 설립, 위원장으로 이승만을 내정하고 충칭 임정에 승인을 요청했다.[116] 이에 응해 충칭 임정의 김구 주석과 조소앙 외교부장은 대미 외교의 전권을 이승만에게 위임했다.[117]

충칭 임정으로부터 대미 외교의 전권을 위임받은 이승만은 진주만사건 발발 직후인 1941년 12월 9일, 주미외교위원부 위원장Chairman of the Korean Commission 자격으로 미 국무부를 방문해 혼백 특별 고문에게 임정의 신임장을 제출하고 임정 승인을 요청했다.[118] 그러나 혼백은 1942년 2월 4일 이승만에게 신임장을 돌려보내면서 임정 승인 문제를 제기하는 것이 시기적으로 부적절해 대통령의 관심을 끌기가 어렵다고 답했다.[119] 그러자 이승만은 2월 7일 헐 국무장관에게 정식으로 신임장과 함께 임정 승인 요청서를 발송했다.[120] 이에 헐 장관은 직답을 피하고 국무차관보 아돌프 벌Adolf A. Berle을 통해 임정 승인을 완곡히 거절하는 회답을 보

내왔다.[121]

이승만은 대답을 피하는 헐 장관에게 계속 면담을 신청했다.* 그리고 1942년 3월 14일, 임정 승인을 요청하는 서한을 보냈다. 해를 넘긴 1943년 2월 16일 헐 장관에게 마지막으로 보낸 면담 요청 서한에서 이승만은 미국 정부가 당장 충칭의 임정을 승인하지 않으면 태평양전쟁 종료 후 소련이 한반도에 '소비에트 코리아 공화국Soviet Republic of Korea'을 수립할 가능성이 있다고 경고했다.[122] 이러한 경고성 내용이 담긴 서한에도 헐 국무장관이 아무런 반응을 나타내지 않자 이승만은 드디어 1943년 5월 15일 이 경고 내용을 담은 장문의 임정 승인 요청서를 루스벨트 대통령에게 발송했다.[123] 루스벨트 대통령은 백악관 비서를 통해 이승만에게 보낸 답신에서 세심한 관심을 기울였다고 말하면서도 임정 승인 문제에 관해선 아무런 언질도 주지 않았다.[124]

1945년 4월, 루스벨트가 사망하고 해리 트루먼Harry S. Truman이 대통령에 취임했다. 이승만은 트루먼 대통령이 포츠담회담에 참석 중이던 1945년 7월 21일 트루먼에게 전보를 보내 포츠담회담에서 한국 문제를 논의해달라고 요청했다.[125] 그러나 트루먼 대통령 역시 이승만의 임정 승인 요청에 관심을 기울이지 않았다.

이 기간, 이승만은 미국 정부로부터 임정의 승인을 얻어내고자 다방면으로 노력했다. 이승만은 1942년 1월 워싱턴에 한미협회The Korean-American Council를, 그리고 같은 해 12월에는 기독교인친한회The Christian Friends of Korea라는 두 개의 로비 단체를 결성했다. 그중 한미협회는 워싱턴에 있는 파운드리감리교회The Foundry Methodist Church의 담임목사이며 미 연방 상원의 원목chaplain인 프레더릭 해리스Frederick B.

* 이승만은 1941년 12월 31일, 1942년 2월 16일, 그리고 1943년 2월 16에 걸쳐 계속해서 면담을 신청했다.

Harris 목사가 이사장직을 맡았고 전 주駐 캐나다 특명전권공사였던 제임스 크롬웰James H. R. Cromwell이 회장직을 맡았다. 그리고 이승만의 부인 프란체스카 여사를 비롯해 워싱턴에서 법률사무소를 운영하는 존 스태거스John W. Staggers 변호사, International News Service(INS)라는 통신사의 제이 윌리엄스Jay Jerome Williams 기자, 시러큐스대학교의 언론학 교수인 로버트 올리버Robert T. Oliver 박사 등 쟁쟁한 전문인들이 이사직을 맡았다.[126]

기독교인친한회는 이승만의 오랜 친구로서 세브란스의학전문학교와 연희전문학교의 교장직을 맡았던 올리버 에비슨Oliver R. Avison 박사가 워싱턴에 있는 아메리칸대학교의 폴 더글러스Paul Douglass 총장과 함께 발족시킨 단체로, 상하이YMCA 총무였던 이승만의 친구 피치 목사의 부인 제럴딘 피치Geraldine T. Fitch 여사가 실무직을 맡고 있었다.[127]

이들 친한 로비단체의 회원들은 임정 승인 촉구 대회에 참가하고 이승만을 대신해 편지 쓰기와 개인 면담, 잡지 기고 등을 통해 백악관, 국무부, 그리고 의회의 지도자들에게 한국 독립운동의 실상을 알리고 임정의 승인을 촉구하는 등 열성적으로 로비 활동을 펼쳤다.[128]

이승만은 1942년 2월 말 3·1운동을 기념해 워싱턴의 라파이에트호텔Hotel Lafayette에서 한미협회와 재미한족연합위원회가 공동 주최하는 한인자유대회The Korean Liberty Conference를 개최하고 미 하원의 존 커피John M. Coffee 의원, 더글러스 총장, 헐버트, 서재필, 한미협회 이사 등 10여 명의 저명인사를 연사로 초빙해 연단에 세웠다. 이날 연단에 선 인사들은 미국 행정부를 향해 임정의 즉각 승인을 촉구했고 이 강연은 워싱턴의 WINX 방송망을 통해 미국 전역에 실황 중계되었다.

한인자유대회에서 기조연설을 맡았던 이승만과 초청 연사들은 1882년에 체결된 조미조약의 정신에 따라 미국 정부가 충칭 임정을 당장 승인해

야 한다는 주장을 폈다. 또한 대회 참가자들은 다음의 5개 항의 결의문을 채택했다.[129]

(1) 한국의 자유와 해방을 성취할 때까지 계속해 투쟁할 것.

(2) 충칭에 있는 임정을 온 정성을 다해 지원하고 유지해 나갈 것.

(3) 미 국무부에 이미 제기한 임정 승인 요청을 지지하며 국무부가 충칭 임정을 '국제연합창립선언Declaration of the United Nations'의 일원이 되도록 허용하도록 요구할 것.

(4) 미 대통령에게 임정을 승인하고 임정에 국제연합 선언의 공식 회원 자격을 부여할 것을 건의할 것.

(5) 미 의회에 임정 승인을 청원할 것.

이러한 노력에도 미 국무부로부터 충칭 임정의 승인을 얻기 어렵다는 사실을 깨달은 이승만은 1941년 가을부터 그해 여름에 창설된 정보조정국Coordinator of Information: COI(국장 윌리엄 도노반William J. Donovan)과 1942년 6월 연합참모부 산하에 설립된 전략첩보국Office of Strategic Services: OSS에 접근해 이들 첩보기관을 이용한 일종의 참전외교參戰外交를 시도했다. 이승만은 COI 창설 때부터 친하게 지낸 OSS의 부국장 프레스턴 굿펠로M. Preston Goodfellow 대령[130]과 긴밀히 협력하면서 한국인 청년들을 대일 게릴라전이나 사보타주 활동에 동원하는 방책을 강구했다.

이로써 이승만이 추천한 장석윤張錫潤, 장기영張基永, 이순용李淳鎔, 정운수鄭雲樹 등 38명의 한인 청년들이 1942년과 1944년 사이에 COI와 OSS에 선발돼 무선 통신과 해상 전술 등 특수 교육을 받은 다음 미군에 배속되어 대일 전쟁에 투입되었다.[131] 그들 가운데 장석윤은 칼 아이플러Carl F. Eifler 소령이 이끄는 특수작전부대(101지대)에 발탁되어 1942년과 1943년

에 미얀마와 충칭을 드나들며 첩보 활동을 펼침으로써 미국의 대일 전쟁에 공헌했다.[132]

1942년 10월 이승만은 굿펠로 대령을 통해 '미주에 있는 한인 청년 약 500명으로 대대급의 자유한인부대a Free Korean Legion를 창설해 이를 미군에 배속시켜 대일 전쟁에 동원하고, 중국에 있는 2만 5천 명에서 3만 명의 광복군光復軍(The Korean National Army)을 미군의 지휘 계통에 통합해 대일 전쟁에 투입하자'는 내용의 한국프로젝트Korean Project를 OSS에 제안했다.[133] 이 야심 찬 제안을 검토한 OSS와 미 육군성은 현실적으로 실현 가능성이 희박하며 정치적으로도 바람직하지 않다는 이유로 거절했다.[134] 그 대신 OSS는 이승만이나 충칭 임정과 상의 없이 1945년에 냅코작전Napko Project과 독수리작전Eagle Project이라는 두 개의 한반도 침투 작전 계획을 세우고 한인 청년 70여 명을 비밀리에 모집해 특공대원으로 훈련시켰다. 아쉽게도 이 한인 특공대원들은 태평양전쟁이 끝날 무렵에야 훈련을 받기 시작했기에 대일 전쟁에 참전하지 못한 채 해방을 맞았다.[135]

미 국무부는 이승만의 임정 승인 요구를 철저히 외면하고 태평양전쟁이 끝날 때까지 충칭 임정을 승인하지 않았다. 그리고 미 군부의 OSS 역시 이승만이 제의한 한국프로젝트를 수용하지 않았다. 그렇다면 태평양전쟁 발발을 계기로 이승만이 한미협회와 기독교인친한회와 협력해 집요하게 펼친 대미 외교와 선전 활동은 완전히 실패한 것일까? 그렇지 않다고 봐야 한다.

이승만과 미국인 친한 로비 단체들이 백악관을 상대로 벌인 임정 승인 획득 노력은 1943년 12월 1일 루스벨트와 처칠 그리고 중국 군사위원장 장제스蔣介石 총통이 공동으로 발표한 카이로선언The Cairo Declaration의 탄생에 간접적으로 크게 기여했다.

그간 한국 독립운동사 연구자들은 역사적인 카이로선언에 종전 후 한국의 독립을 보장한다는 내용이 삽입될 수 있었던 것은 장제스 총통이 1943년 7월 26일 김구, 조소앙 등 충칭 임정 대표들을 충칭에서 면접했을 때 공약한 대로 카이로회담에서 전후戰後 한국의 완전 독립을 보장한다는 성명을 발표하자고 주창했기 때문이라고 이해해왔다.[136] 그러나 카이로선언의 작성 과정을 자세히 분석한 최근의 한 연구에 따르면, 카이로에서 한국 독립 문제를 장제스에게 먼저 제기한 사람은 루스벨트였고 또 카이로선언문의 초안草案을 작성한 사람은 루스벨트의 특별보좌관 해리 홉킨스Harry L. Hopkins였다.[137]

장제스는 1943년 11월 22일부터 26일까지 5일간의 카이로에서 열린 회담 도중 한 번도 한국 문제를 공식 거론한 일이 없다. 그뿐만 아니라 11월 23일 저녁에 루스벨트의 숙소에 초대되어 제반 현안을 토론할 때도 루스벨트가 한국 독립 문제를 먼저 거론하자 이에 수동적, 소극적으로 찬성했다.[138] 다음 날 홉킨스는 루스벨트의 지시에 따라 카이로회담의 공동선언문을 기안起案하고 그 초안을 루스벨트에게 보여주어 약간의 자구 수정을 받아 다듬은 뒤 25일 장제스와 처칠에게 전달했다. 미국 안을 접수한 영국 대표단의 알렉산더 캐도건Alexander Cadogan 외무차관은 중국 대표단의 왕충후이王寵惠 고문과 협의해 약간의 내용과 문구 수정 작업을 벌였는데, 이때 왕충후이는 미국 초안에 담긴 '적절한 시기에at the proper moment'라는 문구에 이의를 제기하지 않았다. 즉, 그는 전후 미국이 한국을 신탁통치하려는 의도가 담긴 이 문구에 이의를 제기하지 않음으로써 종전 후 한국의 즉각적인 독립을 주장하지 않았던 셈이다.[139]

이상의 과정으로 11월 27일 완성된 공동선언문은 11월 28일부터 12월 1일까지 테헤란에서 열린 회담에서 스탈린의 동의를 거쳐 12월 1일 '카이로선언'이라는 이름으로 공포되었다. 여기에서 중요한 사실은 이 선언문 안의 한국 독립 보장 내용은 홉킨스가 작성한 초안 그대로였다는 점이다.[140] 이렇게 따져볼 때 '한국 독립의 문'[141]이라고 불러 마땅한 카이로선언의 기획자는 장제스가 아니라 미국의 두 기독교 지도자인 루스벨트와 홉킨스였다고 말할 수 있다.[142]

그렇다면 카이로선언문의 내용을 기획한 루스벨트와 홉킨스에게 한국 독립 문제에 동정적 관심을 갖도록 만든 인물은 과연 누구였을까? 이승만이었을 가능성이 가장 크다. 그 이유는 세 가지이다.

첫째, 앞에서 거론한 대로, 이승만은 루스벨트 대통령과 그의 부인 엘리노Eleanor Roosevelt* 여사에게 1941년 8월 자신의 영문 저서 『일본 내막기』를 증정했다.[143] 이승만은 이 책에서 미국이 1882년에 조선과 체결한 조미수호통상조약을 무시하고 1905년부터 일본의 한국 병탄을 허용한 결과, 일제가 105인사건(1912)과 제암리사건(1919)을 일으켜 한국의 기독교도들을 무참하게 박해할 수 있었다며 양 사건의 진상을 폭로했다. 또한, 이승만은 엘리노 여사가 1940년 초 한국에 대규모 기근이 발생했을 당시 라디오와 신문 칼럼으로 기근 피해자들의 구제를 호소하고 적십자 모금 캠페인을 벌였던 사실을 언급하면서 감사를 표했다. 따라서 격무에 시달리는 루스벨트 대통령 자신은 제쳐두고라도 국제적인 인권운동가였던 엘리노 여사와 1940년까지 뉴욕의 사회사업가였다가 루스벨트의 특별보좌관이 된 독실한 감리교 신자 홉킨스는 이승만의 책을 주의 깊게 검토했을 가능성이 높다.

둘째, 이승만은 카이로선언 이전에, 루스벨트 대통령에게 적어도 세 차

* 엘리노 여사는 미국 사회에서 국제 인권보호와 사회 개혁운동의 '여성 사제司祭(a high priestess)'로 알려졌던 인물이다. 특히 그녀는 주미외교위원부와 뉴욕에 선교본부를 둔 장로교 단체들의 영향을 받아 한국 기독교인들의 운명에 깊은 관심을 기울였다. 또한 1945년 3월 9일 이승만 부처를 하이드 파크에 있는 자신의 저택에 초청해 한국 독립군이 미국의 '무기대여법'의 혜택을 받도록 하는 문제에 관해 이승만 부처와 상의한 다음 이 문제의 해결을 남편에게 꼭 부탁하겠다고 약속한 일도 있었다.

례 이상 친서를 보내 한국 독립운동에 관심을 기울여달라고 부탁했다.[144] 루스벨트 대통령은 태평양전쟁 동안 국무부와 협의하지 않고 전쟁 관련 외교 문제를 직접 챙겨 처리하는 대통령이었다. 이승만이 보낸 세 차례의 친서 가운데 특히 1943년 5월 15일자로 루스벨트 대통령에게 보낸 서한은 논지가 명쾌하고 내용이 감동적이기 때문에 루스벨트 대통령과 그의 특별 보좌관이 신중하게 검토했을 가능성이 높다. 이 편지에서 이승만은 다음의 주요 사실을 명쾌하게 논증했다.[145]

(1) 미국은 1882년에 조선과 체결한 조약을 스스로 위반해 1905년과 1910년에 일본이 한국을 병탄하도록 돕고 말았다. 그 결과 한국인은 지난 38년간 세계의 모든 피정복 민족 가운데 가장 심한 고통을 가장 오랫동안 받게 되었으니 지금이 바로 미국이 과거 한국인에게 저지른 죄과罪過와 불공정을 시정할 적시適時이다.

(2) 군국주의 일본이 대한제국을 멸망시킨 것을 시작으로 아시아의 여러 지역을 하나둘씩 정복한 끝에, 드디어 1941년 12월 진주만을 공격했다. 이로써 미국은 자국의 문명과 민주주의를 보호하는 데에 수많은 인명과 수억의 전비戰費를 허비하게 된 것이다.

(3) 이처럼 동아시아를 시작으로 불행한 사태가 확산된 것은 서양의 정치가들이 독립된 한국이 동양 평화의 보루라는 사실을 인식하지 못한 데서 비롯된 것이다. 역사적으로 일본의 팽창주의를 견제할 수 있는 민족은 오로지 한국인뿐이었는데 서양의 정치가들은 이 사실을 모르고 한국을 독립된 부강한 나라로 만들어주기는커녕 오히려 일제를 옹호해 세계평화를 위협하는 폭력적인 존재로 육성하는 데 물심양면의 지원을 아끼지 않았다.

(4) 그럼에도 미국인은 일본의 선전선동에 넘어가 한국을 제대로 이해하지 못했고 미 국무부는 여러 가지 핑계를 내세워 역사상 가장 오래 존속한 임시정

부인 충칭 임정을 승인하지 않고 있다.

(5) 모름지기 소련이 종전 후 한국에 소비에트 공화국을 수립한다는 소문이 들리는 이 판국에 과거 40년 이상 우려해온 러시아의 동방 진출을 막고 현재 진행 중인 대일 전쟁을 성공적으로 마무리 지으며, 앞으로 태평양 지역의 평화를 보전하기 위해서는 미국 정부가 당장 임정을 승인하고 동시에 한국인을 대일 전쟁에 참전시켜 실질적으로 미국을 도울 수 있게 해야 할 것이다.

이 서한은 5월 26일 대통령 비서실장 에드윈 왓슨Edwin M. Watson 소장少將의 명의로 접수되었으며 비서실은 이 편지가 대통령의 '세밀한 주의'를 받았다고 회답했다.[146] 이로 미루어 루스벨트와 홉킨스는 이승만이 5월 15일에 보낸 서한을 자세히 검토했음이 분명하고 이로써 한국의 독립 문제를 동정적으로 숙고했을 가능성이 높다.

셋째, 이승만은 친한 로비단체를 결성해 워싱턴 정가에서 활발한 로비 활동을 펼쳤다. 이승만이 1942년 발족한 한미협회와 기독교인친한회는 백악관을 상대로 충칭 임정을 승인하고 한국인을 대일 전쟁에 참전시키라는 로비를 강경하게 전개했다. 무엇보다 이들 로비 단체의 구성원들은 대부분 독실한 기독교인들이었다. 그 때문에 이들의 로비 활동은 독실한 기독교인으로 알려진 루스벨트 대통령과 감리교 교회에서 철저한 종교 훈련을 받고 자라나 마음 깊이 가난한 자와 억눌린 자에 동정심이 많았던 홉킨스에게 상당히 큰 영향을 끼쳤을 가능성이 있다.

한미협회 회원들은 루스벨트 대통령에게 충칭 임정을 즉각 승인하고 대규모 한국인 병력을 미국의 대일 전쟁 체제에 통합해 활용할 것을 건의하는 진정서를 제출하는 등 활발한 로비 활동을 펼쳤다.[147] 1942년 3월 6일자로 제출된 이 진정서는 워싱턴 파운드리감리교회 담임목사이며 미 상원의 원목인 해리스 목사와 워싱턴의 변호사 스태거스, INS 통신사의 기자

윌리엄스 등 3인의 한미협회 이사가 서명했다.

비록 백악관에서 이 진정서에 아무런 반응을 나타내지는 않았지만 진정서를 제출한 이사들의 사회적 지위와 기독교계에서의 영향력 등을 고려할 때, 기독교인이었던 루스벨트 대통령과 홉킨스에게 무시 못할 영향을 끼쳤을 것이다.

1903년부터 1942년까지 39년간 한국에서 선교사로 활동했던 감리교 목사 존 무어John Z. Moore 박사는 아마도 기독교인친한회 회원으로서 1943년 11월 19일 루스벨트 대통령에게 "미국이 1905년에 일본으로 하여금 대한제국을 점유하도록 도운 것은 커다란 잘못이었으며 지금이야말로 그 역사적 잘못을 바로잡을 적기"라는 내용의 편지를 보냈다.[148]

무어 박사는 이 편지에서 러일전쟁 종결 후, 한국에서 장기간 선교 활동을 펼치면서 한국 역사와 문화를 탐구했던 세계적으로 이름난 한국학의 권위자 제임스 게일James S. Gale(1863~1937) 박사가 일찍이 시어도어 루스벨트 대통령을 면담한 적이 있는데 그때 게일이 "1905년에 미국이 일본으로 하여금 한국을 병탄하도록 도운 것은 커다란 잘못이었다"고 지적하자 시어도어 루스벨트가 손바닥으로 자기의 무릎을 치며 "우리가 일본의 한국 점유를 도운 것이 정말 잘못이었느냐"고 후회 조의 말을 했다는 일화를 소개했다.[149] 무어 목사의 뼈 있는 내용의 편지는 루스벨트와 홉킨스에게 큰 영향을 끼쳤음이 틀림없다.[150]

이러한 일련의 상황을 따져볼 때, 이승만이야말로 누구보다도 루스벨트와 홉킨스의 합작품이라 할 수 있는 카이로선언의 탄생에 가장 크게 이바지한 한국인 공로자였다고 말할 수 있다.

여하튼 이승만은 카이로선언 직후 루스벨트 대통령에게 감사의 전보를 친 다음 12월 9일 별도로 루스벨트에게 친서를 발송했다. 이 서한에서 루스벨트 대통령이 자기의 은사인 윌슨 대통령의 정신을 계승해 민주주의의적敵들과 용감하게 싸워온 업적을 찬양한 다음 '세계의 모든 정치가들 가운데 처음으로' 한국이 일본에 대항해 싸울 수 있다는 사실을 깨닫고 또 3천만 한국인이 일제의 가혹한 폭정에 시달림을 유념해준 데에 개인적으로 깊이 감사한다고 말하면서 장차 루스벨트 대통령의 이름이 한국 역사에서 영원히 기억될 것이라고 부언했다.[151]

태평양전쟁 중 이승만은 미 법무부는 물론 육군성과의 교섭에서도 상당히 알찬 성과를 거두고 있었다. 이승만은 태평양전쟁 발발 후 하와이와 미국 본토에 거주하는 한인들을 대신해 미 법무장관 프랜시스 비들Francis Biddle에게 한국인을 적성국가인 일본인과 동일하게 취급하지 말아 줄 것을 요청하는 내용의 서한을 발송한 바 있다. 이 요청에 응해 비들 장관은 1942년 2월 9일, 미국에 거주하면서 1940년의 외국인등록법에 따라 등록한 한국인 가운데 자의로 일본 국적을 취득하지 않은 사람에 한해 적성국가 외국인에게 가해진 규제에서 특별 면제한다는 성명을 발표했다.[152] 이 같은 법무장관의 성명에도 불구하고 하와이 주둔군 당국이 한국인과 일본인을 동일하게 취급하는 사태가 벌어지자 이승만은 1943년 3월 30일 스팀슨 미 육군장관에게 서한을 보내 임정이 일본과 교전 상태에 있음을 상기시키면서 하와이 군 당국의 한인 탄압을 시정하도록 촉구했다. 그 결과 이승만은 곧바로 스팀슨으로부터 모든 일선 지휘관들에게 지시를 내려 앞으로 일본 국적을 취득하지 않은 한국인에게 부당한 대우를 하지 않겠다는 약속을 받아낼 수 있었다.[153]

이승만은 미 COI와 그것의 후신인 OSS로부터 여러 가지 특혜를 받았다. COI와 OSS는 비록 이승만이 제의한 야심 찬 '한국프로젝트'를 수용하지는 않았지만 1942년 6월과 7월, '미국의 소리Voice of America' 방송망으로 이승만의 연설을 한반도 전역에 송신해주었다. 이승만은 이 방송연설로 국내 동포들에게 일본의 패망이 임박했음을 알리고 적당한 시기에

무장봉기할 것을 선동했으며 이로써 국내에서 성가를 높일 수 있었다.[154] 그리고 OSS는 1942년과 1943년간 이승만과 충칭 임정 간의 무전 교신을 중계해줌으로써 해방 전후 이승만과 임정 주도 세력 간의 긴밀한 협조를 가능하게 해주었다.[155]

요컨대, 이승만은 1919년부터 1943년까지 꾸준히, 그리고 그 누구보다도 더 열성적이며 효과적으로 역대 미국 대통령들과 국무장관들에게 임정 승인을 요청하는 문서 외교를 전개했고, 구미위원부를 통해 한국 독립의 당위성과 필요성을 강조하는 잡지와 단행본, 팸플릿 등을 영문으로 출판 배포했으며, 워싱턴회의와 제네바 국제연맹 총회에 임정의 대표로 참가해 각국 외교관들과 언론인들에게 한국 독립의 당위성과 필요성을 주지시켰다. 그 결과 태평양전쟁 발발 후 백악관을 비롯해 법무부, 육군성, OSS 등으로부터 상당히 실속 있는 지원을 확보하는 데 성공했던 것이다.

이는 대다수의 이승만 연구자들이 생각하는 것처럼 이승만의 외교독립운동이 완전히 도로徒勞에 그친 것이 결코 아니며, 오히려 이승만이 1919년 이후 1945년까지 대한민국 임시정부의 대통령, 구미위원부 창설자, 그리고 충칭 임정의 주미외교위원부 위원장 등의 자격으로 끈질기게 전개한 모든 외교·선전 활동이 상당히 중요하고 실속 있는 성과를 거둔 운동으로 높이 평가받아 마땅한 것임을 뜻한다.[156]

12. 샌프란시스코 유엔 창립총회에서의 외교·선전 활동

1945년 4월 25일부터 6월 26일까지 샌프란시스코에서 국제연합 창립총회The United Nations Conference on International Organization가 열렸다. 충칭 임정은 4월 8일 이승만을 10명으로 구성된 한국대표단의 단장으로

임명했다.[157]

단장으로 임명되기 전 이미 이승만은 3월 8일 이 대회를 주최하는 미국의 국무장관 에드워드 스테티니우스Edward R. Stettinius, Jr.에게 한국대표단의 대회 참가 승인을 신청했다.[158] 이에 미 국무부는 "회원국의 합의에 따라 1945년 3월 1일까지 유엔UN에 가입한 국가들만 샌프란시스코회의에 초청한다"는 이유를 내세워 이승만의 참가 신청을 거부했다.[159] 이승만은 다시 창립총회의 사무총장인 앨저 히스Alger Hiss에게 한국대표단 옵서버 참관을 허락해달라고 요청했지만, 이것 역시 거부당했다.[160]

결과적으로 샌프란시스코에서 이승만이 펼칠 수 있는 외교는 한정되었다. 이승만은 충칭 임정의 외교부장 조소앙과 공동명의로 미국과 기타 유엔 창설 국가들이 1882년의 조미조약과 1943년 12월에 공포된 카이로선언의 기본 정신에 따라 충칭 임정을 즉각 승인할 것과 그 임정을 금번에 정식 발족하는 국제연합의 회원국으로 받아줄 것을 요청하는 「유엔 창립총회에 바치는 진정서Memorial to the United Nations Conference on International Organization」를 4월 25일자로 작성해 총회 사무국에 제출하고 이 문서를 각국 대표들에게 배포했다.[161]

한편, 이러한 외교 활동에 한계를 느낀 이승만은 샌프란시스코회의에 참석한 열국 대표들이 한국의 독립 문제에 관심을 갖도록 유도하는 데 도움이 될 대담한 선전활동을 기획했다. 이승만은 샌프란시스코회의 도중인 5월 8일 ≪시카고 트리뷴*The Chicago Tribune*≫ 지에, 그리고 5월 12일에는 ≪샌프란시스코 이그자미너*The San Francisco Examiner*≫ 지에 미국이 카이로선언의 정신을 위반하고 한국대표단의 대회 참가를 막은 이유는 1945년 2월 얄타회담에서 미국, 영국, 소련 정상이 한반도 문제를 놓고 '밀약'을 체결했기 때문이라는 기사를 싣게 했다.[162] 그가 폭로한 이른바 '얄타밀약'의 내용인즉, "영국과 미국은 일본과의 전쟁이 끝난 뒤까지 조선을 러시아의 세력 범위 안에 둘 것을 러시아와 동의했다. 더 나아가 일본과의 전쟁이 끝날 때까지 미국과 영국은 조선에 어떠한 약조든지 하지 않을 것에 의견이 일치되었다"는 것이었다.[163] 이승만은 이 정보를 '소련 공산당에서 탈당해 미국으로 귀화한 신뢰할 만한 평판 높은 비밀 정탐원'인 에밀 고브로우Emile Gauvreau로부터 입수했다고 주장했다.[164]

이승만은 5월 13일 미국의 보수계 언론 재벌인 윌리엄 허스트William R. Heasrt에게 편지를 보내 얄타 밀약설을 ≪로스앤젤리스 이그자미너*The Los Angeles Examiner*≫ 지에도 보도해달라고 부탁하고,[165] 그 다음 날에는 미 상원의원인 월터 조지Walter F. George와 오언 브루스터Owen Brewster, 그리고 하원의원 클래어 호프만Clare E. Hoffman에게 얄타 밀약의 내용을 통보하면서 한국이 러시아의 지배하에 넘어가지 않도록 개입해줄 것과 또 장차 한국이 유엔에 가입할 수 있도록 도와 달라고 요청했다.[166]

이들 의원으로부터 즉각적인 반응이 없자 이승만은 5월 15일 미국의 새 대통령 트루먼에게 처음으로 친서를 보냈다. 이 서한에서 이승만은 트루먼에게 1905년 미·일 간에 맺어진 가쓰라-태프트 밀약으로 미국이 조선을 일본에 팔아 넘긴 사실을 상기시키면서 "이번에 유엔총회 기간에서 밝혀진 얄타 밀약으로 또다시 한국이 비밀외교의 희생물이 되지 않도록 대통령께서 직접 개입해줄 것"을 요청했다. 그러면서 "대통령이 직접 개입하는 것이야말로 과거 미국이 범한 잘못을 바로잡는 일이며 3천만 한국인이 노예로 전락하는 것을 막는 유일한 방책"이라고 강조했다. 더불어 이승만은 트루먼 대통령에게 "한국이 앞으로 유엔의 회원국이 되는 문을 열어줄 것"을 당부했다.[167]

당시 유엔 창립총회에는 뉴스거리가 별로 없던 터라 기자들은 이승만의 주장을 대서특필했다. 미 국무부는 5월 22일부터 6월 8일까지 이승만의 얄타 밀약설은 사실무근이라고 반박해야 했고[168] 영국의 처칠 수상도 중의

원에서 "얄타에서 회담한 3국 정상 간에 많은 주제가 토론되었고 약간의 일반적인 이해가 성립되었지만 아무런 비밀 협약도 체결되지는 않았다"고 해명하고 6월 7일자로 공식 성명을 발표했다.[169] 소련 정부는 5월 24일자 공산당 기관지를 통해 얄타 밀약설을 반박하면서 이것은 정신 상태가 좋지 않은 사람의 무책임하고 황당한 주장이라고 논평했다.[170]

그러나 이승만은 자기주장을 굽히지 않았다. 그는 7월 18일 트루먼 미 대통령에게 보낸 전보에서 밀약설이 사실이 아니라면 3국의 정상이 한국에 관한 모든 비밀 협정을 부인하는 내용의 공동 성명을 발표해달라고 요구했다.[171] 이어서 7월 25일 미 국무부 동아시아국의 프랭크 록하트Frank P. Lockhart 국장 서리에게 서한을 보내 소련 정부가 얄타 밀약설에 침묵을 지키고 있고 영국 수상이 얄타에서 "많은 주제가 토론되었다"라고 언명한 사실로 미루어 자기는 얄타 밀약에 의심을 버리지 못한다고 천명했다.[172]

오랜 시간이 흐른 뒤 확인된 사실이지만, 얄타회담에서 루스벨트와 스탈린이 한국의 신탁통치 문제를 거론하기는 했으나 루스벨트, 처칠, 스탈린이 전후 한국 문제 처리를 놓고 어떤 협약을 맺은 일은 없었다. 얄타 밀약설은 평소 루스벨트 행정부의 대소 유화정책에 불만을 품고 있던 이승만이 전후 한국 문제 처리 과정에 소련을 개입시킬 가능성을 미리 봉쇄할 의도에서 얄타회담 이후 고브로우라는 인물의 인격과 그가 제공한 정보의 진위를 확인하지 않은 채, 암암리에 유포되고 있던 밀약설을 자신의 소신에 따라 발표한 것으로 보인다.[173]

여하튼 이승만은 샌프란시스코회의에서 얄타 밀약설을 터뜨림으로써 국제사회에 한국 문제를 환기했고 동시에 자신을 아시아의 강력한 반소, 반공주의자로 부각하는 데 성공했다.[174] 이 일로 이승만은 소련으로부터 극단적인 반소 반공주의자로 낙인찍히고 미 국무부에서도 기피 인물이 되었다. 그러나 이승만은 미 군부와 공화당의 보수적 반공주의 인사들로부터는 높이 평가받는 존재가 되었다. 그들 가운데 한 사람이 바로 아시아 우선주의자로서 투철한 반소 반공의식을 지녔던 태평양 지역 연합군 총사령관 더글러스 맥아더Douglas A. McArthur 장군이었다.[175]

13. 해방과 귀국

이승만은 미국 동부 시각으로 1945년 8월 14일 밤 11시, 워싱턴의 자택에서 라디오 방송을 통해 일본의 항복 소식을 들었다. 그날 밤 자기 집에 모여든 동지들에게 이승만은 "소련이 어떻게 나올지가 걱정이다……. 미국이 일을 지혜롭게 처리하지 못하면 한반도에서 민족주의자와 공산주의자 간에 피를 흘리게 될지도 모른다"[176]라고 말하면서 조국의 앞날을 우려했다.

이렇게 착잡한 심정으로 해방을 맞이한 이승만은 굿펠로 대령의 도움을 받아 귀국 수속을 서둘렀지만, 이승만을 기피 인물로 여긴 미 국무부는 이 핑계 저 핑계를 내세워 여권을 발급해주지 않았다.[177]

이승만은 8월 27일 트루먼 대통령에게 직접 전보를 보내 "본인은 한국을 점령할 미 당국을 도와줄 용의가 있으니 가능한 한 가장 이른 시일 내에 귀국할 수 있도록 여행 편의를 제공해달라" 고 요청했다.[178] 그러나 백악관에서는 아무런 대답이 없었다. 그런데 공교롭게도 9월 13일과 24일에 서울에 있는 미 군정청의 최고 책임자 존 하지John R. Hodge 중장이 일본 도쿄에 있는 사령관 맥아더 장군에게 남한의 정치 안정을 확보하기 위해 이승만의 귀국이 필요하다고 건의했다.[179] 그제서야 국무부의 딘 애치슨 Dean Acheson 장관서리는 9월 27일 이승만을 미 육군 소속 비행기로 귀국하는 것을 허락하면서 대한민국 임시정부의 대표가 아닌 개인 자격이라는 조건을 달았다.[180] 이승만은 결국 '유자격 개인a qualified individual'의 신분으로 미 육군성 군사정보처 워싱턴 출장소Washington Branch, Military Intelligence Service에서 마련해준 군용기를 타고 10월 3일 단신으로 워싱턴을 출발, 귀국길에 올랐다.[181]

이승만은 서울로 귀환하는 도중 10월 12일에 도쿄에 기착했다. 원래 국무부는 이승만에게 마닐라를 거쳐 서울로 비행하는 것을 허락했으나 이승만이 9월 27일 맥아더에게 마닐라 대신 도쿄를 거쳐 서울로 돌아갈 수 있게 해달라고 요청해 귀국 행로가 바뀐 것이다.[182] 이승만은 도쿄에서 당시 일본과 남한을 담당하던 연합군총사령관 맥아더의 환대를 받았고 또 미리 도착해 대기 중이던 주한 미군 총사령관 하지 중장과도 면담한 후 맥아더가 제공한 군용기를 타고 10월 16일 김포비행장에 도착했다.[183]

이승만은 해방 후 두 달이 지나서야 33년간 몽매에도 잊지 못한 조국에 돌아온 것이다. 당시 이승만의 나이는 일흔이었다. 노령의 애국자에게 비친 한국은 옛날의 조국이 아니었다. 한반도는 38선으로 분할되어 그 이북은 소련군이, 그리고 그 이남은 미군이 각각 점령한 상태였다. 남한에는 9월 9일부터 하지 중장의 지휘하에 군정이 시행되고 있었고, 그런 상황에서 한국인 정치 지도자들은 좌우와 중간파로 나뉘어 치열한 권력투쟁을 벌이고 있었다. 그들 가운데 여운형은 8월 15일 조선건국준비위원회朝鮮建國準備委員會를 발족시켜 전국적으로 지부를 조직해 세력을 확장하는가 하면, 박헌영朴憲永은 재건된 조선공산당朝鮮共産黨을 이끌고 9월 6일 조선인민공화국朝鮮人民共和國(인공)을 수립, 선포한 데 이어 9월 14일에는 인공의 내각 명단을 발표했다. 이승만은 이 명단에 주석主席으로 추대되어 있었다.[184] 다른 한편, 우익의 송진우宋鎭禹, 김성수 등 보수계 정치인들은 9월 16일 한국민주당韓國民主黨(약칭 한민당)을 결성하고 이승만을 그들의 영수領袖로 추대했다.[185]

14. 대한민국 건국운동

한반도의 운명이 근본적으로 미·소 양 대국의 한반도 정책에 달렸다고 판단한 이승만은 미국이 1945년 12월 26일 모스크바3상회의에서 소련과 합의한 4대국의 5년간 신탁통치안을 실제로 어떻게 처리하는가를, 서울에서 개최될 제1, 2차 미소공동위원회의 진행 과정에 초점을 맞추어 예의 관찰하면서, 남한을 통치하는 미 군정에 때로는 협력하고 때로는 길항拮抗하며 나름대로 준비한 건국 청사진에 따라 국가 건설 작업을 착착 진행해갔다.

이른바 해방 공간에서 이승만은 다음과 같은 다섯 단계를 거쳐 새 나라 건설 작업을 추진함으로써 1948년 8월 15일 대한민국 건국 사업을 완수할 수 있었다.

제1단계: 분열된 정치 세력의 통합 시도(1945년 10월~11월)

서울에 도착한 이승만이 맨 먼저 착수한 작업은 국내의 모든 정치 세력을 통합하는 것이었다. 그는 조선호텔에 여장을 푼 다음 날인 10월 17일 기자회견과 라디오 방송으로 온 민족이 정당과 당파를 초월, 한 덩어리로 뭉쳐서 조국의 완전무결한 독립을 이룩하자고 역설했다.[186] 그 뒤 10월 23일에는 조선호텔에 모인 한민당, 조선공산당, 국민당(당수 안재홍) 등 65개 정당, 사회단체 대표자 200여 명에게 사상과 감정의 차이를 초월해 모두 하나로 뭉칠 것을 다시 한 번 호소했다. 이승만은 그 모임에서 국내 정치 세력의 통합 기구로 발족한 조선독립촉성중앙협의회朝鮮獨立促成中央協議會(약칭 독촉중협)의 회장으로 추대되었다.[187]

이승만은 11월 2일 천도교 강당에서 개최된 독촉중협 제1차 회의에서 조선의 즉각 독립과 38선의 폐지, 신탁통치 절대 반대, 그리고 국민선거에 의한 완전 독립과 통일된 민주정부의 수립 등 우리 민족의 의지를 담은 메시지를 채택해 미국, 소련, 영국, 중국 등 4대 연합국에 전달하자는 결의를 이끌어내고 직접 작성해온 초안을 제시했다. 이 메시지 초안은 약간의 자구 수정을 거쳐 11월 4일 연합국 가운데 하나인 미국 정부에 발송되었다.[188]

독촉중협을 통한 이승만의 정치 세력 통합 노력은 조선공산당을 비롯한 좌익 세력과 중간파 정당들이 협조를 거부함으로써 더 이상 진전되지 못했다. 이승만은 10월 21일 라디오 방송을 통해 공산당과 협력할 의사를 밝혔고, 10월 31에는 박헌영과 면담해 그로부터 타협조의 애매한 협조 약속을 받아낸 바 있다.[189] 그러나 박헌영과 조선공산당은 친일파 숙청을 먼저 해야만 독촉중협에 협조하겠다는 원칙을 내세우고, 또 이승만이 인공의 해체를 요구하는 점에 강한 불만을 드러내면서 이승만의 대동단결운동에 제동을 걸었다. 결국, 이승만은 11월 7일 저녁 라디오 방송을 통해 공산당이 자기에게 부여한 인공의 주석직을 사퇴한다고 선언함으로써 공산당과의 관계를 단절했다.[190] 이에 맞서 공산당도 11월 16일에 독촉중협에서 탈퇴한다고 선언하고, 이어서 여운형의 인민당과 안재홍의 국민당 역시 독촉중협에서 탈퇴했다.[191] 이로써 독촉중협을 중심으로 분열된 정치 세력을 통합해 자주 통일 독립국가를 수립하려던 이승만의 노력은 수포로 돌아갔다.

제2단계: 반탁운동과 미 군정과의 협력(1945년 12월~1946년 5월)

1945년 12월 28일 모스크바협정의 내용이 국내에 보도되자 11월 23일에 귀국한 충칭 임정의 김구 주석 등은 신탁통치반대국민총동원위원회信託統治反對國民總動員委員會를 조직해 대대적으로 반탁운동을 전개했다. 이승만은 이듬해 2월 8일 자신이 이끄는 독촉중협과 신탁통치반대국민총동원위원회를 통합해 대한독립촉성국민회大韓獨立促成國民會(약칭 독촉국민회)를 발족시키고 김구와 더불어 반탁운동에 박차를 가했다.

특히 4월 중순부터 6월 하순까지 영남과 호남 지역을 순방해 반공·반탁 강연을 함으로써 반탁 분위기를 전국적으로 확산시켰다.[192] 개인적으로 그는 남선순행南鮮巡行을 통해 남한 국민의 실정을 파악함과 동시에 득의의 웅변술을 발휘해 열변을 토함으로써 남한 동포들의 마음에 카리스마적 인상을 심을 수 있었다. 그 결과 남한 각지에 수많은 독촉국민회 지부가 설립되고 대한독립촉성국민회청년단, 대한독립촉성전국청년총동맹, 대한독립촉성애국부인회, 대한독립촉성노동총연맹 등 우익 청년·여성·노동 단체들이 결성됨으로써 전국적으로 우익 세력이 좌익 세력을 압도하는 현상이 나타났다.[193]

6월 11일 독촉국민회 전국대표자대회에서 자기에게 부여된 총재직을 수락했을 때 이승만은 국내 최대의 우익 대중 조직을 확고히 장악하고 있었다.[194] 1946년 7월 조선여론협회The Korean Public Opinion Association가 서울의 사람들이 가장 많이 다니는 장소 세 군데에서 6천716명을 대상으로 "누가 초대 대통령이 될 것인가?"를 묻는 여론 조사를 벌인 결과 이승만의 대중적 인기는 아래의 통계에 보이듯이 김구, 김규식, 여운형, 박헌영을 훨씬 앞지르고 있었다.[195]

이승만	1,961	(29%)
김구	702	(10.5%)
김규식	694	(10.3%)
여운형	689	(10.3%)
박헌영	84	(1.3%)
기타	110	(1.6%)
모르겠다	2,476	(36.9%)

이승만은 김구와 협력하면서 반탁운동을 전개했지만 미 군정과 정면 대결을 불사하는 김구와는 달리, 적어도 1946년 6월까지는 미 군정과의 마찰을 피하고 오히려 미 군정에 협조하는 자세를 유지했다. 그가 이렇게 행동한 것은 무엇보다도 그동안 미국에서 자기의 독립운동을 적극 지원해 준 굿펠로가 1945년 12월에 하지의 특별 정치고문으로 서울에 부임해 자신의 정치적 입지를 굳혀주고 있었기 때문이었다.[196] 굿펠로의 부임은 이승만이 맥아더와 하지에게 요청해 이뤄진 것이기도 했다.

이승만은 1946년 2월 14일 하지 중장이 굿펠로의 건의에 따라 미 군정의 최고 자문기구로서 발족시킨 남조선대한국민대표민주의원南朝鮮大韓國民代表民主議院(The Representative Democratic Council of South Korea: 약칭 민주의원) 개원식에서 의장으로 선출되었다.[197] 이렇게 민주의원의 의장이 된 이승만은 윤치영을 민주의원 비서국장으로 발탁한 다음[198] 민주의원을 미 군정 자문기구가 아니라 자율적인 과도정부 수립 추진 기구로 활용하기 시작했다.

이승만은 우선 3월 15일에 개최된 민주의원 회의에서 27개의 정책안이 담긴 '임시정책 대강'을 의결, 공포하도록 조처했다.[199] 그중 중요한 내용을 짚어보면 다음과 같다.

> ① 전 국민의 완전한 정치, 경제, 교육의 평등 원칙을 기초로 독립국가와 평등사회를 건설한다.
>
> ⑤ 적산敵産과 반역자의 재산은 공·사유를 물론하고 몰수한다.
>
> ⑨ 모든 몰수 토지는 농민의 경작 능력에 의준依準해 재분배한다.
>
> ⑩ 대지주의 토지도 동일한 원칙에서 재분배하되 현 소유권자에겐 적정하게 보상한다.
>
> ⑪ 재분배된 토지 대금은 국가에 장기적으로 분할 납부하도록 한다.

⑰ 국가의 부담으로 의무교육제도를 시행한다.

그 뒤 이승만은 1946년 9월 임영신任永信을 민주의원의 집행위원으로 임명해 미국으로 파견, 워싱턴에서 주미외교위원부를 관장하고 있는 임병직林炳稷과 함께 레이크 석세스Lake Success에서 열리는 유엔총회에 한국 문제를 상정하도록 조처했다.[200]

이승만은 1946년 5월 굿펠로의 암묵적 협조하에 대한경제보국회大韓經濟報國會(회장 민규식)로부터 독립자금이라는 명목의 헌성금獻誠金 1천만 원을 헌납받았다.[201] 이것은 해방 공간에서 한국 정치인이 모금할 수 있었던 정치자금 가운데 최고치에 해당하는 금액이었다. 그 뒤로도 이승만은 계속 우익 단체와 우익 기업가들로부터 정치자금을 조달받았다. 특히 1946년 말에서 1947년 초까지는 김성수, 백성욱白性郁 등 개인과 각종 우익 단체들로부터 '도미외교후원금' 명목으로 약 1천500만 원의 정치자금을 헌납받았다.[202]

이상과 같이, 이승만은 1945년 10월 서울에 도착한 이래 1946년 중반까지 미 군정, 맥아더 사령부, 워싱턴에 있는 주미외교위원부 등을 통해 국제 정세 변화의 최신 정보를 신속하게 입수하는 특권을 누리면서, 해방 공간의 권력투쟁에서 승리하는 데 필요한 요건들을 갖춰나갔다. 즉, 이승만은 누구보다도 미 군정 휘하의 경찰력을 지원받을 수 있었고, 강력한 대중조직을 결성했으며, 막대한 정치자금을 확보함으로써 우익 진영 최고지도자로서의 위상을 확고히 굳히고 있었다.[203]

제3단계: 남한 과도정부 수립 운동과 방미 외교(1946년 6월~1947년 4월)

이승만은 1946년 6월 3일 남선순행의 일환으로 정읍井邑에 들렀을 때, "이제 우리는 무기 휴회된 미소공위가 재개될 기색도 보이지 않으며 통일

정부를 고대하나 여의케 되지 않으니…… 남방만이라도 임시정부 혹은 위원회 같은 것을 조직해 38선 이북에서 소련이 철퇴하도록 세계 공론에 호소해야 될 것이니 여러분도 결심해야 될 것이다"[204] 라는 내용의 남한 과도정부 수립론(세칭 남한단정론)을 제기했다.

이승만은 38도선 이북에서는 이미 1946년 2월에 '북조선임시인민위원회(위원장 김일성)'라는 사실상의 단독 정권이 수립되어 '민주개혁'이란 미명하에 사회주의적 개혁 작업을 착착 진행하고 있는 데다, 서울에서 개최된 제1차 미소공동위원회가 5월 6일 아무런 성과 없이 끝났기 때문에 남한에 '임시정부' 혹은 '임시위원회 같은 것'을 수립하지 않으면 남한마저 공산화될 가능성이 농후하다고 판단해 이러한 제안을 내놓았던 것이다.

6월 29일 이승만은 남한 과도정부 수립을 추진할 대중조직인 민족통일총본부民族統一總本部(약칭 민통)를 발족시킴으로써 단독정부 수립 운동에 발동을 걸었다.[205]

오래전부터 이승만을 못마땅하게 여기던 미 국무부는 이승만이 '미소합의에 따른 한반도 문제 해결'이라는 미국의 기본 정책에 배치되는 단정 수립 운동을 개시하자 6월 6일 서울의 미 군정 당국에 이승만을 정계에서 몰아내고 그 대신 '진보적 강령을 추진할 수 있는 지도자'를 물색해 지원하라고 지시했다.[206] 이러한 국무부의 지시를 예견한 듯, 하지 중장은 5월 24일 굿펠로의 후임으로 정치고문에 임명된 레너드 버취Leonard M. Bertsch 중위를 앞세워 5월 25일부터 중도파 정치인 김규식과 여운형을 중심으로 좌우합작左右合作운동을 벌이기 시작했다.[207] 이렇게 미 국무부와 미 군정의 입장이 일변하자 이승만과 하지 간에는 갈등이 불가피하게 되었다.

1946년 10월 7일 김규식과 여운형이 철저히 준비한 끝에 발표한 '좌우합작위원회 합작 7원칙'에 한민당은 물론 조선공산당 중심으로 재편된 좌익 세력의 결집체인 남조선노동당南朝鮮勞動黨(약칭 남로당)도 거세게 반발했다. 이로써 좌우합작운동은 출발부터 난항을 겪게 되었다.[208] 그럼에도 미 군정은 좌우합작위원회(위원장 김규식)를 중심으로 중도 세력을 강화하는 노력에 박차를 가했다.

미 군정은 입법의원을 구성하기로 결정하고 10월 17일부터 22일까지 민선民選의원 45명의 선거를 실시하고, 이어서 11월 후반에는 관선官選의원 45명의 심사를 마친 뒤 12월 12일에 김규식을 의장으로 한 남조선과도입법의원南朝鮮過渡立法議院(약칭 입법의원)을 발족시켰다.

그런데 10월에 치러진 입법의원 선거에서 우익 후보자들이 압승을 거두자 하지 중장은 당선된 우익 의원 3명에게 선거 무효 처분을 내리고 그들이 선출된 선거구의 재선거를 지시하는가 하면, 자기가 주관하는 관선의원 심사에서는 우익 인사들을 제외하고 그 대신 좌우합작위원회에서 추천한 중도파나 용공容共 인사들을 대거 선발했다.[209]

이러한 편파적 조치에 격분한 이승만은 하지가 관선의원을 선정하는 기간에 그를 찾아가 좌우합작위원회 위주의 정권인수 계획(일명 한국화계획)을 포기하라고 요구하고 그렇게 하지 않으면 하지를 공개적으로 비판하겠다고 말했다. 하지가 이 요구를 무시하자 이승만은 11월 25일 하지에게 "내가 직접 미국을 방문해 미 군정의 실책을 온 세상에 폭로하고 한국 문제를 유엔에 제출하겠다" 고 선언했다.[210]

이승만은 하지의 만류를 뿌리치고 맥아더가 마련해준 비행기 편으로 12월 4일 서울을 출발, 미국으로 향했다. 12월 7일 워싱턴에 도착한 이승만은 트루먼 대통령과 1월 7일 국무장관으로 지명된 조지 마셜George C. Marshall 장군, 유엔총회의 폴 앙리 스파크Paul-Henri Spaak 의장을 만날 계획이었다. 이승만은 이들을 만나 한국 문제를 해결할 자신의 복안을 설명하고 그들의 지지를 호소하는 한편 한국 문제를 유엔총회에서 다루어줄 것을 요청하려 했다. 그러나 이승만은 미 국무부의 철저한 방해로 이들 중 그 누구와도 만날 수 없었다.[211] 이승만이 방미 기간에 만날 수 있었던 미 정부의 고위관리는 맥아더와 친분이 있는 미 국무부 점령 지역 담당차관보 존 힐드링John R. Hilldring뿐이었다.[212]

이승만은 1946년 12월 8일경, 미국 내 후원자들인 해리스 목사, 굿펠로 대령, 올리버 교수, 스태거스 변호사, 윌리엄스 기자, 에머리 우달Emery J. Woodall 중령,[213] 임병직, 임영신으로 구성된 전략협의회Strategy Council를 구성하고 그들, 특히 올리버의 자문을 받아 「한국문제의 해결책A Solution to the Korean Problem」이라는 6개 항의 건의서를 작성했다. 이승만은 이 건의서를 1월 27일에 미 국무부 동아시아국장 존 빈센트John C. Vincent에게 제출하고 2월 19일에는 마셜 국무장관에게 제출했다.[214]

이승만과 그의 후원자들이 건의서에 담은 남한 과도정부 수립을 위한 6개 항의 정책 건의안 중 주요 항목은 다음과 같다.[215]

① 남북 조선이 통일되고 뒤이어 남북 총선이 이뤄질 때까지 선거를 통해 남조선 지역에서 행정을 담당할 과도정부를 수립해야 한다.

② 남조선 지역의 과도정부는 조선 문제에 관한 미소 간의 직접적 협의를 방해하지 않는다는 조건으로 유엔에 가입되어야 하며 한반도의 군사 점령과 기타 중요한 문제들을 미국, 소련과 직접 협상할 수 있어야 한다.

⑥ 남조선 지역에 주둔하는 미국 안보군은 미소 양국의 점령군이 한반도에서 동시에 철수할 때까지 주둔해야 한다.

그 뒤 이승만은 미국 내 언론 매체들을 상대로 남한 과도정부 수립 계획을 적극적으로 홍보하고 선전하는 한편 "미 국무부 내 일부 인사들은 공산주의에 기울어져 있으며, 남한의 미 군정 당국은 한국에서 공산당 건설에 일조하고 있다……. 하지 중장은 소위 좌우합작위원회를 조직해 남조선과도입법의원의 의원 가운데 관선의원의 상당수를 공산주의자들로 채웠다"며 맹비난했다.[216] 이승만이 주장하는 남한 과도정부 수립의 당위성과 미국무부와 하지를 겨냥한 날카로운 비판은 때마침 미국 조야에서 일고 있던 반소 반공 여론과 맞물려 미 의회, 종교계, 언론계 등에서 상당히 호의적인 반향을 불러일으켰다.[217]

이승만이 워싱턴에서 미국의 한국 정책을 비판하고 있을 때 트루먼 대통령은 3월 12일 의회 연설에서 미국의 대소 정책을 종전의 유화, 협력 정책에서 강경, 봉쇄 정책으로 전환하는 내용의 역사적인 트루먼독트린The Truman Doctrine을 발표했다. 이승만은 트루먼의 연설을 듣자마자 그 다음 날 트루먼에게 서한을 보내 그의 연설을 극찬하고 이어서 "각하께서 주한 미 군정 당국에 지시해 민족주의자들과 공산주의자들 간의 합작이나 협력 노력을 포기하도록 조처해주시기 바랍니다……. 미군 점령 지역에 과도 독립 정부가 즉각 수립된다면 이 정부는 공산주의의 확산을 저지하는 보루가 될 것이며 남북한의 통일을 앞당길 것입니다"라고 부언했다.[218]

1947년 3월에 트루먼 대통령이 채택한 새로운 대소 정책은 이승만의 방미 선전활동에 직접 영향받은 것은 아니었다.[219] 그러나 이승만은 그것을 방미 기간 자신의 홍보·선전 활동이 빚어낸 결실이라 간주하고 나아가 미국의 한국 정책이 조만간 자기에게 유리한 방향으로 급변할 것을 확신하고 4월 5일 미국을 출발해 귀국길에 올랐다. 귀로에 그는 4월 6일경 도쿄에 들러 맥아더를 면담하고, 4월 13일에는 난징南京에서 장제스 총통을 만나 회담한 후 장제스 총통이 마련해준 특별 군용기 편으로 4월 21일 서울에 귀환했다. 난징을 떠나기 전 이승만은 장제스 총통으로부터 워싱턴의 미국보험증권회사The American Security and Trust Company를 통해 20만 달러의 정치자금을 희사받았다.[220]

제4단계: 남한 총선거 관철(1947년 5월~1948년 5월)

1947년 4월 말에 귀국한 이승만은 한동안 미 군정으로부터 가택연금을 당했다. 그러한 상황에서도 이승만은 5월 21일 서울에서 개최된 제2차 미소공동위원회에 대처하고자 김구와 손잡고 반탁운동을 재개함과 동시에, 김구와는 별도로 총선거를 통한 남한 과도정부 수립 운동에 박차를 가했다.

이승만은 7월 10일 자율적으로 과도정부를 수립하고자 배은희裵恩希를 의장으로 한 한국민족대표자대회韓國民族代表者大會(약칭 민대)를 새로 발족시키고 8월 26일에는 민대 산하에 신익희를 위원장으로 한 총선대책위원회總選對策委員會를 구성해 총선거 실시 준비를 갖추었다.[221]

때마침, 마셜 미 국무장관은 7월 말 제2차 미소공위 회담이 교착 상태에 빠진 것을 계기로 9월 17일 한국 문제를 유엔총회The United Nations General Assembly에 상정했다.[222] 마셜은 중국에서 1945년 12월부터 1947년 1월까지 국공합작國共合作을 실현하려다가 실패한 경험이 있었던 인물로서 트루먼독트린 발표 직후인 1947년 3월 13일에는 한국 문제에 소련이 협조하지 않는다고 비난하면서 남한에 독자적으로 정부 수립을 추진할 용의가 있다고 발언한 바 있다.

결국, 9월 17일 미국 정부는 모스크바에서 협정한 5년간의 한반도 신탁통치 계획과 아울러 그동안 남한에서 추진했던 좌우합작 정책을 공식적으로 포기했다.[223] 즉, 미국은 이승만이 1946년 6월 이후로 줄기차게 주장해온 남한 과도정부 수립 노선을 택하게 된 것이다. 그 결과 하지와 이승만 간의 견원犬猿 관계에도 변화가 일어나 두 사람은 11월 14일 유엔총회에서 남북한 인구 비례에 의한 총선거 실시안이 가결된 직후부터 화해하고 협력하기 시작했다.[224]

유엔총회에서 찬성 43표, 반대 0표로 미국의 제안의 따라 남북한 전체에 총선거를 시행하기로 결의했을 때, 이승만은 그것이 남한만의 선거가 될 것을 예상했다. 따라서 이승만은 11월 14일 이후 신익희가 이끄는 총선대책위원회를 적극 가동해 민대의 지방 조직을 확대하면서 우익 진영의 단합을 도모했다. 1948년 1월 8일 유엔한국임시위원단United Nations Temporary Commission on Korea(약칭 유엔위원단)이 남북한에서의 총선거 준비를 위해 서울에 도착했을 때 소련과 북한 당국은 이승만의 예상대로 위원단의 방북을 허락하지 않았다. 이에 2월 26일 뉴욕에서 개최된 유엔 소총회The United Nations Little Assembly는 총선거 시행이 가능한 지역, 즉 남한에 국한해 총선거를 시행하기로 결의(찬성 31, 반대 2, 기권 11표)했다.

3월 12일 서울에서는 유엔위원단 대표들 간에 유엔 소총회의 결의를 둘러싸고 찬반 논쟁이 벌어졌다. 그 결과 남한 총선거 실시안이 찬성 4, 반대 2, 기권 2표로 간신히 채택됨으로써 드디어 남한만의 총선거가 이뤄질 수 있었다.[225] 이에 미 군정 사령관 하지는 5월 10일 남한 지역에 총선을 실시한다고 공포했다.

민대와 한민당 등 우익 진영은 역사상 처음으로 치러지는 총선거에 되도록 많은 유권자가 참여하도록 다방면으로 선거 계몽운동을 벌였다. 이승만은 독촉국민회, 민대, 한민당, 전국학생총연맹, 서북청년회 등 국민운동 단체들을 총동원해 총선거가 차질 없이 치러질 수 있도록 대책을 강구했다. 그 결과 2월 초부터 남로당을 위시한 좌익 세력이 격렬하게 선거 방해 운동을 펼치고 또 김구와 김규식 등 남북 협상파 세력이 총선거를 거부했음에도 불구하고 5월 10일의 총선거는 선거인 등록률 86퍼센트, 투표율 95.5퍼센트라는 압도적 다수의 남한 국민이 참여하는 성공적 행사로 끝이 났다.[226]

이승만은 서울의 동대문 갑구에서 입후보해 무투표로 당선되었다. 제주도를 제외한 전국에서 실시된 총선거 결과를 소속 정당과 단체별로 분류해 보면, 198명의 국회의원 가운데 이승만을 따르는 독촉국민회 55명, 무소속 85명, 한민당 29명, 대동청년단大同青年團(단장 이청천李青天) 12명, 민족청년단民族青年團(단장 이범석李範奭)을 포함한 기타 군소 정당과 단체 소속이 19명이었다.[227] 이는 앞으로의 정국 운영이 이승만에게 그다지 순탄하지 않을 것임을 예고하는 결과였다.

제5단계: 헌법 제정, 대통령 당선과 대한민국 정부 수립(1948년 6월~8월)

총선거로 당선된 국회의원들은 1948년 5월 31일 역사적인 국회 개원식을 가졌다. 이 개원식 벽두에 임시 국회의장으로 추대된 이승만은 느닷없이 "대한민국 독립 민주 국회 제1차 회의를 여기서 열게 된 것을 우리가 하나님께 감사해야 할 것입니다"라고 선언한 다음 감리교 목사인 이윤영李允榮 의원에게 기도 인도를 부탁했다.[228] 이윤영의 개회 기도가 끝난 후 이뤄진 국회의장 선거에서 이승만은 재적의원 198명 중 188표의 압도적 다수의 지지로 국회의장國會議長에 선출되었다.

이승만 의장은 인사말에서 "이 민국은 기미년 3월 1일에 우리 13도 대표들이 서울에 모여서 국민대회를 열고 대한 독립 민주국임을 세계에 공포하고 임시정부를 건설해 민주주의의 기초를 세운 것이다……. 오늘 여기서 열리는 국회는 즉 국민대회의 계승입니다"[229]라고 언명함으로써 새로 탄생하는 신대한新大韓이 1919년 한성 임시정부의 법통을 계승한 국가임을 강조했다.

제헌국회의 의장으로서 이승만은 헌법 제정 작업을 총괄했다. 이 과정에서 신생 공화국의 정부 형태를 둘러싸고 이승만과 한민당 간에 의견 대립이 발생했다. 한민당 출신 의원들은 원내에서 가장 큰 영향력을 발휘할 수 있는 자당이 정계의 주도권을 장악할 수 있는 의원내각제 정부 형태를 선호했지만, 초대 대통령으로 선출될 것이 거의 확실한 이승만은 자기가 평소에 이상적이라고 믿어온 대통령중심제 정부 형태를 채택할 것을 강력히 주장했다.

정부 형태를 둘러싼 이승만과 한민당 간의 줄다리기는 원 내외의 심각한 논쟁 끝에 결국 이승만의 승리로 끝났다.[230] 이렇게 해서 국호는 대한민국, 정부 형태는 대통령중심제, 국회는 단원제, 그리고 1946년 3월 19일 이승만이 민주의원을 통해 채택한 27개 조 임시정책 대강에 포함된, 농지개혁과 의무교육 시행을 기약하는 내용을 담은 헌법이 7월 17일 국회에서 통과, 선포되었다.

헌법 공포 3일 후인 7월 20일에는 국회에서 정·부통령 선거가 이뤄졌다. 선거 결과 이승만은 180표의 압도적 다수의 지지로 대통령에 당선되었다.

7월 24일에 대통령직에 취임한 이승만은 우여곡절 끝에 8월 2일 국회로부터 국무총리 이범석의 임명 인준을 받아낸 뒤 초대 내각을 출범시키고 해방 3주년 기념일인 1948년 8월 15일을 택해 대한민국 정부 수립을 국내외에 선포했다. 이로써 이승만은 대한민국 건국이라는 역사적인 과업을 완수했다.

맺음말

이승만은 역사에 보기 드문 위재偉才였다. 그는 청년기부터 일편단심 '조선/한국의 독립'을 달성하는 일에 전력투구했다. 1919년 3·1운동 이후 재외 독립운동의 최고 지도자로 추대된 그는 한민족의 독립을 회복하려면 미국의 지원이 반드시 필요하다고 확신하고 미국 위주의 외교 선전 활동을 펼쳤다. 이 과정에서 그는 이념과 출신 지역이 다른 많은 독립운동가로부터 배척당하고 또 미 행정부로부터 꾸준히 냉대를 받았다.

해방 후 귀국한 이승만은 재빠르게 국내 정치 기반을 구축한 다음 제1차 미소공동위원회가 실패로 끝난 1946년 6월부터 미국 정부로 하여금 자신이 제창한 남한 과도정부 수립안을 채택하도록 설득하는 데 주력했다. 1947년 3월 발표된 트루먼독트린을 계기로 소련과 본격적인 냉전에 돌입한 미국은 제2차 미소공동위원회가 실패하자 1947년 9월 드디어 이승만이 주장한 방침에 따라 모스크바3상회의에서 소련과 합의한 5년간의 신탁통치안을 포기하고 유엔 결의에 따른 남한 단독정부 수립안을 새 정책으로 삼게 되었다. 이는 이승만 외교 독립 노선의 승리를 의미했다. 이승만이 미 행정부로 하여금 원래의 신탁통치 계획을 포기하고 남한 주민이 총선거로 대한민국을 자율적으로 건국하는 운동을 지지하게 만든 것은, 현실주의적 안목에서 볼 때 하나님과 밤새도록 씨름한 끝에 드디어 하나님의 축복을 받아내고야 만 구약의 야곱 이야기를 연상시키는 역사적 쾌거였다.[231]

제2부

사상

급진 개화파의 쿠데타 모의에 가담했던 혐의로 5년 7개월간 한성감옥서에서 복역할 당시 성경 공부반 동지들과 함께.(가운데 서 있는 어린이는 이승만의 아들 이봉수)

제2장 이승만의 개혁 건국 사상

이승만은 1890년대부터 독립협회 산하의 만민공동회 총대위원總代委員과 중추원의 의관議官으로 대한제국의 개혁 운동에 앞장섰던 개혁가였다. 또한 3·1운동이 일어난 1919년 이후부터 해방까지는 대한민국 임시정부의 임시대통령직을 맡는 등 해외에서 활발하게 활동한 독립운동가였다. 한편, 이승만은 해방 후 건국 운동을 주도한 끝에 1948년 대한민국 초대 대통령으로 선출되어 남한을 통치하다 1960년 4·19학생의거로 권좌에서 물러난 정치가였다.

따라서 이승만은 한국 근현대사의 일반적인 서술에서 개혁가, 독립운동가, 정치가로 자리매김 되어 있다. 이러한 고정관념 때문인지 이승만을 사상가로 다룬 논저는 찾아보기 어렵다.

한국 근현대사를 다루는 국내의 연구자들은 "이승만에게는 반공 반일 노선 이외에 독창적 이념이나 정견이 없었다"(김도현)[1]거나 "반공이라는 소극적이고 대항적인 부정의 논리 또는 반혁명 논리를 제외하면, 적극적으로 내세울 만한 뚜렷한 정치 이념이나 비전, 식견을 갖고 있지 못했다"

(서중석)[2]라고 폄훼하는 경향이 있다.

외국 학계를 살펴봐도, 『한국전쟁의 기원』(1981)의 저자 브루스 커밍스 Bruce Cumings는 1997년에 발간한 그의 한국 현대사 개설서 『태양 아래 코리아: 현대사*Korea's Place in the Sun: A Modern History*』에서 "이승만의 지력知力은 천박하며 그의 행동은 때때로 비합리적이고 심지어 유치하기까지 하다"[3]라는 미국 CIA의 인물평을 인용함으로써 이승만의 사상성思想性에 부정적 견해를 내비쳤다. 구한말에서 3·1운동까지의 한국 지성사를 천착한 안드레 슈미드Andre Schmid 역시 2002년에 발간한 그의 저서 『제국 사이에 낀 한국, 1895~1919*Korea Between Empires, 1895~1919*』[4]에서 당대의 대표적 사상가로 신채호申采浩와 유길준兪吉濬, 박은식朴殷植을 부각하면서도 이승만은 아예 검토 대상에서 제외했다.

필자는 이화장梨花莊에 소장되어 있던 '이승만 문서'를 정리하면서 이승만이라는 인물이 사상적으로 천박한 인물이라는 지성계의 통념에 의문을 품게 되었다. 이승만은 개화기 당시 우리나라 언론인 가운데서도 선구적으로 근대적인 신문 논설을 썼고, 한성감옥서에 갇혀 있을 때에도 엄청난 양의 글을 남겼으며, 출옥 후 미국으로 건너가 명문 대학에서 본격적으로 근대적인 학문을 연마해 사회과학 분야의 박사학위를 취득한 인물이다.

이승만은 『독립정신』, 『한국교회핍박』, 박사학위 논문인 『미국의 영향을 받은 국제법상의 중립*Neutrality as Influenced by the United States*』과 『일본 내막기: 오늘의 도전*Japan Inside Out: The Challenge of Today*』 등 무게 있는 저서를 국문과 영문으로 저술 출판했으며 독립운동 기간에도 호놀룰루에서 편집 발간한 ≪태평양잡지≫ 등에 자신의 정견을 꾸준히 발표했다. 따라서 이승만을 한국 근현대사에서 가장 돋보이는 언론인이자 학자 출신의 정치사상가의 한 사람으로 평가해야 마땅하다는 것이 필자의 견해이다.

여기서는 이승만이 1898년부터 1949년까지 동문東文(한글과 한문)으로 발표한 각종 저서, 논설, 연설문, 대회 결의문 등에서 표출시킨 그의 정치사상, 특히 19세기 말에서 20세기 초까지 대한제국(조선왕조)을 중흥시키고자 제시했던 개혁사상과 해방 후 대한민국의 건국을 염두에 두고 발표했던 정책요강 등을 발췌, 소개함으로써 이승만이 결코 '지적으로 천박한 정치인'이 아니었음을 밝힘과 동시에 그가 가슴에 품었던 새 나라, 즉 대한민국이란 나라의 건국 청사진이 어떠한 것이었는지를 밝히고자 한다.

이승만이 대한민국 건국 이전에 발표한 글은 양적으로 방대할 뿐 아니라 내용상으로 다양하기에 이를 집대성해 평가하기는 절대로 쉽지 않다. 특히 그의 사상이 담긴 자료들이 아직 체계적으로 정리, 편찬되어 있지 않기에 더욱 그렇다. 이러한 난점을 고려해 필자는 그동안 이승만 문서를 직접 다루면서 발견한 이승만의 독창적이고 혁신적인 개혁사상과 건국사상을 (1) 기독교 건국론, (2) 교육 입국론, (3) 상공업 장려론, (4) 평등 사회 구현론, (5) 민주공화제 정부 수립론, (6) 반공 보루 구축론 등의 여섯 범주로 분류해 소개함으로써 정치사상가 이승만의 면모를 살펴보고자 한다.

1. 기독교 건국론

이승만은 원래 유가에서 태어나 독실한 불교 신자인 어머니의 극진한 사랑을 받으며 자랐다. 소년기에는 과거 급제를 목표로 서울의 여러 서당을 다니며 유교 경전과 중국의 역사와 문학을 익히는 데 몰두했다.

그러던 중 1895년 4월 미국 감리교 선교사가 설립한 배재학당에 입학해 영어를 배우고 교내 예배당에 출입하면서 기독교 교리를 접했다. 그렇지만 이승만은 배재학당에 입학하기 전, 어머니에게 학당에 들어가도 야소교耶蘇敎는 믿지 않겠다고 약속한 일이 있기에 재학 중에는 기독교를 수용하지 않았다.

그러나 이승만은 배재학당 졸업 후 독립협회에 가입해 만민공동회의 총대위원과 중추원 의관직을 맡아 급진적인 정치 개혁을 도모한 끝에 고종 황제의 분노를 사 1899년 1월 경무청警務廳 감방에 갇히게 되었고 그곳에서 기독교를 수용했다. 모친이 1896년 별세한 뒤였다.

감방에 갇힌 이승만은 사형 선고를 기다리는 한계상황에서 "오 하나님! 내 영혼과 내 나라를 구해주옵소서Oh God, save my soul and save my country"라는 간절한 기도를 드림으로써 기독교인이 되었다.[5] 이승만은 재판을 거쳐 한성감옥서로 이감되었고 옥중에서 성경반을 조직해 동료 정치범들과 함께 성경 공부를 하면서 전도 활동을 펼쳤다. 이승만은 1904년 8월에 출옥할 때까지 40여 명의 죄수와 간수들을 기독교인으로 개종시키는 놀라운 전도 성과를 거두기도 했다.[6]

이렇게 이승만은 조선의 왕족 가문 출신으로는 처음으로 기독교에 귀의한 지식인이자 20세기 초까지 한국 기독교 선교 역사에서 최고의 전도 업적을 달성한 인물이 되었다.

이승만은 한성감옥서 수감 동안 ≪신학월보≫라는 잡지에 논설들을 실어 일종의 기독교 민족 개조론과 기독교 국가 건설론을 제창했다. 1903년 8월에 발표한 「예수교가 대한大韓 장래의 기초」라는 논설에서 이승만은 한국의 전통 종교인 유교를 사람의 도道로, 기독교를 하나님의 도로 규정한 다음 "옛적에는 사람의 도로 다스리던 것을 지금은 하나님의 도로 감화시켜야 할지라"라는 명제를 내걸었다.

> 이 세대에 와서 풍속과 인정이 일제히 변해 새것을 숭상해야 할 터인데, 새것을 숭상하는 법은 교화敎化로써 근본을 삼지 아니하고는 그 실상 대익大益을

얻기 어려운데, 예수교는 본래 교회 속에 경장更張하는 주의를 포함한 고로 예수교 가는 곳마다 변혁하는 힘이 생기지 않는 데 없고……. 한 번 된 후에는 장진이 무궁하여 상등문명上等文明에 나아가니, 이는 사람마다 마음으로 변화해 실상에서 나오는 까닭이라. 우리나라 사람들이 마땅히 이 관계를 깨달아 예수교를 서로 가르치며 권해, 실상 마음으로 새것을 행하는 힘이 생겨야 영원한 기초가 잡혀 오늘은 비록 구원하지 못할지라도 장래에 소생해 다시 일어설 여망이 있을 것이오.[7]

이승만은 쇠퇴일로에 접어든 한민족이 소생할 수 있는 유일한 희망의 원천이 예수교에 있다고 본 것이다. 그 뒤 같은 해 9월에 ≪신학월보≫에 발표한 「두 가지 편벽됨」이라는 논설에서 "대한 사람들의 새 물줄기는 예수교회라"[8]고 선언하고 이 물줄기를 붙잡고 백성을 감화시켜 그들을 새 사람으로 만든 후에야 비로소 정부가 스스로 맑아질 것이라고 논파했다.

1장에서 살펴본 대로, 이승만은 한성감옥서에서 출소한 뒤 1904년 11월 대한제국 정부의 밀사密使로 미국으로 건너가 미 국무장관과 대통령을 만나 한국의 독립 보장을 요청하는 외교 활동에 주력했다. 그러나 주미 공사관의 임시대리공사 김윤정金潤晶의 협조 거부 등 여러 이유로 외교 활동이 수포로 돌아가자 이승만은 "한국 사람이 짐승 같은 저열 상태에 빠져 있는 한 한국에는 구원이 있을 수 없다"고 판단한 나머지 "한국 사람에게 기독교 교육을 베푸는 일에 일생을 바치기로 작정"하고,[9] 1905년 가을 학기부터 조지워싱턴대학교에서 학구學究 활동에 전념했다.

이승만은 1910년까지 하버드대학교와 프린스턴대학교 대학원에 진학해 공부했는데 5년에 걸친 유학 기간에 대학 주변에 있는 미국인 교회 주일학교, YMCA, 그리고 각종 기독교 청년대회 등에 연사로 초빙되어 150여 회에 걸쳐 한국을 소개하고 신앙 간증을 했다.[10] 그가 1908년 봄 필라델피아 주 피츠버그에서 열린 한 기독교 집회에서 한국 대표로 연설한 내용 일부를 소개하면 다음과 같다.

> 한국 사람은 나라가 말 못할 업신여김을 받는 암흑 속에서 그들을 들어 올려줄 위대한 능력이 필요하다는 것을 갑자기 느끼게 되었습니다. 한국 사람은 이 세상의 어떤 힘도 그들을 들어 올려줄 수가 없다는 것을 잘 알고 있습니다. 한국의 썩어빠진 정부는 정화되어야 하고, 한국인의 마음과 힘은 갱생되어야 합니다. 그러나 공자나 부처는 그렇게 하지 못했습니다. 만일 한국이 구원을 얻을 수 있다면 이 세상의 구세주이신 예수 그리스도만이 그렇게 할 수 있을 것입니다. 그리고 그분만이 참다운 구원을 주실 수 있고 또 주실 것입니다.
>
> 친구들이여, 나는 당신들에게 감사합니다. 우리 한국 크리스천은 당신들 형제자매들이 복음을 우리에게 보내준 것에 감사합니다. 당신들은 우리에게 꼭 필요한 것을 주었습니다. 당신들의 선교사들은 우리에게 참으로 훌륭한 봉사를 해주었습니다. 그리고 한국 사람은 여기에 고결하고 용감하게 감응했기 때문에 1885년에 기독교가 소개된 후로 놀라운 발전을 했습니다.
>
> 최근에는 엄청난 영혼의 부흥이 나라를 휩쓸었습니다. 왕족, 정부 고관, 보수적인 유생, 독실한 불교도, 양반과 상민 집의 부녀자, 농촌의 가난한 농부에 이르기까지 전국 방방곡곡의 온갖 사람들이 저마다 하나님의 전당에 모여들고 있습니다. 그들은 서로 하나님의 말씀을 가르치고 전도하고 있습니다. 지금 10만이 넘는 한국 크리스천들이 진지하게 그리고 끊임없이 그들의 아름답고 자그마한 나라가 20년 이내에 완전한 기독교의 나라가 될 수 있도록 기도하고 있습니다.[11]

이 연설로 알 수 있듯이, 미국 유학 당시 이승만은 미국의 개신교 선교사들이 1885년에 한국에 들어와 기독교를 전파한 지 20여 년 만에 한국인 가운데 10만 명 이상이 기독교를 믿게 된 시점에서 앞으로 20년 이내에 한국이 완전한 기독교 국가가 되리라 전망했다.

1910년 미국 유학을 마치고 귀국한 이승만은 유학 시절의 포부를 살려 서울YMCA의 학감직을 맡아 일제의 식민지로 전락한 한국의 청소년들에게 기독교를 가르쳤다. 그러나 이승만의 기독교 교육 활동은 독립운동으로 취급되어 일제가 조작한 '105인사건'에 연루돼 탄압을 받게 되었다. 간신히 투옥을 면한 이승만은 1912년 3월 미국으로 피신했다가 1913년 2월에 하와이로 망명했다.

이승만은 호놀룰루에 도착한 지 2개월 만에 『한국교회핍박』이라는 저서를 출판했는데, 이 책에서 이승만은 한국이 개국하고 통상한 지 불과 30년 만에 전국의 교인 총수가 37만 명, 외국 선교사 수가 약 300명, 예배당이 500곳, 교회학교가 962곳, 병원이 13곳으로 늘었다며 기독교의 '흥왕'을 소개하면서[12] 한국은 장차 일본과 청국 등 주변국에 기독교를 전파하는 역할을 맡게 될 것이라고 주장했다.

> 이렇듯 굉장한 교회의 발전은 고금에 없었다. 각국 교회에서 말하기를 "하나님이 한국 백성을 이스라엘 백성같이 특별히 택해 동양의 첫 예수교 나라로 만들어 아세아에 예수교 문명을 발전시킬 책임을 맡기셨다"고 한다. 그러므로 이때에 한국 교회를 돕는 것이 이후 일본과 청국을 개화하는 기초가 된다 하여 각 교회에 속한 신문, 월보, 잡지에는 한국 교회의 소문이 그칠 때가 없으며 한국 교회를 다녀간 선교사들의 연설이나 보고에 한국 교인을 칭찬하지 아니한 예가 드물다. 이대로 얼마 동안만 계속하면 한국 백성의 장래 문명, 자유, 복락을 손꼽고 기다리겠거늘 지금 일본이 이것을 저해하고 있어 이 일을 무심히 넘기지 못하는 것 또한 [각국 교회의] 자연스러운 반응이다······."[13]

이승만은 이 책에서 기독교, 특히 마틴 루터Martin Luther의 종교개혁 이후에 나타난 개신교와 근대 서양의 정치 혁명, 그리고 중국의 신해혁명 간에는 아래와 같이 밀접한 상관관계가 있다고 지적함으로써 앞으로 한국이 기독교 국가가 되면 한국은 영국, 프랑스, 미국 등 구미의 1등 국가들과 동등한 문명국이 되리라 전망했다.

4백여 년 전 마틴 루터는 가톨릭에 속한 자로 일찍이 교육을 받아 교황에 복종하다가 은근히 신약성경을 공부해본즉 교황의 시행하는 일이 하나님의 뜻과 예수의 진리에 아주 반대되는 줄을 깨달았다. 루터는 이런 교황에 반대하며 교회 제도를 혁신하기로 해 신약의 조건을 세상에 반포했으니, 그 능력이 어찌나 굳세던지 당시 로마 교황의 세력으로도 능히 누르지 못하고 '30년전쟁'이 일어나 유럽을 휩쓴 뒤 새로운 교회를 완전히 세워 사람마다 자유롭게 신약을 공부하며 직접 하나님께 기도하게 만들었다. 그 뒤로 2백 년간 루터의 새로운 종교사상은 정치제도를 개혁하기에 이르러 영국, 프랑스, 미국 등 각국에 정치 혁명이 일어나게 된 것이니, 오늘날 구미에서 누리는 인간의 자유와 행복 추구는 대부분 여기에 뿌리를 두고 있다. 따라서 루터를 근대 문명의 시조라 부름이 과연 적당하거니와 루터 선생의 능력은 예수의 진리에서 얻은 것이 틀림없다.

로마 교회에서는 지금까지도 신약성경 공부를 허락지 아니하며 가톨릭을 믿는 나라들은 신약 읽기를 금하며 터키와 러시아 등 전제정치를 숭상하는 나라에서는 신약의 전파를 금지하니 이는 신약이 자유와 평등을 가르치고 있기 때문이다.

예수교가 동양에 전파될 때부터 동양 각국이 다 배척해 신구약을 전하지 못하게 했고 이단사설異端邪說이나 천주학天主學으로 부르며 반대하고 비방했으니, 그 이유 또한 앞에서와 마찬가지였다. 성경은 가는 곳마다 완고하고 어리석고 요사한 풍속은 물론 부패하고 완악한 마음을 변화해 새 기운과 새 마음과 새 문명을 주었다. 이를 접한 사람은 행동과 품행이 차차 변했고 또한 그 사회도 변했다. 이번에 청국에서 일어난 대혁명[신해혁명]도 실상은 예수교회로 말미암아 서양 문명과 자유사상을 받아들여 발달시킨 결과로 된 것이니 그 혁명의 인도자들이 거의 다 예수교의 진실한 신자가 아니면 교회학교나 교회 사회에서 교육을 받은 자들이다. 정치상 혁명과 종교의 관계가 대강 이러하다.[14]

그 뒤 이승만은 1914년 2월 ≪태평양잡지≫에 「한일 교회 합동문제」라는 제목의 글을 기고했다. 이승만은 이 글에서 한국을 병탄한 일본이 비록 외형적, 물질적으로 발전한 것 같지만 정신적, 도덕적으로는 옛날과 다름없는 저급한 상태에 있다고 지적했다. 그러면서 그는 한국인이 심령의 양식인 기독교를 받들어 정신력을 배양하면 일제의 식민통치를 능히 극복할 수 있다고 장담했다.

일본이 한국을 합병하기에 여러 가지로 다 성취하여 여의하였으되 한 가지 여의치 못한 것은 종교상의 문제라. 이것이 일본 사람들의 가장 애쓰는 바이오, 한국의 [독립을 이끄는] 지도자들도 유의하는 바이다.

대개 물질은 사람의 신체 밖에 속한 것이고 심령은 사람의 내심에 속한 것이다. 심령은 만물의 주인이요 상전이며, 신체와 모든 외물은 심령의 종이요 심부름꾼이다. 심령이 작정하기를 내가 하와이에 가서 사탕 농사를 위업爲業하겠다 하면 수족이 곧 복종해 배를 타고 하와이 농장을 마음이 지도하는 대로 찾아가서 사탕을 심고 베고 하기를 마음이 시키는 대로 하며, 심령이 만일 작정하기를 내가 의를 붙들고 굳세게 서서 부월斧鉞이 당전當前 할지라도 찾아가서 굴하지 아니하리라 하면 주뢰周牢로 뼈를 꺾으며 단근으로 살을 태울지라도 마음이 작정하는 대로 순종해 나가서 목숨이 끊어지기까지라도 여일如一히 버티고 설지니, 이는 고금동서 역사상에 충신열사를 상고하면 역력하게 증거할지라.

나라를 보더라도 이와 같아서 물질만 중히 여기고 심령을 경하게 여길진대 고루거각高樓巨閣이 층층이 섰으며 금은동철이 태산같이 쌓였더라도 능히 이용하는 것이 되지 못하고 마침내 부패 퇴락한 경우를 면치 못해 부강 번화하던 궁궐과 도성이 필경은 황량 쇠패한 고적을 이룰 따름이니, 이는 또한 동서고금에 모모 열국을 보면 의심 없이 소상한지라. 나라의 영구한 복을 구하는 자! 어찌 목전에 물질적 발전만 생각하고 심령의 근원을 경홀히 하리오.

지금 일본은 과연 심령의 전진을 많이 주의하는 나라라고 할 수 없고, 물질적 발달을 전력하는 자이라. 형체의 개량을 힘쓰며, 외면의 광색을 탐해 공교함과 영민함으로 남의 것을 모본해 잠시 이목을 빛내며 광채를 도운 즉 그 공효가 속하고 형적이 드러나는지라. 과연 세상 사람이 보기에 영롱 민첩한 백성이라 하겠도다.

그러나 그것이 다 외양뿐이요, 심령상 부패한 것은 의구한 백 년 전 사람이며, 모든 변화 개량한 것이 불과 물질적 변화요 외면적 개량이며 혹 정신적 진취함도 없지 않다 하겠으나, 실로 그 심령과 성질상 형편을 상고하면 다 요사妖邪 허탄虛誕 사특邪慝한 옛적 일인日人의 정도를 면치 못한 자들이라. 그러므로 그 공효가 장구하지 못하고 그 성적이 깊이 배기지 못해 모래 위에 지은 것과 같으매, 풍랑이 일어나며 비가 치면 능히 지탱하기 어려울지라.

지금 한국에 들어가서 모든 착수한 것이 정치, 외교, 강토, 재산, 상공, 교육 등의 모든 권력을 잡고 앉아서 저의 마음대로 할 수 있은즉 영구히 저희 물건이라 하나니, 진실로 세상 이목으로 말하면 한국이 영구히 일본 장악에 들었다 하겠으나, 실상은 이것이 불과 물질적 형체뿐이요 정신은 아직도 차지하지 못했으며 사지백체四肢百體는 다 결박해 놓았으나 심령의 자유는 아직도 방해하지 못했으며, 한인의 고개는 숙일 수 있지만 한인의 대의는 굴할 수 없는지라. 그 세력이 비록 천지를 번복하는 듯하지만 물질적 세력이 마침내 심령의 세력에 복종하는 바 되리로다.

대개 예수교는 세상 사람의 심령을 기르는 양식이라. 이 양식을 많이 저축하는 나라는 그 전정이 한량없이 장원하며 모든 물질적 진화가 일로조차 일어났는데, 영국, 미국, 프랑스, 독일 등 모든 나라의 왕고 역사와 현시 형편을 보면 가히 깨달을지라. 성경에 말씀한 바와 같이 하나님 나라와 그 의를 먼저 구하라 했으니 그 나라와 그 의를 먼저 구하고 다른 것을 구하는 자는 모든 것을 다 얻을 수 있을지라. 심령의 양식을 구하는 자는 참 복이 있는 자요, 심령의 양식을 구하는 나라는 참 복이 있는 나라로다.

자초로 일본은 물질상 진화를 구하는 동안에 조선은 심령적 양식을 먼저 구해 서양 문명 부강의 요소되는 예수교를 받은 고로, 지금 세상 사람들이 말하기를 조선은 동양의 처음 생기는 예수교 나라가 되리라 하며……[15]

1919년 3·1운동이 일어난 직후 이승만은 여러 곳에 수립된 임시정부에서 국무경國務卿, 국무총리, 대통령 등 정부의 수반으로 추대되었다. 블라디보스토크에 수립된 최초의 임시정부인 노령 임시정부에서 이승만이 국무경으로 추대되었다는 소식이 4월 초 미주 교포 사회에 전해지자 필라델피아의 한 미국인 신문기자가 이승만을 찾아와 인터뷰했다. 이 인터뷰에서 이승만은 "이번 독립운동 지도자들의 주의는 한국을 동양 처음의 예수교국으로 건설하는 것"이라고 언명했다.[16]

그 뒤 4월 14일 필라델피아에서 열린 '대한인총대표회의The First Korean Congress'에서 이승만은 「미국인에게 호소함An Appeal to America」이라는 결의안을 스스로 작성해 이 문건을 대회에서 채택하도록 했다. 그 주요 내용은 다음과 같다.

우리는 여러분[미국인]이 정의를 사랑하고 있다는 것을 알고 있으며 또한 자유와 민주주의를 위해 싸웠고 나아가 기독교와 인간애를 지지하고 있다는 것을 믿기 때문에 지지와 찬성을 호소하는 것입니다. 우리의 대의명분은 신神과 인간의 법 바로 그것입니다. 우리의 목적은 일본의 군사 독재로부터 자유를 찾는 것이며, 우리의 투쟁 목표는 아시아에서 민주주의를 실현하는 것입니다. 또한 우리의 희망은 기독교 신앙을 널리 전파하는 것입니다. 그러므로 우리는 우리의 호소가 여러분의 지지를 얻으리라 생각합니다.[17]

이로써 우리는 이승만이 3·1운동 이후 임시정부의 최고 지도자로 재외 독립운동을 주도하면서 앞으로 탄생할 신대한新大韓을 아시아 최초의 모범적인 기독교 국가로 만들고자 했다는 사실을 확인할 수 있다.

해방 전인 1942년 12월에 이승만은 중국 국민당 정부의 요청에 따라 중국 외교부 차관 후시처胡世澤에게 발송한 공식 문서에서 한국은 100만 명 이상의 기독교 신도를 확보한 아시아 굴지의 기독교 보루라고 소개한 다음, 장차 한국은 공자의 교리와 예수의 가르침을 융합한 [종교적] 용광로로서 위대한 역할을 담당하게 될 것이라고 장담했다.[18] 이 글은 당시 68세에 접어든 이승만이 중국과 한국에서 국교로 받들었던 유교를 긍정적으로 인식하고 있음을 보여주며 젊은 시절에 그가 배타적으로 기독교를 강조했던 입장과는 차이가 있다.[19]

그렇다고 해서 그가 앞으로 건설할 새로운 조국을 아시아의 모범적 기독교 국가로 만들겠다는 초지를 포기한 것은 아니었다. 이 사실은 해방 뒤 그가 귀국한 직후, 즉 1945년 11월 28일에 김구와 함께 서울의 정동제일교회 예배당에서 열린 '기독교조선남부대회'에서 행한 아래 내용의 연설에서 확인할 수 있다.

나는 여러분께 감사합니다. 40년 동안 사람이 당하지 못할 갖은 고난을 받으며 감옥의 불같은 악형을 받으며 예수 그리스도를 부르짖은 여러분께 감사를 드리는 것입니다……. 지금 우리나라를 새로이 건설하는 데 있어서 아까 김구 주석의 말씀대로 튼튼한 반석 위에다 세우려는 것입니다. 오늘 여러분이 예물로 주신 이 성경 말씀을 토대로 해서 세우려는 것입니다. 부디 여러분께서도 하나님의 말씀을 반석 삼아 의로운 나라를 세우는 데 매진하시길 바랍니다.[20]

이승만은 그 뒤로 대한민국 정부를 수립하는 과정에서도 기독교 건국 정책을 계속 드러냈다. 예컨대, 1946년 삼일절 기념행사에서 "한민족이 하나님의 인도하에 영원히 자유 독립의 위대한 민족으로서 정의와 평화와 협조의 복을 누리도록 노력합시다"라는 내용의 식사를 낭독했으며,[21] 1948년 5월 31일에는 임시 국회의장으로서 제1대 국회(제헌국회)를 개원하면서 목사인 이윤영李允榮 의원에게 하나님께 먼저 감사 기도를 드려달라고 부탁했다.[22] 이어서 7월 24일에 열린 대통령 취임식에서 "하나님과 동포 앞에서 나의 직책을 다하기로 한층 더 결심하며 맹세한다"라고 선서했다.[23]

이러한 사실들로 미루어 이승만은 대한민국을 건국하면서 한국의 전통 종교인 유교의 장점을 포섭한 바탕 위에 모범적인 기독교 국가로 대한민국을 건설하려 했다고 말할 수 있다. 이 점은 조선 왕조를 창건한 그의 선조 이성계李成桂와 사대부들이 성리학을 국교로 채택한 사실이나, 해방 후 북한의 공산주의자들이 마르크스·레닌주의에 따라 조선인민공화국을 건설한 사실과 뚜렷한 대조를 이룬다.

2. 교육 입국론

이승만은 한성감옥서에서 집필한 무제無題의 한문 논설에서 아래와 같이 나라의 자강自强을 도모하려면 교육과 신학문을 장려하는 것이 급선무라고 주장했다.

지금 우리가 그 화란을 입지 않으려고 생각한다면 교육과 학문의 두 길밖에는 다른 계책이 없다. 자유로운 신교新教로써 기왕에 속박되었던 사상을 씻어 버리고 발랄한 자강지심自强之心을 갖게 하며 또한 똑같이 하나님의 자녀가 되어 맹세코 두 번 다시 남의 절제를 받지 말아야 함을 알게 해야 한다. 이로써 자치自治의 규범을 아는 것이 독립의 기초가 된다는 것을 알게 한다면 아마도 영국과 미국 사람들과 더불어 멍에를 나란히 하고 함께 달리게 될 터이니 유대인이 역대 이래로 참화를 입은 것과 같은 처지는 면케 되지 않겠는가? 이것이 그 첫째 방도이다.

개명된 신학문으로 몽매함을 깨우쳐 각자 어둠을 버리고 밝음으로 나가며 옛것을 버리고 새것으로 바꾸게 해 일본과 더불어 서로 동맹해 방어하는 방책을 강구하면 저들 솔개처럼 사납고 호랑이처럼 삼키려 하는 백인들도 감히 다시는 능멸을 가하고 주구誅求로 상대하지는 못할 것이다. 어찌 유대인이 살상을 당한 그러한 화란을 걱정하겠는가? 이는 두 번째 방도이다.

이 두 가지 방도로 빨리 자강책自强策을 강구해야만 동방이 영구히 무사할 것이며 황인들도 남김 없이 멸망함을 면할 것이다.[24]

이승만은 또한 옥중에서 집필한 또 다른 한문 논설 「나라의 세움은 교화를 근본으로 삼아야 한다立國以教化爲本」에서 백성을 교화教化하는 것이 무엇보다도 중요하다고 설파했다.

지금에 국사를 논하는 자들은 걸핏하면 '정치가 어떻다 법률이 어떻다'라고 하고, 나라를 걱정하는 자들은 의례히 '광업이 어떻다 철도가 어떻다, 삼림이 어떻다, 어장이 어떻다'라고 말한다. 또 '강토가 있느니 없느니'라는 등의 여러 중대한 문제를 논하면 말하는 자들은 팔을 걷어붙이고 듣는 이들은 귀를 기울인다. 그러나 '인민은 어떠한가' 라는 논제는 처음부터 전혀 언급하지 않으니 이는 정법政法을 모르기 때문이다. 철도, 광산, 삼림, 어장과 강토는 모두 나라의 큰 정사政事에 속하지만 인민은 나라의 더 큰 근본이다. 백성이 만약 백성답지 못하면 나라가 나라다울 수 없으며, 나라가 나라답지 못하다면 위에서 말한 여러 큰 정사가 어떻게 정사가 될 수 있겠는가?

그러나 백성이 백성다우면 비록 나라가 없고 강토와 철도, 광업, 삼림, 어장 등이 없다 하더라도 정사와 풍속이 저절로 유지되고 법령도 저절로 행해질 것이다. 저들 백성이 거주하고 개척하고 설치하고 어렵漁獵하고 작벌斫伐하는 철도, 광산, 삼림, 어장과 토지는 모두 백성이 본래부터 가지고 있던 것이다. 설령 나라가 없어진다 하더라도 반드시 있어야 하는 모든 큰 정사가 없어질 것이라 걱정할 필요는 없다. 그러므로 나라를 소유한 자는 반드시 먼저 백성을 소유하기를 원했으니 이는 동서고금의 동일한 법도이다…….

그러므로 오늘날의 선비가 참으로 나라를 위한 계책을 세우려고 한다면 반드시 먼저 백성을 위하는 데서 시작해야 한다. 진실로 백성을 위하려고 한다면 반드시 먼저 백성이 나라를 위하는 마음을 갖게 해야 하며, 진실로 백성이 나라를 위하는 마음을 갖게 하려면 반드시 교화를 우선시해야 한다. 이것이 바로 백성을 가르치고 백성을 변화시키는 대도大道요 요무要務이다. 백성이 나라를 사랑하고 나라를 수호하려는 마음을 가진 다음에야 나라가 스스로 설 수 있다. 광산, 철도, 삼림, 어장 등등 오늘날 타인에게 점거당한 것들도 모두 다시 우리 한국의 소유물이 될 것이다.

모름지기 백성을 교화하지 않고 한갓 호언방담만 일삼는다면 완벽귀조完璧歸趙(물건을 되돌려 받음)할 날이 없을 뿐 아니라 장차 진지강구秦地强求(영토의 할양을 계속 요구함)가 그칠 때가 없을 것이다.[25]

이승만은 옥중에서 집필한 「새로 번역한 중동전기의 부록中東戰記新譯戰記附錄」이라는 또 다른 한 편의 한문 논설에서 한국이 앞으로 개명진보開明進步하려면 아래의 네 가지 방법을 동원해 국민을 교육해야 한다고 갈파했다.

무릇 개명진보하는 길은 대략 네 가지가 있다. 하나는 학교를 세워 학문을 일으키는 것이요, 하나는 민회를 열어 토론하는 것이요, 하나는 널리 신문사를 설치하는 것이요, 하나는 도서관을 세우는 일이다. 그러나 이 네 가지 중에서 도서관을 세우는 일이 지금으로서는 가장 긴요하다.

시험 삼아 논해보건대, 학교와 학원을 설립하는 것은 한 나라의 근본이자 만 가지 일의 시초이기 때문에 단연코 늦출 수 없다. 그러나 반드시 정부에서 백성의 마음을 고무하고 격려해야만 백성이 신학新學이 작금의 급무임을 알게 될 것이다. 그럼에도 지금 우리 정부는 이것에 힘쓰지 않고 있다. 비록 학교와 학원이 있다 하더라도 백성이 역시 힘써야 할 바를 알지 못한다.

만약 우리 정부가 백성을 일깨워 학업에 힘쓰게 하려면, 모름지기 크고 작은 도시에서부터 시골의 촌락에 이르기까지 학교가 없는 곳이 없어야만 비로소 교화가 크게 행해진다고 말할 수 있을 것이다. 그러나 현재 국고는 바닥이 났으니 한갓 관의 힘에만 의지하기는 어렵게 되어 있다. 반드시 백성이 스스로 사재를 털어 자금을 모아 학교를 세워 자질子姪들을 가르쳐야만 비로소 학문을 진작시키려는 본래의 의미를 되찾을 것이다. 그러나 관이건 백성이건 모두 이러한 가망이 없으니 허상과 망상에 지나지 않을 뿐이다.

민회를 열어 토론하는 것은 서양 여러 나라에서 시행하는 것으로서 풍속을 아름답게 하는 추기樞機요 관건關鍵이다. 경향京鄕이나 읍촌邑村을 막론하고 숲이 들어차듯, 바둑알이 놓이듯 [모여 토론해] 식견을 넓혀야 한다. 남녀노유로 하여금 모두 스스로 해야 할 바가 무엇인가를 알게 한다면 효과는 더없이 빠를 것이다. 그러나 지금의 시국으로는 만에 하나도 여기에 생각이 미치지 못한다.

신문사를 설치하는 일은 무릇 안팎의 정세와 크고 작은 폐단을 일일이 강구해 나날이 이목을 새롭게 하고 충애忠愛로써 인도해 그들로 하여금 번연히 깨달아 낡은 것을 고쳐서 새롭게 혁신시켜서 문명에 큰 도움이 되게 하는 것이다. 다만 그 주필은 반드시 서양 학문에 익숙하고 아울러 백성의 실정에 통하는 사람이라야 비로소 그 만에 하나라도 달성했다고 말할 수 있을 것이다. 그러나 이 역시 서양의 정교政教와 학술의 껍데기만 얻는 데 불과할 따름이며 그 심오한 것을 모두 들추어내지는 못한다.

도서관을 세우는 한 가지 일은 무릇 서양의 좋은 법과 아름다운 제도 그리고 나라를 이롭게 하고 백성을 편하게 하는 여러 서적을 혹은 번역해서 책으로 만들고 혹은 간추려 새로 엮어서 널리 전파하고 판매하는 것이다. 이렇게 하여 집집마다 깨우치고 읽게 한다면 학교를 미처 늘리지 못하고 연설회를 미처 열지 못하고 신문사에서 다 발표하지 못한 것들을 모두 책으로 엮어 설명할 수 있을 것이며, 아울러 상당한 효과를 거둘 것이다. 그러므로 도서관을 설치하는 것이 당금의 급선무가 된다고 말한 것이다. 그러나 아직 그러한 조치가 없으니 참으로 깊이 개탄할 일이다.[26]

이러한 교육입국教育立國의 주장을 이승만은 옥중에서 지은 그의 칠언절구七言絶句에서 아래와 같이 요약했다.

정치의 급무는 외교에 있고
일일랑 능한 분께 물어보소
외로우면 나라가 위태롭다오
자유로써 백성을 인도합시다
그릇된 옛 법은 선뜻 고치고

신식도 좋으면 받아들입시다
오늘엔 교육이 가장 중요해
양병養兵은 전쟁을 막을 뿐이고[27]

이처럼 이승만은 19세기 말에서 20세기 초 우리 민족이 서둘러야 할 개혁의 요건 가운데 국민교육이 가장 중요한 것임을 강조했다.

그 뒤 이승만은 자신의 이러한 경륜을 1910년부터 1912년까지 서울 YMCA의 학감으로 그리고 1913년부터 1939년까지에는 호놀룰루에 설립한 한인기독학원의 이사장(원장)으로 몸소 실천했다.

1919년 4월 필라델피아에서 개최된 '대한인총대표회의'에서 이승만을 위시한 대회 참가자들은 '한국인의 목표와 열망Aims and Aspirations of the Koreans'이라는 제목의 결의안을 채택했는데 여기에서 그들은 "우리는 국민교육을 믿나니 국민교육은 정부의 모든 활동 중에 가장 긴절緊切한 일"이라고 명시함으로써 국민교육의 중요성을 특별히 부각했다.

해방 후 귀국한 이승만은 1946년 2월 말에 발표한 「과도정부 당면 정책 33항」(부록 1 참조) 중에 "강제 교육령을 발해 학령學齡에 참여한 남녀 아이兒孩는 학교에 안 가지 못하게 할 것이며 교육 경비는 정부의 담보로 할 것"(제17항)과 "국민 문화를 발전하되 정부에서 경비를 담임할 것"(제18항)을 포함함으로써 장차 새로이 수립될 정부가 의무교육제를 도입, 실시할 것을 예시했다.

이승만은 청년기부터 유달리 국민교육에 많은 관심을 두었고, 대한민국 건국과 더불어 교육 우선 정책을 펴나감으로써 자신의 신념을 실천에 옮기게 된다.

3. 상공업 장려론

이승만은 청년 시절부터 나라의 부강富强을 달성하려면 농업보다도 상공업을 장려해야 한다는 혁신적인 주장을 폈다. 이승만은 이런 주장을 1901년 4월 19일 한성감옥서에서 집필해 ≪제국신문≫에 발표한 「이젠 천하 근본이 농사가 아니라 상업이다」라는 제목의 논설에서 처음으로 표출했다.

> 옛글에 말하기를 농사는 천하의 큰 근본이라 했으나 이 말이 이전 세월에는 극히 통리通理한 말이라. 그러하되 그때는 세계 각국이 바다에 막혀 서로 내왕하지 못하고 각기 한 지방만 지키고 있으매 백성이 다만 그 땅에서 생기는 곡식만 믿고 살았기 때문이다. 따라서 나라에 유익한 것이 농사보다 더욱 큰 것이 없었거니와 지금으로 말할 지경이면 세계 만국이 서로 통상이 되어 나라의 흥망성쇠가 상업 흥왕함에 달렸으니 지금은 천하의 큰 근본을 장사라고 할 수밖에 없도다. 대저 농사에서 생기는 이익은 땅에서 나오는 것이니 한정이 있거니와 장사의 이익은 사람이 내는 것이라 한량이 없기 때문이다.[28]

말하자면, 이승만은 농업이 천하의 대본이라는 지난날 조선 왕조의 농본주의 정책은 세계 각국이 서로 통상과 교역을 하는 자본주의적 국제무역 시대에 걸맞지 않은 시대착오적 정책임을 과감하게 지적하고 상업과 통상을 권장한 것이다.

그는 또 ≪제국신문≫ 1901년 5월 19일자에 발표한 논설에서 아래와 같이 광업, 어업, 차 농사, 권연卷煙업, 양잠업, 목축업, 양계업, 양조업, 도자기 제조 등 각종 산업을 일으켜 국가 재정을 살찌워야 한다고 강조했다.

지금 세계에서 개명해 부강한 나라들은 밤낮으로 재정의 근원을 확장하여 금이 나는 땅이면 금광을 열어 금을 얻어내며, 쇠가 나는 땅에는 철광을 열어 쇠를 캐내고, 석탄이 나는 땅에는 석탄광을 열어 석탄을 파내며, 바다에는 어선을 많이 만들어 고기를 힘써 잡으며, 산에는 차감을 많이 심어 차 농사를 확장하며, 강물이 맑은 때에는 겨울에 얼음을 많이 떠서 빙고氷庫에 수입하며, 담배를 힘써 심어 궐련을 제조하며, 들에는 상목을 많이 심어 누에를 번성하게 기르며, 물이 많고 풀이 무성한 땅에는 양과 닭을 많이 기르며, 물맛이 청렬淸冽한 곳에서는 술을 잘 만들며, 토색이 아름다운 데는 사기를 정교하게 제조하여 노는 시간이 별로 없이 부지런히 돈벌이에 힘써, 날마다 물건을 항구에 내다 장사를 홍왕하게 해, 사람마다 재물이 풍족하며 나라가 부강하다…….

우리나라는 중간 이래로 오활迂闊한 풍속에 젖어 총명하고 학식이 넉넉 한 사람은 말하기를 점잖은 사람이 어찌 재물을 알리오 하며, 혹 자질子姪이나 친구 중에 재정에 유심留心하는 사람이 있으면 꾸짖어 가로되 선비가 재욕에 탐착貪着하니 그럴 도리가 어디 있으리오 하며 제반 계책으로 기어이 그 사람들이 재물을 모르도록 인도해 그 사람들로 하여금 세상에서 한갓 버린 사람으로 만드니, 이런 오활한 일이 대체 어느 학문에서 나왔는가. 자기만 빈한하고 버린 사람이 될 뿐이 아니라 다른 사람까지 빈한하고 버린 사람이 되게 하니, 이런 사람의 행위를 차차 본받는 사람이 많아 전국이 빈한하여 세상에 크게 해가 되니 참으로 애석한 일이다. 이런 사람들의 의론과 같을진대 나라가 부강하기는 고사하고 전국 인민이 밥만 얻어먹기도 어려울지라……. 외국 사람들은 후진에게 산술까지 가르쳐 재정을 유심하게 하며 장사를 편리케 하거늘 우리나라 사람은 돈을 셀 줄도 몰라야 점잖고 높은 사람이라 하니, 이런 높은 사람이 많아 나라가 오늘날 이같이 빈한한 것이다. 우리 동포들은 몽사夢思를 깨고 정신을 차려, 날마다 생애를 폐치 말고 돈을 벌어 남의 나라와 같이 여러 층 높은 집을 짓고 철갑 군함을 바다에 띄워 세계에 행세할 생각을 열심히 하였으면 매우 좋을 듯.[29]

이승만은 상공업과 통상의 발달이 새 시대에 국부國富를 늘이는 주요 방책이라는 소신을 1904년 옥중에서 탈고한 『독립정신』에서 영국의 예를 들어 다음과 같이 상술했다.

[지금 세상에선] 통상하는 것이 나라를 부요하게 하는 근본이니 세상에 모든 부강하다는 나라들이 다 그 본국 지방에서 생기는 곡식이나 혹 다른 재물만 가지고 능히 풍족하게 된 것이 아니라, 다 백성으로 하여금 상업을 확장시켜 각국의 재물을 벌어들인 고로 그 나라 안에 통하는 재물이 한없이 많아져서 날마다 부강해 나감이라. 오늘날 세계에서 영국이 심히 부강하다 하느니 그 본국 토지를 보면 불과 조그마한 섬 덩이 세 조각이 기후도 합당치 못하고 물산도 없되 백성이 제조 공장을 하는 법에 정진해 물건을 만들어 세상에 발매하매 정부에서 또한 이를 극히 보호해 그 나라 상민이 한둘만 가 있는 곳이라도 곧 군함을 보내어 권리를 안전케 하매 천하에 그 나라 상민이 아니 가 있는 곳이 없으며 천하 재물의 큰 권리가 영국인과 관계 아니 되는 것이 적으니 영국이 어찌 부요하지 않으리오.[30]

그 뒤 이승만은 이러한 생각을 일보 전진시켜 1930년 북미한인유학생회가 발간하는 ≪우라키*The Rocky*≫라는 잡지에 기고한 글에서 '자본을 합해 공업, 상업 등 모든 경제 근원을 공동으로 착수해……. 하루바삐 우리의 경제력을 발전시키자'[31]고 주장했다

해방 후 1946년 5월 26일에 이승만은 돈암장敦岩莊에서 가진 기자회견에서 '조선의 부강 대책에 대한 담화'라는 담화문을 발표했는데 거기에서 그는 위와 같은 취지의 경제개발 구상을 이렇게 토로했다.

한정된 토지에 고착해서는 격증할 국민의 경제생활을 건전케 할 수 없을 것

이다. 그러므로 국내에 잠겨 있는 모든 자원을 개발함으로써 국제무역권에 참가해 농업국에서 산업국으로 발전 향상해야 할 것이다. 미국 전문가의 관측에 의하면 조선의 생사업生絲業은 기술적으로 노력하면 1950년에는 일본, 중국보다도 우수해 동양에서 수위를 차지할 수 있고, 광업도 동양 2대 광산의 하나가 조선에 매장되어 있다고 한다. 그러므로 우리는 부단히 노력해 우리나라의 산업화를 도모해야 할 것이다.[32]

이승만은 1946년 2월에 발표한 「과도정부 당면 정책 33항」에 "경제책을 제도制度해 우리 경제와 공업을 속히 회복 발전하며 일용 필수품의 물산을 속히 산출해 민중의 생산 정도를 개량시킬 것입니다"(제6항)라는 항목과 "중요한 공업과 광업과 임업과 은행과 철도와 통신과 운수와 모든 공익기관 등 사업을 국유로 만들어 발전시킬 것입니다"(제7항)라는 항목을 포함시켰다.

이상과 같은 일련의 논설을 종합해볼 때, 이승만은 오랫동안 한국을 농업 국가에서 상공업 국가로 탈바꿈시키려는 경제개발 구상을 연구해왔고, 이를 실천할 정책도 준비해왔음을 알 수 있다.

한편, 이승만이 상공업을 중시했다고 해서 그가 한국의 전통 산업인 농업을 등한시한 것은 결코 아니다. 오히려 한국이 산업화한 나라들과 후발주자로 경쟁해야 하는 처지에 있다는 점 등을 고려해, 적어도 단기적으로는 농업 발전에 치중하는 것이 유리하다고 생각했다. 이승만은 이러한 생각을 1901년 6월 7일에 ≪제국신문≫에 기고한 논설에서 아래와 같이 피력했다.

세계에 나라마다 지형과 기후를 좇아 나라 백성이 생재生財하는 법이 다 다른지라. 그런 고로 영국 같은 나라에서는 땅이 좁고 인구가 많아 곡식을 많이 이루지 못해 인민이 생재하기를 물건 제조하는 데 힘을 써서 그 물건을 외국으로 보내 장사를 해 세계 제일가는 부강한 나라가 되었고, 미국 같은 나라에서는 토지가 넓고 기후가 좋은 고로 농사를 힘써서 땅에서 나는 물건을 외국으로 보내 장사를 해 세계에 제일가는 부강한 나라가 되었는지라. 그러하나 영국에도 농사하는 백성이 없는 것은 아니요 미국에도 물건 제조하는 데가 없는 것은 아니라. 그러하되 대저 영국서는 큰돈이 제조하는 데서 생기고 미국서는 큰돈이 농사하는 데서 생기는지라.

조선은 토지가 넓고 기후가 세계에 상등이요 각색 물건이 잘 되는 데라. 전국에 묵은 땅이 백 분의 칠십이분이나 그저 남아 있고 인구보다 땅이 넓어 좋은 산과 들을 쓸 줄을 몰라 버려두는 데가 허다해 그 땅을 가지고 돈을 벌지 못하니 어찌 나라가 부강해지며 인민의 마음이 어찌 자주독립이 되리오.

조선서 지금 영국 모양으로 제조에 힘쓰지 못할 일이 첫째는 제조하는 학문이 없고, 둘째는 큰 자본이 없고, 셋째는 물건을 제조해 외국과 겨뤄보기가 어려운지라. 그런 고로 조선서 제일 큰돈 만들기는 농업을 힘쓰는 것이 마땅한 것이 첫째는 땅이 기름지고, 둘째는 땅이 많이 있고, 셋째는 땅값이 싸고, 넷째는 농사하는 데 자본이 많이 들지 아니할 터이오, 다섯째는 제조하는 학문보다 배우기 쉬운지라.

농사라는 것은 곡식만 심는 것이 아니라 소와 양과 말과 닭과 실과 기르는 것이 다 농사라……. 이런 일은 힘도 과히 들지 아니하고 자본도 과히 들지 아니할지라……. 지금 우리나라 형편으로 말하면 생재하는 중에는 농사가 제일이니 아직은 물건 제조하는 데 힘을 덜 쓰더라도 천조물天造物을 많이 생기게 사람마다 유의하기를 바라노라.[33]

해방 후에 이승만은 일제 지주와 대농장주 소유의 토지를 국가에서 몰수하거나 유상으로 매입해 이를 소작농에게 유상으로 분배함으로써 농민

생활을 안정시키며 동시에 농업생산력을 높일 것을 제안했다. 이러한 생각은 1946년에 발표한 「과도정부 당면 정책 33항」 중 제9, 10, 11, 15항에 담겨 있었고(부록 1 참조) 또 1949년에 출판한 『일민주의 개술』에서도 아래와 같이 밝히고 있다.

> 지주들은 토지를 팔고 정부에서는 토지를 농민에게 유상으로 분배해 그 소출로 대금을 갚은 후에는 다 각각 제 소유로 만들게 할 것이며 지주는 그 대금으로 공장이나 혹은 다른 장구 이익을 도모할 것이니 이 공업 시대에 재산을 토지에만 넣지 말고 자본을 다른 공업에 사용하면 개인이나 국가 경제에 크게 이익될 것이요 공업과 상업상으로도 큰 재산가가 될 수 있을 것이니 곧 경제의 세 가지 기본 되는 토지와 자본과 노동이 합작해서 서로 평균 이익을 누리자는 유일한 계획일 것이다.[34]

이상을 종합해보면, 이승만은 해방 후 대한민국을 건국하는 과정에서 원칙적으로 사유재산을 보호하고 자유경쟁을 조장하는 자본주의적 시장경제 체제의 확립을 기하되 정부의 보호 아래 상공업을 육성하고 아울러 유상몰수有償沒收, 유상분배有償分配의 원칙에 따라 농지개혁을 실시할 것을 구상했다고 말할 수 있다.

4. 평등 사회 구현론

이승만은 조선의 최고 귀족인 왕족의 후예로 태어났지만, 사람을 대할 때 상대방의 신분이나 출신 배경보다는 능력을 중시했다. 이승만은 서민적이었고 인재를 발탁하고 등용할 때는 당사자의 능력에 따라 뽑아 썼다.

독립운동에 종사하는 동안 학교와 교회 혹은 임시정부의 최고 책임자로서 한인 교포 간에 신분의 벽을 헐고 남녀의 성별이나 출신 지역의 배경은 그다지 염두에 두지 않았다.

이는 이승만이 청년기에 미국 선교사들로부터 기독교의 평등사상을 받아들였기 때문이라고 볼 수 있다. 이승만은 개혁운동과 독립운동 지도자로서 천부인권사상과 만민평등주의를 표방했으며 새로 건설될 한국을 평등주의에 기초한 능력본위의 사회로 만들고자 노력했다.

이승만은 자신의 인간 평등사상을 일찍이 『독립정신』에서 아래와 같이 피력했다.

> 세상에서 이르는 바 높다, 귀하다, 천하다 하는 것은 인심으로 질정質定한 형편을 구별함이려니와 실로 천리天理를 볼진대 그 소위 귀하고 높다는 자나, 약하고 천하다는 자나 이목구비耳目口鼻와 사지백태四肢百態는 일반으로 타고나서 더하고 덜한 것이 없나니 이는 하늘이 다 각기 제가 제 일을 하며 제가 제 몸을 보호할 것을 일체로 품부稟賦하심이라.[35]

그가 인간 평등론을 주장한 이유 중 하나는 개인의 평등권이 보장되어야만 나라가 문명 부강하게 된다는 것이었다. 따라서 그는 『독립정신』에서 조선 사회의 양반제도와 반상차대班常差待 관습을 아래와 같이 신랄하게 비판하고 이의 혁파를 주창했다.

> 지금 우리나라 사람들이 다 마음의 결박을 풀지 못해 아무것도 하려는 생각이 나지 아니하니 아무것도 하지 않고 어찌 스스로 무엇이 되기를 바라리오. 지금 사람들의 마음 정도를 대강 구별해 생각의 결박 받은 것이 어떠한 것인지 알리고자 하노니, [일은] 반상班常의 등분을 벽파劈破치 못함이라.

당초에 사람으로 태어나기는 상중하의 등분이 없어 상놈의 몸도 때리면 아프고 긁으면 시원하며 남이 듣는 것은 들리며 남 보는 것은 보이며 제게 이로운 것은 보호하고 제게 해로운 것은 막으며 생명 재산을 보전해 남과 같이 살자는 것은 조금도 다르지 않은즉 세상에 같은 사람이요 나라에 같은 백성이라. 도덕상 사업해 사람을 많이 구제하면 상놈의 일이라고 못쓴다 하겠는가. 충신 절개 굳게 세워 인군人君 대신 죽을 진데 양반 자손 아니라고 소용없다 하겠는가.

오늘날 양반들의 원 시조 되는 이는 어떠한 양반이며 어떻게 생겼는고. 자고로 내려오며 죽백竹帛의 유전하는 충신열사와 현인 군자며 문장명필과 영웅준걸이 다 양반의 혈속이며 지벌地閥 따라 되었는가. 요堯 하인何人이며 순舜 하인고 피장부아장부彼丈夫我丈夫라(요 임금이 누구이고 순 임금이 누구인가. 그가 장부라면 나도 장부라). 똑같은 천품으로 도덕 품행 잘 닦아서 공업은택功業恩澤 드러나면 송우암宋尤庵(송시열), 허미수許眉叟(허목)가 아무라도 될 것이오, 전쟁에 공을 세워 보국안민保國安民 잘만 하면 남이南怡 장군, 이순신李舜臣을 저마다 압두壓頭해 대대로 다투어 나아가며, 나의 부형과 조상만 못한 것을 부끄러워할진대 곧 사람마다 성현처럼 되기를 염려할 것이 없을지니, 이것이 곧 사람 내신 조물주의 본의요 또한 지금 각국이 문명 지위에 이르는 근본이거늘 어찌해 혹 명 조상이 하나만 생기면 그이를 곧 천신 같이 높여 다른 이는 그와 같이 될 수 없는 줄로 알게 하고 그 이름을 빙자해 높은 사람이 되려 하니, 첫째 조상의 이름을 의뢰해 잘 되기를 경영함이 국민의 원기를 줄게 함이요, 둘째는 사람의 사상이 대대로 얕아져서 진보할 기상이 없게 하며, 셋째는 인재가 날 수 없어 점점 잔약하게 만드는 것이라.

아비는 조부만 못하고 저는 아비만 못해 대대로 나려지면 필경은 온 나라가 세상에 제일 잔약하고 얕은 사회가 될지라. 천하에 공번된 벼슬자리를 전국 사람더러 하나도 상관 말라 하고 이 정승, 김 판서의 세전지물世傳之物을 만들어서 숙맥불변菽麥不辨하고 기역을 몰라도 아무의 아들이요 아무의 손자라면 부귀영화가 제 것이요, 전국 백성이 제 종이라. 재주 닦아 어디 쓰며 사업해 무엇할까.

이러므로 배우지도 아니하고 문견聞見도 좁아져서 점점 더욱 못되어 감에 마침내 직책이 무엇이며 도리가 어떤 것인지, 전혀 알지 못하고 다만 어려서부터 배우는 것은 남을 압제하며 호령해 저의 포악만 기르고 남의 공심을 꺾으며 저 혼자 사람이요 남은 모두 사람 같지 아니한 물건으로 알아 상놈의 재물은 내 임의에 달렸으며 천한 사람의 계집은 빼앗아도 관계치 아니하며 저희의 화복길흉이 전혀 양반의 손에 달렸나니 저희는 다만 양반을 받들어 영화롭고 호강하게 도와만 줄 뿐이니 비록 인품이 특출하나 불과 개천에서 난 용이라. 무엇에 쓴다 하며 아무리 학식이 출중해 경천위지經天緯地 할지라도 어찌 감히 벼슬자리를 우러러보리오 하여 이것이 곧 규모가 됨에 상놈의 자질들은 아무리 총명 영특하나 세상에 바랄 것이 없어 경륜이 커질 수 없으매 또한 공부를 힘쓰지 아니해 한없는 인재를 원통히 버리나니.

전국 인민을 통해 비교하면 양반이 천분의 일이 다 못 되는지라. 저 천분의 일은 되나 못되나 나라를 위해 일한다 할지라도 기타 999분은 다 그 양반들을 위해 사는 사람이니 실로 나라에서는 천분의 999분은 다 잃어버리고 앉은지라. 이 좋은 백성을 어림없이 잃고 앉아 날마다 쇠패해 이 지경에 이르므로 백성은 오히려 깨닫지 못해 지금껏 벽파하지 않을 뿐이라.

혹 뉘 자손, 뉘 아들이 높은 벼슬을 했다 하면 그 위인爲人도 묻지 않고 당연히 할 것으로도 알며 일도 잘할 줄로 믿으며, 급기 편색도 없고 지벌도 부족한 이가 아무 벼슬을 했다 하면 학문 재주가 아무리 유명타 해도 존중히 여기지 않고 도리어 속히 물러가기를 바라노니, 저의 몸이나 저의 자질이 또한 학문과 재주를 닦아 그 지위에 올라 그 사업하기를 어찌 감히 뜻하리오. 도리어 저 재주 없어 쫓겨난 양반들을 도와서 그 밑에 머리를 숙이고 종질하기를 자원하리니 이것이 곧 마음에 남의 굴레를 벗지 못함이오.[36]

이처럼 이승만은 한국의 전통적 신분제도에 비판적이었기에 해방 뒤 「과도정부 당면 정책 33항」을 공포할 때 그 안에, "우리 독립국의 건설은 민중의 빈부귀천을 물론하고 국법상에는 다 평등 대우를 주장할 터입니다"(제1항)와 "이 주의主義 내에서 최속한도最速限度 내에 정부를 조직하되 남녀를 물론하고 18세 된 시민권을 가진 자는 다 투표권을 가지게 할 것입니다"(제2항) 라는 조항을 포함함으로써 신분의 차별 없고 남녀의 차별 없는 완전한 평등을 실현할 것을 다짐했다.

이승만의 이러한 평등주의 사상은 1948년 7월 그가 국회의장으로서 총책임을 맡아 제정한 대한민국 헌법의 국민 평등권 관련 부분에 "모든 국민은 법률 앞에 평등이며 성별, 신앙 또는 사회적 신분에 의해 정치적, 경제적, 사회적 생활의 모든 영역에서 차별을 받지 아니한다"(제2장 제8조)라는 조문으로 법제화되었다.

이승만은 대한민국 건국 후인 1949년 자신의 통치 이념을 일민주의一民主義라는 개념으로 요약해 발표했다. 이승만이 집필한 것으로 알려진 「일민주의 정신과 민족운동」이라는 논문의 서두에서 그는 아래와 같이 남녀 구별의 철폐, 귀천 계급의 제거, 빈부 차등의 근절 등을 '일민주의'의 핵심으로 제시했다.

> 나는 일민주의를 제창한다. 이로써 신흥 국가의 국시를 명시하고저 한다. 우리는 본대 오랜 역사를 가진 단일한 민족으로서 언제나 하나요 둘이 아니었다. 이 하나인 우리 민족은 무엇에서든 하나이어야 한다……. 우선 지역적 관념을 없애서 우리가 하나 됨을 억세게 하고 남녀구별을 말아서 우리가 하나 됨으로 북돋게 하자 했으니, 이 두 가지는 우리 독립운동 초기에 있어서부터 실천하려 한 바요, 귀천 계급의 제거와 빈부 차등의 근절 같은 것은 이념의 체계화로부터 체계의 실현화에 미치게까지 우리 운동의 보철步轍에 맞추어서 일층 우又일층

금일의 현상을 나타내게 된 것이니 이 '일민'이라는 두 글자는 나의 50년 운동의 출발이요, 또 귀추歸趨이다.[37]

이어서 이승만은 아래의 '4대 강령'을 제시하며 국민운동을 전개함으로써 일민주의의 이상을 실현해가고자 했다.

(1) 경제상으로는 빈곤한 인민의 생활 정도를 높여 부요하게 하야 누구나 동일한 복리를 누리게 할 것.
(2) 정치상으로는 다대수 민중의 지위를 높여 누구나 상등계급의 대우를 받게 할 것.
(3) 남녀동등의 주의를 실천해서 우리의 화복안위의 책임을 삼천만이 동일히 분담케 할 것.
(4) 지역의 도별道別을 타파해서 동서남북을 물론하고 대한국민은 다 한 민족임을 표명할 것.[38]

요컨대, 이승만은 일민주의를 국시로 삼아 전 민족의 계급적, 경제적 격차를 해소할 뿐만 아니라 남녀 간, 지역 간의 차대差待 관행 역시 완전히 타파함으로써 한민족 공동체 성원의 화합을 도모하고자 했다. 달리 말하자면, 이승만은 자신이 주창한 일민주의라는 민족주의 이데올로기로 당시 한국 사회를 위협하고 있던 공산주의에 대처하려 했다고 말할 수 있다.

5. 민주공화제 정부 수립론

이승만은 1948년 8월 15일 대한민국 정부 수립 기념사에서 신생 대한민국을 가리켜 '4천여 년 유래된 정치사상과 신세계의 새 정치 주의를 합류시켜 만든 모범적 정체政體'라고 자화자찬自畵自讚했다.[39] 이어서 이승만은 다른 기회에 대한민국을 '동양에서의 모범적 민주주의의 보루'라고 규정했다.[40]

이러한 언사들로 미루어 이승만은 이 땅에 동양 제일의 모범적 민주주의 정부를 수립할 것을 시도했다고 추정할 수 있다. 그렇다면 그가 구상한 '모범적 정체'는 구체적으로 어떤 형태였을까?

이승만이 민주주의를 신봉하게 된 것은 배재학당에서 공부하면서부터였다. 이승만은 배재학당에서 서재필과 미국인 교사들로부터 자유, 평등, 민주주의라는 새로운 정치사상을 배웠고 이때부터 평생 민주주의의 신봉자로 살았다.

이승만은 1898년 자기가 터득한 이러한 혁명적 사상을 배재학당의 동지들과 함께 창간한 ≪매일신문≫과 ≪제국신문≫ 등을 통해 열심히 전파했다. 그리고 이승만은 자신의 저서 『독립정신』에서 서양의 '개명'한 나라들이 부강문명富强文明을 누리며 '극락세계極樂世界'를 이룬 비결은 바로 국가를 구성하는 국민 각자가 '자유 권리'를 행사하기 때문이라고 논파했다.

이승만은 나라의 '부강문명'을 달성하는 데 필수요건인 개인의 자유를 최대한으로 보장하는 정치제도는 민주공화제民主共和制라 믿었다. 이승만은 이러한 자신의 소신을 『독립정신』의 「세 가지 정치 구별」 장에서 아래와 같이 개진했다.

> 민주정치라 하는 것은 백성이 주장한다는 뜻이라. 인군人君을 인군人君이라 부르지 않고 대통령이라 하며 전국 백성이 받들어 천거해 다 즐거이 추승한 후에야 비로소 그 위에 나아가며 그리하고도 오히려 염려가 있어 혹 4, 5년이나 8, 9년씩 연한을 정해 한이 찬 후에는 한 기한을 다시 잉임仍任도 하고 혹 다른 이

로 선거하기도 하여 일국을 다스리게 하며 모든 관원의 권한을 구별해 한두 사람이 마음대로 못하게 하느니 이런 정부를 이르되 백성이 백성을 위해 백성으로 조직한 정부라 하는 바라…….

지금 미국과 프랑스 등 몇몇 부강한 나라들의 행하는 정치니 이는 곧 상고 요순堯舜 적에 부자상전父子相傳하지 아니하고 어진 이를 택해 받들며 온 나라 사람이 다 이르길 어질다 한 후에 인재를 쓰며 또 다 이르길 죽일 만하다 한 후에야 죽이던 옛 법이니 지극히 공번되고 바른 제도라. 요순 세상을 고서古書에 말만 들었더니 지금 시대에 곧 행함을 볼 줄 누가 짐작했으리오.[41]

이승만은 이 글에서 민주공화제가 상고시대 중국에서 한 번 시도되었지만 그 후 실종된 정치제도이며, 서양에서는 근세에 미국과 프랑스 등 부강한 나라들이 채택한 제도라고 소개하면서 이 제도야말로 '지극히 공번되고 바른 제도'라고 극찬하고 있다.

이승만은 자신이 이상적인 정치제도라고 판단한 공화제도가 과연 어떠한 제도인지, 1914년 2월 ≪태평양잡지≫에 실린 「미국 공화사상」이라는 글에서 아래와 같이 상술했다.

서양 문명의 풍기가 날로 동양에 퍼짐에 동양 사람들에게 '자유', '공화'라는 문자가 자주 전파되는 것이 자연스러운 형세요, 또한 심히 긴절한 것이니 이 말이 무엇인지 마땅히 알아야 하겠다.

자유라 하는 것은 동양에서 배울 수도 있고 혹 다소간 행해볼 수도 있으나 공화라는 것은 심히 알기 어려우니, 이는 전제와 공화 두 가지가 수화水火와 같이 양극이 되는 고로, 전제정치 아래서 공화의 사상을 쉽게 설명하기 어려운 연고라…….

한국에서는 '공화'라 '민주'라 하는 글자를 감히 입에 올리지 못하다가 마침내 나라가 남의 손에 들어가고 말았으니 지금에 이르러 한국을 얻어 가진 사람들이 제일 염려할 것이 한국 안에 혁명사상이 들어갈까 주의할 것이라. 어찌 공화사상을 자유로이 전하게 하리오.

일본은 서양 정치제도를 많이 모본해왔으니 동양 3국 중에 공화사상이 가장 많이 발전되었을 듯하지만, 실상은 일본의 소위 헌정이라 하는 것이 완전한 공화사상을 발전한 것이 아니요 다만 개량한 정치제도이다. 이 제도로 조직된 정부 아래서 사는 백성이 자유와 공화 정치와 혁명사상을 배양할 수 없으니 순전한 미국 공화정체의 사상을 얻어 배우기 쉽지 않은지라…….

대저 공화라 하는 것은…… 영어로 데모크라시democracy라 하나니, 본래 희랍어로 백성이 다스림이라는 뜻이라. 모든 백성이 공동하여 다스리는 것을 지목함이니, 지금 미국 사람들이 항상 일컫는바 '백성이, 백성으로, 백성을 위해 세운 정부government of the people, by the people, for the people'라는 것이 곧 이것이라.

그런즉 공화정체는 군주정체monarchy와 반대니 이는 한 사람이 다스리는 것이요, 사부정체aristocracy와도 반대니 이는 일본 사람들의 소위 귀족정체라 하는 것으로 위에 있는 양반끼리 다스리는 것이요, 소수정체oligarchy와도 반대니 이는 적은 수효의 몇몇 사람이 짜고 앉아 다스리는 것이라. 오직 모든 백성이 평등한 권리를 가지고 공동히 합하여 다스리는 것을 곧 공화라 하는지라…….[42]

이와 더불어 이승만은 민주 공화정치의 실현에 필수불가결인 헌법에 관해 1914년 2월에 ≪태평양잡지≫에 실린 「미국 헌법의 발전」이라는 글에서 아래와 같이 설명했다.

지금 세상에 전제정치 쓰는 나라와 무정부 사회와 야만 단체 이외에는 헌법이 아니면 인민의 생명 재산과 자유 행복을 보전하고 살 수 없는 줄로 아는 바라. 서양 각국에 헌법 주의와 그 주의의 대개를 아는 것이 긴요하다.

헌법정체는 영국과 미국으로 조종을 삼나니 이는 앵글로색슨 인종들이 여러 백 년을 두고 인민의 자유를 보호할 기관을 마련하기 위해 피를 많이 흘려가며 싸워서 헌법의 기초를 세워놓은 연고라. 지금 청국 헌법은 미국 헌법을 많이 모본한 것이요, [메이지유신 이후에 제정된] 일본 헌법은 영국 헌법을 많이 모본한 것인데, 각각 그 형편을 따라서 모본한 것이고, 미국 헌법 또한 영국 헌법을 모본해 하다가 특별히 새 헌장을 만들어놓은 것이라…….

미국 헌법 기초자들이 영국 헌법의 대개를 모본하니 영국 황제와 총리대신이 조직한 행정부와 같은 것이요, 입법부는 원로원과 대의원으로 조직한 국회를 세우니 이는 영국 상하원과 같이 마련한 것이요, 사법부는 대심원을 두어 대법원장이 주장하게 하니 이 세 가지 부분이 서로 제한해 천편하는 폐단이 없게 함이더라…….

미국 헌법의 생기는 권리는 입법부에 달렸고, 마지막 보호하는 권리는 사법부에 달렸으며, 행정부는 다만 조차 시행할 따름이니 백성의 자유를 보호하는 자는 헌법이요, 헌법의 실시를 보호하는 자는 중앙 대심원장이라. 그 지위가 심히 높고 책임이 가장 중하도다…….

이상 몇 가지는 미국 헌장의 대개라. 이외에 긴절하고 재미로운 것이 많으나 한 번에 다 설명할 수 없으며, 어느 사회든지 항상 인민의 정도와 시국의 형편을 따라 질정할 것이요, 일정한 규모를 모본해 다 한결같이 시행하기는 불능하니 대강 종지만 알면 지혜로운 사람이 있어 지혜롭게 인도하기에 있도다.[43]

이승만은 이처럼 민주공화제를 인류 역사상 인간이 고안한 정치제도 가운데 가장 이상적인 제도라 여겼지만, 20세기 초 우리나라에는 적합하지 않은 제도라고 판단했다. 즉, 이승만은 『독립정신』의 다른 부분에서 민주공화제가 '세상에서 가장 선미善美한' 제도이지만 [백성의 저급한 교육 수준(민도) 등을 고려할 때] '동양 천지에서는 적합지도 못 하려니와 도리어 극히 위험한 생각'이라고 토를 달았던 것이다.[44] 그러면서 이승만은 우리나라가 민주공화제 대신에 영국, 독일, 일본 등 군주국에서 시행하는 '헌법정치憲法政治' 즉, 입헌군주제立憲君主制를 채택하는 것이 바람직하다는 소견을 아래와 같이 밝혔다.

헌법정치라 하는 것은 인군人君이 위에 계셔 만사를 통할統轄하시며 신하가 받들어 섬기기는 별로 전제정치와 다름이 없으나 다만 권리의 방한이 있어 상하 의원을 두고 투표해 명망 있는 사람을 천거해 의원이 되어 백성의 권리를 대표해 크게 관계되는 일을 논의해 처결하게 하나니, 가령 재정으로 의논할진대 일국의 탁지부는 그 나라 인군이나 대신의 사사 재물이 아니오…….

이는 영국, 독일과 기타 황제국이나 군주국이며 동양의 일본이 다 이 제도로 다스려 정사와 황실이 태산 반석같이 평안한 복을 누리며 일국 신민이 무궁한 덕화德化를 입는 바라.

이런 나라일수록 내란이 없으며 인군이 편안하시어 민간에 유람하기를 거리끼지 않으니 지금 세대에 가장 합당하게 여기는 법이라. 인군의 권리를 감한다든지 백성의 기습을 기른다는 편벽된 말로 사서 고집할 수 없는 바로다.

우리나라도 백 년 전후 사기史記만 볼지라도 민간에 사론이 있으며 조정에 대간臺諫이 있어 의논하고 간하는 규모가 정제함에 심지어 호조집리戶曹執吏, 고직庫直 등까지라도 위에서 사사로이 쓰시라는 돈은 결단코 바치지 아니해 군명君命을 항거한 일이 한둘이 아니니 이는 다 지금까지 민간에서 이야기도 하는 바라.

우리나라도 개명 시대에는 이렇게 다스렸나니 이것이 곧 헌법정치의 본뜻이오.[45]

1910년에 대한제국이 멸망하고 중국에선 1912년 신해혁명을 거쳐 중화민국이 탄생했다. 그 뒤 제1차 세계대전(1914~1918)에서 '민주주의'를 따르는 연합국이 '군국주의' 독일제국을 물리치고 승리하자 이승만은 앞으로 미국과 같은 민주주의 국가들의 민주공화제가 전 세계적으로 보편화할 것으로 전망했다. 이승만의 이러한 정세관은 1919년 3·1운동 후 그가 임시정부의 수반으로서 7월 4일에 미국에서 발포한 「대통령선언서」에 잘 드러난다.

> 슬프다. 저 군국주의와 제국주의는 곧 저맨German 황제의 일패도지一敗塗地한 근원이라. 유럽과 아메리카 열국이 이 만습을 타파하고 공화 신세계를 성립키 위해 고금에 처음 있는 대혈전으로 저맨 군사를 꺾어 뉘고 평화를 강구하는 중이라. 이 고대 유습을 유럽에서 저처럼 몰아내었거늘 아시아주에서만 횡포를 방종하리오. 이는 거세가 허락지 않을지며 공리가 용납지 않으리라.[46]

이러한 시대적 상황판단에 따라 이승만은 1919년 4월 14일부터 16일까지 서재필을 모시고 필라델피아에서 '대한인총대표회의'를 개최했는데, 이 회의에서 이승만은 유일한柳一韓이 기안한 '한국인의 목표와 희망'이라는 제목의 결의안을 심의, 채택하는 데 앞장섰다. 10개 조항으로 구성된 결의안은 '대한인총대표회의'에 참가한 약 150명의 재미 한인 독립운동가들이 앞으로 탄생할 새로운 한국의 비전을 담은 일종의 헌법대강憲法大綱이었다.[47] 따라서 이 문건은 이승만의 신국가 건설 구상을 이해하는 데 중요한 자료이다.*

이 10개 조 결의안의 핵심은 앞으로 한국에 대통령중심제 민주주의 국

* 이는 본서 3장에서 더 자세히 다루도록 한다.

가를 수립하되, 일반 국민이 민주주의 정치 경험이 부족한 점을 고려해 건국 후 국민교육을 향상시켜 국민의 자치 능력을 배양함으로써 모든 국민의 정치 참여도를 높인다는 것이었다. 10개 조 결의안의 핵심 부분인 제2조의 주요 내용은 다음과 같다.

> 우리는 할 수 있는 데까지 미국의 정치체제를 모방한 정부를 세우기로 제의한다……. 앞으로 오는 10년 동안에는 필요에 따라 권세를 정부로 더욱 집중하며 또 국민교육이 발전하고 자치의 경험이 증가할 때까지 그 관리상 책임의 공권을 더욱 허락할 일이다.[48]

이 조항을 음미해보면, 3·1운동 직후 이승만을 포함한 재미 독립운동가들은 앞으로 조국에 수립될 새로운 정부는 미국의 정치체제를 모방한 대통령중심제 민주공화 정부여야 한다고 생각했다. 동시에 그들은 현재 한국 국민의 교육 수준이 낮고 민주적 자치自治 경험이 부족한 점을 고려해 건국 후 '10년간' 대통령이 강력한 중앙집권적 통치를 펴면서 국민에게 민주주의 실현에 필요한 교육을 펼쳐 점진적으로 국민의 참정권을 확대해 가는 것이 바람직하다는 결론에 도달했음을 알 수 있다.

이승만은 이 결의안을 기안하지는 않았지만, 대회 석상에서 그 내용에 찬동하는 발언을 했고 또 이 안의 채택을 솔선 동의動議했다. 따라서 그는 3·1운동 후 탄생하는 신생 조국의 정체가 미국식 민주공화제 정부이되 건국 후 10년간 강력한 중앙집권적 통치체제를 실시하는 것이 바람직하다는 결의안의 기본 취지에 전폭적으로 찬동했다고 볼 수 있다. 말하자면, 이승만은 3·1운동을 계기로 과거 입헌국주제가 한국의 실정에 맞는 바람직한 정체라고 간주했던 자신의 기존 생각을 바꾼 것이다.

해방 후 귀국한 이승만은 1946년 2월 '모범적 독립국을 건설하자'는 제목의 방송연설에서 일반 국민에게 위와 같은 자신의 건국 구상을 처음으로 밝혔다. 이 연설의 결론 부분에서 이승만은 한국민이 앞으로 "군주정치나 독재정권하에서 구속받고 지내는 습관을 다 타파하고 민주정체 밑에서 자유 활동하며 전 세계에 해방된 민족들과 같이 동등의 복리福利를 누리자"[49]고 강조했다.

그 뒤 1948년 5월 31일 제헌국회 의장으로 선출되어 역사적인 헌법 제정 작업을 총괄하게 된 이승만은 국회 개원식 식사에서 헌법 제정의 기본 방향을 다음과 같이 제시했다.

> 이 국회의 최대한 목적은 이미 세계에 알려진 바와 같이 민주주의를 토대로 한 헌법을 제정하고, 그 헌법에 따라 정부를 수립하고 국방군을 조직해 안녕 질서와 강토를 보장하며, 민생 곤란을 구하기 위해 확고한 경제 정책을 공평히 실시할 것과, 개인의 평등권을 법률로 제정해 보호할 것과, 해외에 거류하는 동포의 생명과 권리를 국제상 교섭으로 보호할 것과, 교육을 향상하며, 공업을 발전하며 평등호혜의 조건으로 해외 통상을 열 것과, 언론·출판·집회·종교 등의 자유를 보장할 것과, 국제상 교의交誼를 돈독히 해 세계평화를 증진할 것과, 소련과 교제를 열어서 양국의 중대 관계를 시정할 것과, 길이 열리는 대로 일본과 담판을 열어서 정치와 경제상 모든 문제를 타정할 것 등이니 우리 국회의원들의 책임이 중대하고 긴박합니다…….[50]

이승만은 이 식사에서 새로 탄생하는 대한민국이 민주주의 원칙에 입각한 정부여야 하며 그러한 정부 체제하에서 모든 국민이 평등권과 언론, 출판, 종교 등 모든 분야의 자유권을 누리는 가운데 교육과 공업을 발전시키며 외국과의 통상을 증진할 것이라는 자신의 정책 구상을 밝힌 셈이다. 그리고 이승만은 이러한 구상을 자신이 제헌국회 의장으로서 제정의 총책임을 진 대한민국 헌법에 반영시키려고 노력했다.

널리 알려진 대로, 1948년 7월에 공포된 대한민국 헌법은 대통령의 '전제독주專制獨走'를 막을 수 없는[51] 강력한 대통령중심제의 특징을 지니고 있었다. 그렇다면 이승만이 의장직을 맡고 있던 국회에서 어떻게 이러한 내용의 헌법이 만들어졌을까?

헌법기초전문위원으로 발탁되어 헌법안의 기초 작업을 맡았던 유진오兪鎭午의 회고에 따르면, 이승만은 헌법기초위원회 소속 위원 대다수의 동의를 얻어 성안된 내각책임제 헌법 초안을 동 위원회에서 기초 작업이 마무리된 6월 20일 전후에 두 차례나 위원회 회의장에 나타나 위협적 언사로 대통령책임제(이승만은 대통령중심제를 대통령책임제라고 불렀다) 안으로 바꾸도록 종용하고, 또 7월 6일 국회 본회의 헌법심의 제2독회에서도 상정된 초안에 명시된 국무위원 임명에 대한 국무총리의 제천권提薦權을 삭제하도록 압력을 가함으로써 결국 대통령이 국정을 독단적으로 운영할 수 있는 대통령중심제 헌법을 채택하게 만들었다고 한다.[52]

당시 국회의장으로서 헌법 제정 작업이 끝나면 초대 대통령으로 선출될 것이 확실시되었던 이승만이 왜 이토록 집요하게 내각책임제 대신 대통령중심제를 고집했을까? 이에 대한 답은 구구하다.[53] 이승만의 입장에서 그 답을 추구해보건대, 그것은 이승만이 7월 6일 기자단 회견에서 내각책임제와 대통령중심제의 특징을 지적할 때 아래와 같이 발언한 데서 찾을 수 있다.

현재 기초 중인 헌법의 내각제는 국무총리를 둘 책임내각으로 되어 있으나…… 나 개인으로는 미국식 삼권분립 대통령 책임내각제를 찬성한다. 지금 영국이나 일본에서 하는 제도가 책임내각제라 할 것인데 영국이나 일본에서는 군주정체로 뿌리가 깊이 박힌 나라일 뿐만 아니라 갑자기 왕 제도를 없앨 수 없

> 는 관계로 그러한 군주국 제도를 사용하고 있는 것이나 우리나라에서는 그러한 제도와 관념은 이미 없어지고 40여 년 전에 민주정부를 수립할 것을 세계에 공포한 이상 우리는 민주정체로서 민주정치를 실현해야 할 것이다. 대통령을 국왕과 같이 신성불가침하게 앉혀 놓고 수상이 모든 일을 책임을 진다는 것은 비민주 제도일 것이다. 이와 같이 하면 히틀러, 무솔리니, 스탈린과 같은 독재정치가 될 우려가 있으므로 나는 찬성하지 않는 것이다. 민중이 대통령을 선출한 이상 모든 일을 잘하든지 못하든지 대통령이 책임을 지고 일을 해나가야 할 것이지 그렇지 않다면 사리에 맞지 않는 일이라고 아니 할 수 없다.[54]

위 인용문을 음미해보면, 이승만은 헌법 제정 당시 내각책임제는 군주국에 걸맞은 제도로서 독재화의 길을 터주는 '비민주 제도'라고 파악하면서, 민중이 직접 대통령을 뽑는 미국식 대통령중심제야말로 민중의 의사를 가장 잘 반영하는, '사리에 맞는' 민주주의 제도로 이해하고 있음을 알 수 있다. 이러한 이승만의 정체관은 1904년에 탈고한 『독립정신』에서 그가 민주공화제를 '세상에서 가장 선미善美한 제도' 혹은 '지극히 공번되고 바른 제도'라고 칭찬했던 사실과 일맥상통한다. 따라서 이승만은 대한민국을 건국하는 마당에 이왕이면 '세상에서 가장 선미한 정치제도'인 미국식 대통령중심제를 선택한 것이다.

6. 반공 보루 구축론

이승만은 대통령 재임 기간에 철저하게 반공反共 정책을 실천했던 반공주의자였다. 그런데 이승만의 반공 노선은 해방 후 한반도에서 격화된 동서 냉전 때문에 갑자기 고안된 것이 아니었다. 이승만은 청년 시절부터 꾸준히 러시아를 경계하고 혐오한 공로증恐露症(Russo-phobia)과 혐아嫌俄 사상을 갖고 있었는데 바로 이러한 반反러시아 의식이 해방 전후에 반공 사상으로 확대, 변형된 것이다.

이승만은 1898년 3월 19일 ≪협성회회보≫에 기고한 기명 논설에서 "시무時務를 의논하는 자 혹 말하기를 '이미 일본에 절영도絶影島 안에 석탄고를 짓게 허락했으니, 지금 러시아가 그 전례로 해오는 요구를 허락하지 아니함은 옳지 않다' 하니 그는 생각지 못하고 한 말이라"라고 전제한 다음 제정러시아가 부산 앞바다에 있는 절영도의 조차를 대한제국 정부에 요구한 것에 극력 반대하는 논의를 폈다.[55]

이 논설은 결과적으로 러시아의 절영도 조차 기도를 좌절시키는 데 크게 이바지했다. 그 뒤 이승만은 한성감옥서에서 집필한 무제無題의 한문 논설에서 아래와 같이 자신의 부정적인 러시아관을 소상히 밝혔다.

예로부터 러시아의 잔학함은 사람의 이목을 놀라게 했고 그 참혹함에 하늘의 해도 빛을 잃을 지경이었다. 2백 년 전에 파란波蘭(폴란드)에서 마음대로 주민을 학대했고 경자년庚子年(1900)에는 청나라의 북쪽 지방에서 사람들을 살해하고 노략질한 것은 천하가 함께 듣고, 함께 보고, 함께 분개한 사실이다. 저들은 처음에는 농락하는 수단으로 우매한 나라에 은혜를 베풀고, 마침내는 줄기를 자르고 뿌리를 캐내어 그곳 백성을 하나도 남기지 않으려고 했다. 이 어찌 러시아와 국경을 접하고 있는 나라가 크게 두려워하고 크게 경계해야 할 일이 아니겠는가?

일본과 러시아가 화란禍亂을 자아낸 지 벌써 여러 해가 되었다. 비단 두 나라만이 전쟁 준비를 게을리하지 않았을 뿐 아니라 곁에서 보고 있는 여러 나라도 바야흐로 발을 치켜들고 눈을 닦고 기다리며 "아침이 아니면 저녁에 전쟁이 일어날 것이다"라고 말했다. 온 하늘에 먹구름이 깔리면 반드시 비는 내리게 된

다. 만에 하나 병화兵禍가 일어나면, 동방에 어떤 결판이 날지, 한국에는 어떠한 결말이 있을지, 일단 차치하고 논하지 않더라도, 오래도록 화근을 잉태하고 화란을 조성했던 지역은 유럽이 40, 50년간 떠넘긴 참화를 다시 입을 것이다. 애처롭게도 우리가 5천 년간 신성神聖으로 이어온 구방舊邦의 남녀노소는 그 고혈膏血과 피육皮肉을 장차 폭군과 난병의 칼끝에 다 칠해버릴 것이다. 그런데도 오히려 구차스러운 평안함을 좋아하며 도리어 외국에 빌붙으려고 한다. 아! 참새와 제비가 불붙은 집에서 태연히 지저귀고 있는 것은 오히려 무지하기 때문이라고 하겠으나 올빼미가 남의 집을 허무는 것은 또 무슨 심술인가. 심하도다! 스스로 해치고 스스로 죽임이 이보다 더할 수는 없을 것이다.[56]

이어서 그는 『독립정신』에서 러시아를 "태고 시대에 인심이 양순하고 풍속이 순후할 때에 무위이치無爲而治 하던 법도인 '전제정치'를 아직도 펴고 있는 나라"[57]라고 낮게 평가한 다음, 아래와 같이 1672년에 등극한 표트르Pyotr 대제大帝 이후 러시아의 대외 팽창 정책을 소상히 설명함으로써 러시아의 한반도 침략 가능성을 부각했다.

러시아는 청국 북방에 있어 유럽과 아세아를 반에 걸쳐 앉았으니 천하에 제일 큰 나라는 영국과 이 나라 둘을 치는 바라…….

자초로 풍기風氣가 열리지 못해 지금껏 야만스러운 풍속이 많이 깨우쳐지지 않았으나 이전 사기史記를 보면 더욱 괴악한 사적이 많은지라. 1672년에 대피트[표트르 대제]라 하는 인군이 나서 정사를 그 매씨에게 맡기고 미복微服으로 각국에 유람할 새 남의 문명 진보함을 보고 자기 나라의 열리지 못함과 곤궁잔약함을 탄식해 크게 변혁함을 맹세하고 배 짓는 장색匠色에게 고용이 되어 배 짓는 법을 공부하고 나라로 돌아와 정사를 고치고 풍속을 변할 새, 영특한 수단으로 완고한 민심을 돌아보지 아니하고 용맹스럽게 행하나, 다만 신하가 어둡고 백성이 열리지 못해 그 신민을 데리고는 졸연히 성공하기 어려운지라.

이에 서양 사람들을 청해 들여와 입적하고 살기를 원하는 자는 그 자격을 따라 벼슬도 시키며 땅도 주어 내 신민이 되어 나라를 돕게 하매 지금도 그 나라에 여간 평민이라도 적이 상등 대접받는 사람을 보면 다 얼굴빛이 흰 인종이요 모든 하등 사람은 다 살빛이 누르고 형용이 추한 인민들이라.

이렇듯 힘써 행함에 나라를 중흥해 틀을 잡으매 지금 저렇듯 강대하게 된 것이 다 그 인군이 기초를 잡은 것이라. 이러므로 그 서울을 피득보彼得堡(페테르스부르크)라 해 그 광대한 사업을 천추에 기념하는 바라.

그러나 그 나라에 본토 백성을 위해 의논하는 자들이 종종 말하기를 이 인군의 공업은 심히 크다 하겠으나 본토 인민에게는 크게 적원積怨한 책망을 면치 못하리라 하는 바라. 이 인군이 평생에 각국을 병탄할 욕심이 있어 사방으로 토지를 널리 확장하고 마침내 장생長生할 계책이 없어 욕심을 채우지 못하고 세상 떠날 줄 머지않음을 생각한지라. 미리 열네 조목 유언을 지어 깊이 간수하고 그 후 자손으로 하여금 대대로 유전하며 비밀히 감추고 형편을 따라 본떠 행하라 했나니, 그중 대지가 강한 나라와 먼저 합해 작은 나라를 나누어 없이 하고 그 후에는 틈을 타서 그 나라를 마저 처 없애며 자유하는 나라에는 혼인을 통하거나 달리 결련해 먼저 내정을 간섭하며 권리를 주장하라 하며 모든 궤휼간교詭譎奸巧한 계책의 뜻이 가장 음험한지라.

그 후로 누대 인군 되는 이들이 다 준행해 효험이 많더니 근래에 이르러 그 글이 발각되어 세상에 드러남에 그 무한한 욕심을 알고 각국이 크게 두려워해 사람마다 전파해 하나도 모르는 자 없게 하매 구라파주의 모든 나라가 러시아의 세력을 막기로 제일 긴급한 문제로 삼지 않은 자가 없는지라. 1859년에 러시아와 터키 두 나라 전쟁에 각국이 일제히 나서서 싸움을 간섭해 러시아와 약조하고 흑해 어구를 다시 건너 허락 없이 나오지 못하게 하나 본래 흑해는 러시아 함대가 서양으로 나오는 길목이라, 이 어구만 막으면 서양 각국에는 감히 어찌할 수 없는 연고라.

이후로 러시아인이 감히 서쪽으로 다시 엿보지 못하고 범같이 탐하는 눈을 동으로 돌이키니 밤중 같은 천지에 허다한 생고기가 무수히 널렸는지라. 1892년에 시베리아 철도를 시작해 14년을 작정하고 1만 8천 리가량을 통해 나오니 이는 그 서울에서 군사를 파송해 아세아주 동방 끝에 나오기를 지척같이 하고자 함이라. 해삼위海蔘威[블라디보스토크]로 지점을 삼으니 곧 대한 북도와 청국 동편에 연접한 곳이라. 이 지방에 달해 동양 천지를 허락 없이 호령하고자 함이라. 서양에서 막은 물이 동양에 미쳐오는지라. 그 위급절박危急切迫함이 실로 조석朝夕에 달렸도다.[58]

이승만의 이러한 공로, 혐아 의식은 그가 미국에서 유학하며 망명 생활을 하는 동안 바뀌지 않고 유지되다가 1917년 11월 볼셰비키 혁명을 통해 로마노프 왕조가 붕괴하고 공산주의 정부가 들어선 다음 반공 사상으로 탈바꿈했다. 이 무렵부터 이승만은 공산주의 이데올로기에 관심을 기울이며 그것의 장단점을 나름대로 연구한 듯 보인다. 그 결과 이승만은 공산주의를 '원래 자유롭게 되기를 원하는 인간의 본성을 거역해가며 국민을 지배하려는 사상체계'로 판단했고 이러한 이념을 따르는 정치는 반드시 실패할 것이라는 확신을 갖게 되었다.[59] 이승만은 공산주의를 분석해 1923년 3월 ≪태평양잡지≫에 기고한 「공산당의 당부당」이라는 제목의 글에서 아래와 같이 명쾌하게 그의 소신을 개진했다.

공산당주의가 이 20세기에 나라마다 사회마다 아니 전파된 곳이 없어, 혹은 공산당이라 사회당이라 무정부당이라 하는 명목으로 극렬하게 활동하기도 하며, 혹은 자유권 평등권의 명의로 부지중 전염하기도 하여, 전제 압박하는 나라에나 공화 자유하는 백성이나 그 풍조의 촉감을 받지 않은 자가 없다.

공산당 중에도 여러 부분이 있어 그 의사가 다소간 서로 같지 아니하나, 보통 공산당을 합하야 의론하건대, 그 주의가 오늘 인류 사회에 합당한 것도 있고 합당치 않은 것도 있으므로, 이 두 가지를 비교해 이 글의 제목을 "당부당"이라 했으니, 그 합당한 것 몇 가지를 먼저 들어 말하건대, 인민의 평등주의다.

옛적에는 사람을 반상班常으로 구별해 반은 귀하고 상은 천하므로, 반은 의례히 귀하고 부하며 상은 의례히 천하며 빈해 서로 변동치 못하게 등분으로 방한을 정해놓고, 영영 이와 같이 만들어서, 양반의 피를 타고난 자는 병신 천치라도 웃사람으로 모든 상놈을 다 부리게 마련이요, 피를 잘못 타고난 자는 영웅준걸의 자질을 타고났을지라도 하천한 대우를 면치 못했으며, 또한 노예를 마련해 한 번 남에게 종으로 팔린 자는 대대로 남의 종으로 팔려다니며 우마와 같은 대우를 벗어나지 못하게 마련이었다. 이와 같이 여러 천 년을 살아오다가, 다행히 프랑스혁명과 미국이 공화를 세운 이후로 이 사상이 비로소 변해 반상의 구별을 혁파하고 노예의 매매를 법률로 금했으니, 이것이 서양 문명의 사상 발전된 결과이며 만세 인류의 무궁한 행복을 끼치게 했다.

그러나 근대에 이르러 보건대, 반상의 구별 대신에 빈부의 구별이 스스로 생겨서, 재산 가진 자는 이전 양반 노릇을 여전히 하며, 재물 없는 자는 이전 상놈 노릇을 감심甘心하게 되었다. 그런즉 반상의 명칭은 없어졌으나 반상의 등분은 여전히 있어서 고금에 다를 것이 별로 없다.

하물며 노예로 말할지라도, 법률로 금해 사람을 돈으로 매매는 못 한다 하나, 월급이라 공전이라 하는 보수 명의로 사람을 사다가 노예같이 부리기는 일반이다. 부자는 일 아니 하고 가난한 자의 노동으로 먹고살며, 인간 행복에 모든 호강을 다하면서 노동자의 버는 것으로 부자 위에 더 부자가 되려고 월급과 삭전을 점점 깎아서, 가난한 자는 호구지계糊口之計를 잘못하고 늙어 죽도록 땀 흘리며 노력해 남의 종질로 뼈가 늘도록 사역하다가 말 따름이다. 그러므로 공산당의 평등주의가 이것을 없이 해 다 균평하게 하자 함이니, 어찌해 이것을 균평히 만들 것은 딴 문제이거니와, 평등을 만들자는 주의는 대저 옳으니, 이는 적당한 뜻이라 하겠다.

공산주의 중 시세에 부당한 것을 말하자면, 첫째, 재산을 나누어 가지자 함이다. 모든 사람의 재산을, 토지 건축 등 모든 부동산까지 다 합해 평균히 나누어 차지하게 하자 함이니, 이것을 가난한 사람은 물론 환영하겠지마는, 토지를 평균히 나누어 맡긴 후에 게으른 사람들이 농사를 아니 하던지 일을 아니 하던지 해 토지를 다 버리게 되면 어찌하겠는가. 부지런한 사람들이 부지런히 일해 게으른 가난장이를 먹여야 될 것이요, 이 가난장이는 차차 수효가 늘어서 장차는 저마다 일 아니 하고 얻어먹으려는 자가 나라에 가득할 것이다.

둘째, 자본가를 없이하자 함이라. 모든 부자의 돈을 합해다가 공동이 나누어 가지고 살게 하면 부자의 양반 노릇 하는 폐단은 막히려니와, 재정가들의 경쟁이 없어지면 상업과 공업이 발달되기 어려우니, 사람의 지혜가 막히고 모든 기기묘묘한 기계와 연장이 다 스스로 폐기되어, 지금에 이용후생하는 모든 물건이 다 진보되지 못하며, 물질적 개명이 중지될 것이다. 자본을 폐하기는 어려우리니, 새 법률로 제정해 노동과 평등 세력을 가지게 하는 것이 나을 것이다.

셋째, 지식 계급을 없이하자 함이니, 모든 인민의 보통 상식 정도를 높여서 지금에 학식으로 양반 노릇 하는 사람들과 비등하게 되자 하는 것은 가하거니와, 지식 계급을 없이하자 함은 불가능하다.

넷째, 종교 단체를 혁파하자 함이다. 자고로 종교 단체가 공고히 조직되어 그 안에 인류 계급도 있고, 토지 소유권도 많으며, 이 속에서 인민 압제의 학대를 많이 했나니, 모든 구교 숭배하던 나라에서는 이 폐해를 다 아는 바이다. 그러나 지금 새 교회의 제도는 이런 폐단도 없고 겸하야 평등 자유의 사상이 본래 열교裂敎(개신교) 확장되는 중에서 발전된 것이라. 교회 조직을 없이 하는 날은 인류 덕의상 손해가 막심할 것이다.

다섯째, 정부도 없고 군사도 없으며 국가 사상도 다 없이 한다 함이다. 이에 대해서는 공산당 속에서도 이론이 많을뿐더러 지금 공산당을 주장한다는 아라사[러시아]로만 보아도 정부와 인도자와 군사가 없이는 부지할 수 없는 사정을 자기들도 다 아는 바여서 더 설명을 요구치 않거니와, 설령 세상이 다 공산당이 되며, 동서양 각국이 다 국가를 없이 해 세계적 백성을 이루며, 군사를 없이 하고 총과 창을 녹여서 호미와 보습을 만들지라도, 우리 한인은 일심 단결로 국가를 먼저 회복해 세계에 당당한 자유국을 만들어놓고, 군사를 길러서 우리 적국의 군함이 부산 항구에 그림자도 보이지 못하게 만든 후에야, 국가주의를 없이 할 문제라도 생각하지, 그전에는 설령 국가주의를 버려서 우리 2천만이 다 밀리어네어millionaire[백만장자]가 된다 할지라도 우리는 원치 아니할 것이다.

우리 한족에게 제일 급하고 제일 긴하고 제일 큰 것은 광복사업이다. 공산주의가 이 일을 도울 수 있으면 우리는 다 공산당 되기를 지체치 않으려니와, 만일 이 일이 방해가 될 것 같으면 우리는 결코 찬성할 수 없노라.[60]

이승만이 공산주의에 이와 같은 논리적인 확신을 갖게 된 것은 1920년에 뉴욕에서 출판된 모리스 윌리엄Maurice William의 『역사의 사회적 해석—마르크스의 경제적 역사 해석에 대한 반론*The Social Interpretation of History: A Refutation of the Marxian Economic Interpretation of History*』이라는 책에서 어느 정도 영향을 받았던 때문으로 추정된다.[61] 그리고 1921년 1월에 상하이에서 임정의 임시대통령으로서 직권을 행사할 때 그때까지 임정 내에서 막강한 영향력을 발휘하고 있던 공산당 출신 국무총리 이동휘李東輝가 자기의 권위에 도전하다가 임정을 박차고 물러난 사실,[62] 그리고 1925년 3월 상하이에서 한때 이르쿠츠크파 고려공산당 당원이었던 최창식崔昌植과 여운형 등이 임정 임시의정원을 통해 자기를 임시대통령직에서 탄핵, 면직시키는 데 앞장섰던 사실[63] 등이 이승만으로 하여금 공산주의를 더욱 강하게 경계하고 거부하도록 만들었을 것이다. 그뿐만 아니라 1933년 제네바에서 개최된 국제연맹 회의에 참석하려고 유럽을 방문했을 당시, 7월 19일과 20일간 모스크바에 들러 그곳에서 공산주의 치하의 소련 국민의 생활상이 얼마나 열악한지를 목격한[64] 이승만은 공산주의의 문제점과 한계를 분명하게 깨달았을 것이다.

제2차 세계대전이 종결될 무렵 소련의 스탈린이 동유럽의 여러 약소국들(예컨대 폴란드나 유고슬라비아)을 위성국으로 만들어가는 과정을 주의 깊게 관찰하고 있던 이승만은 1945년 봄 국제연합 창립총회가 열리는 샌프란시스코를 방문해 소련 공산당 당원이었다가 공산당을 탈당하고 미국으로 이주한 언론인 고브로우가 제공한 정보라며 '1945년 2월 얄타회담에서 미국의 루스벨트 대통령과 영국의 처칠 수상이 스탈린에게 전후戰後 소련이 한반도 지배권을 행사할 것을 인정했다'는 내용의 이른바 '얄타 밀약설'을 폭로한 바 있다.[65]

얄타회담에 참여한 3국 정부는 이승만의 밀약설을 부인했지만, 이승만은 밀약이 있었다고 믿었다. 말하자면, 그는 늦어도 1945년 봄부터 소련이 태평양전쟁 종결 뒤 한반도에 영향력을 발휘해 한국을 공산화할 가능성이 있다 판단하고 이를 크게 우려했다. 그러면서 소련의 팽창주의에 연결된 공산주의를 콜레라에 비유하면서 '콜레라와의 타협은 불가능하다You can't compromise with cholera'라는 반공사상을 굳히고 있었다.[66]

해방 후 귀국한 이승만은 한동안 다분히 정략적 고려에서 조선공산당(책임비서 박헌영)에 관용적이고 유연한 자세를 보여주었다. 1945년 10월 21일 밤 중앙방송을 통해 발표한 연설에서 "나는 공산당에 호감을 가지고 있는 사람입니다. 한국 경제 대책도 이에서 취택할 점이 많이 있습니다"[67] 라고 언명하면서 조선공산당과 협력할 용의가 있음을 시사했다.

이어서 그는 11월 21일 '공산당에 대한 나의 관념'이라는 제목의 방송 연설에서 "악독한 왜적의 압박하에서 지하공작으로 절불굴折不屈하고 배

일항전排日抗戰하던 공산당원들을 나는 공산당원으로 보지 않고 애국자로 인정한다. 왜적이 침략한 후에 각국의 승인을 얻기 위해 '인민공화국'을 세운 것이 사욕이나 불의의 생각이 아닌 줄로 믿는다"라 전제하고 자기는 "공산 정부만 수립하기 위해 무책임하게 각 방면으로 선동하는 중…… 국사國事에 손해를 끼치는 이들"과는 같이 일을 못하지만 "경제 방면으로 근로 대중에게 복리를 줄…… 목적으로 공산주의를 주장하는 인사들"과는 협조할 용의가 있다고 선언함으로써 공산당원들과 선별적으로 협력할 의사가 있음을 내비쳤다.[68]

그러나 좌우익의 갈등이 심화해 공산당과의 대결이 불가피해진 것을 깨달은 1945년 12월 19일에 이승만은 드디어 '공산당에 대한 나의 입장'이라는 방송연설을 통해 일부 공산당원들을 가리켜 소련의 앞잡이라고 규탄하면서 이들에 대한 입장을 아래와 같이 정리, 공표했다.

> 한국은 지금 우리 형편으로 공산당을 원치 않는 것을 우리는 세계 각국에 대해 선언합니다. 이왕에도 재삼 말한 바와 같이 우리가 공산주의를 배척하는 것이 아니오, 공산당 극좌파들의 파괴주의를 원치 않는 것입니다…….
>
> 이 극렬분자들의 목적은 우리 독립국을 없이 해서 남의 노예로 만들고 저의 사욕을 채우려는 것을 누구나 볼 수 있을 것입니다. 이 분자들이 로국露國을 저의 조국이라 부른다니 과연 이것이 사실이라면 우리의 요구하는 바는 이 사람들이 한국에서 떠나서 저의 조국에 들어가서 저의 나라를 충성스럽게 섬기라고 하고 싶습니다.[69]

이렇게 이승만은 한국의 일부 친소 공산당원들을 소련의 세계 적화赤化 정책에 농락당한 반민족적 이기주의자 집단으로 규정하고 그들과의 결별을 선언했다.

1946년 1월 13일 좌우합작을 위한 '5당 회담'이 결렬되자 이승만은 내외 기자회견을 통해 민족 통일 문제를 언급하는 가운데, "공산분자와 합동이 사실상 될 수 없는 것을 알고도 성의를 다해왔으나, 파괴자와 건설자가 어떻게 합동되며, 애국자와 매국자가 어떻게 한 길을 갈 수 있을까? 이후 국권을 회복한 후에는 이 분자들에게도 친일분자와 같은 대우 아래 우리 민족의 재판 마당에서 물을 말이 있을 것이다"라고 하면서 다시 한 번 공산당과의 결별을 선언함과 동시에 앞으로 독립촉성중앙협의회를 중심으로 민족통합운동에 주력할 것을 다짐했다.[70]

대한민국 건국 후 1949년 여름에 이승만 대통령은 민족 간, 계급 간 알력을 조장하고 계급투쟁을 선동하는 공산주의에 대항할 이데올로기로 일민주의를 제창했다. 즉, 이승만은 1949년 9월에 발표한 「일민주의 정신과 민족운동」이라는 논설에서 아래와 같이 공산주의에 대한 자기의 입장을 밝히고 공산주의에 대항할 이데올로기로서 일민주의를 내세웠던 것이다.

> 공산주의는 본래 빈천한 사람들을 부귀한 사람들과 동등으로 살게 만들자는 주의라 할 것인데 이 주의가 로서아에서 크게 발전된 이유는 로서아 제정 시대에 전제정치가 세계에서 가장 심했던 것이므로 맑스주의를 흡수한 레닌의 대혁명이 성공되어 로서아 황실을 다 전멸시켜 세계에 참혹한 공산혁명의 역사를 이루게 된 것이다. 당초에 공산당에게 권리를 주라고 한 것이니 이 혁명은 레닌이 혁명운동을 시작할 때에 제일 유력한 스로간slogan이 농민에게 땅을 주고, 주린 자에게 밥을 주며, 공산당에게 권리를 주라고 한 것이다. 이 스로간으로 로서아 대중의 심리를 인도해 로서아 대혁명이 성공된 후에는 공산당이 정권을 잡고 있어서 농민에게 땅을 주고 기민饑民에게 밥을 준다는 것은 다 잊어버리고, 공산당 세력만을 확대시키기로 작정하고, 병력을 강화해 세계를 정복할 주의를 가지고, 국제 공산당 총본부를 만들어 대대적으로 선전한 대지大旨가 모든

나라의 민심을 선동해 계급 전쟁을 붙이게 한 것이다.

빈민들은 부민을 타도해야 산다. 무식자는 유식계급을 몰락시켜야 산다. 상놈은 양반을 없애야 산다. 노동자는 재벌가를 정복해야 산다. 농민은 지주를 박멸해야 산다. 이러한 것으로 언론과 서류를 세계에 전파하고, 세포 조직을 아니한 곳이 없게 되었으니 영미 등 부강한 나라나, 파란波蘭[폴란드]과 불가리匈牙利[불가리아] 같은 미약한 나라까지 그 세력이 뿌리를 박게 되어, 사람마다 생각하기를 로서아는 공산혁명으로 나라도 부강하고 백성도 풍족하게 자유로 살 수 있는 극락세계로 알 만큼 되어진 것이다.

그러나 그 내용을 보면 로서아의 민중같이 빈곤하고 압제받는 인민은 더 없는 것이니 내가 16년 전 모스코에 갔을 때에, 밤에 여관 사무원인 로서아인이 나의 방에 들어와서 비밀히 말하기를 매삭 미화 8원씩 받아가지고 일을 보라 하니 살 수 없는 것을 간신히 지낸다 하며 자기의 길을 열어서 미국으로 가게 해달라고 간청하는 것을 들었으며, 기차에서 미국인 몇 사람이 처음에는 아무 말도 없이 서로 얼굴만 바라보고 있다가 기차가 로서아 국경을 넘어온 뒤에는 이 사람들이 비로소 숨을 쉬고 그중 한 사람이 말하기를 로서아 내지 어떤 곳을 몰래 들어갔다가 길가에서 기진해 쓰러져 죽은 사람을 보았는데 이렇게 굶어 죽는 사람이 종종 있다 하니 이것이 오늘 공산당 사람들이 자랑하는 로서아 극락지역極樂地域의 실정이다. 로서아 사람들이 외국인이라면 신문기자뿐만 아니라 유람객까지도 내지에 들어가지 못하게 막는 것이 이러한 이유이다.

그러므로 쏘련 공산주의라는 것은 이름만 내세우고 사람을 속여 잘 살겠다는 욕심을 이용해 공산당원을 만들어 저의 나라 저의 친척을 버리고 세계 각국을 공산화해서 모든 사람을 이 선전에 빠지게 하는 것이다. 공산 군벌 세력으로 전 세계를 저의 통치하에 넣자는 것인데 영미 각국 사람이 이런 내용을 알고서도 민중들이 다 개명해서 그 선전에 속지 않으리라는 신념을 가지고 방임해온 까닭에, 그 세력이 양성되어 동맹파업과 파괴 분열 운동이 점점 강경히 추진되므로 이 이상 더 방임한다면 민주주의는 물론하고 자유나 독립까지도 다 없어지고 쏘련의 한 부속국이 되고 말 것을 알므로 지금은 법률로 탄압하며 교육으로 금지하며 전쟁 준비로 모든 민주국가들이 단합해서 공동 보호를 주장하다가 전쟁이라도 일어나는 경우에는 주저치 않고 용진하려는 결심이 되고 있으니, 거짓 선전에 빠져서 남의 부속국이나 노예가 되거나 또는 공산당과 싸워 이겨 민주국들이 자유 복리를 누리게 되거나 이 두 가지 중 한 가지를 택해야만 될 것이며 이 외에 다른 길은 없을 것이다.

우리가 이 틈에 끼워서 해방 후 처음 양 연간은 방공운동防共運動을 마음대로 못하고 합작이니 연합이니 하는 등 구속하에서 공산 세력을 길러서 화근을 양성해왔으니, 이것은 미국이 그때에 공산당의 위험을 충분히 양해하지 못하고 협의적 정책으로 해결되기를 바라던 연고이다. 그러나 지금은 미국이 충분한 각오로 우리의 입장이 옳다는 것을 인정해 절대로 우리의 정책을 지지하기에 이르렀으므로 우리의 앞길이 점점 열려가는 중이다.[71]

이 글은 이승만이 1920년대부터 6·25전쟁 발발 이전까지 지녔던 공산주의관을 가장 잘 요약한 것으로 보인다. 이상과 같은 경위를 거쳐 형성된 이승만의 반공주의는 6·25전쟁 발발 이후 "공산주의와는 절대로 함께 살 수 없다"라는 이전의 방침보다 더욱 경화된 철저한 반공주의로 변했다.[72]

그러나 엄밀하게 따져볼 때 이승만의 반공 노선은 그의 건국 사상이라기보다는 그가 추구했던 자유민주주의의 소극적인 측면이었다.

맺음말

이승만은 대한민국의 초대 대통령으로 선출되기까지 중국인 쑨원孫文의 삼민주의三民主義나 한국인 조소앙趙素昻의 삼균주의三均主義 등에 비견할 만한 매혹적인 '이즘'을 개발하지 않았다. 이승만이 나이 일흔넷에 접어든 1949년에 서투른 모국어로 저술한 『일민주의 개술』이라는 책자는 내용이 소략한 데다 문체가 세련되지 못해 신생 공화국의 발전 방향을 제시하는 이념 지침서로서는 미흡하다는 인상을 준다.[73]

아마도 대한민국 건국 후 많은 지식인은 이 책자를 읽고 이승만은 '지적으로 천박한' 정치인이라고 판단했을 가능성이 있다. 그러나 앞서 살펴본 대로 이승만은 개화기와 독립운동기를 통해 다른 어느 독립운동가나 정치인보다 더 활발하게 언론 활동을 펼치면서 '타의 추종을 불허하는' 수준의 문적을 남긴 인물이다.

1890년대부터 1920년대까지 집필하고 발표한 신문과 잡지의 논설들이나 『독립정신』, 『한국교회핍박』, ≪태평양잡지≫ 등 개인 저서와 잡지 기고문에 드러난 이승만의 정치사상은 집필 당시로는 가히 혁명적이라고 말할 수 있을 만큼 참신하고 진보적이었으며 서술 방식이나 문체가 유려하며 명쾌했다. 그가 해방 공간에 발표한 「과도정부 당면 정책 33항」과 「임시정책 대강」은 서술 기법상 세련되지 못한 점이 있지만 내용상으로는 건국의 청사진으로 손색이 없는 문건들이었다.

이렇게 따져볼 때, 이승만을 '지적으로 천박한' 정치인으로 치부하는 것은 잘못된 판단이라고 지적하지 않을 수 없다. 오히려 그는 개화기와 독립운동기에 한국이 배출한 정치 지도자들 가운데 '지적으로 가장 우수한 정치가'였다고 평가하는 것이 옳을 것이다.[74]

1896년부터 1949년까지 이승만이 발표한 논저들의 내용을 살펴볼 때,

그에게는 확실히 대한제국(조선왕조)의 중흥에 필요한 개혁 구상과 대한민국 건국에 필요한 국가 건설의 비전이 있었다. 따라서 이승만이야말로 당대의 한국인 독립운동가들 가운데 광복 후 한반도에 새로운 민주공화국을 건설하고 운영하는 데 필요한 사상적 준비를 가장 잘 갖추었던 정치가였다고 말할 수 있다.

제3부

업적

1948년 5월 10일, 대한민국 정부 수립을 위한 역사적인 총선거가 이뤄졌다.
종로 을구 제1투표소에서 투표하는 이승만.

제3장 이승만 대통령의 업적

—거시적 재평가—

대한민국 초대 대통령 우남 이승만은 우리에게 두 개의 다른 얼굴을 가진 야누스Janus로 비치고 있다. 한편으로 건국의 원훈이자 한민족의 독립과 번영의 기초를 다진 국부로 숭앙받는가 하면, 다른 한편으로 한반도의 통일을 저해하고 민주주의를 압살한 시대착오적 독재자로 매도된다. 더구나 1990년대 후반에 이뤄진 한 여론조사에 따르면 이승만 대통령과 그의 업적을 부정적으로 평가하는 사람들의 수가 긍정적으로 평가하는 사람들의 수를 웃도는 형국이다.[1]

이승만을 부정적으로 평가하는 사람들은 그를 가리켜 유아독존적이고 이기적인 독재자라고 손가락질한다. 공산권 정부와 언론은 철저한 반공주의자였던 이승만을 '권력욕에 눈먼 미국의 앞잡이'로 매도한다. 영국과 미국의 진보적 언론도 '독재적이며 야심 차고 반동적이며 무책임하고 잔인한 인물'로 소개한 바 있다. 장준하張俊河는 '희대의 협잡꾼이오, 정치적 악한'이라 불렀고, 신상초申相楚는 '교활하기 짝이 없는 철저한 에고이스트'로 평가했다. 송건호宋建鎬 또한 '독립운동도 제가 대통령을 해 먹으려고 했고 또 건국도 제가 대통령 해 먹으려고 했던 인물'이라 잘라 말했다. 그리고 제2차 세계대전 당시 장제스의 특별고문을 지낸 미국의 동양학자 오언 래티모어Owen Lattimore는 이승만을 '장제스의 아류'로 묘사했다.

이승만에게 최초로 체계적인 비판의 포문을 연 연구자는 리처드 알렌Richard C. Allen이라는 가명으로 『한국의 이승만: 허가받지 않은 그의 초상*Korea's Syngman Rhee: An Unauthorized Portrait*』을 저술한 약관 30세의 미국인 전기 작가 존 테일러John M. Taylor*였다.[2] 테일러는 4·19학생의거 직후에 발간된 이승만 전기에서 '부산정치파동'과 '사사오입四捨五入'이라는 기상천외의 계산법으로 두 번이나 개헌을 감행해 장기 집권의 기반을 다진 후, 진보당을 탄압하고 '3·15부정선거'를 통해 대통령에 당선되었다가 결국 4·19학생의거로 권좌에서 물러난 경위를 상술하고 또 그의 대일 외교 실패와 거창양민학살사건, 국민방위군사건 등을 조명함으로써 이승만을 '평생 자기 조국에 봉사한 대가로 국민으로부터 권력을 선물받았으나 그 권력에 빠져 타락한 애국자'라고 낙인찍었다.[3]

4·19 이후 이승만 비판론을 확산시키는 데 앞장섰던 언론인이자 사학자 송건호는 알렌의 전기를 원용하면서 이승만 대통령을 남북 분단의 원흉이며, 친일파를 비호하고 중용함으로써 민족정기를 흐트러뜨린 장본인이며, 남한의 대미 종속을 심화시킨 미제의 앞장이라고 비판했다.[4]

이처럼 알렌과 송건호의 이승만 비판론을 계승한 일단의 '진보적' 연구

---

* 1930년 태생인 존 테일러는 6·25전쟁 당시 미8군 사령관으로 한국에 근무하면서 1953년 5월 4일과 6월 8일에 '상시대비계획Plan Everready'이라는 이승만 대통령 제거 계획을 입안했던 맥스웰 테일러Maxwell Taylor 대장의 아들이다. 존 테일러는 1952년에 윌리엄스대학교Williams College의 역사학과를 졸업하고 1954년에 조지워싱턴대학교George Washington University에서 석사학위를 취득했으며, 1952년부터 1987년까지 미국의 정보 외교 관련 부서에서 근무했다. 그가 쓴 이승만 전기에 소개된 약력을 보면 이승만 전기는 테일러의 처녀작이었는데 이 책을 출판하기 전 약 2년간 한국에 머물면서 여러 정파의 정치인들과 접촉했다. 테일러는 1960년 이후 자기 부친의 전기와 6권 이상의 저서를 출판했다.

자들은 1980년대 초에 미국에서 유입된 수정주의revisionism 사관의 영향하에[5] 이승만 비판의 강도를 한층 더 높였다. 그 결과 1995년에 이르러 김삼웅金三雄은 저간의 이승만 비판론을 종합해 이승만의 '죄악상'으로 분단 책임, 친일파 중용, 한국전쟁 유발과 예방 실패, 독립운동가 탄압, 헌정 유린, 정치군인 육성, 부정부패, 매판 경제, 양민 학살, 극우 반동, 언론 탄압, 정치 보복 등 12개 조목을 제시했다.[6]

이상의 주장과는 궤를 달리해 이승만의 위인爲人과 업적에 관해 정반대의 견해를 가지고 그를 극구 옹호하는 인사들이 있다.

김인서金麟瑞는 이승만을 가리켜 '희세稀世의 위재偉才'라 불렀고 조정환曹正煥은 '외교의 신神'이라 칭송했다. 허정許政은 '대한민국의 국부, 아시아의 지도자, 20세기의 영웅'이라 여겼으며, 김활란金活蘭은 이승만을 '조지 워싱턴, 토머스 제퍼슨 그리고 에이브러햄 링컨을 모두 합친 만큼의 위인'이라고 극찬했다.

또한, 6·25전쟁 당시 미8군 사령관으로 복무했던 제임스 밴플리트James A. Van Fleet 장군은 이승만을 '한국의 조지 워싱턴, 우리 시대의 가장 위대한 사상가, 학자, 정치가, 애국자 중의 한 사람'이며 '자기 체중만큼의 다이아몬드에 해당하는 가치를 지닌 인물'이라며 칭송했다.

이승만 옹호론의 대변자는 미국의 시라큐스대학교와 펜실베이니아주립대학교의 언론학 교수로서 1942년부터 1959년까지 이승만의 자문역과 홍보역을 맡았고 1954년에 『신화에 가린 인물 이승만*Syngman Rhee: The Man Behind the Myth*』이라는 최초의 이승만 전기를 저술한 로버트 올리버Robert T. Oliver 박사이다.[7]

올리버 박사는 이 전기에서 이승만의 애국심, 학문적 실력, 역사적 혜안, 정치적 투지, 종교적 초월성 등을 높이 사면서 이승만을 "한국 역사상 누구보다도 국민의 두터운 신망을 획득한……. 다른 나라에서 그 유례를 찾아

보기 어려운 지도자"라고 평가하고 "그의 이름은 위인을 많이 배출한 한국 역사에서도 단연 가장 위대한 정치가로 기록될 것이다"라고 강조했다.[8]

올리버 박사는 또 1995년에 발표한 「세계적 정치가 이승만Syngman Rhee—A World Statesman」이라는 논문에서 이승만 대통령은 1948년에 탄생한 대한민국이 초창기에 직면했던 극도의 혼란과 6·25전쟁이라는 미증유의 재앙을 극복하면서 국가 안보와 외교, 군사, 경제, 교육 등 여러 분야에서 괄목할 만한 발전을 이룩해 신생 공화국을 굳건한 반석 위에 올려놓았으며 결과적으로 1960년대 이후 남한의 눈부신 번영에 근원적으로 공헌했다고 평가했다.[9]

이러한 이승만 옹호론은 4·19 이후 한국 지성계에 만연한 반反이승만 정서 때문에 최근까지 학계나 언론계에서 제대로 계승, 심화되지 못했다. 다만 예외적으로 기독교 사상가이자 언론인 김인서가 1963년에 『망명 노인 이승만 박사를 변호함』을 펴냈고, 1975년에는 한국일보사에서 「인간 이승만 백 년」을 신문에 연재했으며, 그 뒤 외국에서 사회과학 분야의 박사학위를 취득한 학자들 가운데 몇 명이 이승만을 긍정적으로 평가하는 논저를 발표한 바 있다. 그리고 이승만 대통령 집권 당시에 고위직을 맡았던 일부 관료와 군 장성들이 자신들의 자서전과 회고록에서 이승만 대통령을 찬양하거니 옹호했다.[10]

그러나 이러한 지적 분위기는 1989년 냉전의 종식과 함께 바뀌기 시작했다. 냉전 종식은 무엇보다도 이승만이 주장했던 자유민주주의와 반공주의의 종국적 승리를 의미했기 때문에 학계에 이승만의 긍정적 재평가를 촉발시키는 계기가 되었다. 특히, 1991년 소련의 붕괴 후 공산권 국가들의 현대사 관련 사료가 속속 공개되어 이승만에게 남북 분단과 6·25전쟁 발발 책임이 있다고 주장했던 수정주의 역사학자들의 입장이 크게 흔들렸다.

다른 한편, 1961년 이후 1998년까지 남한을 통치한 군인 출신 대통령들의 강도 높은 '군사 독재'는 이승만의 '문민 독재'를 상대화시켰다. 이러한 일련의 객관적 상황 변화는 1990년대 중반 이후 '탈수정주의post-revisionism'를 표방하는 사회과학자, 역사학자, 언론인들 간에 이승만을 새롭게, 긍정적으로 조명하려는 움직임을 불러왔다.

이른바 '4·19 세대'에 속하는 필자는 이승만 대통령이 12년에 걸친 장기 집권에서 적지 않게 실정失政을 저질렀음을 인정한다. 예컨대, 건국 초에 친일파 문제를 적절히 처리하지 못했기 때문에 후환을 남겼다고 생각한다. 6·25전쟁 발발 직후 서울 시민보다 먼저 수도를 빠져나가면서 중앙방송으로 그릇된 전황 방송을 하도록 방치하고 또 예고 없이 한강교를 폭파함으로써 수많은 인명 피해를 발생시킨 것도 국가 최고 통치자로서 책임이 있다고 본다. 또한, 전쟁 중에 발생한 거창양민학살사건과 국민방위군사건 등 일련의 대규모 민간인 학살사건과 군의 비리 문제에도 책임이 크다고 생각한다. 1954년에 '사사오입'이라는 억지 논리로써 개헌을 강행하고 그 뒤 자유당自由黨과 경찰을 동원해 부정선거를 자행하고 묵과한 점 역시 용서받을 수 없는 실정이었다. 집권 말기에 이승만과 자유당이 반공의 명분하에 조봉암과 진보당에 가한 가혹한 탄압이 과연 정당한 것이었는지에 필자는 의문을 갖고 있다. 이 밖에도 이승만 대통령의 통치에 흠잡을 점이 더 있을 것이다.

그러나 4·19 이후에 발간된 이승만 관련 논저에 흔히 나타나는 부정일변도否定一邊倒의 이승만 비판에는 오류가 많다. 예컨대, 이승만이 남북 분단이나 6·25전쟁의 발발 등 역사적 사건에 책임이 있다느니 그가 '미제의 앞잡이'로서 한국과 한국인의 이익을 추구하기보다는 외세(미국)의 이익 추구에 편승했다는 주장은 사실과 맞지 않는다. 동시에 이승만을 긍정적으로 다룬 논저들도 이승만을 우상시한 나머지 그의 인간적 결함이나 정치적 실수 등을 호도한 측면이 분명히 있다.

따라서 이제 남은 일은 보다 실증적인 방법론에 따라 이승만이 대한민국 건국 대통령으로서 이룩한 업적을 객관적으로 평가하는 것이다. 그럴 때라야 건국 65년이 지난 이 시점에서 이승만이 남긴 유산과 그 유산을 이어온 우리의 현주소를 올바로 살피는 동시에 대한민국의 더 밝은 앞날을 약속할 수 있게 될 것이다.

이승만 대통령은 1948년 7월부터 1960년 4월까지 12년간 대한민국을 통치했다. 이 기간에 그는 6·25전쟁과 같은 미증유의 국난을 극복하면서 대한민국 정부 수립 이전에 준비했던 건국 구상에 따라 국가 건설 작업을 착착 진행했다. 여기서는 이승만 대통령의 통치와 관련된 기왕의 연구 업적들을 폭넓게 참고하고 활용해 이승만 대통령이 건국 대통령으로서 직접 지시하거나 혹은 정부를 운영하면서 과연 어떠한 업적을 달성했는지를 정치, 외교, 군사, 경제, 교육, 사회, 문화·종교 등 일곱 분야로 나누어 살펴보고자 한다.

1. 정치 분야의 업적

(가) 대한민국 건국에의 공헌

해방 직후인 1945년 10월 17일, 마침내 조국으로 돌아온 이승만은 서울에서의 첫 기자회견에서 "우리는 하루빨리 뭉치고 대동단결해 우리의 자주독립을 얻어야 한다", "우리가 당면한 문제 중 가장 긴급한 문제는 완전독립이 아닌가. 그러자면 하루빨리 뭉쳐야 할 줄 안다. 한데 뭉치어 우리 땅을, 우리 국가를 찾아놓고 전 인민의 총선거를 단행해 새 국가를 세우지 않으면 안 될 줄 안다"라고 말했다.[11]

이승만은 1945년 11월 4일 조선독립촉성중앙협의회 회장 자격으로 미국에 발송한 공문에서 "우리 한국인은 지금 당장 독립을 원하며……. 1년 이내에 우리 집을 지을 수 있다"[12]고 주장했다. 말하자면, 해방 직후 이승만은 이데올로기의 좌우를 초월해 온 국민을 단결시킨 다음, 1년 이내에 총선거를 치러 남북을 아우르는 독립국가를 건설하려 했다.

그러나 이승만은 미국과 소련 간의 냉전에 빨려든 남한 정국에서 좌우와 중간파로 갈린 국민을 단결시키지 못했을 뿐만 아니라 남한을 점령, 통치하는 미 군정과도 심각한 마찰을 겪어 1년 이내에 건국하는 데에는 실패했다. 그렇지만 이승만은 난마와 같이 얽힌 남한 정국에서 한편으로는 좌익과 중도 세력, 그리고 임시정부 봉대 세력을 제외한 대다수 국민을 포섭하고, 다른 한편으로는 미국 정부가 신탁통치 계획을 포기하도록 설득, 압박함으로써 유엔 감시하에 총선거를 치러, 비록 38선 이남에 한해서이지만 해방 후 3년 만에 다음과 같은 여섯 단계의 과정을 거쳐 대한민국이라는 자유민주주의 공화국을 탄생시키는 데 성공했다.

1) 반탁운동 추진

이승만은 해방 공간에서 김구가 영도하는 임시정부와 한국독립당, 송진우와 김성수가 이끄는 한국민주당, 이윤영李允榮을 위시한 월남민들의 조선민주당, 여자국민당 등 여러 우익 세력을 규합해 반탁운동을 전개함으로써 미·소 양국이 기도한 4대국의 다자간 신탁통치 계획을 좌절시켰다.

1945년 10월 20일 미 국무부 극동국장 존 빈센트John C. Vincent가 한반도에서 신탁통치를 실시할 계획이 있다고 발표하자 이승만은 10월 29일 "우리는 이 신탁통치를 절대 반대하는 바이요, 동양의 평화를 위해서도 이 제도는 있을 수 없는 것이다"라고 반탁反託 의사를 분명히 밝혔다.[13] 12월 28일에 '모스크바협정'이 공포된 다음, 1946년 3월에 서울에서 제1차 미소공동위원회(약칭 미소공위)가 열리자 이승만은 자신이 조직한 독립촉성국민회獨立促成國民會와 김구가 결성한 반탁국민총동원위원회反託國民總動員委員會를 통합해 1946년 2월 비상국민회의非常國民會議를 발족시키고 이 기구를 동원해 반탁운동을 전개했다.

이승만은 1946년 4월 17일부터 6월 9일까지의 남선순행南鮮巡行 과정에서 천안, 대전, 옥구, 옥천, 김천, 대구, 영천, 경주, 울산, 부산, 동래, 마산, 진해, 함안, 진주, 하동, 순천, 보성, 장흥, 목포, 광주, 정읍, 전주, 이리, 군산, 장호원 등지를 돌며 반탁과 반공을 강조하는 강연을 했다.[14] 그 뒤 1947년 5월에 제2차 미소공위가 열리자 그는 또다시 김구가 이끄는 반탁독립투쟁위원회와 제휴해 국민의회國民議會를 조직하고 전국학생총연맹全國學生總聯盟을 앞세워 대규모의 반탁 시위를 벌이는 등 격렬한 반탁, 미소공위 거부 운동을 전개했다.[15]

이승만의 이러한 끈질긴 반탁운동은 대내적으로 찬탁을 지지한 남로당南勞黨을 제외한 비非좌익계 국민을 단결시킴으로써 해방 후 좌익 우세였던 정치 풍토를 우익 우세로 역전시키는 데 공헌했고, 대외적으로는 한반도 문제에 관심이 있는 강대국들에 한민족의 독립 의지를 분명하게 알림으로써 1947년 9월 미국이 모스크바협정을 파기하고 유엔을 통한 한국 문제 해결로 돌아서게 하는 데 크게 기여했다.[16] 요컨대, 이승만이 추진한 반탁운동 덕택으로 한민족은 일종의 보호국 정치라고 볼 수 있는 강대국의 5년 신탁통치를 면하고 3년 만에 자율적으로 대한민국을 건국할 수 있었다.

2) 남한 과도정부 수립론 제창

이승만은 1946년 5월 제1차 미소공위가 결렬되어 휴회하자 남한 과도정부 수립안을 제창함으로써 그 후 남한 정국에서 일반 국민이 지향할 정치적 좌표를 제시하고 이로써 국론을 통일하는 데 이바지했다. 이승만은 특유의 국제정치 감각과 정보력으로 국내외 정세를 예리하게 관찰하면서 서울에서 개최된 미소공위가 아무런 성과 없이 무기 휴회하자 미소 협상으로는 통일 정부가 수립될 수 없다고 판단하고 1946년 6월 3일 정읍에서 "이제 우리는 무기 휴회된 공위가 재개될 기색도 보이지 않으며 통일 정부를 고대하나 여의치 않으니 우리는 남방만이라도 임시정부 혹은 위원회 같은 것을 조직해 38 이북에서 소련이 철퇴하도록 세계 공론에 호소해야 될 것이다"라는 내용의 남한 과도정부 수립론을 제창했다.[17] 말하자면, 이승만은 미소공위가 실패한 이상 우리 민족은 미소 간 홍정에 기대를 걸지 말고 우선 남한에서 '임시정부 혹은 위원회 같은 것'을 조직하고 이 기구를 바탕으로 국제적인 외교와 홍보활동을 전개함으로써 북한에서 소련군을 철퇴시켜 통일 정부를 수립하자고 제안한 것이다.

이어서 이승만은 6월 29일 김구와 더불어 남한 과도정부 수립 추진 기구인 민족통일총본부를 결성하고 독립 정부 수립 운동에 박차를 가했다. 참고로 이승만과 김구 간의 협력 관계는 1947년 10월 중순부터 흔들리기 시작했지만, 표면상 둘의 협력은 김구가 1948년 1월 29일에 남한만의 총선거에 반대는 내용의 '6개 항 의견서'를 발표할 때까지 지속되었다.[18]

이러한 이승만의 노력은 국내 비非좌익 세력의 정견을 통일함으로써 사상적으로 좌익 세력의 '신탁통치 후 건국론'을 극복하고 나아가 일반 국민으로 하여금 유엔한국임시위원단United Nations Temporary Commission on Korea: UNTCOK 감시하에 치러진 총선거에 적극 참여하게 하는 데 공헌했다.

일부 현대사 연구자들은 이승만이 '단정 노선'을 선창先唱했기 때문에 그에게 남북 분단 고착화의 책임이 있다고 지적한다. 그러나 해방 후 북한을 점령한 소련의 스탈린이 1945년 9월 20일부터 이미 38선 이북 지역에 친소 정권을 세우기로 작정하고 1946년 2월 8일 북한에 '북조선임시인민위원회(위원장 김일성)'라는 사실상의de facto 단독 정권을 수립한 후 '민주기지 건설'이라는 미명으로 공산화 작업을 착착 진행했던 사실을[19] 비추어 볼 때 이승만은 단정의 선창자가 아니었음이 분명하다. 그리고 그가 택한 노선은 한민족이 한반도 전체의 공산화를 예방하고 '자율적으로' 독립국가를 수립하기 위해서는 불가피했던 차선의 선택이었다고 말할 수 있다.

3) 과도정부 수립과 대미 외교

이승만은 1946년 12월에 미국을 방문해 약 4개월간 워싱턴에 머물면서 미국 조야朝野를 상대로 남한 과도정부 수립의 필요성을 홍보함으로써 1947년 9월에 미국 정부가 신탁통치 계획을 백지화하고 한국 문제를 유엔에 이관해 남한에 민주주의 정부를 수립하는 방향으로 정책을 변경하는 데 공헌했다.

이승만은 제1차 미소공위가 무위로 끝난 다음 미 군정의 지원으로 추진된 김규식, 여운형 중심의 좌우합작운동이 소기의 성과를 거둘 가능성이 희박해지자 1946년 12월 민주의원 의장議長의 자격으로 미국을 방문해 1947년 4월까지 워싱턴에 머물면서 미국 정부 지도자들과 언론을 상대로 유엔을 통해 남한에 과도정부를 수립할 것을 촉구했다.[20]

앞서 살펴본 대로 방미 기간 이승만은 트루먼 대통령, 마셜 국무장관, 그리고 스파크 유엔총회 의장 등 한국 문제 해결에 관건을 쥔 정치 지도자들과의 면담을 시도했지만 실패했다. 그러나 그는 미 국무부 점령 지역 담당 차관보 힐드링을 만나 남한 과도정부 수립안을 설명할 수 있었고 힐드링에게 긍정적인 반응을 얻어내는 데 성공했다.[21] 이 밖에도 이승만은 ≪뉴욕 타임즈≫ 등 주요 언론 매체에 "한국은 내란의 위기 직전에 있다", "북괴군 50만이 남침을 준비 중이다", "하지는 한국을 소련에 팔아넘기려 한다", "미국은 즉시 독립을 주든가 소련과 함께 물러가라", "30일이나 60일 이내에 남한에 군정을 인계할 과도 독립 정부가 수립될 것"이라는 등의 기사를 흘림으로써 워싱턴 정가에 '코리아 돌풍'을 일으켜 '잊힌 나라' 한국에 대한 미국 조야의 관심을 높이는 데 일정한 성공을 거두었다.[22]

이승만의 귀국에 앞서 미국 정부는 3월 12일 트루먼독트린을 발표해 그때까지 유화와 협력으로 일관했던 미국의 대소對蘇 정책을 강경, 봉쇄로 전환했다. 트루먼독트린은 비록 이승만의 반공 반소 사상에 직접 영향을 받은 것은 아니었지만[23] 이를 출발점으로 미국은 모스크바협정에서 결정한 한반도 신탁통치안을 포기하고 그 대신 한국 문제를 유엔에 이관, 유엔 감시하의 총선거로 한반도에 통일된 독립 정부를 수립하는 방향으로 정책을 바꾸게 되었다.[24] 미국의 이러한 정책 변경은 미국이 이승만의 남한 과도정부 수립안을 사후에 승인, 수용한 것을 뜻한다.

4) 역사적인 민주적 총선거

1948년 5월 10일에 유엔한국임시위원단(약칭 유엔위원단) 감시하의 총선거가 남한에서 치러졌다. 이승만은 이 무렵 국내에서 끈질기게 총선거 조기 실시를 주장하고 또 총선 실시에 필요한 구체적 조치를 강구함으로써 유엔위원단이 선거를 차질 없이 감시할 수 있도록 적극 준비하고 지원했다.

앞서 살펴본 대로 1947년 9월 17일 미국의 마셜 국무장관은 한국 문제를 유엔총회에 공식 의제로 제안했다. 유엔총회는 소련의 반대에도 불구하고 9월 23일 한국 문제를 의제로 채택했다. 10월 17일 미국의 유엔대표부는 유엔총회 정치안보위원회에 다음 내용을 골자로 하는 결의안을 상정했다.

(1) 1948년 3월 31일 이전에 남북한에서 인구비례에 따른 총선거 실시.

(2) 선거 감시를 위한 유엔한국임시위원단 파견.

(3) 총선거 당선자들이 의회를 구성해 통일 한국 정부 수립.

(4) 한국의 통일 정부가 독자적인 군대를 조직하는 즉시 미소 양군 철수.

유엔총회는 11월 14일 정치위원회가 상정한 결의안을 수정 없이 찬성 43표, 반대 0표, 기권 6표로 채택했다. 이렇게 해 한반도 문제의 해결은 모스크바협정과 미소공동위원회라는 기존 해결 구도에서 벗어나 유엔이라는 국제기구가 담당하게 되었다.[25]

유엔위원단은 1948년 1월 8일에 입국했다. 그 다음 날 북조선임시인민위원회 위원장 김일성은 유엔위원단의 입북을 허용하지 않겠다는 뜻을 천명했고, 소련은 1월 22일 유엔 소련 대표 안드레이 그로미코Andrei Gromyko 역시 협조 거부 의사를 밝혔다. 이렇게 북한에서의 총선거가 불가능해지자 유엔위원단은 이 문제를 유엔 소총회에 회부했다.

유엔 소총회는 2월 26일 미국의 입장대로 '유엔위원단의 감시가 가능한 지역에서 선거를 실시' 한다는 결의안을 찬성 31표, 반대 2표, 기권 11표로 통과시켰다. 이는 남북한에서의 총선과 단일 정부 수립이라는 유엔총회의 결의안을 남한만의 총선과 단독정부 수립으로 변화시킨, 결정적 의미를 지닌 것이었다.

2월 28일 서울에서 열린 유엔위원단의 비공식 회의에서 위원단은 접근 가능한 지역 내에서 선거를 감시하기로 결정했다. 유엔위원단이 이렇게 남한에 국한된 총선 실시안을 수용하자, 3월 1일 미 군정 총사령관 하지는 5월 9일(나중에 5월 10일로 변경)을 선거일로 발표했다.[26]

한국 문제가 유엔에 넘겨지고 이어서 유엔위원단이 입국했을 때 이승만은 무엇을 하고 있었을까? 이승만은 미국 방문을 마치고 돌아와 1947년 4월 28일에 열린 귀국 환영대회에서 '남조선 과도정권' 을 먼저 수립한 다음 이를 유엔에 가입시키자고 주장했다. 1947년 여름, 미국이 제2차 미소공위 개최를 준비하자 이승만은 반탁운동을 적극 추진하는 한편 소위 '자율적 계획'을 가지고 남한 내 단독 선거를 준비했다. 또한 이승만은 5월 21일부터 제2차 미소공위가 서울에서 열리자 미국이 소련과 함께 한국에서 '잡채 정부chop suey government' 구성을 시도하고 있다고 신랄하게 비난했다. 6월 하순에 제2차 미소공위가 제1차 미소공위의 전철을 되풀이하는 기미를 보이자 이승만은 공개적으로 하지의 해임을 요구하기도 했다. 7월 29일 제2차 미소공위가 완전히 결렬되자 이승만은 "내가 그렇게 될 것이라고 말하지 않았느냐"라는 식의 반응을 보였다.[27]

이승만은 1947년 6월 27일 남조선과도입법의원이 보통선거법을 통과시킨 것을 계기로 7월 10일 '한국민족대표자회의'를 결성하고 미 군정을 상대로 과도입법의원이 만든 보통선거법으로 조속히 선거를 치르자고 요구했다. 1947년 9월, 한국 문제가 유엔총회에 회부되었을 때 이승만은 한민당과 더불어 이를 대대적으로 환영했다. 유엔위원단의 입국을 며칠 앞둔 1948년 초에 이승만은 "다시없이 좋은 이 기회를 놓치지 말고 우리의 이념인 민족자결주의를 선양, 국권 수립에 매진하자"라는 신년사를 발표했다.[28]

1월 8일에 유엔위원단이 입국하자 이승만은 이를 환영하면서 유엔위원단에게 조속한 남한 총선거 실시와 정부 수립의 필요성을 역설했다. 또한 1948년 2월 유엔 소총회에서 남한 단독 선거를 결정하자 이 결정을 적극 지지했다.

이승만은 유엔위원단의 단장인 인도 대표 메논K. P. S. Menon을 여류 시인 모윤숙毛允淑의 미인계美人計로 포섭함으로써 2월 26일 유엔 소총회에서 한국 문제를 결의할 때와 2월 28일 유엔위원단 임시회의에서 표결할 때 자기의 입장에 유리한 결과가 나오도록 유도하는 데 성공했다. 모윤숙의 권유에 따라 이화장梨花莊에서 이승만을 면담한 메논은 원래 남한 단독

정부 수립안에 중립적이었던 인도 정부와 자신의 입장을 바꾸어 유엔 소총회에 이승만의 지도력을 극구 칭찬하는 내용이 담긴 보고서를 제출했고 또 유엔임시위원단 회의에서 소총회의 결의를 지지하는 찬성표를 던졌던 것이다.[29]

이승만은 1947년 7월 10일 우익단체에서 선출한 '민족 대표'들로 민족대표자대회를 구성하고 남한 과도정부 수립 운동에 박차를 가했다. 민족대표자대회는 김구가 이끄는 '국민의회'와 통합을 시도했으나 여의치 않자 8월 26일 독자적으로 '총선대책위원회(위원장 신익희)'를 구성했다. 총선대책위원회는 1947년 말 남한의 시·군·구 단위까지 조직을 완료했다. 또한 1948년 2월에는 선거운동의 전위대로 4개 우익 청년단체를 통합한 구국청년연맹을 결성하는 등 철저하게 선거를 준비했다. 이승만과 동조한 한민당 역시 1947년 11월 선거 대책 대강을 작성하고 막대한 정치자금을 준비했으며 ≪동아일보≫를 통한 홍보에도 정성을 기울였다. 특히 한민당 소속의 조병옥趙炳玉 경무부장과 장택상張澤相 수도경찰청장은 휘하의 경찰력을 동원해 총선거를 무난히 치를 수 있도록 철저하게 대비했다.[30]

한국 역사상 초유의 총선거인 5·10총선거는 이승만이 이끄는 대한독립촉성국민회(약칭 독촉국민회), 한민당, 조선민주당, 여자국민당, 그리고 독촉국민회의 산하단체인 청년조선총동맹(회장 유진산柳珍山), 서북청년회(위원장 문봉재文鳳濟), 민족통일총본부, 대동청년단(단장 지청천池靑天), 대한독립노동총연맹(의장 전진한錢鎭漢), 조선민족청년단(단장 이범석李範奭) 등이 주동이 되어 실시되었다. 이들 외에 무소속이 대거 참여했다.[31]

좌익과 중간파의 대부분 그리고 우파 중 임시정부계 인사들은 총선거를 거부했다. 좌파의 '남조선단선단정반대투쟁위원회'는 5·10총선거를 앞두고 총선을 방해할 목적으로 무장폭동을 선동하면서 모든 좌익 단체에

총선 파탄 투쟁 총동원령을 내렸고, '단선단정반대투쟁 총파업위원회'는 총파업을 선언했다.[32]

그러나 5월 10일의 투표는 미 군정이나 유엔위원단이 우려했던 것보다는 평온하게 치러졌다. 전국 각 지역의 투표소에는 경찰관과 향보단鄕保團 단원이 배치돼 경비 임무를 맡았고 유엔위원단과 수많은 외국 기자들이 투표 진행 상황을 지켜보는 가운데 투표가 진행되었다. 그럼에도 각지에서 투표소 피습사건, 경찰관과 우익 인사 피살사건, 통신과 교통시설 파괴, 노동자 파업, 학생 맹휴 등이 산발적으로 발생했다. 인명피해도 잇달았다. 유엔위원단의 보고에 의하면 5월 7일부터 10일까지 크고 작은 사건으로 사망자 128명과 부상자 137명이 발생했다.[33]

그러나 투표는 제주도를 제외한 전 지역에서 대부분 큰 차질 없이 진행되었다. 투표율도 상당히 높았다. 최종 집계에 따르면, 등록한 선거인의 95.2퍼센트가 선거에 참가했으며 이는 총유권자의 71.6퍼센트에 달하는 수치였다.[34]

유엔위원단은 5월 13일 공보를 통해 "선거는 전체적으로 볼 때 매우 원활히 그리고 조직과 효율성의 면에서는 상당히 좋은 수준으로 진행되었다"라고 선거 감시 결과를 발표한 데 이어 6월 25일에 "1948년 5월 10일의 선거 결과는 위원단의 접근이 가능한, 대한민국 국민의 3분의 2를 점하는 지역의 유권자들이 그들의 자유의사를 합법적으로 표현한 것이다"라는 결의안을 채택함으로써 선거의 공정성과 합법성을 인정했다.[35]

5) 대한민국 헌법 제정 작업 총괄

이승만은 1948년 5월 31일에 소집된 제헌국회制憲國會에서 의장議長으로 선출되어 대한민국 헌법과 정부조직법의 제정 작업을 총지휘해 그 임무를 완수했다. 헌법의 기초起草는 그 당시 '서울 장안에서 거의 유일한 헌법학자'로 알려진 유진오兪鎭午를 비롯한 헌법기초전문위원들과 국회 헌법기초위원회(위원장 서상일徐相日) 소속 위원들이 담당했다.[36] 이때 이승만은 의장으로서 헌법 제정 과정에서 가장 중요한 역할을 담당했다.

이승만은 헌법기초위원 30명과 헌법기초전문위원 10명을 선임하고 전문위원들이 마련한 헌법 초안을 헌법기초위원회와 국회 본회의에서 심의, 통과시킨 다음 공포하는 책임을 졌다. 그 뒤 이승만은 헌법기초위원회에서 마련한 헌법 초안의 정부 형태 관련 규정을 자기의 뜻에 맞게 수정하도록 설득함으로써 대한민국 권력 구조 설정에 결정적인 영향을 끼쳤다.

평소에 신新대한의 정체는 미국식 대통령제여야 한다는 소신을 지닌 이승만은 6월 7일 기자회견에서 "대통령을 군주같이 앉혀 놓고 수상이 모든 일에 책임을 진다는 것은 비非민주제도일 것이다. 민중이 대통령을 선출한 이상 모든 일을 잘하든지 못하든지 대통령이 책임을 져야 할 것이지 그렇지 않다면 사리에 맞지 않는 일이다"[37]라고 내각책임제를 반대하면서 '대통령책임제'를 강력히 주장했다.

그 뒤 이승만은 헌법기초위원회에서 마련한 초안이 내각책임제라는 소식을 듣자 6월 15일과 6월 21일, 두 번이나 기초위원회 회의에 출석해 내각책임제안을 대통령중심제안으로 변경하도록 압력을 가했다. 특히 6월 21일에는 기초위원회에 출석해 "만일 내각책임제를 채택하면 그러한 헌법하에서는 어떠한 직책에도 취임하지 않고 민간에 남아 국민운동이나 하겠다"고 선언했다.

이승만의 압력을 받은 헌법기초위원회는 6월 22일 '내각책임제 요소가 약간 가미된 대통령중심제' 혹은 '미국의 대통령제와 영국의 의회제를 혼합한 대통령중심제' 안을 본회의에 상정했다.[38] 6월 23일부터 시작된 국회 본회의에서의 헌법 초안 심의에서는 내각중심제와 대통령제, 양원제와 단원제 등 권력 구조를 둘러싼 문제가 쟁점이 되었다. 그밖에 국가 통제를 규정한 경제 조항, 근로자의 권익보호 조항, 대통령의 긴급명령권, 반민족 행위자처벌특별법 문제 등을 둘러싼 논쟁이 있었다.

대체로 무소속을 중심으로 한 소장파 의원들은 이승만의 뜻에 맞춘 권력 구조 조항을 비판했지만, 이승만을 받드는 독촉국민회와 한민당 소속 의원들은 조속한 정부 수립이 필요하다며 헌법안을 통과시킬 것을 주장했다. 결국 이승만이 주장한 대통령중심제가 채택되었고 대통령 선출 방법으로는 국회에서 선거하는 간선제間選制가 채택되었다. 헌법안은 본회의에서 13차의 회의를 거쳐, 개원 초 제헌 토론이 시작된 지 34일 만인 7월 12일에 통과되었다.[39]

이승만 의장은 국회에서 통과된 헌법을 7월 16일 통과된 정부조직법과 함께 7월 19일 열린 헌법공포식에서 공포했다.

이렇게 헌법을 공포함으로써 이승만은 외국의 압력이나 도움을 받지 않고 순수히 한국인의 의지와 능력만으로 헌법을 제정하고 또 자기의 소신대로 대한민국의 권력 구조를 대통령중심제로 만드는 데 성공했다. 이 밖에도 이승만은 헌법 초안 심의 과정에서 '대한민국'이라는 국호의 채택, 양원제兩院制 대신 단원제單院制 선택, 국무총리의 국무위원 임명 제천권提薦權 부결 등에 직간접적으로 영향력을 행사했다.[40]

대한민국 헌법은 1941년에 대한민국 임시정부가 공포한 대한민국건국강령大韓民國建國綱領, 1947년에 입법의원이 통과시킨 조선임시약헌朝鮮臨時約憲과 1948년 초에 북한에서 작성된 조선민주주의인민공화국 헌법 등 우리나라 헌법안은 물론 미국 헌법, 독일의 바이마르Weimar 헌법, 일본의 메이지 헌법 등 선진 외국의 헌법들을 두루 참고해 만든 이상적인 헌법이었다.[41]

헌법 전문前文에 "대한민국은 기미 3·1운동으로 대한민국을 건립해 세계에 선포한 위대한 독립 정신을 계승해 이제 민주독립국가를 계승해"라고 천명함으로써 대한민국이 3·1운동과 대한민국 임시정부의 독립 정신(민족주의 이념)을 계승했음을 밝혔다. 국호를 '대한민국'으로 정함으로써 새로 건국된 국가가 대한제국과 대한민국 임시정부의 역사적, 이념적 법통을 이어받은 국가임을 확인했다.

이 헌법은 평등권, 자유권, 재산권, 교육권 등 기본권의 보장, 삼권분립을 통한 권력 간 견제와 균형, 사법권 독립, 지방자치 등 근대 자유민주주의 헌법이 갖추어야 할 사항을 모두 담고 있다. 정치 면에서 내각책임제 요소가 가미된 대통령중심제 정부 형태와 단원제 국회를 채택했다. 경제 면에서는 자유경제체제를 원칙으로 하되 '사회 정의의 실현과 균형 있는 경제의 발전'이라는 범위 내에서 경제적 자유를 인정하며 주요 자원이나 산업의 국유화와 국공영의 원칙을 천명했다. 이 점에서 이 헌법의 경제 조항들은 국가사회주의적 경향을 띠었다.[42] 이 밖에도 농지개혁, 노동삼권, 노동자의 기업 이익 분배와 균점권, 반민족행위자 처벌 근거 조항 등 건국 과정에서 제기된 일반 국민의 여망을 광범하게 수용했다.

이 헌법의 제정과 공포로 신생 대한민국은 서구의 대의제 민주주의를 거의 완벽하게 모방해 법제화한 국가이자 민족주의, 자유민주주의와 사회 정의를 중시하는 민주공화국으로 탄생하게 된 것이다.

6) 대한민국 수립 선포와 유엔의 승인 획득

이승만은 헌법이 공포된 직후인 7월 20일, 국회에서 이뤄진 대통령 선거에서 재석의원 186명 가운데 180명이라는 압도적인 표를 얻어 대한민국 초대 대통령으로 당선되었다. 7월 24일 대통령직에 취임한 이승만은 8월 초에 이범석을 수반으로 한 초대 내각의 인선을 마치고 이어서 대법원장에 김병로金炳魯를 임명했다. 국회도 이승만의 대통령 당선 후 공석으로 남았던 국회의장에 신익희를 선출했다. 이로써 대한민국 정부는 3부의 수장을 모두 갖추게 되었다.

1948년 8월 15일, 서울 중앙청 광장에서 극동연합군 총사령관 맥아더, 주한미군 사령관 하지, 유엔위원단 의장 루피노 루나Rufino Luna, 주한 중화민국 대사 류위완劉馭萬, 로마 교황청 대사 패트릭 번Patrick J. Byrne 등 내외 귀빈이 참석한 가운데 역사적인 대한민국 정부 수립 선포식이 거행되었다.[43]

이 자리에서 하지는 15일 밤 자정을 기해 미 군정이 종식됨을 공표했다. 새 정부가 수립된 다음 한미 정부 간에 정권 이양 협상이 시작되어 8월 24일에는 대한민국 정부에 경찰, 통위부, 해안경비대 등의 통솔권과 통수권의 점진적 이양을 규정한 '한미군사협정'이 조인되었으며, 9월 11일에는 양 정부 간에 '재정 및 재산에 관한 최초 협정'이 체결됨으로써 정권 이양 절차가 마무리되었다.

12월 12일 유엔총회는 대한민국을 공식적으로 승인하고, 국가의 정통성과 국제적 지위를 부여하는 미국의 결의안을 최종적으로 채택했다. 이 결의안은 대한민국이 전 한반도에 걸쳐 통치권을 갖는 한반도의 유일한 합법 정부라는 주장을 뒷받침하는 근거가 되었다.[44]

대한민국의 건국은 한 사람의 노력만으로 된 일은 결코 아니다. 그러나 이승만은 해방 후 3년간 반탁운동 주도, 남한 과도정부 수립론 제창, 과도정부 수립을 위한 방미 외교, 유엔한국임시위원단 감시하의 총선 실시, 대한민국 헌법 제정 총괄, 내각 조직과 대한민국 정부 수립 선포, 유엔총회로부터 대한민국의 정통성 인정 획득 등 건국 과정에서 가장 돋보이는 공헌을 했다.

해방 후 한국이 처했던 국내외의 여건이 우리 민족의 의지만으로는 통일 국가를 건설하기가 극히 어려웠던 상황이었음을 고려할 때 이승만이 주도한 38선 이남의 대한민국 건국은 결과적으로 한반도 전체의 공산화를 막은 현실적이면서도 최선의 선택이었다. 이렇게 따져볼 때, 이승만이 대한민국의 건국에 이바지한 공로는 1392년 조선이라는 새로운 왕조를 창건한 그의 18대조 이성계李成桂의 업적에 비길 만하다고 평가할 수 있다.

(나) 민주주의 정치 발전에의 기여

1948년 8월 대한민국을 '자율적으로' 건국하는 데 성공한 이승만은 대한민국 초대 대통령으로서 1948년부터 1960년까지 신생 공화국을 통치하며 국기國基를 다지는 데 진력했다. 그렇지만 이승만은 그의 추종자였던 허정이 시인했듯이 "오랜 미국 생활에서 민주주의를 체득했으면서도 민주주의의 초석을 놓는 데 실패했다"[45]는 평가를 받는다. 그렇다면 이승만 대통령은 대통령으로서 한국의 정치 발전에 아무런 공헌도 하지 못한 것일까. 물론, 전혀 그렇지 않다. 아래에서 이승만이 초대 대통령으로서 한국의 정치 발전에 어떠한 역할을 했고 어떠한 업적을 남겼는지를 냉정하게 조목조목 살펴보고자 한다.

건국 후 1948년 8월 15일에 거행된 대한민국 정부 수립 선포식 식사에서 이승만 대통령은 새로 출범한 대한민국 정부가 실천할 시정 방침 다섯 가지를 제시했는데, 그중 제1항은 다음과 같다.

> 민주주의를 전적으로 믿어야 될 것입니다. 우리 국민 중에 혹은 독재 제도가 아니면 어려운 시기에 나갈 길이 없는 줄로 생각하며 또 혹은 공산분자의 파괴적 행동에 중대한 문제를 해결할 만한 지혜와 능력이 없다는 관찰로 독재권이 아니면 방식이 없다고 생각하는 이도 있으나 이런 것은 우리가 다 유감으로 생각하는 것입니다. 목하의 사소한 장애로 인해 영구한 복리를 줄 민주주의 방침을 무효하게 만드는 것을 우리가 결코 허락하지 않을 것입니다.
>
> 독재가 자유와 진흥을 가져오지 못하는 것은 역사에 증명된 것입니다. 민주

제도가 어렵기도 하고 또한 더디기도 한 것이지만 의로운 것이 종말에는 악을 이기는 이치를 우리는 믿어야 할 것입니다. 민주 제도가 세계 우방들이 다 믿는 바요 우리 우방들이 전제정치와 싸웠고 또 싸우는 중입니다. 세계의 이목이 우리를 들여다보며 역사의 거울이 우리에게 비추어보이는 이때에 우리가 민주주의를 채용하기로 30년 전부터 결정하고 실행해온 것을 또 간단없이 실천해야 될 것입니다. 이 제도로 성립된 정부만이 인민의 자유를 보장하는 정부입니다.[46]

말하자면, 이승만은 대한민국의 초대 대통령으로 취임하면서 독재정치를 배격하고 민주주의 정치를 반드시 실천하겠다고 공약公約한 것이다. 그러나 이러한 이승만의 약속은 정부 선포 3개월 만인 1948년 10월 19일 여순반란사건이 발생하고 이어서 1950년 6월에 6·25전쟁이 발발함으로써 국가 안보가 지극히 위태로워지자 공약空約이 되고 말았다.

이승만 대통령은 1948년 12월 1일 국회에 국가보안법國家保安法을 제정케 하고 이 법을 바탕으로 철저한 반공反共정책을 펴면서 권위주의적 통치를 시작했다. 그 뒤 6·25전쟁 기간, 특히 1950년 10월 중공군의 대규모 참전 이후에 발생한 거창양민학살사건과 국민방위군사건 등으로 국민의 지지도가 떨어지기 시작했다. 게다가 1950년 5월 30일의 총선거를 통해 새로 구성된 국회 내에서도 이승만의 인기는 계속 추락했다. 이 점을 의식한 이승만 대통령은 1952년 국회에서 치러질 제2대 대통령 선거에서 재선再選될 가능성이 희박하다고 판단, 1951년 8월 15일부터 대통령 직선제로 개헌할 필요성을 언급하기 시작했다.[47]

이 대통령은 대통령 직선제 개헌의 사전 작업으로 1951년 12월에 이범석의 조선민족청년단을 기반으로 원외 자유당(자유당의 전신)을 조직했다. 같은 시기에 국회 다수파는 내각책임제 개헌을 추진하면서 원내 자유당을 결성했다. 이승만 정부는 1952년 1월 18일 정·부통령 직선제를 골자로

한 개헌안을 국회에 제출했다. 그런데 이 개헌안은 찬성 18표, 반대 143표라는 엄청난 표차로 부결되고 말았다. 그러자 이승만 대통령은 '관제민의官製民意'를 동원하기 시작했다. 이른바 땃벌때, 백골단, 민중자결단 등이 부산 거리마다 벽보를 붙이고 시위를 벌이며 직선제 개헌에 반대하는 국회의원들의 소환운동을 벌였다.

이 와중에서 이승만 대통령은 1952년 4월과 5월에 시·읍·면 의회 의원 선거와 도의회 의원 선거를 각각 실시, 지방의 지지 세력 확보에 노력한 결과 예상대로 친이승만 세력이 지방의회 전체의 60퍼센트가 넘는 의석을 차지했다. 이러한 상황에서 4월 17일, 이승만의 소환 공세와 포섭, 와해 공작에 반대하면서 국무총리 장면張勉을 차기 대통령으로 추대하는 곽상훈郭尙勳 등 국회의원 123명이 연서로, 국회에 내각책임제 개헌안을 제출하자 이승만 정부는 5월 14일 정·부통령 직선제와 양원제를 골자로 한 개헌안을 재차 제출하면서 내각책임제 개헌 공작에 맞섰다.

4월 22일에 장면이 사임하자 5월 6일 장택상을 국무총리에 임명한 이승만 대통령은 5월 24일 이범석을 내무부 장관에 임명한 다음 5월 25일 부산 일원(경상남도, 전라남북도 23개 시군)에 계엄령을 선포했다. 그리고 5월 26일에는 계엄사령관(육해공군 총사령관 겸 헌병사령관)으로 임명된 원용덕元容德으로 하여금 약 40명의 헌병을 동원해 국회의원을 태운 통근 버스를 헌병대로 연행, 곽상훈 등 10명의 국회의원을 소위 '국제공산당사건'에 연루시켜 구속했다. 이것이 바로 '부산정치파동'으로 알려진 친위 쿠데타의 시작이었다. 이를 전후해 5월 19일, 23일, 30일에는 백골단, 민족자결단 등 폭력 단체가 연일 국회 해산을 요구하며 데모하고, 5월 29일에는 5월 10일 지방의회 선거에서 당선된 9개 도의 도의원들이 이승만 대통령에게 국회 해산을 요구했다.

때마침 미국 정부가 6월 4일, 그동안 장면을 지지했던 태도를 바꾸어 이승만을 계속 지지하기로 했다는 사실이 정가에 알려지면서 장택상 중심으로 구성된 신라회新羅會가 내각책임제와 대통령 직선제를 절충한 이른바 '발췌개헌안'을 마련해 이를 6월 21일에 국회에 상정했다.

이승만 대통령은 6월 30일 국회가 발췌개헌안을 채택하지 않으면 국회 해산을 고려하겠다는 의사를 표명한 다음, 7월 3일에 구속된 10명의 의원을 석방하고 심의를 거부하는 의원들은 경찰이 강제 호송하도록 조처한 다음, 7월 4일 밤 경찰이 에워싼 국회에서 재적의원 185명 중 166명이 기립 투표해 163명이 찬성, 3명 기권으로 발췌개헌안을 통과시켰다.

발췌개헌안의 주요 내용은 정·부통령을 국민이 직접 선출하되 국무총리 요청으로 국무위원을 임명, 면직하고, 국회가 국무위원의 불신임을 결의할 수 있으며, 양원제로 국회를 운영한다는 것이었다.

이렇게 물리력을 동원해 비정상적으로 개정된 헌법에 따라 8월 5일에 치러진 정·부통령 직접 선거에서 이승만은 대통령으로 무난히 재선되었고(총선거인 수 8백25만 9천428명 가운데 5백23만 8천796표 획득) 8월 15일 제2대 대통령에 취임했다. 이같이 민주주의 법질서를 짓밟으며 일종의 '무혈혁명'으로 재집권함으로써 이승만은 국내외 언론에 '독재자'로 낙인이 찍혔다.[48]

그렇다면 그는 왜 이렇게 큰 정치적 손해를 무릅쓰고 무리하게 개헌을 단행했을까? 이 점에 관해 이승만 대통령 자신은 공개적으로 해명하지 않았다. 그러나 그의 측근들은 나름대로 답을 제시했다. 우선, 부산정치파동 발생 전인 1951년 11월부터 1952년 4월까지 국무총리 서리직을 역임했던 허정은 이승만 대통령이 개헌을 무리하게 단행한 배경과 동기를 아래와 같이 해명했다.

당시 국회 다수파였던 민주국민당은…… 이 대통령의 독선을 규탄하며 장면

박사를 제2대 대통령으로 선출할 움직임을 보이고 있었다. 사실상 국회와 이 대통령 사이에는 적지 않은 마찰이 있어서 이 대통령은 국회를 탐탁하게 여기지 않았고, 국회는 이 대통령에게 반대하고 있었다. 이러한 대립과 반목이 초대 대통령 임기 종료를 앞두고 이 대통령을 대통령직에서 물러나게 하려는 움직임으로 표면화되기 시작했다. 그러므로 간선제를 그대로 두고는 이 대통령의 재선은 상당히 어려운 형편이었다.

그러나 이 대통령은 국민이 자신의 재선을 바라고 있으며 자신의 집권은 일종의 당위라고 생각하고 있었다. 전쟁의 와중에서 이 대통령이 재선을 바란 것은 개인적인 집권욕 때문만은 아니었다. 그는 전쟁을 승리로 이끌고 통일을 이룩하려면 자신의 계속된 영도가 꼭 필요하다고 확신하고 있었다. 그는 남한 단독정부 수립을 추진해 남북 분단이 고정된 데 대해 대단한 책임감을 느끼고 통일에 대해 비장한 의무감을 갖고 있었으며, 자신의 힘으로 반드시 통일을 이루고야 말겠다는 집념 때문에 대통령 재선을 일종의 사명으로 여기고 있었다.[49]

허정과 마찬가지로 이승만 대통령을 지지했던 자유당의 핵심 인물 이재학李在鶴은 이승만 대통령이 원래 미국식 직접민주주의 신봉자로서 모든 권력은 국민에게 있고 모든 판단은 그들에게 맡겨야 한다고 생각했기 때문에 "일부 정객들을 믿지 않고 모든 권한을 직접 국민에게 돌리고자" 개헌을 단행했다고 해명했다.[50]

이승만 대통령의 오랜 미국인 친구 올리버는 위 두 사람의 증언에 덧붙여, 이승만 대통령은 원래 "국가 최고지도자는 국민이 직접 뽑는 것이 현명한 방법이라고 믿었지만 1948년 제헌 당시 주위의 여러 사람이 한국 국민은 아직 민주주의 경험이 전혀 없으므로 국회에서 대통령을 뽑는 것이 합당하다"고 말했으며 또 사실상 국민 대다수가 문맹이기 때문에 대통령을 제대로 뽑을 수 없다고 판단, "한국 국민이 대통령을 선거할 수 있는 능력이 있음을 증명하는 때에는 그 권한을 그들에게 돌려주어야 한다"는 조건부로 마지못해 간선제에 동의했던 것인데, 6·25전쟁 기간 남한 국민이 공산군의 침략을 막아내는 과정에서 보여준 '믿음직한 태도sturdiness'에 감명을 받아 그들이 국가 최고지도자를 뽑을 능력을 갖추었다고 판단한 나머지 직선제 개헌을 결심하게 되었다고 증언했다.[51]

올리버는 또 이렇게도 증언했다. 즉, 그 당시 이승만 대통령은 국회의 다수 의원이 자기를 대통령으로 재선하지 않으려고 한 것은 그들이 한국의 대통령을 갈아 치우려고 하는 일본과 미국에 매수되어 국익國益보다는 외국의 이익에 봉사하도록 압력을 받았기 때문이라고 생각했다는 것이다.[52]

이상을 종합해보면, 원래 미국식 대통령제가 '가장 선미한' 정치제도라고 믿어왔던 이승만 대통령은 1948년 제헌 당시만 하더라도 한국 국민의 교육 수준과 정치 경험이 대통령 직선제를 도입하기에 시기상조라고 판단했기에 부득이 대통령 간선제를 채택했지만, 1952년에 이르러서는 6·25전쟁을 통해 한국 국민의 자치 능력이 증명되었기 때문에 원래 자기가 소망했던 미국식 직접민주주의를 실현하기로 했고 '독재적' 방법을 동원해 기어이 개헌을 감행했다는 얘기이다. 물론 이것은 이승만 대통령이 비민주적 방법을 동원해 개헌을 단행한 동기를 충분히 설명하지는 못한다. 그러나 이승만 대통령이 평소 갖고 있던 대통령 직선제에 대한 집착을 이해하는 데 도움이 된다.

부산정치파동을 일으켜 개헌하고 국민 대다수의 지지로 재선된 이승만 대통령은 1954년 11월에 제2차 개헌(사사오입 개헌)을 통해 국회의 '승인'을 거쳐 임명하게 되어 있던 국무총리의 직을 아예 폐지했다. 이렇게 함으로써 이승만 대통령은 국회로부터 견제를 받지 않는 강력한 직선제 대통령이 되었고 대한민국은 동아시아에서 유일하게 미국식 대통령중심제를 그대로 모방한 나라가 되었다.

이렇게 채택된 직선제 대통령제는 1960년 이승만 대통령이 하야한 다음 9개월간의 단명으로 끝난 장면 총리의 내각책임제 제2공화국 기간과 박정희, 전두환 대통령의 유신·군사 독재 기간(1972. 11~1987. 10)의 변칙적인 대통령 간선제를 예외로 하고 1987년 '6·29선언' 이후 지금까지 남한 통치체제의 기본 구조로 기능하고 있다. 이 사실은 1950년대와 1987년 이후 남한의 대다수 국민이 직선제 대통령중심제를 선호해왔음을 의미한다. 이것은 1948년 헌법 제정 당시와 제1차 개헌(1952)과 제2차 개헌(1954) 당시 이승만 대통령의 결단이 그르지 않았음을 방증한다.

1952년 직선제 선거를 통해 재집권에 성공함으로써 이전보다 더 강력한 권한을 행사할 수 있게 된 이승만 대통령은 한국 국민의 의사를 무시하고 6·25전쟁을 시급히 종결시키려는 미국 행정부에 압력을 가해 한미상호방위조약을 체결케 하고, 한국군을 증강하며, 미국으로부터 전후戰後 복구에 필요한 경제원조를 받아내는 등 여러 가지 중요한 업적들을 달성할 수 있었다.

이 점을 장기 국가 발전 전략의 관점에서 살펴보면, 이승만 대통령이 정착시킨 강력한 미국식 대통령중심제는 1961년 이후에 대통령이 된 일련의 '제왕적' 대통령들이 경제, 군사, 외교, 문화 등 여러 분야에서 '비약적' 발전을 성취할 수 있도록 도와준 효율적인 정치적 기제였음이 분명하다. 달리 말하자면, 이승만 대통령이 1948년부터 1954년까지 세 차례의 헌법 제정과 개정을 통해 정착시킨 미국식 대통령중심제는 대한민국이라는 신생 공화국을 세계 역사상 가장 빠른 속도로 발전시키는 데 긍정적으로 작용한 정치제도였다고 볼 수 있다. 따라서 우리는 이승만 대통령이 1952년 '부산정치파동'을 거쳐 무리하게 추진해 성사시킨 직선제 대통령중심제를 그가 정치 분야에서 이룩한 가장 중요한 업적으로 손꼽을 수 있겠다.

이승만 대통령은 1952년 이후 1960년의 4·19학생의거까지 '가부장적 권위주의자[53]' 로서 '1인 독재'를 통해 대한민국을 통치했다. 그렇다면 이 기간에 그는 한국의 민주주의 '발전'에 아무런 기여를 하지 않았는가? 그렇지는 않다. 그는 8년간 권위주의적으로 통치하면서도 아래와 같이 한국 민주주의의 발전에 장기적으로 도움이 되는 업적들을 쌓고 있었다.

첫째, 이승만 대통령은 집권 기간에 국민이 선거를 통해 정·부통령과 국회의원 그리고 지방의회 의원들을 뽑는 관행을 확립함으로써 한국 국민의 민주주의 정치 경험 축적에 기여했다. 이승만 대통령과 자유당 정권은 선거가 반드시 자파에 유리하지 않을 때도, 심지어 부정선거를 감행하면서까지 선거를 정규적으로 실시함으로써 권력의 정당성을 확보하려고 했다.[54] 이 점에서 이승만 대통령의 '문민 독재'는 박정희와 전두환 대통령 등의 '군사 독재'에 비해 훨씬 더 '민주적'이었다.

둘째, 이승만 대통령은 그의 집권 기간에 국회를 한 번도 해산하지 않고 유지함으로써 이 땅에 대의민주주의代議民主主義를 뿌리내리는 데 이바지했다. 이승만 대통령은 1952년 부산정치파동 당시 국회 해산을 여러 번 고려했고 실제로 지방의원들과 '민중자결단' 등을 동원해 국회 해산 요구 시위를 하도록 선동했지만 "초대 대통령인 나로서는 국회를 해산시켰다는 전례를 만드는 것을 원치 않는다"는 이유로 끝내 국회를 해산하지 않았다.[55] 그 뒤로 이승만 대통령은 국회에 직간접적으로 탄압을 가했지만, 국회라는 제도를 계속 유지함으로써 자유민주주의의 외피를 벗어버리지 않았다. 이 점 역시 박정희, 전두환의 군사독재와 구별되는 업적으로 간주할 수 있다.

셋째, 이승만 대통령은 집권 말기에 자유당과 민주당民主黨의 대결 구도로 상징되는 보수 양당제도의 출현을 용인해 근대적 정당제도의 발달에 일정하게 공헌했다. 주지된 바와 같이, 이승만 대통령은 1951년에 직선제

개헌 추진을 염두에 두고 그때까지의 초당적 입장을 버리고 자유당이라는 관제 여당을 발족시켰다. 그런데 1954년 제2차 개헌을 계기로 호헌동지회護憲同志會가 결성되고 이를 모체로 거대 야당인 민주당이 탄생함으로써 남한에는 자유당과 민주당으로 대표되는 양당제 구조가 형성되었다. 이 두 보수정당은 1958년 5월 제4대 민의원 선거에서 무소속(27석)과 통일당(1석)을 제치고 자유당 126석, 민주당 79석이라는 압도적 다수를 확보했다. 이것은 그동안 선거 때마다 적어도 3분의 1 이상의 의석을 차지했던 무소속과 진보 정당을 포함한 군소 정당들의 몰락을 의미했고 나아가 한국 민주주의 역사상 최초로 양당제가 실현된 것을 의미했다.[56]

넷째, 이승만 대통령은 지방자치제를 도입해 대한민국의 풀뿌리 민주주의의 성장에 공헌했다. 이승만 대통령은 1952년 2월, 즉 제1차 개헌을 앞둔 시점에 자신의 심복인 전 치안국장 장석윤張錫潤을 내무부 장관에 기용해 1949년 7월에 제정, 공포된 지방자치법에 따라(원래 1950년 12월에 시행될 계획이었으나 6·25전쟁으로 연기된) 지방의회 선거를 추진했다. 그 결과 1952년 4월 25일에 시·읍·면 의원 선거가 치러지고, 5월 10일에는 도의원 선거가 치러졌다. 시·읍·면 선거에서는 정원 387명 가운데 자유당은 118명(31퍼센트)을 당선시켜 무소속 의원 148명(40퍼센트)과 함께 야당에 압승을 거두었다. 도의원 선거에서도 자유당은 정원 306명 가운데 147명(48퍼센트)의 당선자를 냄으로써 무소속과 4석을 건진 야당(민국당)을 제치고 압승했다. 이승만 대통령이 전쟁 중에 지방의원 선거를 갑자기 치른 동기가 무엇이든 이 지방선거를 거쳐 5월 20일에 한국 역사상 최초로 지방의회인 각도 의회가 개원했던 것이다.[57] 지방자치제는 1919년에 이승만이 필라델피아에 소집했던 대한인총대표회의에 참가했던 애국지사들이 한국의 민주주의 발전에 필수 요건으로 소망했던 사항 가운데 하나였다.

다섯째, 이승만 대통령은 집권 기간에 언론의 자유를 비교적 폭넓게 허용해 자유민주주의 신장에 이바지했다. 이승만 대통령 집권 기간에 한국에는 신문과 잡지 등 많은 정기 간행물이 발간되었다. 그 가운데 지식인들에게 가장 큰 영향력을 발휘한 매체는 ≪동아일보≫, ≪경향신문≫, ≪사상계≫ 등이었다. 주지된 대로, 이 세 가지 매체는 김성수가 창당한 한민당, 장면을 지지하는 가톨릭 교회, 그리고 김구가 이끌었던 한독당의 입장을 각각 대변하는 야당계 정기 간행물이었다. 그런데 이승만 대통령은 적어도 1957년 11월에 국회에서 '언론규제조항'을 통과시킬 때까지 야당계 출판물을 통제하는 등의 탄압을 가하지 않았다. 그리고 언론규제조항은 국회에서 통과된 다음에도 애당초 이승만과 자유당이 의도했던 대로 언론의 비판적 논조를 꺾는 데 도움이 되지 못했고 오히려 비판적 논조를 강화시키는 역효과를 불러왔다.[58] 달리 말하자면, 이승만 대통령과 자유당 정권은 1959년 4월에 ≪경향신문≫을 폐간 조처하기까지(4·19의거가 일어나기 1년 전까지) 언론에 노골적인 탄압을 가하지 않았다.[59] 비판적인 이승만 전기를 남긴 알렌도 이승만 대통령이 집권 기간에 언론의 자유를 폭넓게 허용한 사실은 인정했다.[60]

요컨대, 이승만 대통령은 1952년 이후 권력 확장의 집착에도 불구하고 언론의 자유를 폭넓게 허용했고, 선거와 의회제도를 존속시켰으며 지방자치제를 도입하는 등 민주주의 발달에 도움이 되는 조처를 하고 있었다. 따라서 학계에서는 제1공화국 시기의 정치를 '사이비似而非 민주주의' 혹은 '외양적 민주주의facade democracy' 정치라고 규정하면서도 박정희, 전두환 대통령 등으로 대표되는 군부의 독재에 비해 비교적 온화한 독재였다고 차별화한다.[61]

이상을 통해 우리는 이승만 대통령이 1952년 이후 '가부장적 권위주의'로 남한을 통치함으로써 이 땅에 민주주의를 확고히 부식하는 데 실패했지만, 민주주의 발전에 이바지한 바가 전혀 없는 것은 아니라는 사실을 확인할 수 있다. 그는 10여 년에 걸친 '권위주의적' 통치 기간에 민주주의의 기본이 되는 주요 제도들을 소중히 보존함으로써 남한 국민으로 하여금 민주주의를 실천하는 데 필요한 경험을 축적할 기회를 제공하고 있었다. 이것은 1919년에 필라델피아에서 개최된 대한인총대표회의의 참석자들이 향후 건설할 민주주의 조국의 청사진을 그릴 때 제시했던 교도敎導 민주주의적 구상과 일맥상통한다. 이승만 대통령의 입장에서 볼 때 그는 한국 국민이 '완전한' 민주주의적 자치를 실천하고 누리기 전에 거쳐야 하는 준비 단계에서 불가피하게 권위주의적인 교도 민주주의 정치를 실행했다고 말할 수 있겠다.

2. 외교 분야의 업적

일찍이 이승만은 1904년에 한성감옥서에서 탈고한 『독립정신』에서 "외교를 친밀히 하는 것이 지금 세상에 나라를 부지하는 법으로 알아야 할지니 만일 외교가 아니면 형세가 외로워서 남의 침탈을 면할 수 없다"라고 갈파한 바 있다. 그 후 대한제국의 밀사로 미국에 건너가 러일전쟁의 중재역을 맡은 시어도어 루스벨트 대통령을 면담하고 러일전쟁 종결 후 대한제국의 독립 보존을 위해 미국 대통령이 거중조정에 나서달라고 요청했다. 이 처녀 외교를 시발점으로 3·1운동 이후 미주에서 독립운동을 전개하면서 주로 미국을 상대로 대한민국 임시정부의 승인 획득을 위한 외교 활동을 벌였다. 또한 1921년 워싱턴에서 열린 워싱턴군축회의와 1933년에 제네바에서 개최된 국제연맹 회의에서 임정의 전권대사로 활약했고, 1941년 이후 해방까지는 임정의 주미외교위원부 위원장 자격으로 미국 대통령과 국무부를 상대로 외교 교섭을 끈질기게 벌인 결과 카이로선언의 발표에 크게 기여했다. 이 점은 첫 장에서 살펴본 대로이다.

그렇지만 광복 이전 이승만의 외교 활동은 대한민국 임시정부의 승인 획득이라는 기본목표를 달성하지 못했다는 점에서 한민족의 기대에 못 미치는 것이었다. 그러나 이승만은 여러 번의 시행착오를 통해 한국인 지도자들 가운데 그 누구보다도 많은 국제 외교의 경험을 쌓았다. 그 결과 대한민국 대통령으로서 집권하는 동안 외교계 일각에서 '외교의 신'[62]으로 불릴 정도로 돋보이는 외교 업적을 이룩할 수 있었다.

이승만 대통령은 1948년 12월 파리에서 개최된 유엔총회에서 신생 독립국 대한민국을 '선거가 가능했던 지역에서 수립된…… 한반도 내 유일한 합법 정부'로 인정받았고 이어서 1949년 말까지 미국을 비롯한 30여 개 국가로부터 승인을 받아[63] 국제사회에서 대한민국의 정통성을 확립했다. 6·25전쟁 발발 직후 미군의 즉각적인 개입을 이끌어낸 사실 역시 이승만의 빛나는 외교 업적이었다.

1952년 1월 일방적으로 '인접 해양에 관한 주권에 대한 대통령선언(일명 '평화선', '이승만라인')을 선포하고 1953년 12월 해양경비대를 창설해 1965년 6월 한일어업협정韓日漁業協定이 체결될 때까지 독도獨島를 포함한 인접 해상에서 한국의 주권을 행사하고 어족 자원을 보호한 것은 대일 외교사상 보기 드문 쾌거였다.[64]

이승만 대통령 집권기에 대한민국 외무부는 미국, 자유중국, 영국, 프랑스, 필리핀, 독일, 베트남, 터키 등 8개 국가에 대사관을, 유엔과 일본에 대표부를, 이탈리아에 공사관을, 그 외 8개 도시에 총영사관을 설치하는 등 모두 17개의 재외공관을 설치함으로써 그때까지의 한국 역사상 최대 폭의 외교망을 구축했다.[65]

이승만 대통령의 지도로 한국 외교관들은 1954년에 개최된 제네바 정치회담에 미국 등 열강 대표와 동등한 자격으로 참석해 본격적인 외교 활동을 벌였다.[66] 이승만 대통령은 중화민국, 필리핀, 베트남 등의 국가 원수들과 긴밀히 접촉해 태평양동맹太平洋同盟을 통한 아시아 집단 안보 체제의 결성을 모색하고 1954년에 아시아민족반공연맹을 조직하는 등 이 지역의 반공, 반일 전선 형성에 앞장섰다.[67]

또한 이승만 대통령은 1954년 7월에 국빈 자격으로 워싱턴을 방문해 드와이트 아이젠하워Dwight D. Eisenhower 대통령과 7월 27일과 29일, 두 차례의 정상회담을 하고 7월 28일에는 미국 상하 양원 합동 의회에서 연설했는데 이 역시 한국 외교사상 이정표적인 사건이었다.[68]

이승만 대통령이 이룩한 여러 가지 외교 업적 가운데 백미는 역시 1953년 10월에 체결된 '한미상호방위조약The R.O.K.-U.S. Mutual Defense Treaty'이다. 이승만 대통령은 미국이 대한민국을 승인한 직후부터 미국과의 상호방위조약 체결을 시도했다. 즉, 1949년 3월에 장면 초대 주미 대사와 조병옥 대통령 특사 겸 유엔대표단 단장으로 하여금 미국 정부를 상대로 약 20만 명으로 추산되는 북한의 군사력을 능가하는 국군을 육성하는데 필요한 군사 원조를 요청하면서 상호방위조약a mutual security pact의 체결 가능성을 타진케 했다.[69] 그러나 미국 측은 "토머스 제퍼슨Thomas Jefferson 대통령 시대 이래 어느 나라와도 상호방위조약을 체결한 일이 없다"라는 이유를 내세워 이 제의를 묵살했다. 그 뒤 이승만 대통령은 트루먼 정부로부터 1949년 여름 주한 미군의 철수 계획을 통보받자 5월 17일 미군 철수를 인정하는 대신 양국이 상호방위협정을 체결하자고 요구했다.[70] 그러나 미국은 여전히 부정적이었다.

6·25전쟁 발발 후 1950년 10월에 중공군의 개입으로 전쟁의 양상이 극적으로 달라지자 미국의 트루먼 대통령은 1951년 4월 11일 맥아더를 해임하고 5월 13일에 국가안보회의의 결정을 거쳐 '정치적 타결'을 통해 38선 부근에서 휴전을 모색하기로 방침을 정했다. 이에 이승만 대통령은 휴전

은 한국인에게 '사형 집행 영장'이나 다름없다고 규탄하면서 휴전에 완강히 반대했다. 1952년 3월 초에 트루먼 대통령에게 보낸 공한에서 그는 한미 양국이 상호방위조약을 체결하는 것만이 한국 국민이 휴전을 받아들일 수 있는 유일한 길이며 만약 미국이 이 요구를 들어주지 않으면 한국군은 단독으로 북진 통일을 하겠다고 위협했다. 트루먼은 이승만 대통령의 단독 북진론을 '공상fantasy'이라고 일축하고 조약 체결 요구를 묵살했다.[71]

그러나 이승만 대통령은 1952년 말 미국 대통령 선거에서 전쟁의 명예로운 조기 종결을 선거 공약으로 내세워 당선된 아이젠하워 장군이 1953년 2월 대통령직에 취임하자 아이젠하워를 상대로 상호방위조약 체결을 다시 시도했다. 이승만 대통령은 4월 14일 아이젠하워에게 "만일 미국 정부가 한국에 방위조약을 제공한다면 그것은 한국민이 전쟁을 계속 수행하는 데 가장 큰 도움을 줄 것이다"라고 하면서 조약 체결을 제의했다.[72] 그 후 4월 30일과 5월 12일에 각각 서한과 면담을 통해 유엔군 총사령관 마크 클라크Mark W. Clark 대장에게도 같은 취지의 의사를 전달했다.[73]

이 같은 이승만 대통령의 거듭된 조약 체결 요구에 아이젠하워 대통령, 존 덜레스John F. Dulles 국무장관, 콜린스J. Lawton Collins 육군참모총장 등 미국의 지도자들은 거부 반응을 나타냈다. 그들은 휴전 뒤엔 한국에 파견한 미군의 대부분을 오키나와로 철수시키되 한국의 안보를 위해서는 16개 유엔 참전국이 공동으로 한국의 안보를 보장하며 적이 만약 재침할 때는 전쟁을 한반도에 국한하지 않겠다는 내용의 '대제재선언大制裁宣言(The Greater Sanctions Declaration)'을 공포하는 동시에 한국군을 20개 사단으로 증강해주는 방안을 고려하고 있었다. 아이젠하워는 이러한 미국의 입장을 5월 25일 주한 미국 대사 엘리스 브리그스Ellis O. Briggs와 유엔군 총사령관 클라크를 통해 이승만 대통령에게 전달했다.[74]

미국의 이 같은 제의에 실망한 이승만 대통령은 유엔 참전국의 대제재선언 따위는 '전혀 무의미한 것'이라고 평하고 "당신들은 유엔군을 모두 철수시켜도 좋습니다. 우리가 우리의 운명을 결정할 것입니다. 누구한테도 우리를 위해 싸워달라고 요청하지 않을 것입니다. 처음부터 민주 국가들에 도와달라고 요청한 것이 우리의 잘못이었습니다. 미안합니다만 현재 상황에서 나는 아이젠하워 대통령에게 협조를 약속해줄 수 없습니다"라고 잘라 말했다.[75]

클라크 총사령관은 이승만 대통령이 앞으로 미국의 휴전 노력을 방해할 극단적 행동을 취할 우려가 있다고 미 합참본부에 보고했다. 이 보고를 접한 워싱턴의 합참본부 요원들과 국무부 정책 입안자들은 1953년 5월 29일과 30일에 긴급회의를 열고 이승만 대통령을 무마할 방안을 찾았고 이들은 결국 미국이 기왕에 필리핀을 포함한 태평양 국가들과 맺은 방위조약에 준하는 조약을 한국과 체결하는 데 합의했다. 아이젠하워는 이 정책 건의를 받아들여 6월 6일 이승만 대통령에게 휴전 후 미필리핀조약이나 ANZUS(Australia, New Zealand and the United States)조약에 준하는 방위조약을 체결할 용의가 있다고 통보했다.[76] 이는 미국이 종전의 입장에서 크게 후퇴한 것이었다.

그러나 이승만 대통령은 아이젠하워의 제안에 만족하지 않았다. 미국이 휴전 성립 '이전에' 상호방위조약을 체결하되 미필리핀조약이나 ANZUS 조약에 준하는 조약이 아니라 미군의 일본 영토 내 시설과 구역 사용권을 허여한 미일안보조약美日安保條約에 준하는 조약을 체결할 것을 기대했기 때문이었다. 따라서 이승만은 미국으로부터 최대한의 양보를 이끌어내고자 미리 계획한 특단의 조치를 취했다. 즉, 6월 16일 반공 포로 2만 7천여 명을 유엔군 총사령관의 동의 없이 독단으로 석방한 것이다. 이로써 이승만은 미국이 한국의 요구를 외면하고 일방적으로 휴전을 성사시키려고 한다면 한국은 미국이 추구하는 휴전을 얼마든지 방해할 수 있다는 점을 미

국에 주지시켰다.[77]

이승만의 일방적인 포로 석방 조치에 당황한 아이젠하워 대통령은 미8군 사령관 맥스웰 테일러Maxwell D. Taylor가 5월 4일에 미리 준비해놓은 '상시대비계획Plan Everready'에 따라 이승만을 권좌에서 몰아내고 군정을 실시할 수도 있었지만[78] 결국 이 방안을 선택하지 않고 이승만과 타협하기로 했다. 그 결과 아이젠하워는 국무부의 극동 문제 담당 차관보 월터 로버트슨Walter S. Robertson을 대통령 특사로 서울에 급파해 한국과 상호방위조약 체결을 협상하도록 조처했다.

이 대통령과 로버트슨은 6월 26일부터 7월 10일까지 2주간 서울에서 '소小 휴전회담mini truce talk'을 벌였다. 회담 도중에 이승만 대통령은 로버트슨에게 다음과 같이 미국의 양심을 건드리는 발언을 했다.

> 우리는 1882년에 조미조약을 체결하고 미국을 확고히 신뢰했지만 과거에 미국에 두 번씩이나 배반을 당했습니다. 즉, 1910년에 일본이 대한제국을 병합했을 때와 1945년에 한국이 분단되었을 때입니다. 현재 상황은 또 하나의 배반 같은 것을 시사합니다. 만약 우리가 이제부터 우리 친구(미국인)들에게 지금까지 품고 있던 무조건적인 신뢰를 의심하기 시작한다면 당신(들)은 우리를 탓하겠습니까?[79]

이승만은 또 "우리가 미국과의 협력을 (무조건) 계속하다간 우리도 '또 하나의 자유중국'이 되어버리던가 그렇지 않으면 또다시 40년 전 한국의 모습으로 전락할 것입니다. 우리가 어차피 적들에게 팔릴 바에는 차라리 한국이 통일될 때까지 우리는 전쟁을 계속하겠습니다"[80]라고 으름장을 놓기도 했다.

우여곡절 끝에 이승만 대통령과 로버트슨은 7월 9일 다음과 같은 합의에 도달했다. 즉, 이승만은 "휴전에 서명하지는 않겠지만 그것을 방해하지는 않겠고" 또 "유엔군이 한국의 이익에 배치되는 행동을 하지 않는 한 한국군을 그 휘하에 남겨두겠다"라고 약속했다. 반면에 로버트슨은 다음의 네 가지 사항을 약속했다.[81]

① 휴전 후 한미상호방위조약을 체결한다.

② 한국의 전후戰後 복구를 위해 장기간 경제원조를 제공한다.

③ 한국군 병력을 육군 20개 사단으로 증강하며 해군과 공군의 장비를 지원한다.

④ 휴전 협정에 따라 개최될 국제 정치 회담에서 90일이 지나도록 별로 진전이 없으면 한미 양국은 이 회담과는 별도로 한국의 통일 방안을 협의한다.

두 사람은 상호방위조약의 초안을 교환하고 7월 11일에 공동성명을 발표하는 것으로 회담을 마쳤다.

이렇게 마련된 '한미상호방위조약The Mutual Defense Treaty between the Republic of Korea and the United Sates' 안은 8월 초에 방한한 미 국무장관 덜레스와의 회담에서 한 번 더 수정 보완하는 절차를 거쳐 8월 8일 경무대에서 대한민국 외무부 장관 변영태卞榮泰와 덜레스 간에 가假조인되었고, 그 뒤 두 사람이 10월 1일 워싱턴에서 다시 만나 정식으로 조약에 서명함으로써 공식 성립되었다.

그러나 이 조약이 발효되기까지는 1년 이상의 시간이 걸렸다. 왜냐하면 이 조약이 발효되려면 한국 국회와 미국 상원에서의 비준 절차를 거쳐야 했고 또 체약締約 당사국이 조약에 따라 수행할 경제, 군사 협력에 관한 협정이 추가로 마련되어야 했기 때문이다.

한국 국회와 미국 상원은 1954년 1월 15일과 1월 26일에 각각 이 조약을 비준했다. 군사, 경제 협력에 관련된 한미 간의 협정은 이승만 대통령이 1953년 7월에 워싱턴을 방문해 아이젠하워 대통령과 정상회담을 한 뒤 양국 실무자들이 워싱턴과 서울에서 줄다리기 협상을 벌인 끝에 1954년 11월 17일 '경제와 군사 문제에 관한 한미합의의사록Agreed Minute Relating to Continued Cooperation in Economic and Military Matters'이라는 이름으로 조인되었다.[82] 워싱턴에서 '합의의사록'이 조인되던 날 양국을 대표해 변영태 장관과 브리그스 대사가 한미상호방위조약의 비준서를 상호 교환함으로써 한미상호방위조약은 비로소 발효되었다.

한미상호방위조약은 전문前文과 6조로 구성되어 있다. 이 조약은 당사국 양국이 합법적으로 통치하는 영토에 외부로부터 무력 공격을 받는다면 이를 자국의 평화와 안전을 위태롭게 하는 것으로 간주하고 이러한 국제적 분쟁을 유엔의 정신에 따라 가급적 평화적인 수단으로 해결하기로 약속하고 있다(제1조). 그러나 어느 한 쪽이 외부의 무력 공격으로 위협받을 경우 상호 협의하에 단독이든 공동이든 그것을 저지하기 위한 적절한 조치를 취할 것을 규정하고(제2조), 그러한 조치를 취하는 구체적인 방안으로서 '각자의 헌법상의 수속에 따라 행동할 것'을 선언하고 있다(제3조). 이 두 조항만을 두고 보면 한반도에서 전쟁이 재발하면 양국은 상호 협의를 거친 후 각자의 '헌법상 절차를 거쳐' 군사행동을 취하게 되어 있기에 미군의 자동 개입은 약속된 것이 아니었다.

그러나 이 조약에는 "상호적 합의에 따라 미합중국의 육군, 해군과 공군을 대한민국의 영토 내와 그 부근에 배치하는 권리를 대한민국은 허여하고 미합중국은 이를 수락한다"라는 조항(제4조)이 들어 있어 주한 미군으로 하여금 인계철선引繫鐵線(trip-wire)의 기능을 발휘할 길을 터놓아 사실상 자동 개입을 보장하고 있다. 그리고 이 조약은 양국의 헌법상의 수속에 따라 비준되고 그 비준서가 교환된 다음 발효한다고 규정하고 있다(제5조).

마지막으로 이 조약은 한미 양국이 원하는 한 무기한으로 유효하다고 선언하고 있다(제6조). 전체적으로 이 조약은 남한에 미군의 주둔권을 허용한 점에서 미필리핀조약 혹은 ANZUS조약보다 미일안보조약과 유사한 조약이다.[83]

1954년 11월에 조인된 '합의의사록'에서 "대한민국은…… 유엔군 사령부가 대한민국의 방위를 책임지는 한 그 군대를 유엔군 사령부의 작전통제권하에 둔다"(제2조)라고 규정함으로써 한국은 이승만 대통령의 염원인 '북진 무력 통일'의 꿈을 포기하는 대신 미국으로부터 1955년 회계연도에 7억 달러 규모의 군사, 경제원조를 받고, 10개 예비사단의 신설과 79척의 군함, 약 100대의 제트 전투기를 제공받게 되었다. 이로써 한국은 육군 66만 1천 명, 해군 1만 5천 명, 해병대 2만 7천500명, 그리고 공군 16만 5천 명으로 구성되는 총 72만 명의 군대를 유지할 수 있게 되었다.[84] 이 병력 규모는 뒤에서 밝히는 대로 1958년 11월에 이뤄진 한미 간의 합의에 따라 62만 9천400명으로 재조정되었다.

한미상호방위조약과 '합의의사록'을 통해 이승만 대통령은 미국과 동맹 관계를 수립했다. 이렇게 함으로써 그는 회심會心의 북진 무력 통일 구상을 포기하는 대신 한반도에서 전쟁이 재발하면 미국의 자동 개입을 거의 확실히 보장받았으며, 한국이 63만 명 정도의 대군을 보유함으로써 동아시아에서 무시 못할 군사대국으로 부상하는 기반을 마련함과 동시에 전화戰禍로 파괴된 남한의 경제 시설을 전전戰前의 수준으로 복구할 수 있게 되었다. 특히 상호방위조약을 통해 미군의 남한 내 주둔을 의무화시킴으로써 과거 미국이 1882년에 체결해놓고 조약의 의무를 이행하지 않았던 전철前轍을 밟지 않도록 미국의 발목을 단단히 잡아놓았다. 이는 이승만 대통령이 특유의 '벼랑 끝 협상 전략'을 힘껏 발휘해 달성한 역사상 보기 드문 외교적 위업이었다.[85]

이승만 대통령은 한미상호방위조약에 가조인假調印한 다음 날인 1953

년 8월 9일 이 조약의 가치에 대해 이렇게 평가했다.

이제 한미방위조약이 체결되었으므로 우리의 후손들은 앞으로 누대累代에 걸쳐 이 조약으로 말미암아 갖가지 혜택을 누릴 것이다. 이 분야에 있어서 한미 양국의 공동 노력은 외부 침략자들로부터 우리를 보호해 우리의 안보를 오랫동안 보장할 것이다.[86]

한미동맹의 성립으로 남한은 미국의 동아시아 집단안보 체제에서 반공의 전초기지가 되었다. 이 때문에 이승만 대통령은 자신의 숙원인 무력 통일을 부득이 포기해야 했고 나아가 남한 영토 내에 미군의 주둔을 허용하고 국군의 작전권을 미군에 예속시킴으로써 우리 민족의 자존심과 국가의 주권을 훼손했다는 비판마저 들어야 했다.

그러나 이 동맹은 이승만 대통령의 예단대로 6·25전쟁 휴전 후 지금까지 남한에 갖가지 '혜택'을 안겨다 주었다. 한미동맹이 가져온 유형, 무형의 혜택 가운데에는 첫째, 한반도와 그 주변의 장기적 평화, 둘째, 경이적인 경제발전, 셋째, 군사 강국으로의 발돋움, 넷째, 정치의 민주화, 다섯째, 전 세계적 외교망의 구축, 여섯째, 해양 국가로의 탈바꿈 등이 포함된다.

요컨대, 남한은 한미동맹의 '보호 우산' 아래 군사, 정치, 외교, 경제, 사회, 문화 등 여러 면에서 획기적인 변화를 겪게 되었는데 이러한 변화는 바로 19세기 말부터 20세기 초까지 한국의 개혁가들이 추구했던 '문명개화'와 '부국강병'이라는 국민적 이상의 성취를 뜻했다. 이승만 대통령이 실현한 한미동맹은 개화기 초에 조선과 대한제국의 위정자들이 갈망했지만 성사시키지 못했던 연미聯美의 꿈을 실현한 것[87]으로서 역사적으로 648년에 신라의 김춘추金春秋가 당唐 태종太宗을 만나서 맺은 맹약에 비견되는 외교적 업적으로 평가할 수 있다.[88]

3. 군사 분야의 업적

이승만은 청년 시절에 조선의 왕비(명성황후)가 왕궁에서 일본인 낭인들에게 무참히 시해되었다는 충격적 소식을 들은 다음 독립협회의 개혁 운동에 참여했다. 그렇지만 이승만은 독립협회 산하의 만민공동회 총대위원으로 활약하면서 활동의 목표를 군사력의 강화보다는 정치제도의 개혁과 국민 계몽에 두었기 때문에 군사 문제에 관해서는 연설하거나 논설을 발표하지 않았다.

이승만은 미국 유학 시절에도 여전히 군사 문제에는 관심을 기울이지 않았다. 1913년 하와이로 망명한 다음 이승만은 박용만이 오하우 섬 일각에 설립한 대조선국민군단大朝鮮國民軍團에 냉소적인 태도를 보임으로써 박용만과 심각한 불화를 빚었다. 1919년 이승만이 작성한 「대한공화국 헌법요강」을 살펴보면, 거기에는 신생 공화국이 장차 '상비군 대신 (미국식) 민병대를 조직, 유지할 계획'이 포함되어 있었다. 이는 이승만에게 신대한新大韓을 군사 강국으로 만들 계획이 없었음을 뜻한다.

잘 알려진 대로, 이승만은 진주만사건을 계기로 태평양전쟁이 개시된 다음 1941년 말부터 1943년 초반까지 미국의 정보조정국Coordinator of Information: COI과 그 후신인 전략첩보국Office of Strategic Services: OSS과 접촉하면서 COI-OSS가 필요로 하는 한국인 정보 요원 약 30명을 선발, 추천하고 동시에 미 전쟁부를 상대로 대규모의 한인 게릴라부대를 창설할 것을 제안하는 등의 활동을 폈지만[89] 중국에 있는 임정의 광복군을 증강하는 데는 크게 도움을 주지 못했다. 해방 후 1946년에 이승만이 발표한 민주의원 「임시정책 대강」에서도 군사 문제에 관해서는 "적당한 육·해군으로서 국방군을 설치함" 이라고 가볍게 언급하는 데 그쳤다. 말하자면, 이승만은 신생 대한민국을 전형적인 문치국가文治國家로 발전시킬 계획이었다.

그러나 뜻밖에도 1945년 8월에 한반도가 38선을 경계로 미군과 소련군에 의해 분할 점령되어 남북 간에 군사적 대결이 심화되는 상황에서 대한민국이 출범하고 곧 이어서 여순반란사건과 6·25전쟁이 발발하자 이승만 대통령은 전쟁 기간 꾸준히 군사력 증강 문제에 관심을 기울이게 되었다. 다행히 이승만은 1951년 4월에 부임한 미8군 사령관 밴플리트 중장과 1952년 5월에 부임한 유엔군 총사령관 클라크 대장의 적극적인 협조를 얻어내는 데 성공, 6·25전쟁의 종결을 기해(트루먼과 아이젠하워 대통령 행정부의 지원으로) 국군의 질과 규모를 획기적으로 향상할 수 있었다.[90]

대한민국 국군은 이승만 정부가 1948년 9월 미 군정이 육성해놓은 '조선경비대'와 '조선해안경비대'를 인계받아 육군과 해군으로 각각 개편함으로써 발족했고, 해병대는 1949년 4월에, 공군은 1949년 10월에 추가로 창설되었다.[91] 국군 발족 당시 육군의 병력 규모는 5만 490명이었고, 해군은 3천800명의 병력과 105척(총 1만 3천 톤)의 함정으로 구성되어 있었다.[92]

이승만 대통령은 조선경비대를 국군에 편입시킬 당시 군의 지휘 문제를 원만히 해결하고자 국방부 장관에 광복군 출신인 이범석을 임명하고 차관에 역시 광복군 출신인 최용덕崔用德을 임명했다. 이로써 대한민국 국군은 광복군의 독립 투쟁 전통을 계승하게 되었다. 이승만 대통령은 나아가 군의 건전한 전투지휘 체계를 확립하고자 광복군 출신 김홍일金弘壹, 안춘생安椿生, 이준식李俊植을 등용하고 일본군 출신 유승열劉升烈, 김석원金錫源, 백홍석白洪錫과 만주군 출신 이주일李周一, 박림항朴林恒 등 '육해공군 출신 동지회'의 중진 군사 경력자들을 육사 7기 특기와 8기 특기로 입교시켰다.

그리고 이승만은 군의 사상 문제를 원만히 해결하고자 광복군의 수뇌들이 육성한 광복청년회, 민족청년단, 대동청년단 등의 청년단원들과 38선 이북에서 월남한 서북청년회, 대동강동지회, 압록강동지회 등 우익 청년

단체의 회원들을 육사 정규 7기와 8기로 입교시켰다. 이렇게 해서 국군은 1948년 11월부터 1950년 7월까지 3천658명의 장교를 배출했다.[93] 이는 경비대 시절에 배출된 장교 1천403명의 세 배에 달하는 수치였다.

또한 이승만 대통령은 대한민국 정부 수립 후 점고하는 북한의 군사적 위협에 대처하기 위해 1949년 3월에 조병옥을 대통령 특사 겸 특명전권대사로 미국에 파견해 주미 대사 장면과 함께 트루먼 행정부에 군사원조를 요청하도록 지시했다.[94] 미국의 군사원조가 이승만 대통령이 바라는 '북진통일'에 악용될 것을 우려한 트루먼 행정부는 이 요청에 호의적으로 반응하기는커녕 오히려 한국 정부의 주한 미군 주둔 연장 요청을 무시하고 1949년 6월 주한 미군의 철수를 단행했다. 미군이 철수하자 이승만 대통령은 1949년 8월 20일 트루먼에게 북한의 남침 위협을 지적하면서 한국군은 "이틀 치의 탄약밖에 보유하지 않고 있다"고 실토하고 "38선 이북을 공격하지 않을 테니 군사 지원을 해달라"고 요청했다.[95] 이에 트루먼은 9월 26일의 답신에서 "앞으로 한국에 시행될 추가 원조는 한국에 이미 제공한 장비의 유지를 위한 원조와 제한된 양의 대체 품목의 제공이 적절할 것"이라고 못 박음으로써 이승만 대통령이 바라는 수준의 군사원조를 거절했다.[96]

트루먼 행정부는 미국 의회가 1949년 10월에 제정한 '상호방위원조법'에 따라 1950년 1월에 한미상호방위원조협정Agreement on Mutual Defense Assistance between the Government of the Republic of Korea and the Government of the United States of America을 체결하고 이 협정의 취지에 따라 제한된 군사원조를 제공했다.

그렇게 1950년 6·25전쟁이 발발할 때까지 미국이 제공한 군사원조는 해군 소해정 30여 척과 L-5 연락기 10대 정도가 다였다.[97] 결과적으로 전쟁 발발 당시 국군의 총병력은 북한 인민군 총병력 19만 8천여 명의 약 절반에 해당하는 10만 4천993명(육군 9만 4천974명, 해군 6천956명, 공군 1천

897명, 해병대 1천166명) 수준에 머물러 있었고, 장비 역시 인민군의 그것에 비해 월등히 열악했다.[98]

6·25전쟁 발발 직후 이승만 대통령은 트루먼 대통령과 미 극동군 총사령관 맥아더 장군에게 즉각적인 군사원조와 개입을 요청함으로써 미군을 유엔군의 기치旗幟하에 참전시키는 데 성공했다. 그 뒤 7월 14일에 맥아더 유엔군 총사령관에게 한국 육해공군의 작전통제권을 이양해 한미 군사 공조체제를 구축함으로써 북의 침략군을 38선 이북으로 격퇴하는 '제한된 승리'를 거두었다.[99]

국군은 전쟁 초반에 막대한 병력 손실을 보았으나 낙동강 방어선이 확보되면서 개전 전 8개 사단 수준의 병력을 회복할 수 있었다. 이는 대구와 부산에 설치된 훈련소에서 매일 1천500명의 보충병을 배출했기 때문에 가능했다.

9월 15일 인천상륙작전이 성공한 다음 북진 작전이 개시되면서 국군의 규모는 10개 사단 수준으로 확장되었다. 그 뒤 국군 병력이 계속 증원된 결과 1952년 5월에 36만 명(3개 군단, 10개 보병사단) 수준에 도달했다. 1953년 2월 미국에 아이젠하워 행정부가 들어선 다음 국군은 해병대와 카투사KATUSA(Korean Augmentation to the U.S. Army)병을 포함해 50만 7천880명으로 증원되었다.[100] 전쟁 발발 후 1년 이내에 8만 명 이상의 병력 손실이 있었음을 고려할 때 이는 국군의 비약적인 성장을 뜻했다.

1953년 7월 휴전이 성립된 뒤 미국이 주한 미군을 대부분 철수하려는 상황에 봉착한 이승만 대통령은 아이젠하워 행정부를 상대로 한국군의 증원을 끈질기게 요구한 끝에 1954년 11월 17일 워싱턴에서 한미상호방위조약의 후속 조치의 하나로 '한국에 대한 군사 및 경제원조에 관한 대한민국과 미합중국 간의 합의의사록'을 조인함으로써 휴전 후 남한의 안전 보장에 필요한 군사력을 확보했다. 이 합의의사록에 따라 미국은 한국이 "유엔군 사령부가 대한민국의 방위를 위한 책임을 부담하는 동안 대한민국 국군을 유엔군 사령부의 작전 지휘권하에 둔다"는 조건하에 1955년도 회계연도에 4억 2천만 달러의 군사원조와 2억 8천만 달러의 경제원조를 제공함과 동시에 10개 예비사단을 추가로 신설하고 79척의 군함과 약 100대의 제트 전투기를 제공했다. 즉, 합의의사록의 조인을 계기로 대한민국은 앞서 살펴본 대로 총 72만 명의 대군을 유지할 수 있게 되었다.[101] 이로써 이승만 대통령은 휴전을 기해 '북진 무력 통일'의 꿈을 포기하는 대신 북한의 군사적 도발을 억제할 수 있는 군사력을 확보하게 된 것이다.

그 뒤 미국은 한국이 너무 비대한 군대를 유지하는 것이 한미 양국의 재정 부담을 불필요하게 가중시킨다는 판단 아래 1957년 6월 주한 미군의 현대화와 함께 한국 공군의 3개 전투비행대대를 제트 전투기로 교체하는 조건으로 한국군 4개 사단을 감축할 것을 한국 정부에 제의했다. 이에 이승만 대통령은 '새로이 개발된 무기(핵무기)'를 도입함으로써 현재의 군사력 수준을 유지할 수 있다면 한국군의 병력 감축을 고려할 수 있다는 입장을 밝혔다. 이렇게 줄다리기 협상을 거쳐 한미 양측은 1958년 11월 말 미군 2개 사단을 '무기한' 한국에 주둔시키고 미국이 한국군의 장비를 현대화하는 것을 조건으로 한국군 2개 사단의 감축에 동의한다는 내용의 합의서에 서명했다.[102] 이에 따라 남한은 육군 56만 5천 명(18개 전투사단과 10개 예비사단), 해군 1만 6천 명(60척의 전투함정), 공군 2만 2천400명(6개의 전투폭격기대대를 포함한 10개 전투비행대대), 그리고 해병대 1만 6천 명(1개 사단) 등 합계 총 62만 9천400명의 병력을 유지하게 되었다.[103] 이렇게 1954년부터 1958년 무렵까지 72만 명 수준에 도달했던 국군의 병력 규모는 이승만 대통령의 집권 말기에 이르러 약 63만 명 수준으로 조정되었다.

6·25전쟁을 겪으면서 국군은 양적으로는 물론 질적으로도 비약적인 발전을 이룩했다. 장비 면에서 볼 때 6·25전쟁 이전에 개인화기와 자동소총

만으로 무장했던 육군은 105밀리, 155밀리 곡사포와 M4A3 전차는 물론 최첨단 통신, 수송 수단을 갖춘 강군이 되었다. 28척의 경비정으로 전쟁을 맞았던 해군은 1954년 이후에는 LST, PCEC, LCSL, APD, MSC, PD, LSMR 등 함정 115척을 보유하게 되었다. 22대의 경비행기로 전쟁을 맞았던 공군도 1955년 이후에는 F-86 제트 전투기를 포함한 110여 대의 항공기를 보유하게 되었다.[104]

국군 장병의 자질 역시 현격히 향상되었다. 특히, 1951년 7월부터 밴플리트 미8군 사령관의 주도하에 미국 군대를 전범 삼아 마련한 혁신적인 한국군 교육훈련 프로그램에 따라 1951년 10월 이후 육해공군 사관학교가 설립되고 이어서 국방연구원과 육군대학 등 각종 지휘참모학교와 보병학교, 전투정보학교, 공병학교, 통신학교, 병참학교, 군의학교 등 각종 특과학교가 설립되었다. 이들 교육기관에서 국군 장병의 체계적 교육과 훈련이 시행되면서 국군의 지도력은 획기적으로 향상되었다.[105]

이러한 '미국화Americanization' 교육훈련 계획의 일환으로 1951년 9월에 150명의 보병장교와 100명의 포병장교가 미국 포트 베닝Fort Benning (Georgia) 보병학교와 포트 실Fort Sill(Oklahoma) 포병학교에 위탁 교육차 파견되었고 이를 시작으로 국군 장교와 하사관의 미군 병과학교 위탁 교육이 활성화되어 1960년까지 무려 9천186명의 장교와 하사관이 미국 유학을 경험했다.[106]

이 같은 체계적인 대규모 교육훈련 프로그램으로 국군은 질적으로 향상되었음은 물론 남한의 안보 역량 또한 확실히 강화되었다. 그리고 국군의 질적 향상은 궁극적으로는 남한의 경제발전에 공헌하고 나아가 한국 사회의 뿌리 깊은 문존무비文尊武卑의 전통을 타파하는 데 이바지했다.

한마디로, 이승만 대통령은 6·25전쟁 발발 후 미국의 지원에 힘입어 약 63만 명에 달하는 한국 역사상 최대 규모의 상비군을 보유하는 망외望外

의 군사적 업적을 달성했다. 이로써 19세기 이래 대다수 한국인이 희구했던 '부국강병'의 꿈을 실현하고 대한민국을 아시아에서 무시할 수 없는 군사 강국으로 만들어놓았다.

20세기 초 일제에 굴복해 국권을 상실한 대한제국의 1907년 보유 병력은 중앙군 4천215명, 지방군 4천305명, 헌병대 265명 등을 합쳐 고작 8천785명에 불과했다.[107] 이 사실만 비춰보더라도 이승만 대통령의 군사적 업적을 높이 평가하지 않을 수 없다.

4. 경제 분야의 업적

이승만은 1901년에 옥중에서 집필해 발표한 「이젠 천하 근본이 농사가 아니라 상업이다」라는 제목의 ≪제국신문≫ 논설에서 나라를 부강하게 만들려면 농본주의에서 벗어나 영국의 중상주의를 본받아야 한다고 주장한 바 있다.[108]

말하자면 청년 이승만에게는 경제를 보는 남다른 형안이 있었다. 그러나 1905년부터 1910년까지 미국 대학에서 역사학, 정치학, 외교학, 국제법 등을 전공하면서도 이승만은 경제학 공부는 등한시했다. 흥미롭게도 이승만은 조지워싱턴대학교에서 수강한 2개의 수학 과목에서 D와 E 학점을 받았고, 하버드대학교 대학원에서 택한 경제학 과목 하나에서 D 학점을 취득했다.[109] 게다가 1925년부터 1931년까지 하와이에서 동지식산주식회사를 설립해 영리 활동을 벌이다가 실패해 파산의 고배를 마신 경력도 있다.[110] 이러한 점에 미루어 '문인 정치가' 이승만은 경제 문제에 비교적 무관심했고 근대적 경제 이론에 밝지 않았다고 말할 수 있다. 아마도 이러한 이유 때문에 1946년 3월에 공포한 민주의원 「임시정책 대강」과

1948년 7월에 제정된 대한민국 헌법에서 사회주의적 국가자본주의 경제 정책을 채택했다가 1954년 11월 제2차 헌법 개정에서 민간 기업 중심의 시장경제 정책을 채택하는 등 경제 정책에서 일관성이 없는 모습을 보여 주었는지도 모르겠다.[111]

이승만 대통령의 집권기에 한국 경제는 해방 후의 극심한 혼란에다 6·25전쟁의 참화까지 겹쳐 일반 서민들의 생활은 최저 생계 수준을 밑도는 상황에 머물러 있었다.[112] 그 기간 남한의 경제는 연평균 4.1퍼센트의 성장률을 보이고 있었다. 1949년부터 1953년간에는 3.5퍼센트, 그리고 1954년부터 1961년까지는 4.7퍼센트의 성장률을 보였다. 1인당 국민소득은 1953년에 67달러였고 1961년에는 82달러였다.[113] 이승만 대통령 집권기 남한의 경제성장률은 1954년부터 1960년간에 북한이 달성했다고 주장하는 연평균 성장률 20퍼센트[114]와 1962년부터 1981년간 박정희 군사정권이 달성한 연평균 8.29퍼센트라는 성장률에 훨씬 못 미치는 것이었다.

이처럼 이승만 대통령 집권기에 경제성장률이 낮아 대다수 국민의 생활이 궁핍했기에 우리는 이승만 대통령의 경제적 업적을 헐뜯기 일쑤이다. 그렇지만 그가 경제 분야에서 아무런 공적도 남기지 않았느냐 하면 절대 그렇지 않다.

이승만은 한국의 장기적 경제발전에 기초가 되는 여러 가지 중요한 업적을 달성했다.

첫째로, 이승만은 6·25전쟁 뒤 미국으로부터 22.8억 달러에 달하는 거액의 경제원조를 받아내 전후 복구 사업에 투입한 결과 1955년까지 전화戰禍로 파괴된 경제시설과 기타 설비를 거의 완전히 복구하고 철도, 도로, 항만, 통신, 전력 등의 사회간접자본을 확충했다.[115] 또 1957년부터 해방 후 지속한 만성적 악성 인플레이션을 수습해 안정된 경제 기반을 조성했다.[116]

둘째로, 이승만은 1954년 이후 정부로부터 귀속 재산과 기업체를 불하

받은 민간인 기업가들로 하여금 수입대체산업輸入代替産業에 투자하도록 독려하면서, 한편으로는, 미국의 집요한 반대에도 일본 공산품의 수입을 억제하고 저환율 정책에 따라 원조 물자를 민간 기업에 값싸게 배분하며 다른 한편으로는 수입대체산업에 장기長期 저리低利의 외자대부外資貸付와 저금리 금융지원, 세제 우대 조치 등 여러 가지 혜택을 베푼 결과 1954년 이후 한국의 제조업은 11.5퍼센트의 고도성장을 지속할 수 있었다.[117] 이렇게 육성된 독점 기업가들은 비료, 시멘트 등 중화학공업과 섬유, 고무, 목제품 등 경공업 분야에 기반을 닦으며 1962년 이후에 본격화된 남한의 산업화에서 견인차 구실을 담당했다.

셋째로, 이승만 정부는 1955년에 창설된 부흥부復興部 내에 1958년 5월 별도의 '산업개발위원회産業開發委員會'를 설치해 이곳에서 장기 경제개발계획을 수립했다. 이 위원회는 각고의 노력 끝에 1959년 봄, 연평균 5퍼센트 성장, 실업자 감소, 대외 의존도 축소 등을 목표로 한 3개년(1960~1962) 경제발전계획안을 작성해 국무회의에 제출했다. 그러나 이 안은 당시 집권한 자유당 정부가 정치 문제에 휘말린 결과 1년 가까이 방치되었다가 4·19가 일어나기 나흘 전인 1960년 4월 15일에야 비로소 국무회의의 승인을 받음으로써 이승만 대통령 임기 중에 제대로 효력을 발휘하지 못했다.[118] 이 안은 결국 장면의 민주당 정권과 박정희 군사정권의 경제개발계획 입안에 활용되었다.

이상에서 우리는 이승만 대통령이 추진한 일련의 경제개발 정책이 1960년 이후 나타난 남한의 경이적 경제발전에 원천적으로 공헌했음을 알 수 있다.[119]

이승만 대통령이 성취한 경제 분야의 여러 업적 가운데 역사적으로 가장 중요한 것은 농지개혁農地改革이다. 이승만은 1946년 3월에 발표한 민주의원 「임시정책 대강」의 제9, 10, 11항에서 농지개혁 구상을 밝혔다. 이승만은 1948년 3월 20일에 올리버 박사에게 보낸 편지에 이렇게 적고 있다.

우리가 일단 정부를 수립하면 [그동안 우리를] 한국의 파시스트, 반동 세력 혹은 극우파라고 손가락질하던 사람들이 우리가 얼마나 이 나라를 자유화하는가를 보고 놀랄 것입니다. 우리가 제일 먼저 처리할 과제는 농지개혁법이고 그다음에 다른 많은 자유주의적 조치를 차례로 취할 것입니다.[120]

이렇듯 이승만은 집권 후 농지개혁을 최우선 과제로 삼아 실천에 옮길 뜻을 내비쳤다. 이승만은 미 군정기에 시도된 농지개혁, 특히 1948년 3월의 귀속농지 분배 작업을 계승해 정부 수립 후 귀속농지 약 7만 정보를 분배한 다음 1950년에 들어서서 본격적인 농지개혁에 착수해 해방 후 한국 경제의 최대 현안이었던 농지개혁 사업을 완결시켰다.

이승만은 역사상 오랫동안 지주 계급의 착취에 시달려온 가난한 소작농을 경제 사회적 질곡에서 해방하겠다는 인도주의적 동기와 토지자본을 산업자본으로 전환해 상공업을 발달시키겠다는 경제적 동기, 그리고 남한 농민들을 자기의 지지 세력으로 포섭하려는 정치적 동기 등 복합적인 동기로[121] 농지개혁을 서둘렀다. 이에 더해 북한에서 이미 1946년 3월에 토지개혁을 완료했다는 사실이 이승만으로 하여금 농지개혁에 박차를 가하게 만들었을 것이다. 여하튼 이승만은 우선 초대 내각에 진보적인 조봉암과 강정택姜挺澤을 농림부의 장·차관으로 기용하고 이들에게 1948년 헌법에 명시된 농지개혁을 실현하는 데 필요한 법안을 국회에 제출하도록 지시했다.

지주 출신 의원들이 다수 의석을 차지하고 있던 국회에서 정부가 마련한 '기획처안'과 국회에서 만든 '산업위원회안'을 놓고 갑론을박을 벌인 끝에 1949년 4월에 농지개혁법안이 통과되었다. 정부는 이를 6월 25일에 일단 공포했지만 그 법안의 '졸렬한' 부분을 수정하도록 요구했다.[122] 국회는 정부의 수정 요구를 받아들여 법안의 개정 작업을 벌인 결과 농지개혁법 개정안이 1950년 2월 국회에서 통과되고 3월 10일에 공포되었다. 정부는 이 법안의 실시에 필요한 후속 조치로서 농지개혁 시행령과 시행규칙을 3월과 4월에 각각 공포한 다음 마지막으로 농지 분배에 관한 세부 규정과 요령이 담긴 농지분배점수제규정農地分配點數制規程을 6·25전쟁 발발 이틀 전인 6월 23일에 공포했다.

농지개혁법은 "농지를 농민에게 적절히 분배함으로써 농가 경제의 자립과 농업 생산력의 증진으로 인한 농민 생활의 향상과 국민 경제의 균형과 발전을 기한다"(제1조)라는 목표를 제시하고 있었다. 이 법과 그것의 시행령에 따르면, 토지를 분배받는 농민은 주 작물 연평균 생산량의 1.5배를 5년간 분할 상환하고, 지주는 주 작물 연평균 생산량의 1.5배를 정부매상가격으로 계산해 1951년부터 1955년까지 균분지급均分支給키로 약정한 지가증권地價證券을 교부받게 되어 있었다. 그리고 자경상한自耕上限은 3정보로 정했다.[123] 요컨대, 3정보를 상한으로 그 이상의 농지는 국가가 유상有償으로 몰수하고 이것을 다시 3정보 한도 내에서 영세 농민들에게 유상으로 분배하는 것이 농지개혁법의 골자였다.

농지개혁법과 그 시행 규정이 6·25전쟁 발발 직전에야 공포되었기 때문에 농지개혁이 시행, 완료된 시점에 대해서는 학계의 의견이 분분하다.[124] 그러나 농지개혁의 주관 부서인 농림부가 발표한 바로는 당시 농림부 당국자들은 이승만 대통령으로부터 국회에서 농지개혁법(원안)이 심의되고 있던 1949년 초부터 이미 '시행법률 부재 하에서 행정조치로' 개혁을 시행하라는 독려를 받고 있었다고 한다. 이에 농림부는 이승만 대통령으로부터 "만난萬難을 배제하고 단행하라"는 유시諭示를 받들어[125] 개혁을 추진한 결과 '1950년 4월 15일 수배자호수受配者戶數 총 120만 호에 42

만 정보의 농지 분배를 완료'했다고 한다.[126] 그러나 농지개혁이 4월 15일에 '완료'되었다는 이 주장은 아마도 과장일 것이다. 이 문제에 관한 연구 결과들을 종합해보면, 실제로 분배 예정 토지의 60퍼센트가량의 분배가 6·25전쟁 발발 이전에 완료되었고 그 나머지는 전쟁 중 1951년 4월에 농지개혁법 시행 규정이 발포된 다음에 실시, 완료된 것으로 여겨진다.[127]

농지개혁으로 총 소작지 면적의 40퍼센트에 달하는 58.5만 정보(귀속 농지 26.8만 정보, 일반농지 31.7만 정보)의 땅이 유상 매입, 유상 분배의 원칙에 따라 소작농들에게 분배되었다. 이승만 정부가 매수, 분배한 토지 이외에 지주들이 농지개혁 시행 이전에 임의로 처분(방매)한 토지가 약 71만 정보에 달했고 또 지주들이 은폐한 소작지도 상당히 많았다(총경작지의 3.8퍼센트). 여하튼 농지개혁 기간에 정부 분배 농지 58.5만 정보(45퍼센트)와 지주 처분 농지 71.3만 정보(55퍼센트)가 자작화自作化되었으며 결과적으로 전체 면적에서 자작지의 비율은 92.4퍼센트에 달하게 되었다.

해방 당시 자작지 면적이 35퍼센트에 불과했다는 사실에 비추어볼 때 92.4퍼센트라는 수치는 한국 농업 구조에서 획기적 변화를 의미했다. 이는 전후 일본에서 토지개혁을 통해 달성된 자작화 비율 90퍼센트를 능가하는 수치였다.[128] 요컨대, 이승만 정부하에 추진된 농지개혁으로 말미암아 구래의 지주 중심의 토지 소유제가 해체되고 경자유전耕者有田의 원칙에 입각한 자작 중심의 토지 소유제가 확립된 것이다.[129]

이승만 대통령의 독려하에 완결된 농지개혁은 정치, 경제, 사회, 문화 등 여러 면에 심대한 영향을 끼쳤다. 여기서는 그것의 경제적 효과만을 골라 그 의의를 짚어보기로 하겠다.[130]

첫째, 농지개혁은 일제강점기 농촌의 지배적 생산관계인 지주제를 해체하고 '경자유전'의 원칙에 입각한 자작농 체제를 확립했다. 이 개혁으로 1945년까지 한국의 농촌 사회를 지배했던 지주 계급과 지주제가 사라지고 소농들이 "이 박사 덕분에 쌀밥을 먹게 되었다"라고 장담할 수 있게 되었다.[131] 그리고 소농들이 소작료의 중압과 경작권의 불안정성에서 해방됨으로써 농업 생산 증대의 새로운 가능성이 열렸다. 실제로 개혁 후 자작농 체제하에서 우리나라의 농업 생산은 완만하나마 착실하게 성장을 지속했다.[132]

둘째, 농지개혁은 지주의 산업자본가화를 수반하지 않았지만 지주의 손을 떠난 지가증권이 신흥 기업가의 귀속재산 불하에 활용됨으로써 한국에 자본주의를 태동시키는 결과를 불러왔다.[133] 농지개혁법은 지주가 "지가증권을 기업 자금에 사용할 때에는 정부는 융자를 보증한다"(제8조)라고 규정하고 있었다. 이에 근거해 융자를 신청한 사례가 181건이었고 그중 90건이 성사되었지만 실제로 사업에 성공한 사례는 고작 20건에 불과했다. 말하자면, 정부가 원래 기대했던 지주들의 산업자본가로의 전업轉業 효과는 제대로 나타나지 않았다.[134] 그러나 6·25전쟁 기간 지주들이 호구지책으로 액면가의 25퍼센트에서 70퍼센트(평균 50퍼센트)로 방매한 지가증권이 귀속재산을 불하받으려는 신흥 기업가들의 손에 넘어가 액면가격 그대로 불하대금으로 활용됨으로써[135] '토지자본의 산업자본화'는 나름대로 이루어졌다.[136] 말하자면, 농지개혁은 한국의 산업화에 크게 이바지했다. 또한 귀속재산 불하를 계기로 활발해진 지가증권 거래는 한국 최초의 증권시장을 탄생시키는 계기가 되었다.[137] 이것은 농지개혁이 한국의 자본주의 경제 발달에 자극제 역할을 했음을 의미한다.

셋째, 농지개혁 분배 농지의 지가 상환과 보상 과정에서 막대한 정부 수입이 발생했는데 정부는 이 수입을 한국 농업의 체질 개량 사업에 투입했다. 1952년 4월에 제정, 공포된 농지개혁사업특별회계법에 따라 귀속농지 상환대금 16.7억 원 가운데 58퍼센트에 달하는 9.8억 원이 농업 투자로 사용되었다. 이어서 1958년 1월에 개정된 이 법에 따라 일반 분배농지에서 발생한 사업 잉여도 농업 투자에 활용되었다. 이렇게 귀속분배농지와 일반분배농지에서 발생한 사업 잉여는 약 35억 원에 달했는데 그중 49퍼센트인 17억 원이 1952년부터 1960년까지 주로 농지개량사업에 투입되었다. 한마디로, 농지개혁 과정에서 발생한 사업 잉여의 약 반액이 농업 개량에 투자된 셈이다.[138] 이는 물론 한국 농업의 생산성을 현격하게 높이는 결과를 불러왔다.

결론적으로, 이승만 대통령 치하에서 완결된 농지개혁은 구래의 지주제 토지 소유 체제를 해체하고 자작 중심의 토지 소유제를 확립시킴으로써 한국 농업의 생산성을 획기적으로 높이는 한편 한국에서 자본주의를 태동시키는 계기가 되었다. 대한민국 건국과 6·25전쟁이라는 극심한 혼란 속에서 이승만 대통령이 강력한 의지로 추진한 농지개혁은 조선왕조 창건기에 태조 이성계李成桂가 단행한 과전법科田法 이래 최대 규모의 토지개혁으로 그 역사적 획기성이 높이 평가되어야 마땅하다고 본다.

5. 교육 분야의 업적

이승만 대통령은 청년 시절에 교육입국敎育立國론을 제창했고 해방 전까지 직접 육영사업을 이끌기도 한 민족 교육의 선구자였다. 또한 이승만은 한성감옥서에서 '옥중학교'를 개설해 운영했고, 출옥 후 미국으로 가기 전 잠시 상동청년학원尙洞青年學院의 교장직을 맡기도 했다.[139]

이승만은 1910년 미국 유학을 마치고 귀국해 1년 반 이상 서울YMCA의 학감으로 기독교 교육에 종사하다가 미국으로 망명했다. 1913년부터 1939년까지 주로 하와이의 호놀룰루에 거주하면서 한인중앙학원 원장(1913~1915)과 한인여자학원 원장(1915~1918)직을 거쳐 1918년 남녀공학의 한인기독학원The Korean Christian Institute을 창립해 하와이를 떠날 때까지 운영하면서 많은 제자를 길러냈다.

해방 뒤 이승만이 사용했던 여권旅券을 보면 직업난에 '교육자'라고 기재돼 있음을 확인할 수 있다.[140] 3·1운동 후에 필라델피아에서 개최된 '대한인총대표회의'에서 채택된 「한국인의 목표와 열망」이라는 결의문에서도 국민교육을 건국 후 최우선 과제로 꼽았고, 1919년 8월에 김규식과 공동명의로 공포한 「대한공화국 헌법요강」에서도 '교육을 특별히 장려한다'는 문구를 명시했으며, 1946년 3월 이승만의 주도로 이뤄진 민주의원 「임시정책 대강」에는 의무교육제도를 국가 부담으로 시행할 것이 공약되어 있다. 이렇게 이승만은 교육의 중요성을 누구보다 깊이 인식하고 있었다.

실제로 이승만 대통령은 집권 후반기에 미국으로부터 적극적인 지원을 받고 또 정부 예산의 평균 10퍼센트 이상을 교육 부문에 할당하면서,[141] 미 군정기에 시도된 의무교육제, 단선형單線型 6-3-3-4학제, 교육자치제 등[142]을 계승해 실천에 옮긴 결과 한국 교육 발전에 획기적인 성과를 거두었다.

이승만 대통령이 교육 분야에서 이룬 가장 중요한 업적은 의무교육제도의 도입과 정착이었다. 해방 당시 한국인의 문맹자 비율은 78퍼센트였다.[143] 이는 일제 통치하에서 초등교육을 받은 한국인이 전체 인구의 22퍼센트에 불과했음을 뜻한다. 그중 전문학교 이상 대학 졸업의 학력 소지자는 전체 인구의 0.2퍼센트 미만이었다.[144]

이러한 저급한 국민교육 기반 위에 서구식 민주주의를 실현한다는 것은 한마디로 불가능에 가까운 일이었다. 따라서 이승만 대통령은 건국 후 초등교육 의무화를 서두르지 않을 수 없었다.

1948년 7월에 공포된 대한민국 헌법 제16조에는 "모든 국민은 능력에 따라 균등하게 교육을 받을 권리를 가진다. 적어도 초등교육은 의무적이며 무상이어야 한다"고 규정하고 있다. 또 1949년에 12월에 제정된 교육법 제8조에도 "모든 국민은 6년간의 의무교육을 받을 권리가 있고, 국가와 지방 공공 단체는 이를 위해 필요한 학교를 설치, 경영해야 하며, 학령아동의 친권자 또는 후견인은 그가 보호하는 아동에게 초등교육을 받게 할 의무가 있다"라고 규정하고 있다.

이러한 규정에 따라 문교부는 1950년 6월을 초년도로 하는 '의무교육 6개년 계획'을 수립해 시행에 들어갈 예정이었다. 그러나 그해 발발한 6·25전쟁으로 이 계획의 시행은 보류되었다. 정부는 휴전 뒤인 1954년에 '의무교육 6개년 계획'을 마련하고 문교부 예산 가운데 60퍼센트에서 80퍼센트에 이르는 예산을 의무교육비로 지출해[145] 이 계획을 실천에 옮겼다. 그 결과 1959년까지 전국 적령 아동의 95.3퍼센트가 취학하는 놀라운 성과를 거두었다.[146]

의무교육의 시행과 함께 이승만 정부는 성인을 대상으로 문맹퇴치운동을 벌였다. 문맹퇴치운동은 원래 미 군정 시기에 처음 시도되어 상당한 효과를 거둔 바 있는데, 1954년에 민의원 선거에 앞서 '작대기식 투표 일소'라는 구호 아래 이를 재개해 1958년까지 5년간 추진했다. 이 운동은 모든 국민이 민주시민으로서 책임과 역할을 다할 수 있도록 하자는 일종의 정치 교육이었다. 이에 따라 정부는 전국 각지에 수만 개(예컨대, 1954년에는 8만 4천190개, 1958년에는 2만 694개)의 '국문보급반' 또는 '국문보급소'를 설치하고 수만 명(1954년에는 9만여 명, 1958년에는 2만 4천여 명)의 강사를 동원해 정부 내 여러 부서(문교부, 내무부, 국방부, 공보실)의 협조를 받아 '십자군十字軍운동처럼' 추진한 결과 1958년까지 550여만 명의 국문보급반 수료생을 배출할 수 있었다.[147]

그 결과 1959년 우리나라의 문맹률은 22퍼센트(남자 11퍼센트, 여자 33퍼센트) 수준으로 떨어지는 괄목할 만한 성과를 거두었다. 이 같은 성과는 문교부가 애당초에 기대했던 '완전 문맹 퇴치'의 목표에는 미달하지만 한국 역사상 처음으로 민중 대부분이 문자를 해득할 수 있게 되었다는 점에서 커다란 의의를 지닌 업적이었다.

이승만 대통령 집권기에 각급 학교가 대폭 증설되어 초·중·고의 교육 기회가 대폭 확대되었다. 해방 뒤 이승만 대통령의 집권기에 나타난 한국 교육의 성장세를 통계로 살펴보면 다음과 같다.

연도	초등학교		중학교	
	학교 수	학생 수	학교 수	학생 수
1945	2,800개	136만여 명	97개	5만여 명
1960	4,600개	360만여 명	1,000여 개	53만여 명

1945년과 비교해 1960년에는 초등학생의 수가 두 배 반이 늘었다. 이것은 의무교육 연령 아동 총수의 약 95퍼센트에 달하는 수치였다. 중학교도 학생 수 5만여 명에서 53만여 명으로 증가해 10배의 증가율을 나타냈다.

인문고등학교는 1960년에 357개교에 약 15만 명의 학생을 수용하고 있었고, 각종 실업학교는 학교 수 58개교, 학생 수 약 2만 5천 명에서 학교 수 283개교, 학생 수 약 10만 명을 헤아리게 되었다. 고등교육 기관은 해방 당시 대학과 전문학교를 합해서 19개교, 학생 약 8천 명이었던 것이, 초급대학, 대학, 대학교가 총 68개교, 학생이 약 10만 명이 되었다. 이것은 학교와 학생이 각각 3배, 12배 반으로 증가한 것을 뜻한다. 이 밖의 사범학교와 각종 학교를 모두 합해 1960년에 이르러 8천419개교에 약 470만 명의 학생을 포용하게 되었다.[148]

이같이 학교와 학생 수가 대폭 늘어난 결과 1960년 4월 한국은 8천419개의 교육기관과 4백69만 8천823명에 달하는 학생을 보유한 나라가 되었다. 이것은 해방 후 15년간, 특히 1948년 이후 이승만 대통령 치하에서 한

국 교육이 경이로운 양적 성장을 거듭했음을 보여준다.[149]

또한 이승만 대통령 집권기에는 대학 설립 붐이 일어나 대학생의 수가 대폭 증가했다. 1947년에 이미 20개 대학이 문교부로부터 설립 인가를 받았는데[150] 대한민국 정부 수립 후 정부의 '문호개방정책'에 따라 대학들이 우후죽순처럼 문을 열어 1960년에는 전국에 63개 이상의 대학이 생겨났다. 정부는 6·25전쟁 기간 '전시연합대학'을 운영해 대학 교육의 명맥을 이었고, 1951년 2월 18일에는 '대학생 징집연기조치'를 공포해 대학생에게 병역 면제 혜택을 베풂으로써 청년들의 대학 진학 의욕을 부추겼다.[151] 그 결과 1960년에 이르러 한국의 대학생 숫자는 10만 명에 달했는데 이 수치는 당시 인구 5천만 명이 넘는 영국의 전체 대학생 수와 맞먹는 것이었다.[152]

이승만 대통령 집권기에 수많은 대학생, 기술자와 각계각층의 지도자 그리고 군의 장교와 하사관들이 국외, 특히 미국에 진출해 유학하거나 연수 과정을 밟았다. 문교부는 1951년 1월에 '외국유학 자격고시 및 인정에 관한 규정'을, 그리고 1957년 1월에 '해외 유학생에 관한 규정'을 마련함으로써 유학생 업무를 효율적으로 관리했다. 이 규정에 따라 1953년부터 1960년까지 '정규 유학생' 자격으로 해외로 진출한 학생은 4천884명이었는데 그중 89.9퍼센트가 미국으로 건너갔다.[153]

그리고 거의 같은 기간(1953~1961)에 단기 연수 목적의 '기술 훈련 유학생' 자격으로 2천309명이 출국했는데 그중 대다수가 미국으로 갔다.[154] 이 밖에 1950년부터 1966년까지 미 국무부의 교육교환계획(6개월 이내의 단기 시찰 계획)에 따라 국회의원, 교육계, 경제계, 언론계, 노동계, 출판계, 법조계, 대학행정계 등 각계의 지도자 940명이 미국을 다녀왔다.[155]

그뿐만 아니라, 앞에서 지적한 대로, 1950년대에 9천186명의 국군 장교와 하사관이 미국의 각종 병과학교에 파견되어 전문 교육을 받고 귀국했다. 이승만 대통령 집권 기간에 두드러지게 나타난 이러한 전례 없는 '미국 유학 붐'은 해방 이전 일본 중심의 유학 패턴을 완전히 바꾸어놓았고 이로써 1950년대 이후 한국이 세계화를 추진하면서 일본을 추월할 수 있었던 가장 큰 원동력으로 작용했다고 평가할 수 있다.[156]

이승만 정부는 교육 행정을 일반 행정에서 독립시키는 한편 교육의 지방분권화를 도모하고자 미국식 교육자치제를 도입했다. 1949년에 제정, 공포된 교육법은 교육자치를 의무화하고 있었다. 그러나 교육위원회 위원을 선출할 지방의회가 구성되지 못해 2년 반 동안 교육자치제도는 시행이 연기되었다. 그러다 1952년 4월에 시·읍·면 의회 의원 선거가, 5월에는 도의회 의원 선거가 이뤄져 지방의회가 구성되었고 5월 24일 시도교육위원회 위원 선거가 이뤄졌다. 그리고 이듬해 6월 5일에 교육감이 추천한 위원들을 대통령이 임명함으로써 교육자치제는 본궤도에 올랐다.

교육자치제가 수립된 뒤로 교육행정 기구가 확충되고, 지역별로 독자적인 교육행정이 가능해지면서 교육 지원 예산이 종래와 같이 일반 행정에 유용되지 않고 교육 사업에만 쓰이게 되었다. 그 결과 정부가 추진하는 의무교육에 박차가 가해져 국민학교에 취학하는 아동 수가 급증했다. 한마디로, 교육자치제의 실현은 우리나라 교육 민주화의 획기적인 '성사盛事'였던 것이다.[157]

이승만 대통령 치하에서 이뤄진 교육 발전은 '질을 대가代價로 한 양적 팽창'이었다는 비판을 받기도 한다.[158] 또 국민교육이 정치적으로 악용된 측면도 있다. 예컨대, 문교부는 초중등 학교에서 연간 최소한 35시간의 반공도의교육反共道義敎育을 의무화했다. 6·25전쟁 발발 이후에는 반공 교육이 강화되어 매월 6월이면 학생들은 반공 포스터를 만들고 반공 연설을 들어야 했다. 그뿐만 아니라 이승만 대통령의 생일을 대대적으로 축하하는 정치 행사에 동원되기도 했다. 중고등학교에는 1949년 이후 준準군사 조직 형태의 학도호국단이 결성되어 학생들은 병영을 방불케 하는 학교생

활을 경험했다.[159]

그럼에도 이승만 대통령 집권기에 이뤄진 교육개혁은 높이 평가되어야 한다. 왜냐하면, 그 기간에 일찍이 다른 나라에서는 찾아볼 수 없는 '교육 기적'이 일어났기 때문이다. 그리고 이 교육 기적은 몇 가지 중요한 정치, 사회, 경제적 파급 효과를 수반했다.

첫째, 이 기간에 실현된 6년제 의무교육과 문맹퇴치운동은 국민 대다수가 민주정치에 참여할 수 있는 기본적 능력을 갖추게 함으로써 이 땅에 민주주의가 실현될 수 있는 토대를 마련했다. 그리고 이 기간에 고등교육을 받은 대학생들은 1960년 이후 민주화운동에서 구심적 역할을 수행하게 된다.[160] 말하자면, 이승만 대통령 치하에서 강조된 민주주의 교육은 '이승만 정권'을 무너뜨린 4·19의거와 1960년대 이후 한국 민주화운동의 밑거름이 되었던 것이다.

둘째, 이승만 대통령 치하에서 추진된 민주주의 교육은 전통 시대의 신분 차별 교육과는 달리 모든 국민에게 동등한 교육 기회를 부여함으로써 국민 각자에게 사회적 계층의 평등한 상승 기회를 열어주었다. 말하자면, 이승만 대통령 치하에서의 민주 교육은 한국 사회의 평등화에 크게 이바지했다.

셋째, 이승만 대통령의 통치 기간에 중·고등학교에서 강조된 실용주의적 '일인일기一人一技' 교육과 과학기술 교육은 우리 국민 사이에서 전통적인 숭문주의崇文主義의 틀에서 벗어나 과학적, 실용주의적 가치관을 수용하고 확산시키는 데 크게 이바지했다.[161] 그뿐만 아니라 의무교육의 보편화, 문맹 퇴치, 고등교육의 확대로 양질의 노동력이 풍부하게 배출됨으로써 1960년 이후에 세계 경제사상 유례없는 이른바 '압축형 경제성장'을 가능하게 만들었다.[162]

요컨대, 이승만 대통령은 교육개혁을 통해 이 땅에 민주주의를 실현할 수 있는 문화적 토대를 구축했을 뿐만 아니라 한국 사회의 평등화와 한국의 비약적 경제 발전 등에 근원적으로 이바지했다. 조선 시대와 일본강점기 한국의 대다수 백성이 문맹이었던 사실을 고려할 때 교육 면에서 이룩한 이승만 대통령의 업적은 아무리 높이 평가해도 부족할 정도이다. 올리버가 이승만 대통령을 '교육 대통령'이라고 부른 것은 매우 적절한 평가였다.

6. 사회 분야의 업적

이승만은 배재학당 시절에 천부인권天賦人權 사상을 수용했고 한성감옥서에서 기독교로 개종한 다음 교육자, 준準교역자, 정치가로서 활약하면서 평등주의를 몸소 실천했다.[163]

이승만은 1919년 8월에 스스로 작성, 공포한 「대한공화국 헌법요강」에서 "귀족의 특권을 폐지한다"고 선언하고, 1946년 3월에 발표한 민주의원 「임시정책 대강」에서도 "전 국민의 완전한 정치적, 경제적, 교육적 평등의 원칙을 기초로 한 독립국가와 평등사회를 건설함"이라고 천명한 바 있다. 1948년 8월 15일의 「대한민국 수립 선포 겸 광복 3주년 기념식 대통령 식사」에서 이승만은 "기왕에는 정부나 사회에서 가장 귀중히 여기는 것은 양반兩班들의 생활을 위했던 것입니다. 지금부터는 이 사상을 다 버리고 새 주의로 모든 사람의 균일한 기회와 권리를 주장하며 개인의 신분을 존중히 하며 노동을 우대해 법률 앞에는 다 동등으로 보호할 것입니다. 이것이 곧 정부의 결심이므로 전에는 자기들의 형편을 개량할 수 없는 농민과 노동자들에게 특별히 주의하는 것입니다"[164]라고 천명함으로써 신생 대한민국이 양반제도에서 탈피해 농민과 노동자 위주의 평등주의 정책을 펼

것을 기약했다.

이승만 대통령은 자신이 1949년에 저술한 『일민주의 개술』에서 평등주의 사상을 좀 더 체계적으로 표출했다. 즉, 이승만은 일민주의의 '4대 정강'을 설명하는 가운데 첫 번째로 "문벌을 벽파劈破해서 반상班常의 구별을 없이해 등급이나 계급을 물론하고 동등의 복지와 동등의 권리를 누리도록 해, 왕후장상王侯將相은 대대로 왕후장상이 되고 평민 상인常人은 대대로 하천下賤한 대우를 받게 되는 것을 일체 삭제해, 한 나라 한 법률 밑에서 자유 평등의 인권과 정권을 누릴 것"을 다짐하고 또 그 세 번째로 "상고上古 전제專制 시기에 남자가 여자를 구박해서 차별을 가한 것을 철폐할 것"을 기약했다.[165]

이승만 대통령 집권기는 6·25전쟁으로 미증유의 인구 이동과 전통적 가족제도의 붕괴 등 한국 사회에 엄청난 변화의 회오리바람이 불어 닥친 시기였다.[166] 이러한 시대적 상황에서도 평등주의 의식이 강했던 이승만 대통령은 적어도 세 가지 면에서 한국 사회의 평등화에 공헌했다.

첫째, 이승만 대통령은 농지개혁을 실현해 양반 지주들의 경제적 기반을 붕괴시킴으로써 유서 깊은 양반제도를 뿌리 뽑는 데 공헌했다.

둘째, 남녀차대男女差待의 전통을 버리고 남성과 여성에게 평등한 교육 기회와 취업 기회를 보장함으로써 남녀평등을 구현했다.

셋째, 이승만 대통령은 방대한 규모의 군대를 육성함으로써 문존무비文尊武卑의 전통적 폐습을 타파했다.

이승만 대통령이 추진한 개혁의 성과 가운데 가장 중요한 것은 양반제도의 타파였다. 한국 사회는 고래로 토지에 기반을 둔 귀족계급이 지배해 왔고 조선 시대의 지배계급은 양반이었다. 그런데 이러한 양반계급이 이승만 대통령의 농지개혁으로 지배계급의 권위를 상실하고 한국 사회에서 영원히 사라졌다.

양반제도 혁파 논의는 1880년대부터 개화파 관료들이 꾸준히 제기해왔고 1894년 갑오경장 때는 군국기무처軍國機務處에서 양반의 특권을 제한하는 개혁을 시도한 바 있었다. 그러나 군국기무처의 개혁은 인재 등용에서 양반과 상민을 가리지 않는다는 점에 중점을 두었던 것으로서 양반제도 자체를 혁파하지는 못했다.[167] 1910년 이후 일제는 한국 민중을 효율적으로 지배하고 착취하고자 양반 지주들을 보호하는 정책을 채택했기에 양반제도는 사실상 해방 이후까지 존속되었다.[168] 이렇게 연면히 지속된 양반제도가 붕괴한 것은 1950년대에 이승만 대통령이 추진한 농지개혁 때문이었다.[169]

당시의 양반 지주들은 농지개혁으로 토지 소유권을 상실하면서 산업자본가로 전환에도 실패해 결국 몰락했다. 이 점을 좀 더 구체적으로 살펴보면, 농지개혁 당시 이승만 정부는 농지를 내놓은 지주들에게 '국가 경제 발전에 유조有助한 사업에 우선 참획參劃할' 수 있는 기회를 보장함으로써 산업자본가로 전환할 길을 열어주었다. 그러나 다음의 세 가지 큰 이유로 지주들은 산업자본가로 전환하지 못하고 대부분 몰락하고 말았다.

첫째, 정부가 지주로부터 매수한 농지의 보상을 의도적으로 지체한 점.[170] 둘째, 6·25전쟁 중 치솟은 인플레이션 속에서 지가증권地價證券의 가치가 하락하면서 많은 지주가 지가증권을 헐값에 방매한 점.[171] 셋째, 지주들이 정부의 전업轉業 알선에 미온적으로 반응하거나, 전업했어도 경영 능력 부족으로 인수한 기업의 운영에 실패한 점 등이다.

이 밖의 여러 이유로 1945년 이전에 이미 산업자본가로 전업했거나 농지개혁 이전에 별도의 방도를 마련한 극소수의 지주를 제외하고는 대부분의 지주가 몰락한 것이다. 이렇게 남한의 지주들은 농지개혁을 겪으며 산업자본가로의 전환에 실패하고 말았다.[172] 이것은 토지에 기반을 둔 양반 계층의 경제적 몰락을 의미했으며 나아가 한국 사회를 오랫동안 지배했던 양반계급의 정치적, 사회적 영향력의 종언을 뜻했다.

또한 농지개혁은 해방 후 남한 국민의 70.9퍼센트에 달하는 농민, 그중에서도 농민의 80퍼센트 이상을 차지했던 소작농과 자소작농[173]에게 경제적 자립의 길을 터주었다. 이로써 농노와 다름없던 이들이 경제적 속박에서 해방돼 자유인이자 평등한 국민의 한 사람으로서 대한민국이라는 공동체의 발전에 능동적으로 참여할 수 있었던 것이다.

한 걸음 더 나아가 이렇게 자립하게 된 농민들은 정부가 무상으로 제공하는 6년제 의무교육으로 지적 소외를 극복하고 또 징병제에 따른 군 복무로 근대적 생활에 필요한 다양한 기술을 습득함으로써 다른 직업 계층과 비등한 능력을 갖추게 되었다. 달리 말하자면, 한국 사회는 1950년대에 추진된 농지개혁, 의무교육, 징병제 등으로 명실상부한 사민평등四民平等 사회로 탈바꿈한 것이다.

양반제도의 붕괴 못지않게 역사적으로 중요한 변혁은 여성의 눈부신 사회 진출이었다. 미 군정기와 이승만 대통령 집권기에 한국 여성은 남성과 같이 초등학교 수준에서 의무교육을 받았다. 남녀공학 학교가 신설되었고 이 기간 중등교육과 고등교육을 받은 여성의 숫자도 대폭 늘었다. 즉, 1958년 각급 학교의 여학생 수는 1945년과 비교해 초등학교는 약 3.1배(54만 1천11명에서 1백65만 5천659명), 중고등학교는 약 1.9배(6만 3천516명+2만 3천721명에서 8만 8천625명+5만 9천880명), 사범학교는 약 2.5배(1천825명에서 4천527명), 대학은 약 8.5배(1천86명에서 9천189명)로 폭증했다.[174] 1886년 이화학당梨花學堂이 처음 문을 열었을 때 재학생이 단 1명뿐이었던 사실을 생각하면 이는 실로 대단한 변화였다.

여성의 교육 기회가 확대되면서 여성의 사회 진출도 두드러졌다. 저학력 여성들은 타자수, 교환수, 섬유노동자, 직조공, 피복공 등 손발의 기민한 노동이 필요한 직종에 취업하는가 하면 고학력 여성들은 교원, 의사, 약제사, 경찰관, 관리, 사무원 등 과거에 남성이 독점했던 직업에서 활동 범위를 넓혀갔다. 비록 숫자가 많지는 않았지만 1950년대에 여성 판검사, 여군, 여자 항공대원, 여자 공학사도 등장했다.[175]

미 군정기에 인신매매금지령(1946년 5월 27일)과 공창폐지령(1947년 10월 28일)이 제정, 공포된 데 이어 1948년에 제정된 헌법과 선거법으로 여성에게 선거권과 피선거권이 주어졌다. 그리고 1953년에 공포된 신형법을 통해 종래 유부녀에게만 적용되었던 간통죄를 남녀 모두에게 적용(쌍벌)함으로써 여권이 향상되었다. 그 뒤 1958년에 제정된 신민법은 여성의 입장을 한층 더 강화해주었다. 이러한 법제 개혁을 배경으로 1950년대에는 애국부인회, 여자기독청년회, 건국부녀동맹, 여자국민당 등 여성 단체들의 활동이 두드러졌다. 그리고 이러한 여성 단체 활동을 배경으로 많은 여성이 역사상 처음으로 정계에 입문했다. 예컨대, 제헌의회 선거에서는 19명, 제2대 국회의원 선거에는 12명, 제3대 국회의원 선거에는 9명의 여성이 입후보했다(당선자는 1~2명). 1958년 제4대 국회의원 선거에는 6명이 입후보해 3명(박순천·김철안·박현숙)이 당선되었다. 그리고 초대 내각에는 역사상 처음으로 임영신이 여성 상공부장관으로 입각했다.

조선 시대에 세계사에서 유례가 드문 차별 대우를 받았던 한국 여성이 이승만 대통령 집권기에 '가정의 깊은 장막 속에서 벗어나 눈부신 주목을 받으면서 사회의 밝은 무대 위에 등장' 한 셈이었다.[176] 이것은 한국 여권 신장사에 획기적인 사건이었다.

농지개혁과 의무교육과 더불어 한국 사회를 평등사회로 변화시킨 이승만 대통령의 정책 가운데 하나는 바로 의무 징병제의 도입이었다.

앞에서 지적한 바와 같이, 6·25전쟁 발발 전에 10만 명에 불과했던 한국군은 1954년에는 '63만 대군' 으로 성장했다. 군대의 대규모 팽창은 거의 농촌 출신인 수백만의 젊은이를 급속도로 사회화시키는 효과가 있었다. 1950년대에 군에 입대한 사병들은 대부분 농촌 출신이었는데, 이들은 군에서 농촌의 인습과 가치관에서 탈피해 근대적인 생활양식을 접하게 되었고 각종 기기의 조작 기술을 배우거나 회계와 예산 계획 작성 등 관리 기술을 습득함으로써 기술자와 행정가가 지녀야 할 자질과 능력을 갖출 수 있었다.

또한 이들 농촌 출신 사병은 엄격한 군대 생활을 통해 조직력, 기동력, 결단성, 진취성 등을 체득하고 아울러 애국심, 의무감, 명예심 등을 배울 수 있었다. 한마디로, 한국 남성의 대부분이 군 생활로 협동정신을 몸에 익히고 신무기를 사용하고 근대적 기계를 조작하는 기술을 습득하게 되었는데 이러한 집단생활의 경험은 1960년대의 경제발전에 긍정적으로 연결되었다고 볼 수 있다.[177]

더구나 이러한 군대의 급속한 팽창 덕분에 거대한 장교단이 형성되었다. 장교단의 규모가 가장 컸을 때의 규모는 우리나라 교직원의 총수와 거의 맞먹었는데, 이는 교원을 제외한 공무원 총수의 반에 해당하는 것이었다.[178] 장교단은 점차 중요한 사회집단으로 성장해 하나의 권력 엘리트 혹은 과업課業 엘리트로서 중요한 정치적 결정에 참여할 수 있게 되었다. 이렇게 되자 군대식 사고방식이 정신생활과 교육 면에 스며들어 사회 전반에 이른바 군사문화가 형성되고 이에 따라 전통사회에서 견지되었던 상문천무尙文賤武의 폐습이 자취를 감추고 문인 우위 전통 역시 크게 동요했다. 전체적으로 볼 때 이러한 현상은 한국 사회가 이승만 대통령의 집권기를 고비로 실용주의적 능력 본위 사회로 바뀌었음을 뜻한다. 이 같은 변화는 1960년대 이후 한국의 비약적 경제발전과 민주화에 순기능으로 작용했음이 틀림없다.

요컨대, 이승만 대통령은 농지개혁으로 양반제도에 종지부를 찍고, 의무교육제도와 징병제 등으로 과거에 차별 대우를 받았던 직업 계층과 여성에게 동등한 교육 기회와 참여 기회를 제공함으로써 한국 사회를 사민평등, 남녀평등의 사회로 바꾸어놓는 데 획기적으로 공헌했다. 이승만 대통령의 치하에서 벌어진 이러한 사회 변혁으로 말미암아 남한 사회에는 근대화를 가로막는 어떠한 신분적 장애물도 존재하지 않게 되었다. 그뿐만 아니라 역사상 오랫동안 차별 대우를 받았던 신분계층과 여성들이 동등한 교육 기회와 취업 기회를 누림으로써 그들이 타고난 잠재력을 최대한으로 개발할 수 있게 되어 한국 사회는 전례 없는 역동성을 확보할 수 있었다.

7. 문화, 종교 분야의 업적

청년기부터 한글 전용을 솔선수범했던 이승만 대통령은 1948년 10월 9일 한글전용법을 제정, 공포함으로써 한글 전용 정책을 국책으로 추진했다. 이로써 이승만은 우리 역사에서 본격적인 '한글 시대'의 문을 활짝 열었다.

또한 개천절開天節을 국경일로 정하고 단군檀君 연호를 양력陽曆과 더불어 병용케 했으며, 불교 정화에도 공헌했다. 이승만 대통령은 1950년에 국립국악원을 설립해 국악의 진흥과 보급을 도모하고, 1954년에 이르러서는 1952년 제정된 문화보호법에 따라, 학술 문화의 창조와 학문 연구를 뒷받침하는 '학술원'과 예술 활동의 자유를 보호하고 민족문화의 발전을 담당할 '예술원'을 각각 창립했다.

1953년부터 1959년까지 이승만 정부는 약 3억 3천500만 환의 막대한 예산을 들여 393개의 문화재를 보수했다.[179] 이러한 일련의 문화 정책으로 이승만 대통령은 1946년 3월에 채택된 민주의원 「임시정책 대강」의 일단을 실현하는 동시에 한국적 민족주의를 고양하는 데 이바지했다.

또한, 이승만 대통령은 임기 중에 경무대景武臺에서 주로 영어를 상용하고 영어 신문을 읽으며 주요 공문서를 영문으로 작성하는 등 영어를 많이 사용함으로써 주위의 공무원과 일반 국민 간에 영어의 보급률을 높이는 데 일정하게 이바지했다. 달리 말하자면, 이승만은 '주체성 있는 세계화' 정책을 추구한 셈이다.

이승만 대통령 집권 기간에 나타난 새로운 문화 현상 가운데 가장 주목할 만한 것은 개신교 교세의 확장이었다. 청년기에 옥중에서 기독교에 귀의한 그는 동료 죄수들과 함께 성경 공부를 하면서 옥중 전도에 열을 올리는가 하면 1903년 8월에는 ≪신학월보≫에 「예수교가 대한 장래의 기초」라는 글을 기고했다. 또 1904년 6월에 탈고한 『독립정신』에서는 "지금 우리나라가 쓰러진 데서 일어나려 하며 썩은 데서 싹이 나고자 할진대, 이 교[예수교]로써 근본을 삼지 않고는 세계와 상통해도 참 이익을 얻지 못할 것이오……. 우리는 마땅히 이 교로써 만사에 근원을 삼아 각각 나의 몸을 잊어버리고 남을 위해 일하는 자 되어야 나라를 일심으로 받들어 영미 각국과 동등이 되게 하[자]"라는 말로써 끝을 맺었다.

미국 유학 시절 이승만은 역사, 정치학, 외교학과 국제법 등을 전공하면서 신학 과목을 청강했다. 1910년에 유학을 마치고 귀국한 이승만은 앞서 살펴본 대로 서울YMCA에서 2년간 학감으로 일하며 기독교 교육에 헌신했다. 그 뒤에는 1913년부터 1939년까지 망명객으로 하와이에 머물면서 '호놀룰루 한인 YMCA', '한인기독학원'과 '한인기독교회' 등을 창립, 운영했다. 또한 3·1운동을 계기로 1919년 4월 초 상하이에 수립된 임정의 지도급 인사(국무경)로 추대된 직후 그는 미국 신문기자와의 인터뷰에서 "이번 독립운동의 지도자들의 주의는 한국으로 동양의 처음 되는 예수교국을 건설하는 것"이라고 공언했다.[180]

해방 후 조국에 돌아온 이승만은 1945년 11월 28일 서울 정동 예배당에서 열린 기독교조선남부대회의 환영회에서 "지금 우리나라를 새로이 건설하는 데 있어서……. 오늘 여러분이 예물로 주신 이 성경 말씀을 토대로 해서 세우려는 것입니다. 부디 여러분께서도 하느님의 말씀으로 반석 삼아 의로운 나라를 세우기 위해 매진합시다"[181]라고 연설해 기독교 국가 건설의 포부를 재천명했다.

또한 1946년 3·1절 기념식 식사에서는 "한민족이 하나님의 인도하에 영원히 자유 독립의 위대한 민족으로써 정의와 협조의 복을 누리도록 합시다"라고 역설했으며,[182] 1948년 1월 미국 오하이오 주 콜럼버스에서 열린 '제55차 미국·캐나다장로교 해외선교본부지도자회의'에서는 앞으로 한국에 기독교를 전파하는 데 최선을 다하겠다고 '서약'했다.[183]

그 밖에도 이승만의 기독교 국가 건설 의지는 곳곳에서 확인할 수 있다. 앞서 살펴본 대로 1948년 5월 31일 역사적인 제헌국회 개회식에서 임시의장으로 선출된 직후 이승만은 "대한민국 독립 민주국회 1차 회의를 여기서 열게 된 것을 하나님께 감사해야 될 것입니다"라고 말하면서 감리교 목사(서부연회 감독) 이윤영李允榮 의원에게 회순에도 없는 개회 기도를 요청했다.[184] 같은 날 국회의장으로 선출된 이승만은 '하나님과 애국선열과 삼천만 동포 앞에' 바치는 '맹세문'을 선서했으며, 이어서 국회 개원식 축사에서는 '하나님과 삼천만 동포 앞에서' 국가 발전을 위해 분투할 것을 서약했다.[185] 1948년 8월 15일에 개최된 대한민국 정부 수립 기념식에서 "하나님과 동포 앞에서 나의 직무를 다하기로 일층 더 결심하며 맹세한다"라며 자신의 대통령 취임사를 낭독했다.[186] 건국 초창기의 이와 같은 언행으로 말미암아 제1공화국 기간에는 국가 의전을 기독교식으로 행하는 관례가 수립되었다.[187]

이승만 대통령은 재임 기간 부인 프란체스카 여사와 함께 조석朝夕으로

기도와 성경 읽기를 실천했으며, 서울 정동감리교회의 교인(1956년 이후에는 명예 장로)으로서 주일 예배를 거르지 않았다.[188] 개인적으로 이렇게 독실한 기독교 신자의 모범을 보인 이승만은 헌법에 명시된 정교분리의 원칙을 사실상 무시하면서 기독교에 편파적인 일련의 특혜 조치로 기독교를 '사실상의 국교'로 만들고 있었다.[189] 이승만 대통령이 기독교의 교세 확장을 위해 취한 양성적, 음성적 특혜 조치를 골라 살펴보면 아래와 같다.

첫째, 그는 대통령 취임식을 포함한 주요 국가 의전을 기독교식으로 행하는 관례를 수립했다. 그는 또 미 군정기에 이미 정해진 정책을 계승해 크리스마스를 국경일로 선정하고 이날을 공휴일로 지정했다. 그는 해마다 성탄절 메시지를 발표했으며, 1953년 11월에는 성탄 선물과 크리스마스 카드를 많이 만들어 보내자는 담화를 발표하기도 했다.[190] 국가의 기독교화 방편으로 1949년 5월에 대통령령으로 국기에 대한 경례를 주목례注目禮로 대체하기도 했다.[191]

둘째, 이승만은 형무소에 형목제刑牧制(형무소 목사제)와 군대에 군종제軍宗制 등 특수 전도 기관을 설치해 기독교 전도를 활성화했다. 형목제는 원래 1945년 11월 서울 정동교회에서 열린 조선기독교남부대회에서 '형무소에 목사를 파견, 전도키로 결의'한 것이 발단이 되어 그해 12월에 미 군정에서 설치한 것이다. 이승만 대통령은 이 정책을 계승, 확장해 법무부 내에 형정과를 설치하고 초대 과장에 장로교의 김창근金昌根 목사를 임명하고 전국 18개 형무소의 교무과 과장직에 장로교 목사 13명과 감리교 목사 5명을 임명하면서 이들을 정식 공무원으로 발령했다. 1956년 당시 전국 형무소에 교화목사敎化牧師 20여 명이 배치되어 있었고 4·19의거 이후로 제도가 폐지될 때까지 형목직은 개신교 목사들이 독점했다.[192]

군종제는 6·25전쟁 중 미국인 선교사들의 강력한 권고에 따라 1951년 2월 7일 대통령 특별명령으로 설치되었다.[193] 처음에는 천주교 신부를 포함한 32명의 성직자들(장로교 14명, 감리교 10명, 성결교 4명)이 육군에 입대해 무보수로 일했으나 1954년 1월 12일 군종감실軍宗監室이 설치되면서 그해 12월 13일부터는 현역 장교로 정식 임관되었다. 정규 장교로 임명된 성직자들로 군종단이 만들어진 것은 미국 교회의 피선교지 가운데 한국이 처음이었다. 군목의 임무는 교회 예배, 종교 도덕 교육, 사상 지도, 신앙 지도, 인격 지도, 문화 교양 지도 등이었다. 1956년 당시 약 400명의 종군 목사와 약 200명의 보조 군목들이 일선의 각 사단과 후방의 교육기관, 병원 등에 배치되어 전례 없이 큰 규모의 전도 활동을 펼쳤다.[194]

셋째, 이승만은 개신교 신자들을 정부 요직에 대거 기용했다. 기독교인의 정부 요직 충원은 미 군정기부터 시작되었는데, 이승만 대통령은 이 관행을 계승, 확장해 자신의 기독교 국가 건설 비전을 실현해나갔다. 1948년 정부 탄생 후 초대 내각에는 정·부통령과 국무총리를 제외한 21개 부서장 가운데 개신교 신자가 9명이 포함되어 있었고 그중 2명은 목사였다. 자유당 집권기 주요 정부 인사의 종교 성향을 살펴보면, 개신교 32.9퍼센트, 천주교 7.4퍼센트, 불교 16.2퍼센트, 유교 17.6퍼센트, 천도교 0.3퍼센트, 미상 18.3퍼센트였다. 제1공화국의 국회의원 200여 명 가운데 약 25퍼센트, 그리고 19개 부처의 장·차관 242명 가운데 38퍼센트가 개신교 교인이었다. 이 가운데 각 부처의 장 135명의 경우 개신교인의 비율은 무려 47.7퍼센트에 달했다.[195] 이승만 대통령 집권기 남한의 전체 기독교인 비율이 10퍼센트 미만이었다는 사실을 고려할 때 국회의원의 25퍼센트, 정부 요직의 47퍼센트가 기독교인이었다는 사실은 분명히 정상적인 현상은 아니었다.

넷째, 이승만은 기독교 선교를 표방하는 언론매체의 발달을 지원하고 이를 활용함으로써 기독교 교세의 확산을 도왔다. 이승만 정부는 1945년 11월에 창간된 한국 최초의 기독교 일간신문인 ≪국민신문≫을 필두로 1946년에 3종, 1947년에 2종, 1948년에 1종, 1949년에 2종, 1951년에 2

종, 1955년에 3종의 기독교 신문 창간을 인가했다.[196] 그 외에 1954년엔 1948년부터 설립을 추진해온 한국 최초의 민간방송인 기독교방송CBS을 인가했다. CBS는 미국의 각 교파 연합 매스컴위원회RAVEMCO의 지원으로 개국할 수 있었다. 1956년 12월에는 복음주의연맹선교회TEAM가 공산권 선교를 목적으로 설립을 추진한 극동방송국을 인가했다. 이 가운데 CBS는 1959년 이후 대구, 부산, 광주, 이리(지금의 익산) 등지에 지국을 설립함으로써 1950년대 후반에 이르러서는 청취율이 가장 높은 방송국으로 자리 잡았다.[197] 이밖에 이승만 정부는 국영 중앙방송국의 기독교 선교 프로그램 편성을 묵인했다.[198]

다섯째, 이승만은 기독교 선교사들을 우대하고 그들에게 재정적인 특혜를 베풂으로써 기독교 선교를 간접적으로 지원했다. 1952년 1월 중국과 한국에서 오랫동안 YMCA 활동을 펼쳤던 피치 목사에게 한국 최초의 문화훈장을 수여한 것을 비롯해, 에비슨O. R. Avison, 윌슨R. M. Wilson, 애덤스E. Adams, 스미스J. C. Smith, 뵐켈H. Voelkel 부부, 루츠D. Lutz 등 수많은 개신교 선교사에게 중앙정부와 지방정부의 명의로 훈포장과 표창, 감사장, 명예시민 증서 등을 수여했다.[199] 또한 옥스남 감독Bishop G. Bromley Oxnam, 레인스 감독Bishop Campbell Raines 등 미국 교회의 고위 성직자나 선교사들을 한국 정부의 국빈으로 초대해 우대했다.[200] 1957년 대한민국 재무부는 연간 300만 달러에 달하는 '종교불宗敎弗의 계정간이체計定間移替'를 허용함으로써 개신교 교회에 엄청난 경제적 특혜를 제공했다.[201] 이렇게 여러모로 혜택을 입은 개신교 선교사들의 일부는 한국 개신교 교회들이 AFAK, UNKRA 등 외국 구호단체들로부터 각종 원조물자를 배정받는 것을 도와주었다.

여섯째, 이승만은 6·25전쟁 시기 외국(특히 미국)의 기독교 구호단체들이 제공한 구호금과 구호물자를 친여적인 한국기독교연합회KNCC를 통해 개별 교회와 교역자들 그리고 신학교 등에 배분해 간접적으로 기독교 전파에 이바지했다. 6·25전쟁 발발 후 미국 정부와 기독교세계봉사회The Church World Service, 미국 북장로교선교회, 미국 남장로교선교회, 천주교복지위원회, 감리교선교회, 캐나다 연합교회선교회 등 약 35개 단체에서 막대한 양의 의복, 식량, 텐트, 약품, 학용품 등 물자와 금품(달러)을 보내와 전재민의 응급 구호, 고아원 운영, 해외 입양, 전쟁미망인 원조, 주택 복구, 보건, 의료, 교육 등 구제사업을 지원했다.[202] 한국 기독교계는 이러한 구제품과 달러를 KNCC를 통해 집중적으로 공급받아 전쟁 중에 파괴된 교회를 복구하고 고아원, 모자원 같은 사회사업기관을 설립, 운영했다. 1957년 당시 개신교 계통에서 운영하는 각종 사회 복지시설은 539개 소, 수용 인원 6만 3천787명에 달했다. 이 같이 기독교계는 이미 확보된 교인뿐만 아니라 수많은 난민과 고아, 과부 등 일반인들을 상대로 구호사업을 벌임으로써 기독교 선교의 영역을 넓힐 수 있었다.[203]

이승만 대통령이 이상과 같이 음으로 양으로 기독교를 장려한 결과 그의 집권기에 남한의 개신교 교세는 아래와 같이 급속도로 신장하고 있었다.

1910년~1980년간 한국 개신교 교세 신장 추세[204]

연도	교인 수
1910	200,000
1930	372,000
1950	600,000
1960	1,140,000
1970	2,200,000
1980	7,180,000

위 통계는 이승만 대통령 집권기에 한국 기독교의 교세가 획기적으로 신장했으며 당시에 다져진 교세가 1960년대 이후 한국 교회의 '폭발적' 성장에 기초가 되었음을 시사한다. 말하자면, 이승만 대통령은 신新대한

을 '동양의 처음 되는 예수교국으로 건설'하겠다는 1919년의 포부를 실현하고 있었던 것이다.

이승만 대통령 통치 기간에 남한에는 역사상 처음으로 기독교 정권 혹은 '기독교 국가Christiandom'[205]가 대두했는데 이는 삼국시대, 통일신라, 고려 시대의 불교 숭상과 조선의 유교 숭상과 대조를 이루는 현상이었다. 이승만 정부하에서 다져진 교회의 기반은 1960년대 이후 남한이 아시아 굴지의 기독교 국가로 부상하는 도약대가 되었다. 이 점에서 이승만 대통령은 서기 372년에 한국 역사상 최초로 유교와 불교를 수용한 고구려의 소수림왕小獸林王(재위 371~384)이나 유럽 역사상 최초의 기독교인 황제로서 '종교 자유의 칙령(313)'을 발포해 로마제국의 기독교화에 기여한 콘스탄티누스 대제Constantine the Great(재위 306-337)의 공적에 비견되는 업적을 한국 종교사에 남겼다고 말할 수 있다.

맺음말

이상에서 우리는 건국 대통령 이승만이 1948년부터 1960년까지 12년간 집권하면서 이뤄낸 업적을 정치, 외교, 군사, 경제, 교육, 사회, 문화·종교 등 일곱 분야에 나눠 살펴보았다. 그중 몇 가지를 다시 강조해보면 다음과 같다.

정치 분야에서는 자유민주주의 원칙에 따라 대한민국을 건국하고 대통령중심제 정부를 수립한 다음 '거의 전제적인' 권위주의적 통치체제를 유지하면서도 의회제도를 존속시키고 양당제도와 지방자치제를 도입하는 한편, 언론의 자유를 비교적 폭넓게 허용하는 등 한국 민주주의 발전에 이바지했다.

외교 분야에서는 대한민국 정부 수립 후 유엔과 미국 등 30여 개 국가로부터 승인을 받아내고, 6·25전쟁의 휴전 과정에서 미국 위정자들을 설득해 한미상호방위조약을 체결하는 데 성공했다.

군사 분야에서는 6·25전쟁 중 유엔군과 긴밀한 협력 관계를 유지함과 동시에 남한 국민의 충성을 확보함으로써 북한 침략군을 휴전선 이북으로 격퇴하고 나아가 이 전쟁을 계기로 국군의 규모를 '63~70만 대군'으로 육성하는 데 성공했다.

경제 분야에서는 농지개혁을 단행함으로써 구래의 지주 토지 소유제를 청산하고 그 대신 자작농의 토지 소유제를 확립함으로써 농업의 생산성을 향상시키고 한국 자본주의를 태동시키는 데 이바지했다. 비록 일반 국민의 경제생활 수준을 크게 향상시키지는 못했지만 만성적인 인플레이션을 극복하고 전후 경제 복구에 성공했으며 수입대체산업의 육성으로 공업화의 단초를 열었다.

교육 분야에서는 의무교육제도를 도입하고 문맹퇴치운동을 전개해 이 땅에 민주주의가 정착할 수 있는 기초를 닦았다. 나아가 중·고등학교를 대폭 증설하고 대학을 확충하며 해외 유학을 장려함으로써 '교육 기적'을 이뤄내 산업화와 민주화에 필요한 고급 인재를 양산했다.

사회 분야에서는 농지개혁으로 전통적인 양반제도를 뿌리 뽑고, 남녀에게 동등한 교육 기회와 취업 기회를 보장하는 정책을 추구해 한국 사회의 평등화에 이바지했다.

문화·종교 분야에서 이승만은 한글 전용 정책을 철저하게 시행함으로 본격적인 한글 시대를 개막하고 전통문화의 계승과 보존에 필요한 조치를 마련함으로써 민족문화 창달에 이바지했다. 한편으로 기독교를 장려해 유교 국가였던 한국을 아시아 굴지의 기독교 국가로 탈바꿈시키는 데 이바지했다.

이승만 대통령이 이룩한 위와 같은 업적들은 대체로 그의 집권 전반기, 즉 1954년 이전에 달성되었다.[206] 비교적 짧은 기간에 이처럼 많은 업적을 달성할 수 있었던 것은 그의 탁월한 능력과 집념 이외에 여러 가지 다른 요인에 힘입은 바 크다. 그 가운데 하나는 1945년부터 1948년까지 미 군정이 추진한 개혁이고, 다른 하나는 6·25전쟁의 영향이다. 이승만 대통령은 미 군정기에 개시된 일련의 개혁을 계승해 비교적 쉽게 자기의 개혁 목표를 달성할 수 있었다. 그 두드러진 예는 농지개혁, 교육과 사회제도 개혁, 기독교의 장려 등이다. 이승만 대통령은 6·25전쟁 때문에 여러 분야에서 자기가 기대했던 것 이상의 업적을 이룩했다. 예를 들면, 한미상호방위조약의 체결, 63만~70만 대군 육성, 양반제도의 붕괴, 기독교 교회의 폭발적 성장 등은 6·25전쟁이라는 비상한 여건 때문에 가능했던 업적들이다.[207] 말하자면, 이승만 대통령은 6·25전쟁으로 말미암아 상당히 많은 분야에서 자기가 설정한 개혁 목표를 초과 달성하고 있었던 셈이다.

이승만 대통령이 추진한 일련의 제도 개혁은 일제 식민지의 유산을 불식하고 그 자리에 서구식, 특히 미국식 제도들을 이 땅에 뿌리내리게 하는 효과를 발휘했다. 따라서 이승만 대통령은 남한의 미국화Americanization에 이바지했다고 말할 수 있다.[208] 이 점은 특히 미국식 대통령중심제의 채택, 미국과의 동맹체제 확립, 미국식 군대의 육성, 미국식 시장경제제도의 도입, 미국식 민주주의 교육제도의 모방, 그리고 '미국의 국교'인 개신교의 장려 등에서 두드러지게 나타난다. 극단적으로 말하자면, 이승만 대통령은 12년간 남한에 군림하면서 대한민국을 '소미국小美國'으로 만들고 있었다고 해도 과언이 아니다. 따라서 이승만 대통령의 업적을 총체적으로 평가할 때 우리는 그의 미국화 정책을 논란의 대상으로 삼지 않을 수 없다.

이승만 대통령은 과연 미국화 정책을 통해 "이 나라를 자주 아닌 열강의 예속으로 전락시켰다"(송건호)고 평가해야 마땅한가? 수정주의 사관이나 세계체제론world systems theory의 관점에서 보면, 그는 '미제의 앞잡이'로서 남한을 미국이라는 패권(중심)국가에 종속시키는 작업을 수행했다고 볼 수 있다. 그러나 한민족의 주체적 입장, 특히 이승만의 입장에서 보면 그렇지 않다.

이승만은 일찍이 청년 시절부터 미국의 문물제도가 세계에서 으뜸가는 것으로 판단하고 미국을 본받아 제도 개혁을 추진함으로써 한국을 아시아권에서 일본과 중국을 능가하는 일류 국가로 만들려 했다. 이승만의 이러한 발상은 1880년대 이후 갑신정변, 갑오경장, 독립협회운동 등에 참여했던 선구적 개혁가들이 공유했던 이상이었다.[209] 그리고 이러한 입장은 과거에 중국이 세계 최고의 문명국이었을 때 우리의 조상이 중국 문명을 모방해 조국을 중국 중심의 세계질서The Sino-centric World Order 안에서 중국에 버금가는 선진국, 즉 '소중화小中華'로 만들려 했던 노력과 맥을 같이 한다. 이렇게 따져볼 때 이승만 대통령은 19세기 개화파 선각자들이 실현하려다가 성취하지 못한 개혁 정신을 계승해 미국을 벤치마킹한 국가 건설을 완수함으로써 한국을 팍스 아메리카나Pax Americana 시대의 미국 중심의 세계질서에 능동적으로 편입시키는 데 성공한 지도자로 평가할 수 있다.

이승만 대통령은 '건국 대통령'이라는 호칭에 걸맞게 대한민국의 국기國基를 다져놓았다. 이렇게 해 1960년대 이후 대한민국이 공전의 비약적인 발전을 할 수 있는 토대를 마련했다. 이것은 그가 역사상 보기 드문 위업을 달성했음을 의미한다. 그가 이룩한 긍정적 업적들만을 가지고 평가하자면 그는 한국 역사상 세종대왕에 뒤지지 않는 공적을 쌓았다고 말할 수 있다. 그의 업적은 모세나 진시황秦始皇 등 다른 역사적 인물들의 업적에도 비교될 수 있다. 그러나 애석하게도 그는 이러한 위업을 시대정신에 어긋나는 '독재'를 통해서 달성했고 또 무리한 장기 집권을 통해 적지 않은 실정을 범했기 때문에 민주주의를 최고 가치로 떠받드는 현대의 지식인들로부터 자기가 달성한 업적에 값하는 평가를 제대로 못 받고 있다. 즉, 우리는 이승만 대통령을 역사의 저울 위에 올려놓고 평가할 때 그의 공功에서 과過를 감산하기 마련이다.

1950년대 후반 이승만에 비판적이었던 ≪사상계≫의 주요 논객 가운데 한 사람인 신상초申相楚는 4·19의거 직후에 이승만 대통령의 치적을 논하면서 그의 공과 과에 대해 다음과 같이 평한 바 있다.

> 이 박사는, 오늘날 우리 사회 우리 국가를 요 모양 요 꼴로 썩게 만들고 비뚤어지게 만들고 빈사에 가까운 절망 상태를 조성하는 데 엄중한 책임을 져야 할 정치인이다……. 총체적으로 이 박사를 평한다면 정치가로서 보기 드문 행운아였으나 영화와 집권의 망령 때문에 만년을 망쳐버린 독재자이다. 그러나 그는 '현대판 파시스트'는 못 되는 위인이었고 권모술수에 능한 궁정 정치적인 음모가였다. 그가 이 민족, 이 국가에 남긴 공과를 따진다면 필자는 '공功 3, 과過 7'로 채점해 조금도 각박한 것이 아니라고 생각하고 있다.[210]

이와 같은 신상초의 이승만 평은 4·19 직후 대다수 한국 지식인들이 공유했던 부정적인 이승만관觀을 대변한다. 1960년 이후 지금까지 남한에서는 '토끼같이 빠른 속도'로 산업화가 진행되었지만 정치의 민주화는 '거북이 걸음'을 면치 못한 가운데 이승만 집권기의 수준을 훨씬 능가하는 독재와 부패가 잇따랐다. 이와 같은 사실을 염두에 두고 신상초의 이승만 치적 평가를 재음미해보면 그것은 지나치게 근시안적이었다는 감을 지울 수 없다. 우리 민족이 대한제국과 일제의 식민지 통치로부터 물려받은 역사적 유산이 극히 빈약했다는 사실 이외에 해방 후의 극심한 정치·사회적 혼란, 6·25전쟁이라는 전대미문의 재앙, 한반도를 둘러싼 동서 냉전의 격화, 전쟁 후 지속한 남북 간의 대결 등 여러 가지 객관적 여건을 고려하면서 이승만 대통령의 치적을 거시적으로 바라보면 그의 치적은 적어도 '공 7, 과 3' 이상으로 채점되어야 마땅하지 않을까 생각한다.

제4부

보론

1953년 8월 8일, 경무대에서 열린 한미상호방위조약의 가(假)조인식 장면.
변영태 외무장관과 덜레스 국무장관 사이에서 조인식을 지켜보는 이승만 대통령.

제4장 제헌국회 의장 이승만과 대한민국 헌법 제정

1948년 5월 10일, 남한에선 역사상의 첫 총선거로 198명의 국회의원이 선출되었다. 이로써 제1대 국회가 열렸다. 이 국회는 헌법 제정의 사명을 띤 국회였기 때문에 흔히 제헌국회制憲國會라 불린다. 제헌국회는 5월 31일에 중앙청 홀에서 개원식을 열고 의장에 이승만, 부의장에 신익희·김동원金東元을 선출했다. 6월 1일 국회는 헌법급정부조직법기초위원憲法及政府組織法起草委員과 헌법기초전문위원憲法起草專門委員을 선발할 전형위원 10명을 뽑았다. 이들은 2일에 헌법기초위원 30명을 선출하고, 기초위원회는 3일에 헌법기초전문위원 10명을 선정하고 위촉했다. 이렇게 선정된 기초위원과 전문위원들은 3일 오후부터 중앙청 회의실에 모여 헌법 기초 작업을 시작했다.

헌법기초위원회는 6월 3일부터 22일까지 총 16차에 걸친 회의를 열어 전문全文 10장 102조로 구성된 헌법안을 완성하고 이를 23일 국회 본회의에 제출했다. 국회는 6월 23일 본회의에서 서상일徐相日 헌법기초위원장으로부터 헌법안 보고와 함께 위원회의 전문위원 유진오兪鎭午 교수의 법안 설명을 들은 다음 3일간 휴회에 들어갔다.

6월 26일부터 제1독회(대체 토론), 제2독회(축조 심의), 제3독회(자구 수정)를 거쳐 헌법 초안을 심의한 끝에 드디어 7월 12일에 전문前文과 10장 103조로 이뤄진 「대한민국 헌법」(일명 제헌헌법)을 통과시켰다. 이 헌법은 7월 17일에 국회의장 이승만의 이름으로 공포되었다. 이렇게 제헌헌법은 헌법기초위원·전문위원 선정과 더불어 40일 만에 탄생했다.

제헌헌법은 1895년 1월에 조선 국왕 고종高宗이 반포한 「홍범洪範 14조」와 1919년 4월에 상하이 임시정부가 공포한 「대한민국 임시헌장」 등의 입법 전통을 이어받아 제정된 '근대적 입헌주의 헌법' 이다.

이 헌법은 영국과 미국의 헌법, 독일의 바이마르 헌법Weimar Verfassung(1919), 중화민국의 5권헌법五權憲法(1905), 일본의 메이지 헌법(1889) 등 선진 각국의 헌법을 두루 참고한 바탕 위에 다음 세 가지의 자료에 표출된 한민족의 건국 이상을 수렴해 작성되었다.

—1919년 9월 상하이의 통합 임시정부가 제정한 「대한민국 임시헌법」
—1946년 3월에 남조선대한국민대표민주의원(약칭 민주의원)에서 공포한 「임시정책 대강」
—1947년 8월에 미 군정 입법의원이 통과시킨 「조선임시약헌」[1]

따라서 이 헌법은 민족주의, 자유민주주의, 사회균등주의, 국제평화주의 등 대한민국의 건국 이념을 잘 반영시킨 '현대 민주주의 국가의 기본법으로서 손색이 없는 훌륭한 헌법' 임과 동시에 '당시 우리의 정치·문화적 수준에 비해 월등히 선진적인 헌법' 이라고 높이 평가되고 있다.[2]

그렇다면 제헌국회는 어떻게 40일이라는 짧은 기간에 이토록 훌륭한 헌법을 제정할 수 있었을까. 한국 헌법사를 다룬 학자들은 대부분 제헌헌법 제정의 공을 거의 전적으로 헌법기초전문위원의 한 사람이었던 현민玄民 유진오(1906~1987)에게 돌린다. 유진오 교수는 일제강점 기간인 1929년에 경성제국대학 법문학부 법학과를 졸업하고 1932년부터 보성전문학교에서 헌법학을 가르쳤던 국내 유일의 공법학자였다. 해방 뒤엔 1947년 9월 미 군정하의 남조선과도정부 사법부에 설치된 조선법전편찬위원회의 헌법기초분과위원회 위원으로 위촉되어 그해 겨울부터 헌법 초안 작성 작업에 착수했다.[3] 그 뒤 1948년 1월에는 한국민주당 총무 김성수로부터, 3월에는 이승만이 총재직을 맡은 대한독립촉성국민회의 부위원장인 신익희로부터 각각 헌법 초안 작성 부탁을 받고 헌법 기초 작업에 박차를 가하고 있던 차, 6월 3일 국회 차원에서 헌법기초전문위원으로 위촉되어 헌법안 기초起草 작업을 주도하게 되었던 것이다.[4]

6월 23일 국회 본회의에 제출된 헌법안은 유진오가 작성한 이른바 '유진오안兪鎭午案'[5]을 대본으로 삼아 기초위원회에서 성안한 것이었다. 유진오안이 형식상 거의 완벽했기 때문에 기초위원회와 국회 본회의에서의 심의 과정이 단축될 수 있었다. 다시 말하자면, 제헌국회가 40일이라는 짧은 기간에 헌법 제정 작업을 끝마칠 수 있었던 요인 중의 하나는 유진오가 1947년 겨울부터 이미 헌법 기초 작업에 착수해 반년 이상 여러 전문가의 자문을 받아 반듯한 헌법 초안을 마련해놓았기 때문이었다. 유진오의 공이 워낙 컸던 점을 고려해 한국 법학계에서는 그를 바이마르공화국 헌법 초안을 작성했던 프로이스Hugo Preuss(1860~1925)에 비견하면서 '한국 헌법의 아버지'라고 일컫는다.[6]

필자는 유진오 교수가 대한민국 헌법안 기초에 크게 공헌한 사실을 인정한다. 그러나 그를 과연 '한국 헌법의 아버지'라고 부를 수 있는지에 대해서는 의문을 갖고 있다. 왜냐하면 해방 당시 국내의 유일한 헌법학자이면서 한민당 발기인 중의 한 사람이었던 유진오는 애당초 자신의 '학문적 소신'에 따라 내각책임제 정부와 양원제 국회를 기본 체제로, 농지개혁과 중요 기업의 국영화 등을 기초 정책 방향으로 잡은 헌법 초안을 작성했고[7] 이 안을 제헌국회에서 통과시키려고 노력했다. 그러나 안타깝게도 그의 의도는 이승만 의장과 이승만 지지 세력의 반대에 부딪혀 좌절되었다.

결과적으로 제헌헌법은 이승만이 원하는 바에 따라 대통령중심제, 단원제單院制, 농지개혁, 중요 기업의 국영화 등을 골자로 하는 헌법이 되었다. 말하자면, 1948년의 제헌헌법은 유진오의 주장보다는 이승만의 주장을 더 많이 반영한 헌법이었던 것이다. 이것은 제헌국회 의장이었던 이승만이 헌법 제정 과정에서 누구보다도 더 중요한 역할을 담당했음을 시사한다.

그간 학계는 제헌헌법의 제정 과정에서 이승만 의장이 발휘한 역할에 특별히 주목하지 않았다.[8] 따라서 이승만이 제헌국회 의장으로서 제헌헌법 탄생에 어떻게 공헌했는지는 제대로 알려지지 않았다.

그러나 이승만은 젊은 시절부터 헌법에 깊은 관심을 기울였던 인물로서 1919년 이후 나름대로 헌법 제정 준비를 착실히 했으며, 1948년에 이르러 제헌국회의 의장으로서 대통령중심제 헌법을 탄생시키는 데 누구보다 돋보이는 역할을 담당했다. 여기서 더욱 중요한 사실은 일부 이승만 비판자들이 생각하는 것처럼 이승만이 '대통령병大統領病 환자患者'[9]였기 때문에 대통령중심제를 고집한 것이 아니라는 점이다.

1. 해방 전 이승만의 헌법 제정 시도

이승만은 만 20세가 되던 1895년 배재학당에 입학해 2년간 미국인 개신교 선교사들과 서재필에게 사사師事하면서 자유, 평등, 인권, 법치주의, 공화주의 등 서구의 민주주의 사상에 눈을 떴다. 배재학당 졸업 후에는 독립협회의 개혁운동에 가담해 입헌군주제를 지향한 급진적인 체제개혁 운동에 참여했다가 그 운동이 실패하자 고종 황제의 노여움을 사 1899년에 한성감옥서에 투옥되었다.

이승만은 5년 7개월간의 수감 생활 동안 『독립정신』이란 대작을 탈고했다. 이승만은 이 책에서 한국인으로서는 처음으로 미국 헌법 체계의 국민 기본권 조항들을 소개하고[10] 세계 각국의 정체를 비교, 논평하는 한편 미국의 대통령제(공화제)야말로 백성이 지도자를 직접 뽑고 지도자와 백성이 함께 나라의 부강을 도모하는 제도로서, 근본적으로 중국 고대 요순시대의 공화제와 같은 '세상에서 제일 선미善美한 제도'라고 극구 찬양했다.[11]

1904년에 출옥한 이승만은 미국으로 건너가 1905년부터 1910년까지 조지워싱턴대학교, 하버드대학교, 프린스턴대학교 등에서 근대 학문을 연마했고 프린스턴대학교에서 서양사와 미국사, 정치학, 외교학, 그리고 국제법 전공으로 박사학위를 취득했다. 이렇듯 이승만은 미국 대학에서 국가 건설에 필요한 학문을 연마했지만 아쉽게도 헌법학을 전공하지는 않았다.[12]

3·1운동이 일어나자 이승만은 1919년 4월 14일 동지 정한경과 더불어 필라델피아에서 서재필을 의장으로 모시고 대한인총대표회의The First Korean Congress(제1차 한인의회)를 소집, 개최했다. 뒤의 제6장에서 자세히 다루겠지만, 이 회의의 주요 목적 중 하나가 그 영문 명칭이 암시하는 바와 같이, 3·1운동 발발 후 해외 애국지사들 간에 신新대한 건국에 필요한 청사진을 그려보고, 가능하면 헌법을 제정하는 것이었다. 이 회의에 참석했던 서재필·이승만·정한경·유일한·임병직·조병옥·장택상·김노듸 등 주로 미국에서 대학 교육을 받은 약 150명의 독립지사는, 고도의 전문성이 요구되는 본격적인 헌법 제정은 나중으로 미루고, 일종의 헌법대강憲法大綱인 「한국인의 목표와 열망Aims and Aspirations of the Koreans」이라는 결의문을 채택했다.[13]

4월 15일에 채택된 결의문의 조항 가운데 중요한 것만 골라 번역해 소개하면 아래와 같다.

1. 우리는 정부의 정당한 권력이 통치를 받는 자로부터 나온다고 믿는다. 그러므로 정부의 통치는 피치자被治者의 이익을 위해 행해져야 한다.
2. 우리는 백성의 교육 수준을 감안하되 가급적 미국의 정체를 본뜬 정부를 갖기를 제안한다. 앞으로 10년간 정부에 권력을 집중시키는 것이 필요할 것이다. 그러나 백성의 교육 수준이 향상되고 그들의 자치自治 경험이 축적되면 그들을 정부의 제반 업무에 참여시켜야 한다.
3. 그렇지만 우리는 [당장] 백성에게 군郡과 도道 입법의원을 선거할 보통선거권을 허여해야 한다. 도의원들은 국회National Legislature 의원을 선거한다. 국회의원들은 행정부와 동격의 권력을 가지면서, 그들이 대표하는 백성에게만 책임을 지고, 국법을 제정하는 유일한 권한을 행사한다.
4. 행정부는 대통령, 부통령, 내각 각료로 구성되며 그들은 국회에서 제정된 모든 법률을 집행한다. 대통령은 국회의원들에 의해 선출된다. 대통령은 내각 각료, 도지사, 그리고 외국에 파견되는 사절을 포함한 정부의 주요 관리들을 임명하는 권한을 갖는다. 그는 외국과 조약을 체결하는 권한을 갖는다. [대통령이 체결한 조약은] 상원Upper House의 인준을 받아야 한다. 대통령과 그의 내각은 국회에 책임을 진다.
5. 우리는 종교의 자유를 믿는다. 어떠한 종교나 교리이건 그것이 국법과 국익에 배치되지 않는 한 국내에서 자유롭게 가르치고 전파될 수 있다.
7. 우리는 국민교육을 믿나니 국민교육은 정부의 모든 업무 중에 가장 절실한 것이다.
9. 우리는 언론과 출판의 자유를 믿는다. 우리는 전 국민의 생활 조건을 무한 발달시키는 데 도움이 되는 민주주의 원칙, 기회균등, 건전한 경제정책, 그리고

세계 각국과의 자유로운 교류 등에 전적으로 찬성한다.[14]

이 결의안은 한국인으로서는 처음으로 미국의 법과대학(미시간대학교의 입실란티 법과대학Ypsilanti School of Law)에서 한때 법학을 공부한 경험이 있는 유일한柳一韓이 기안한 것이었다.[15] (이승만은 헌법학을 전공하지 않았기 때문에 이 문건의 기안을 사양했던 것 같다.) 이승만은 이 결의안의 초안을 면밀히 검토한 다음, 4월 15일 회의석상에서 그것을 대한인총대표회의의 공식 결의안으로 채택할 것을 동의動議했다.[16] 따라서 이 결의안은 3·1운동 후 한국인이 역사상 처음으로 민주공화국 창건을 논의할 때 이승만과 그의 동지들이 머릿속에 그렸던 새로운 조국, 즉 신대한의 헌법대강이었던 셈이다.

이 결의안에서 특별히 우리의 시선을 끄는 대목은 제2항으로 '우리는 가급적으로 미국의 정체를 본뜬 정부를 갖기를 제안한다'는 것이다. 이로 미루어 이승만과 그의 동지들은 3·1운동 후 신대한의 건국을 구상하면서 미국식 대통령제 정부의 수립을 원했음을 알 수 있다.

이 무렵에 이승만은 자기의 헌법 구상을 또 하나의 문건에 드러냈다. 즉, 1919년 4월 23일 서울에서 선포된 한성 임시정부에서 자기를 집정관총재執政官總裁로 추대했다는 소식을 들은 다음 '대한공화국 대통령President of the Korean Republic'을 자처하면서 8월 25일 워싱턴에 구미위원부歐美委員部를 개설하고 자신이 그 기구의 초대 위원장으로 임명한 김규식金奎植과 공동명의로 「대한공화국 헌법요강憲法要綱(the main principles of the Constitution of the Korean Republic)」[17]을 작성, 발표했다. 이승만이 김규식과 함께 발표한 「대한공화국 헌법요강」의 내용은 아래와 같다.

1. 국체國體는 공화제로 한다.

2. 정체政體는 의회주의 형식을 따른다.
3. 종교와 양심의 자유를 완전히 보장한다.
4. 언론 및 결사의 자유와 소청訴請의 권리를 완전히 보장한다.
5. 귀족의 특권은 폐지한다.
6. 교회와 국가는 완전히 분리한다.
7. 국가의 안전, 독립 유지 및 주권 보호를 위해 상비군 대신 민병대를 조직. 보유한다.
8. 소수민족의 권리를 보호한다.
9. 독립된 사법부를 설치한다.
10. 교육은 특별히 장려한다.
11. 사회의 풍속과 기강을 엄격히 단속한다.[18]

이것은 비록 '근대적 입헌주의 헌법'의 요건을 온전히 갖춘 헌법은 아니지만, 헌법에 포함해야 할 주요 내용을 망라한 헌법요강이다. 앞에서 소개한 「한국인의 목표와 열망」과 마찬가지로 이것은 3·1운동 후 이승만의 헌법 구상을 이해하는 데 필수적이다. 그런데 이 헌법요강에서 우리의 시선을 끄는 대목은 역시 제1항으로 '국체는 공화제로 한다'이다. 이로써 우리는 이승만이 3·1운동 후 출범시킨 '대한공화국'은 미국식 대통령제를 모방한 국가였음을 확인할 수 있다.

이승만이 이같이 워싱턴에서 독자적으로 독립운동을 펼치고 있을 때, 상하이의 통합임시정부(상하이 임정)에서는 1919년 9월 11일, 그해 4월에 제정, 공포했던 「대한민국 임시헌장」을 개정해 「대한민국 임시정부 임시헌법」(약칭 임시헌법)을 제정, 공포하고 이 헌법에 따라 이승만을 상하이 임정의 '임시대통령'으로 선출했다. 이승만은 이 직책을 수락하고 1920년 말 상하이에 부임해 그곳에서 약 6개월간 임시대통령직을 수행했다. 즉,

이승만은 김규식과 공동명의로 작성, 발표했던 「헌법종지」를 접어두고 상하이 임정의 「임시헌법」을 받들어 임시대통령직을 수행했던 것이다.

이 과정에서 이승만은 상하이 임정의 「임시헌법」이 지닌 문제점을 간파하게 되었다. 이승만은 1921년 1월 18일 필라델피아에 있는 서재필에게 보낸 편지에서 그 문제점을 아래와 같이 지적했다.

> 그동안 본인이 [상하이에서] 관찰하고 깨달은 바를 아뢰니다. 첫째, 입법부에 관련해, 입법권은 단원제 [임시] 의정원議政院이 갖고 있습니다. [그런데] 사람들은 이 기구를 신뢰하지 않으며 시베리아에 있는 지도자들은 [아예] 그것을 개조하라고 요구하고 있습니다. 그렇지만 본인은 '소위 헌법'에 따라 2월 28일에 의정원 소집 명령을 내렸습니다.
>
> 둘째, 행정부에 관련해, 행정권은 국무회의를 주재하는 국무총리에게 부여되어 있기 때문에 [임시] 대통령은 국무회의에 참석할 수 없습니다. 의정원에서 통과된 법률안은 모두 국무회의를 거친 다음에 대통령에게 제출되어 재가를 받게 되어 있습니다. 이 점에서 국무회의는 [미국] 의회의 상원上院과 같습니다.[19]

이 편지를 음미해보면 '임시대통령' 이승만은 상하이 임정의 「임시헌법」을 '소위 헌법'이라고 비꼬아 부르면서 그 헌법이 임시대통령에게 국무회의 주재권主宰權을 주지 않아 임정의 행정권이 국무회의의 주재자인 국무총리에게 집중된 사실에 불만을 표시하고 있다. 즉, 이승만은 상하이 임정에서 자기가 '뒷방 영감' 노릇을 하게 된 사실을 개탄하고 있었던 것이다. 아마도 이때의 '쓰라린' 경험 때문에 이승만은 1948년 제헌헌법을 제정할 당시 대통령이 국무회의 주재권을 포함한 강력한 권한을 가져야 한다고 생각했을 가능성이 높다.

앞서 살펴본 대로, 이승만은 1925년 3월 상하이 임정에서 탄핵을 받아 임시대통령직에서 면직되었다. 따라서 이승만은 1925년 이후 한동안 헌법 제정 문제에 깊은 관심을 기울이지 않았다. 그러나 1941년 12월 '진주만 사건'을 계기로 태평양전쟁이 발발하자 이승만은 머지않아 일제가 패망할 것을 예상하고 새로 건국할 신대한의 헌법을 기안起案할 전문가를 물색하기 시작했다.

이승만의 일기를 보면, 1944년 4월 이승만은 프린스턴대학교 정치학과의 슬라이John F. Sly 교수를 만나 전후戰後 한국에서 치러질 총선거에 필요한 선거법과 헌법을 기초해줄 것을 의뢰했다.[20] 슬라이 교수는 1936년에 하버드대학교에서 정치학 박사학위를 취득하고 1940년부터 1961년까지 프린스턴대학교 정치학과에서 '미국 정부론'을 강의했던 정치학자였다. 그는 프린스턴대학교에 봉직하는 동안 미국 웨스트버지니아 주와 뉴저지 주의 주지사 법률 고문으로 활약한 바 있으며, 또 라이베리아공화국 몬로비아 자유항Free Port of Monrovia의 조세제도를 연구한 공로로 라이베리아 정부로부터 '아프리카의 별Star of Africa'이라는 훈장을 받은 바 있다.[21]

그러니까 이승만은 조국이 해방되기 1년 4개월 전에 모교의 저명한 정치학 교수에게 신대한의 헌법 기초 작업을 맡기려 했던 것이다. 슬라이 교수가 1944년에 이승만의 요청에 어떻게 응답했는지는 알 수 없다. 그러나 확실한 것은 (유진오에 의하면) 이승만은 해방 후 "한국에는 헌법을 기초할 사람이 없을 성 싶어서" 슬라이 교수에게 "이다음 자기가 부탁하거든 한국을 위해 헌법을 기초해달라"고 부탁하고 귀국길에 올랐다.[22]

이상에서 우리는 이승만이 3·1운동 이후 해외 한민족 독립운동의 최고 지도자로 부상하면서 미국식 대통령제를 모방한 국가 건설을 목표로 삼고 그에 필요한 헌법 제정 노력을 꾸준히 해왔음을 확인할 수 있다.

2. 해방 뒤 이승만의 헌법 제정 준비

1945년 10월 서울에 돌아온 이승만은 신대한 건국을 서두르면서 헌법 제정을 위해 두 갈래의 준비작업에 착수했다.

첫째, 1945년 12월에 환국한 충칭 임정의 내무부장 신익희를 1946년 6월 '독촉국민회'의 부위원장으로 임명하고 신익희에게 헌법 기초 작업 준비를 해달라고 부탁했다.[23] 일본의 와세다대학교 정경학부 정치경제학과를 졸업하고(1917) 서울의 보성법률상업학교에서 잠시(1918) 비교헌법을 가르친 경력이 있는 신익희는 1919년 9월 상하이 통합 임정에서 이승만의 '대통령' 칭호 사용을 합법화하고자 제정했던 「임시헌법」의 기초자였다.[24] 신익희는 해방 후인 1945년 12월 17일 서울에 도착한 직후 일제의 고등문관시험에 합격해, 국내에서 활약했던 고급 관료와 율사들을 규합해 행정연구회行政硏究會를 조직하고 그 회를 중심으로 헌법 제정을 준비하던 차에 이승만으로부터 이와 같은 청탁을 받고 헌법 기초 작업에 열을 올리게 된 것이다.[25]

둘째, 이승만은 1948년 5월의 총선거를 앞두고 슬라이 교수 대신에 자기의 옛 동지인 재미 한국인 정치학자 정한경鄭翰景 박사를 서울로 불러 그를 제헌국회의 헌법 제정 작업에 관여시켰다. 1921년에 미국 아메리칸 대학교에서 정치학 박사학위를 취득한 정한경[26]은 1948년 2월 미 육군 문관 자격으로 서울에 도착해 5월 10일 총선거를 참관한 다음 미 군정의 내락을 받아 5월 31일부터 제헌국회의 헌법 제정 작업에 관여했다.[27] 정한경의 회고담에 따르면, 그는 제헌국회의 헌법 제정 과정에서 내각중심제를 택할 것이냐 대통령중심제를 택할 것이냐를 놓고 의견이 갈렸을 때 자기는 "신생국의 경우 효율성과 안정을 위해 권력과 책임을 행정부에 집중시키는 것이 필수다"라는 주장을 강력하게 피력함으로써 제헌국회에서 대

통령중심제 헌법을 채택하는 데 크게 공헌했다고 한다.[28]

다른 한편 이승만은 1946년 2월 초 서울중앙방송을 통해 「모범적 독립국을 건설하자, 과도정부 당면 정책 33항」이라는 제목으로 신대한 건국에 관련된 '대정방침大政方針'[29]을 발표했다. 그 뒤 2월 25일에는 민주의원의 의장으로 선임되었다. 그런데 이승만이 의장직을 맡은 민주의원에서는 3월 19일 「임시정책 대강」을 의결, 공포했다.[30] 「임시정책 대강」은 이승만이 서울중앙방송에서 발표했던 「과도정부 당면 정책 33항」을 축약한 것으로서 이승만의 미국인 전기 작가 올리버 박사의 기술에 따르면 이는 '1948년 헌법의 기초가 된' 중요한 자료였다.[31] 그 주요 내용을 소개하면 아래와 같다.

1. 전 국민의 완전한 정치적, 경제적, 교육적 평등의 원칙을 기초로 한 독립국가와 평등사회를 건설함.
2. 정식 정부는 가급적 속히 보선普選제도에 의한 국민의회를 통해 건립하고 보선에는 남녀 만 20세 이상 된 자는 선거권이 있고, 만 25세 이상 된 자는 피선거권이 있음.
3. 진정한 민주적 헌법을 제정해 언론, 집회, 신교信敎, 출판, 정치운동 등의 자유를 보장함.
4. 일본이 한국에 실시하던 법률과 제도는 일체 폐기함.
5. 적산敵産, 반역자의 재산은 공사유公私有를 물론하고 몰수함.
6. 최속한도最速限度 내에 우리의 경제와 산업을 재건하고 중요한 일용품을 속히 생산하기 위해 계획경제를 실행함.
7. 주요한 중공업, 광산, 삼림, 공익시설, 은행, 철도, 통신, 수리, 어업, 전기 급 운수기관 등은 이를 국영國營으로 함.
8. 소비자와 판매자와 생산자에 대한 공정한 복리를 보장하기 위해 모든 상업

적 급 산업적 기업의 국가감독제도를 제정함.

9. 모든 몰수 토지는 농민의 경작 능력에 의준依準해 재분배함.
10. 대지주의 토지도 동일한 원칙에서 재분배함. (현 소유권자에겐 적당히 보상).
11. 재분배된 토지에 관한 대가는 국가에 장기적으로 분납함.
12. 사영 전당포와 고리대금을 금함.
13. 건전한 통화제도의 확립.
14. 모든 중요한 생활필수품은 적당한 시기까지 일체 가격을 통제하고 배급제도를 실시함.
15. 징세제도를 제정해 빈한한 노동자와 농민에게는 완전히 면세케 하며 영세농지에 대한 과중한 과세를 철폐함.
16. 상속세 제도를 고도의 누진율로 정함.
17. 국가의 부담으로 의무교육제도를 실시함.
18. 국가의 부담으로 민족문화를 발양시킴.
19. 모든 노동자와 고용인을 위해 실업보험과 사회보장제도를 제정함.
20. 최저임금법을 제정함.
21. 의약의 국가 통제를 실시하고 모든 노동자와 농민과 고용인의 복리를 위해 적당한 공공후생시설을 설치함.
22. 14세 미만 소아의 고용을 금함.
23. 모든 부녀와 16세 미만 소아에게는 6시간, 장정 노동자에게는 8시간 노동제도를 확립함.
24. 임산부에 대한 의료상 원조와 사회적 보조를 시施함.
25. 자유를 애호하는 모든 나라들과 우호관계를 긴밀히 하며 또 상호 간의 통상을 평등 호혜 원칙 하에서 여행하되 어떠한 나라에게든지 특권을 주지 않음.
26. 어느 일개국이나 기개국幾個國으로써 우리 주권을 침해하지 못하도록 방비할 것.

27. 적당한 육·해군으로 국방군을 설치함.[32]

이 문건은 대한민국 건국을 2년 앞둔 시점에 이승만이 품은 신대한의 정책 방안을 요약한 것으로서 그 당시 이승만의 헌법 구상을 이해하는 데 관건이 된다. 그 내용을 살펴보면, 이승만은 총선거로 민주주의 정부를 수립한 다음 민주적 헌법을 제정해 언론, 집회, 종교, 출판, 정치활동의 자유를 보장함은 물론, 주요 산업의 국유화, 기업체 국가 감독제, 생필품 가격 통제, 건전한 화폐제도의 수립, 농지개혁, 사회보장제도 도입, 누진제 상속법 제정, 최저임금법 제정, 8시간 노동제 도입 등 일련의 사회주의적 경제 정책을 채택하고 나아가 의무교육제도를 도입함으로써 '정치적, 경제적, 교육적 평등의 원칙에 입각한 평등사회'를 건설할 것을 구상하고 있었음을 알 수 있다.

여기서 우리가 주목해야 할 점은 이 「임시정책 대강」에 나타난 정책안들이 대부분 1948년에 제정된 제헌헌법에 순서와 표현을 달리해 반영되었다는 사실이다.

제헌헌법에서는 '대한민국의 경제 질서는 모든 국민에게 생활의 기본적 수요를 충족할 수 있게 하는 사회정의의 실현과 균형 있는 국민 경제의 발전을 기함을 기본으로 삼는다. 각인의 경제상 자유는 이 한계 내에서 보장된다(제84조)'라는 대전제하에 '광물 기타 중요한 지하자원, 수산자원, 수력과 경제상 이용할 수 있는 자연력은 국유로 한다(제85조)', '중요한 운수, 통신, 금융, 보험, 전기, 수리, 수도, 가스 및 공공성을 가진 기업은 국영 또는 공영으로 한다…… 대외무역은 국가의 통제하에 둔다(제87조)'라고 규정하고 있으며 나아가 '농지는 농민에게 분배하며 그 분배의 방법, 소유의 한도, 소유권의 내용과 한계는 법률로써 정한다(제86조)'라고 규정했다.

그런데 이러한 사회주의적 경제 관련 조문條文들과 '모든 국민은 균등하게 교육을 받을 권리가 있다. 적어도 초등교육은 의무적이며 무상으로 한다(제16조)'는 교육 관련 조문은 모두 「임시정책 대강」에 포함된 것들이었다. 이것은 유진오의 기본 원칙 가운데 두 가지가 이미 이 「임시정책 대강」에 포함되어 있었음을 뜻한다. 이 밖에도 제헌헌법에 들어 있는 평등권 조항, 기본권 조항, 노동관계 조항, 그리고 사회보장제도 관련 조항 등도 모두 「임시정책 대강」에 포함된 내용이었다.

이상을 고려해보면 제헌헌법과 그것의 바탕이 된 유진오안은 다른 어떠한 헌법이나 정강정책보다도 바로 이 「임시정책 대강」에서 크게 영향받은 것임을 알 수 있다.[33] 이것은 이승만의 「임시정책 대강」이 유진오안과 제헌헌법의 내용 형성에 지대한 영향을 끼쳤다는 것을 뜻한다.

3. 헌법 제정 당시 이승만 의장의 역할

이승만은 1948년 5월 31일에 개원된 제헌국회에서 재적의원 198명 가운데 188명의 지지를 얻어 국회의장으로 당선되었다. 당시 이승만은 '헌법 제정이 끝나 대통령 선거를 치르게 되면 대통령으로 선출될 수 있는 단 한 명의 후보자'[34]로서 대내외적으로 정치적 위상과 명망이 드높았기 때문에 제헌국회에서 막강한 영향력을 행사할 수 있었다. 그는 국회 개회식사開會式辭에서 제헌국회가 앞으로 제정될 헌법의 윤곽과 새 정부의 정책 방향을 제시하면서 국회의원들에게 헌법 제정을 서둘러달라고 당부했다.[35]

이승만은 6월 3일부터 22일까지 제헌 작업의 제1단계로 헌법기초위원회가 헌법안을 기초하는 동안 서상일 위원장을 통해 그 작업의 진행 상황을 보고받으면서 필요한 경우 기초위원회 회의장에 자진 출석해 소견을 피력, 헌법안 작성에 직접 영향을 끼쳤다. 그다음 6월 23일부터 7월 12일까지 제2단계로 국회에서 상정된 헌법안을 심의할 때 본회의의 사회자나 평의원 자격으로 발언권을 행사, 헌법안의 수정에 한몫을 다했다. 당시 본회의 사회는 부의장 신익희와 김동원이 맡아 진행했으나 7월 5일부터는 이승만이 직접 사회를 맡았다. 이승만은 새 정부의 수립, 선포일을 8월 15일로 결정하고 그 일정에 맞추어 7월 중순이나 하순까지는 헌법 제정 작업을 끝내기 위해 본회의 진행에 박차를 가했던 것이다.

이승만은 본회의 개최 직후에 의원들에게 "지금 유엔 한국위원회가 정부 수립을 지켜보고 있는데 의원들이 헌법을 가지고 논란을 해서 정부 수립을 지연시킨다면 결과적으로 정부 수립을 방해하는 공산당에 이익을 주는 결과가 되며 헌법이 잘못됐으면 나중에라도 고칠 수 있는 것이다"[36]라고 말하면서 헌법 심의를 서둘렀다. 그리고 사회를 맡은 신익희 부의장으로 하여금 국회의원 한 사람이 대체 토론에서 발언할 시간을 5분으로 제한하고 미처 다하지 못한 말은 서면으로 제출해 속기록에 올리도록 했다. 회의 초반에 이렇게 조치했음에도 헌법안 심의가 지체되자 그는 7월 2일 본회의에서 "내가…… 듣건대 이 국회 안에 몇 구분區分이 있어서 이 헌법을 속히 통과하지 말고 이 방면 저 방면 천연遷延해서 나가기로…… 몇 분들이 조용히 약속되었다는 이야기가 나에게 들려옵니다…… 몇 분이나 몇 분들의 장난을 이 속에 와서 해 가지고 국회의 국사國事를 방해한다고 할 것 같으면 우리는 용허하지 않을 것입니다."[37]라고 경고성 발언도 했다. 이승만은 이런 식으로 국회의원들에게 압력을 가하면서 의사진행을 독촉했고 사회봉을 든 7월 6일에는 무려 30여 건의 수정안을 한꺼번에 철회하면서 그야말로 일사천리로 헌법안 심의를 진행했다.[38]

이승만은 국회의장으로서 제헌국회를 효율적으로 운영하면서 헌법기초위원회에서 유진오안에 입각해 마련한 헌법안 가운데 헌법 전문前文, 국호國號, 국회단원제, 대통령중심제 등 네 가지 핵심적 사안을 자기의 의도에 맞추어 수정함으로써 제헌헌법의 내용 형성에 결정적으로 이바지했다.

(1) 헌법 전문의 수정

이승만은 5월 31일 국회 개회식사에서 "우리는…… 먼저 헌법을 제정하고 대한 독립 민주정부를 재건설하려는 것입니다…… 이 민국民國은 기미년 3월 1일에 우리 13도 대표들이 서울에 모여서 국민대회를 열고 대한 독립 민주국임을 세계에 공포하고 임시정부를 건설해 민주주의의 기초를 세운 것입니다…… 오늘 여기에서 열리는 국회는 즉 국민대회의 계승이오, 이 국회에서 건설되는 정부는 즉 기미년에 서울에서 수립된 민국임정民國臨政의 계승이니……"[39]라고 발언함으로써 앞으로 세워질 대한민국이 1919년의 한성 임시정부를 계승한 정부라는 자기 나름의 법통 계승론을 개진했다. 그런데 헌법기초위원회가 마련한 헌법안 전문前文에는 그러한 취지의 문구가 빠져 있었다. 이 점을 아쉽게 여긴 이승만은 7월 1일 국회 본회의에서 아래와 같이 헌법안 전문에 법통 계승 관련 문구를 첨가해달라고 부탁했다.

> 전문前文 이것이 긴요한 글입니다…… 우리는 우리의 정신을 우리 헌법에 작정할 생각이 있어서 말씀하는 것입니다. 그런 까닭에 여기서 우리가 헌법 벽두劈頭의 전문에 더 써넣을 것은 "우리 대한민국은 유구한 역사와 전통에 빛나는 민족으로서 기미년 3·1혁명에 궐기해 처음으로 대한민국 정부를 세계에 선포했으므로 그 위대한 독립 정신을 계승해 자주독립의 조국 재건을 하기로 함" 이렇게 넣었으면 해서 여기 제의하는 바입니다. 무엇이라고 하든지 맨 꼭대기에 이런 의미의 문구를 넣어서 우리의 앞길이 이렇다 하는 것을 또 3·1혁명의 사실을 발표해 역사상에 남기도록 하면…… 좋겠다…… 이것이 나의 요청이며 또 부탁하는 것입니다.[40]

국회는 이승만 의장의 요청을 받아들여 특별위원회를 구성하고 전문 내용을 가다듬은 다음 7월 7일 "유구한 역사와 전통에 빛나는 우리들 대한민국은 3·1혁명의 위대한 독립정신을 계승해"로 되어 있던 전문의 서두를 "우리들 대한민국은 기미 3·1운동으로 대한민국을 건립해 세계에 선포한 위대한 독립 정신을 계승해"로 바꾸어 통과시켰다.[41] 이로써 역사의식이 남달리 강했던 이승만은 남한에 세워지는 새로운 국가가 한성 임시정부를 계승한 한반도의 중앙정부라는 사실, 즉 대한민국의 정통성을 헌법 전문에서 확인하고 넘어간 것이다.

(2) 대한민국 국호의 채택

해방 뒤 우후죽순 일어난 여러 정치 단체들은 새 나라 건국을 구상할 때 그 나라의 명칭을 어떻게 정하느냐를 놓고 의견이 분분했다. 예컨대, 신익희가 주도한 행정연구회가 1946년 3월에 작성한 헌법 초안에서는 국호를 '한국韓國'이라고 표시했고,[42] 유진오가 1948년 5월에 사법부 법전편찬위원회에 제출한 헌법 초안에는 국호를 '조선민주공화국朝鮮民主共和國'이라고 칭했다.[43] 그리고 1948년 6월에 국회 헌법기초위원회에 제출된 유진오안에는 국호가 '한국'으로 되어 있었다.[44] 이밖에 한민당과 시국대책협의회(대표 김규식, 여운형)에서는 국호를 '고려공화국高麗共和國'으로 정해 쓰고 있었다.[45]

그러나 1919년 9월 이후 한민족이 세운 임시정부를 '대한민국 임시정부'라고 불러온 이승만은 5월 31일 국회 개원식에서 '임시 의장' 자격으로 연설할 때 "대한민국 독립 민주국 제1차 회의를 열게 된 것을 우리가 하나님에게 감사해야 할 것입니다"라고 말문을 엶으로써 앞으로 건설될 새 나라의 이름을 '대한민국'으로 못 박았다. 그 뒤 6월 17일에 그는 '독촉'의 성명서를 통해 국호를 '대한민국'으로 정할 뜻을 공식적으로 밝혔다.[46]

국호 문제는 헌법기초위원회 개회 벽두부터 논란의 대상이 되었다. 6월 3일 기초위원회 회의에서는 '독촉'계 위원들의 '대한민국'안과 한민당의 '고려공화국'안 이외에 '조선공화국朝鮮共和國'안, '한국'안 등 여러 안을 놓고 논란을 벌인 끝에 표결한 결과 '대한민국'안이 17표, '고려공화국'안이 7표, '조선공화국'안이 2표, 그리고 '한국'안이 1표를 얻음으로써 '대한민국'안이 채택되었다.[47]

그 뒤 7월 1일에 열린 국회 본회의에서 국호 문제가 재론되었다. 이때 이승만 의장은 "곧 국호 문제 토론이 시작될 모양인데 국호가 잘되지 않아서 독립이 안 되는 것이 아니니 3·1운동에 의해 수립된 임시정부의 국호대로 대한민국으로 정하기로 하고 국호 개정을 위해서 토론으로 1분이라도 시간을 낭비하지 맙시다"[48]라고 '대한민국'안 이외의 안에 대한 토론을 봉쇄했다. 곧이어서 실시된 표결에서 재석 188명 중 찬성 163표, 반대 2표로 '대한민국'안이 최종적으로 채택되었다.[49] 이렇게 이승만의 영향하에 신생 공화국의 국호가 '대한민국'으로 확정되었던 것이다.

(3) 단원제 국회안 채택

새로 건설될 나라의 입법부(국회)를 단원제單院制로 구성하느냐 양원제兩院制로 구성하느냐 하는 문제는 제헌 과정에서 가장 신중하게 다뤄진 문제 중 하나였다. 유진오는 애당초 헌법을 기초할 때 양원제안을 택했다. 그는 국민이 직접 선출한 대표들로 구성되는 민의원民議院과 대표 선출 방식을 달리해서 구성되는 참의원參議院을 함께 설치함으로써 '보수적'인 참의원이 민의원의 활동을 견제토록 할 심산이었다.[50] 헌법기초위원회 위원들 간에도 이 안에 동조하는 의원들이 많았다. 따라서 6월 10일 기초위원회에서는 논란 끝에 표결한 결과 12대 10이라는 적은 표차로 양원제안이 채택되었다.[51]

이승만 의장은 하루빨리 정부를 세워야 하는 판국에 참의원 선거까지 치를 수 없으며 참의원 신설은 국가 재정에 부담이 된다는 등의 이유로 양원제에 반대하고 단원제를 주장했다. 양원제는 정부 수립 후에 도입해도 무방하다는 입장이었다.[52] 6월 7일 이승만은 기자회견에서 양원제 반대 의사를 처음으로 내비쳤다.[53] 그러나 헌법기초위원회가 6월 10일 자신의 의사를 무시하고 양원제안을 채택했다는 소식을 들은 이승만은 6월 17일에 '독촉'의 성명서로 단원제안을 지지한다는 사실을 다시 한 번 세상에 알렸다. 그러고 나서 6월 21일 기초위원회 회의실에 나타나 대통령중심제안의 채택을 주장하기에 앞서 "우리같이 가난한 형편에서 나라 비용을 늘릴 필요가 없는 것이고 또 상하 양원兩院을 선출해보아야 그 수준이 비슷한 것이기 때문에 아무런 소용이 없다" 라고 하면서 양원제 반대 의사를 재천명했다.[54] 이승만의 끈질긴 반대에 직면한 헌법기초위원회는 결국 6월 22일 오전 회의에서 양원제안을 단원제안으로 번안했다.[55]

국회 본회의에서 일부 의원들이 국회에 상정된 단원제안을 양원제안으로 다시 바꿀 움직임을 보이자 이승만 의장은 "정부를 수립한 뒤에 내일모레라도 그것을 고쳐서 권리를 보호할 수 있으니 그것을 길게 [토론]하지 말고 하루바삐 통과시켜서 정부를 조직하자" 라고 발언했다.[56] 이 발언에 이어 치러진 표결에서 재석의원 176명 중 찬성 14표, 반대 119표로 양원제안이 부결되고 단원제안이 최종적으로 채택되었다.[57] 요컨대, 제헌국회는 이승만 의장의 강력한 주장에 따라 국회 단원제안을 채택한 것이다.

(4) 대통령중심제 채택

1948년 헌법 제정 과정에서 최대의 쟁점은 권력 구조에 관한 것이었다. 정부 형태를 어떻게 결정할 것인가 라는 문제는 권력이 누구에게 넘어가느냐 하는 문제, 즉 이승만과 한민당 간의 권력투쟁에 직결될 문제일 뿐 아니라 건국 후 대한민국의 발전 방향에도 심대한 영향을 끼칠 문제였다. 제헌국회 의원들은 새로 건설되는 민주국가의 권력을 삼권분립의 원칙에 따라 입법부, 행정부, 사법부로 나누는 데에는 동의했지만 입법부(국회)와 행정부(정부) 간의 관계를 영국식 내각책임제로 할 것인지 아니면 미국식 대통령제로 할 것인지는 의견 일치를 보지 못했다.

정부 형태 논의 과정에서 유진오는 "대통령제는 미국 특유의 정치제도로서 미국은 18세기에 고립 정책을 쓸 수 있었고, 19세기까지 국내의 풍부한 예산으로 정부와 국회가 대립하지 않았기 때문에 대통령제가 가능했다"라고 전제하고 "국토 양단, 경제 파탄, 공산주의자들의 극렬한 파괴 활동 등 생사의 문제를 산더미같이 떠안고 있는 대한민국이 대통령제를 채택해 가지고 국회와 정부가 대립해 저물도록 옥신각신하고 앉아 있다면 나라를 망치기, 아니면 독재국가화 하기, 꼭 알맞은 것"이라는 이유를 앞세워 내각책임제안의 채택을 적극 주장했다.[58] 당시 남한의 유일한 보수정당으로서 정부 수립 후 이승만을 명목적인 국가원수로 받들고 행정의 실권을 스스로 차지하려던 한민당이 이 주장에 호응한 것은 물론이다. 따라서 유진오와 한민당계 기초위원들은 헌법기초위원회에서 내각책임제안을 관철하는 데 총력을 기울였다.

이에 반해 이승만은 나름대로 독자적인 판단을 내리고 있었다. 이승만은 의원내각제는 군주국에 알맞은 제도로서 독재화의 길을 터주는 비민주적 제도라고 보고 그러한 제도가 채택되면 '정당끼리 싸우느라' 국가 운영이 혼란에 빠질 것으로 인식한 반면, 대통령제야말로 민중의 의사를 가장 잘 반영하는 진정한 민주주의 제도이며 건국 초에 산적한 국정을 신속히 효과적으로 수행할 수 있는 제도라고 믿었다.[59] 결국 우여곡절 끝에 헌법기초위원회와 국회 본회의에서 이승만의 주장이 관철됨으로써 대한민국의 헌법은 미국식 대통령중심제 정부 형태를 택하게 되었다. 그렇다면 이승만은 어떻게 자기주장을 관철했을까?

이승만은 국회 소집 날짜가 공고된 직후 5월 26일에 마련된 기자회견에서 앞으로 제정될 헌법에서 규정될 정부 형태에 관해 자신의 견해를 처음으로 밝혔다. 즉, 자기는 "새로 수립되는 정부 조직에 관해서 추측이 많으나 국회에서 제정되는 헌법에 따를 생각"이라고 운을 뗀 다음 "나 개인으로는 미국식 삼권분립 제도와 대통령제를 찬성한다"[60]고 속내를 비쳤다. 그 뒤 6월 7일의 기자회견에서 기초위원회가 채택하려는 내각책임제안에 정식으로 반대 입장을 밝혔다.[61]

여하튼 이승만이 이같이 내각책임제 반대 의사를 분명히 표시했음에도 헌법기초위원회는 6월 11일 내각책임제 원안의 '내각'이라는 용어를 '국무원'으로 바꾸고, 또 대통령은 국회가 간접 선거하되 임기를 5년으로 하는 것을 골자로 하는 헌법안을 채택했다. 사태가 이렇게 진전되자 이승만은 6월 15일 기초위원회 회의에 출두해 아래와 같이 내각책임제의 부당함을 역설했다.

> 대통령을 국회에서 간접 선거하게 된다는 이유로 국무총리 책임제로 기초위원들은 결의한 모양이나 그것도 안 될 일이다. 대통령은 간접선거이건 직접선거이건 인민이 선거하는 결과가 되는 것이다. 다시 말하면 국회에서 간접선거를 한다 하더라도 의원은 역시 국민이 선출한 것이니, 인민의 신임을 받은 대표가 대통령을 선거하는 것은 곧 인민이 직접 선거로 선거하는 것이나 다름이 없는 것이다. 그러므로 대통령에게 행정 책임을 직접 지우는 것이 옳은 일이지 대통령을 왕처럼 불가침적不可侵的 존재로 한다는 것은 찬성할 수 없다.[62]

요컨대, 그는 헌법에 국무총리제와 대통령제를 함께 설정한다면 국무총리가 아니라 국민이 선출한 대통령에게 행정의 실권을 맡겨야 한다는 점을 강조했다. 이로써 그는 실권을 쥔 강력한 대통령중심제의 채택을 주장한 것이다.

그런데 이승만이 이렇게 헌법기초위원회 회의에 나타나 강력하게 대통령중심제를 옹호했음에도 불구하고 헌법기초위원회의 대다수 위원은 "인민의 직접 선거라면 몰라도 국회에서 간접선거로 선출되는 대통령에게 행정 책임까지 부여하면 그 대통령은 국회의원의 3분의 2 이상의 득표자인 만큼 전제정치專制政治를 할…… 우려가 있다"[63]라는 이유를 내세워 이승만의 주장을 받아들이지 않았다.

사태가 이렇게 꼬이자 6월 17일 이승만은 '독촉국민회' 명의로 성명을 내어 권력 구조는 '대통령책임제' 여야 한다고 다시 한 번 강조했다.[64] 그렇지만 헌법기초위원회에서는 내각책임제안을 번안할 기미를 보이지 않았다. 6월 20일 이화장梨花莊을 방문한 서상일 위원장은 이런 사실을 이승만에게 보고했다. 보고를 받은 이승만은 그날 밤 '한잠도 못 잘 정도로' 심각하게 고민한 끝에[65] 드디어 다음 날인 21일 오후에 신익희 부의장을 대동하고 두 번째로 기초위원회 전체회의에 나타났다. 이 자리에서 약 30분간에 걸쳐 지난번보다 훨씬 더 격한 어조로 내각책임제안에 반대하는 연설을 했다.

이승만은 "오늘날과 같은 혼란한 정치 정세 속에서 내각책임제를 하면 권력의 안정이 안 될 것이며 아무도 대통령이라는 자리를 맡기 어려울 것"이라고 말한 다음, "우리가 국권을 찾기 위해 40년 동안 싸워온 것은 백성에게 권리를 주자는 것이며 정당에 권리를 주어서는 정당끼리 싸우느라 나라 경영은 하기 어렵다. 만일 이 초안이 국회에서 그대로 헌법으로 채택된다면 나는 그러한 헌법 아래에서는 어떠한 지위에도 임하지 않고 민간에 남아 국민운동이나 하겠다"라고 선언하고 뒤도 안 돌아본 채 퇴장해버렸다.[66]

이승만이 두 번째로 헌법기초위원회 회의실에 나타나 '폭탄선언'을 하자 이에 당황한 기초위원 허정許政, 김준연金俊淵과 전문위원 유진오, 권승렬權承烈, 윤길중尹吉重 등이 황급히 이화장을 방문해 그의 마음을 돌이켜 보려고 했다. 이승만의 오랜 동지인 허정은 그동안 기초위원회에서 내각책임제와 대통령중심제의 장단점을 충분히 검토한 끝에 내린 결론인 만큼 원안을 승인해달라고 이승만에게 간청했다. 그러나 이승만은 "이 사람아, 내가 그걸 모르는 게 아니야. 그러나 대통령이 뒷방 영감이 되어서는 안 된다는 것뿐이야!" 라고 한마디로 면박을 주었다.[67] 그러고는 김준연을 향해서는 "우리 역사를 보면 고려 고종 때 무관들이 정방政房이란 것을 만들어 임금을 한낱 허수아비로 만들어놓고 최씨崔氏 일파가 마음대로 조정을 좌지우지했다. 그런 정방정치의 말로가 어떠했는가. 어쨌든지 임금은 임금으로서 실권을 행사해야 하고 대통령은 대통령으로서의 실권을 가져야 한다"[68]라고 일갈했다.

설득에 실패한 한민당 소속 기초위원 14명과 당 간부들은 그날 밤 계동桂洞에 있는 김성수 댁 사랑방에 모여 구수회의鳩首會議를 했다. 이 모임의 목적은 '가장 유력한 대통령 후보' 인 이승만의 뜻에 맞추어 헌법안을 대통령중심제로 번안하는 것이었다. 이 자리에서 김준연이 "지금 초안을 보아하니 대통령책임제로 고치는 것이 그다지 어려운 일이 아니요, 몇 군데 관계되는 조문만 삭제하고 앞뒤가 맞게 글귀를 고치면 됩니다" 라고 발언했다. 이 말에 고무된 김성수가 그렇게 해달라고 부탁하자 김준연은 그 자리에서 '연필 한 자루로 대한민국의 권력 구조를 쉽사리 고쳐' 버렸다.[69]

김성수는 곧 유진오를 불러 김준연이 고친 초안을 보여주며 의견을 물었다. 유진오는 "내각책임제를 바탕으로 해서 기초한 헌법을 대통령제로 바꾸는 일이 그렇게 간단하지 않음" 을 설명하고 만약 적당히 몇 조문만을 '북북 그어버리는 식으로' 헌법안을 고치면 '이것도 저것도 아닌 비빔밥 헌법' 이 되고 말 것이라고 지적했다. 그렇지만 유진오는 막상 김준연이 스스로 고친 초안을 자기에게 내보이면서 "앞뒤 연락連絡은 되지요?" 라고 다그쳐 묻자 "네 연락은 됩니다" 라고 대답하고 그 자리를 떴다.[70] 유진오의 답은 그 자리에 모인 사람들에게 수정된 초안이 헌법으로서 체면이 설 수 있다는 뜻으로 받아들여졌고 이에 따라 새로운 수정안이 성급히 다듬어졌다.[71]

그 다음 날인 22일 오전 10시에 헌법기초위원회의 마지막 회의가 소집되었다. 이 회의에서 위원들은 우선 양원제안을 단원제안으로 고치는 사안을 처리한 다음 내각책임제 번안 문제를 논의했다. 대통령책임제로의 번안 안건은 무소속 조봉암曺奉岩 의원의 반대가 심했기 때문에 토론이 오후까지 이어졌다. 그렇지만 드디어 김준연, 조헌영, 정도영鄭島榮 등 한민당 의원들의 번안 동의가 22대 1이라는 절대다수로 통과되었다. 번안의 이유는 "의원 다수의 동향과 기초위원회의 [다수]의견을 무시할 수 없으므로 이승만 의장의 주장을 용인하는 의미에서" 고친다는 것이었다. 이 회의는 이승만과 신익희가 국회의장과 부의장 자격으로 시종 방청했다.[72]

헌법의 권력 구조 조항은 워낙 중요한 사안인 데다 이승만의 고집으로 말미암아 헌법기초위원회가 애당초 마련했던 내각책임제안이 갑자기 바뀌었다는 소문이 퍼졌기 때문에 의원들은 국회 본회의에 상정된 대통령중심제안에 비상한 관심을 나타내었다. 6월 23일부터 30일까지 진행된 다섯 차례의 제1독회 과정에서 무소속 이문원, 조봉암과 조선공화당 김약수金若水, 조선민족청년단 강욱중姜旭中, 대동청년단 원장길元長吉 의원 등이 강력하게 대통령중심제 반대 논리를 전개했다. 대통령제는 권력을 개인에 집중해 히틀러, 무솔리니와 같은 독재자를 배출할 수 있다느니, 대통령을 탄핵하기가 쉬운 내각책임제로 바꾸는 것이 마땅하다는 식의 일반적 주장들과 함께, "남미에서 정변이 잦은 것은 대통령제 때문"(김약수)이라느니 "행정부 우위의 미국식 대통령제보다는 행정 책임은 내각이 지는 프랑스식 대통령제가 우리나라 실정에 알맞다"(조봉암)라는 식의 매우 전문적인 지적도 있었다.[73] 이들의 발언 목적은 국회에 제출된 대통령중심제 헌법안을 수정하는 것이었다.

이러한 반대론에 맞서서 대통령중심제를 옹호하는 의원들도 많았다. 대체 토론에서 대통령제를 옹호한 의원들의 수는 내각책임제를 지지하는 의원들의 수를 26대 17의 비율로 웃돌았다.[74] 그들의 주장을 살펴보면 무소속 곽상훈郭尙勳 의원은 대통령중심제가 "완전 자주독립국가를 전취하는 데 가장 빠른 길"이라고 옹호했고, 독촉국민회의 이원홍李源弘과 무소속 최봉식崔奉植 등은 "국가 건설 초기에 위대한 인물이 책임지는 강력한 정치가 필요하다"고 주장했다. 한편 무소속 이항발李恒發 의원은 "8·15 이후 심화된 당파 간의 파쟁을 극복하기 위해서 필요하다"는 주장을 폈다. 독촉의 진헌식陳憲植 의원은 "대통령제는 곧 독재를 초래한다는 오해가 있는 듯하나 헌법에 의하야 국민의 기본권을 보장하며 입법기관이 엄존한 이상 대통령은 여하한 의미와 여하한 형태에서도 군주주의에서와 같은 전제 또는 독재를 할 수 없을 것이니 그는 미국의 실례가 입증하는 바이다"[75] 라고 주장했다. 여하튼 국회 본회의의 대체 토론에서 대통령중심제를 지지하는 의원들의 세에 밀려 내각책임제로의 수정은 성사되지 못했다.[76]

이같이 권력 구조에 관련된 헌법 조항이 대통령중심제로 낙착되자 내각책임제를 주창해온 유진오는 7월 6일 오전 국회 본회의에서 헌법안 가운데 "국무총리와 국무위원은 대통령이 임명한다"라는 조문 제68조를 "국무총리는 대통령이 임명하고 국회의 승인을 받아야 한다; 국무위원은…… 국무총리의 제청提請으로 대통령이 임명한다"로 바꾼 수정안을 통과시키려 했다.[77] 이렇게 함으로써 유진오는 국회의 권한을 증대시키고 국무총리의 권위를 향상해 실제 운영에서 헌법을 내각책임제처럼 활용할 수 있을 것으로 생각했던 것이다. 그러나 유진오의 수정 시도는 그날 오후 그가

'초밥 먹는 사이에' 속개된 회의에서 국무총리 임명안의 국회 승인 조항(제68조 제1항)은 수정안대로 통과되었지만, 국무위원 임명에 관한 국무총리 제청권(제2항)은 부결되었기 때문에 좌절되고 말았다. 결과적으로 대통령은 국무총리의 제청 없이 국무위원을 마음대로 임명할 수 있게 되었다. 유진오는 "이 결정으로 대한민국 헌법은 결정적으로 대통령제로 넘어가고 대통령의 전제독재專制獨裁의 길은 환하게 뚫린 것이었다"[78]라고 단언했다.

이상과 같은 우여곡절을 거쳐 대통령중심제를 특징으로 하는 헌법안이 7월 12일 드디어 재석의원 163명 전원의 '만장일치'로 가결되었다.[79] 그 뒤 7월 17일 국회의사당에서 개최된 대한민국 헌법 공포식에서 이승만 의장은 "지금부터는 우리 전 민족이 고대전제古代專制나 압제정체壓制政體를 다 타파하고 평등, 자유의 공화 복리를 누릴 것을 이 헌법이 담보하는 것이니……"[80]라고 선언함으로써 자기에게 부과된 역사적 임무를 완수했다.

맺음말

1948년 제헌헌법의 탄생 과정에서 국회의장 이승만의 역할은 그간 주목받지 못했다. 그러나 앞서 살펴본 대로 이승만은 제헌헌법의 탄생에 지대한 영향을 끼쳤다.

우선 이승만은 일찍이 청년기부터 헌법의 중요성을 꿰뚫어 알고 있던 지식인이었다. 또한 3·1운동을 계기로 상하이와 서울 등지에서 수립된 임시정부의 수반으로 추대된 뒤로는 신대한의 헌법 제정에 관심을 기울였다. 이승만은 1919년 4월 필라델피아 대한인총대표회의를 소집, 개최하고 그 회의에서 「한국인의 목표와 열망」이라는 일종의 헌법대강을 채택하는 데 일익을 담당했으며, 이어서 1919년 8월 김규식과 공동명의로 「대한공화국 헌법종지」를 기안한 경력이 있었다. 나아가 이승만은 1919년 9월 상하이 임정의 임시대통령직을 수임하고 상하이 임정이 제정한 「대한민국 임시정부 임시헌법」에 따라 1925년까지 임시대통령직을 수행한 경력이 있었다.

이런 경력을 바탕으로 이승만은 1945년 해방을 전후해 새로운 국가 건설을 목표하고 여러 방법을 동원해 헌법 제정을 준비했다. 그는 1944년 4월 미국 프린스턴대학교 정치학과의 슬라이 교수에게 한국 헌법의 기안을 의뢰한 바 있고, 해방 후 1946년 6월에는 일찍이 「대한민국 임시헌법」을 기초했던 신익희로 하여금 행정연구회를 중심으로 헌법 제정을 준비시켰다. 나아가 1948년 2월경 총선거를 앞두고 재미 정치학자 정한경을 서울로 불러 헌법 제정의 자문을 구했다. 또한 1948년 3월 신익희를 통해 유진오 교수에게 헌법안 기초를 의뢰했다.

제헌국회 의장이 된 이승만은 누구보다 헌법 제정의 중요성을 인식하고 있었으며 헌법 제정 과정에 적극 관여했다. 이승만은 국회의 개회식과 헌법 공포식 등 주요 행사를 차질없이 진행하고 제헌국회의 헌법 제정 작업을 효율적으로 총괄함으로써 제헌국회가 맡은 바 사명을 완수하는 데 크게 이바지했다. 특히 국회 본회의의 사회자로서 헌법안 심의를 될 수 있는 대로 신속하게 끝내도록 독촉한 결과 예정된 일정에 맞추어 7월 12일까지 헌법 제정 작업을 완료하고 7월 17일을 기해 '대한민국 헌법'을 공포할 수 있었다.

이승만은 이 과정에서 헌법기초위원회에 직접 압력을 가하거나 국회 본회의에서 발언권을 행사하면서 헌법의 내용 형성에 심대한 영향을 끼쳤다. 예컨대, 제헌헌법의 전문에 신생 대한민국이 대한임시정부의 법통을 계승한다는 취지의 문구를 삽입하고, 대한민국의 국호를 확정하는 데 큰 영향력을 행사했다. 나아가 헌법기초위원회에서 마련한 헌법 초안의 양원제안과 내각책임제안을 단원제안과 대통령중심제안으로 각각 바꾸도록 압력을 가함으로써 헌법의 권력 구조 관련 조항 설정에 결정적인 영향을 끼쳤다.

이승만은 1946년 3월에 자기가 의장이었던 민주의원을 통해 평등권, 기본권, 참정권 등 '정치적 민주주의'에 직결된 국민의 권리 조항, 의무교육제도, 농지개혁, 그리고 중요 기업의 국영화 등 '경제적 민주주의' 실현에 필요한 정책안 등이 포함된 「임시정책 대강」을 공포함으로써 제헌헌법에 이러한 정책안이 반영될 수 있는 기초를 조성했다.

이승만은 3·1운동 이후 한민족이 수립할 새로운 국가의 형태는 미국식 대통령중심제여야 한다는 평소의 신념에 따라 헌법기초위원회에서 처음에 채택한 내각책임제안을 강압적으로 번복시키고 대통령중심제안을 채택하게 만들었다. 이렇게 헌법기초위원회에서 채택된 대통령중심제안은 국회 본회의에서 그 안을 지지하는 의원들이 우세했기 때문에 무난히 통과되었다. 이로써 이승만 의장의 초지가 관철되었다. 학계 일각에서는 이승만이 원래 '대통령병 환자'였기 때문에 자기의 권력욕을 충족시키기 위해 헌법 제정 과정에서 중론을 무시하고 대통령중심제를 무리하게 채택하게 했다고 비난한다. 그러나 이승만은 1904년부터 미국식 대통령중심제를 '세상에서 가장 선미한 제도'라고 찬양했던 인물로서 3·1운동이 일어난 1919년 뒤에도 여러 번 대통령중심제 헌법을 고안했다.

또한 대통령중심제는 1919년 필라델피아에서 개최된 대한인총대표회의에 참가했던 약 150명의 애국지사와 1948년 제헌국회 의원들 대다수가 선호했던 사안임을 고려할 때, 이승만 의장이 '대통령병 환자'였기 때문에 그렇게 추진했다고 주장하는 것은 맞지 않는다. 결국, 이승만 제헌국회 의장은 1948년 대한민국 헌법의 탄생에 누구보다도 더 크게 기여했다고 말할 수 있다.

제5장 이승만 대통령과 한미상호방위조약

—한미동맹 성립의 역사적 의의—

한반도는 그 지정학적 특수성 때문에 예로부터 강성한 주변 민족들의 부단한 침략의 표적이었다. 개국 이래 조선은 북으로 명明과 청淸에 사대事大의 예를 다하고 남으로 일본에 교린交隣을 표방했다. 그러면서 임진왜란(1592~1598)과 병자호란(1636~1637)을 겪고 난 뒤로 근 250년간 화평을 누릴 수 있었다. 그러나 아편전쟁(1838~1842) 후 청이 내우외환에 시달리는 틈을 타 러시아가 1860년 극동의 연해주까지 진출해 조선과 이웃이 되고, 메이지유신을 거친 일본이 서구 열강의 포함외교gunboat diplomacy를 본떠 1876년에 조선에 불평등조약(강화도조약)을 강요한 뒤로는 미국이 접근해 1882년에 조선과 수호통상조약을 체결함으로써 조선은 청의 독점적 영향력에서 벗어나 열강 간의 '음모의 대양大洋에 걷잡을 수 없이 표류하는 나라'가 되고 말았다.[1]

그 결과 한반도는 청·일·러 3국 간의 세력 각축장으로 변해 청일전쟁(1894~1895)과 러일전쟁(1904~1905)의 전장戰場이 되는 등 영일寧日이 없게 되었다. 열강 간의 각축은 1905년 대한제국이 일제의 보호국으로 전락하면서 일단 수그러져 1941년까지 식민지 조선에서는 외형상 평화가 유지되었다. 그러나 1941년에 태평양전쟁이 벌어지자 조선은 다시 전쟁에 휘말려 1945년 해방을 맞을 때까지 무고한 수난을 당했다.

해방 뒤엔 1948년 38선을 경계로 남과 북에 이질적인 정부가 수립됨으로써 또다시 전운이 감돌더니 급기야 1950년 6·25전쟁이라는 전대미문의 재앙이 한반도를 덮쳤다. 6·25전쟁은 청일전쟁 이후 55년 만에 한반도를 강타한 세계적 전쟁이었다. 이로써 1894년부터 1950년까지 한반도는 평균 14년에 한 번씩 전쟁의 화마火魔가 할퀴고 지나간 셈이었다.

1953년 휴전으로 6·25전쟁이 종식된 뒤로는 한반도의 사정은 크게 달라졌다. 남북한이 군사 대결을 멈추지 않은 가운데 이 땅에는 반세기 이상 '긴장된 평화'가 유지되고 있다. 한반도에 이같이 긴 평화가 깃들 수 있었던 것은 무엇보다도 1953년 10월 1일에 체결된 '대한민국과 미합중국 간의 상호방위조약The Mutual Defense Treaty between the Republic of Korea and the United States'(약칭 상호방위조약) 덕분임을 부인할 수 없다. '상호방위조약'으로 상징되는 한미동맹은 이 땅에 지속적인 평화를 보장해주었을 뿐만 아니라 1950년대 이후 남한의 비약적 발전에 이바지했다. 그중 가장 두드러진 점은 1960~1970년대 세계 역사상 유례없이 빠른 속도로 진행된 경제발전, 즉 '한강의 기적'에 끼친 영향이다. 한미동맹은 경제발전 이외에도 정치·외교·군사·사회·문화 등 다른 여러 면에서 남한의 '번영'에 큰 도움을 주었다. 이렇게 따져볼 때 1953년에 성립된 한미동맹이야말로 조선이 근대적 세계질서에 편입된 1876년 이후 130여 년간의 현대사에서 가장 주목할 만한 사건의 하나로 손꼽을 수 있다.

한미동맹은 수정주의revisionism의 시각이나 '통일 지향의 민족사적 관점'에서 볼 때 부정적으로 평가될 수 있다. 그러나 필자는 이 동맹 관계를 제2차 세계대전 이후 1990년대까지 지속된 냉전冷戰 상황에서 대한민국의 존속과 발전에 순기능을 발휘했던 외교적 기제機制였다고 파악한다. 그런데 이 동맹은 미국이 제국주의적 동기로 남한에 강요한 것이 아니라 오히려 남한 측에서 미국에 집요하게 요구해 성립되었다는 점에 그 특징이 있다. 이런 점에서 한미상호방위조약은 구한말 조선과 대한제국이 일본이나 서구 열강과 체결했던 일련의 불평등 조약과 구별된다.

우리가 주목해야 할 또 다른 대목은 이 조약의 협상을 주도했던 이승만 대통령이 19세기 말에서 20세기 초, 조선과 대한제국의 위정자들이 추구했던 연미聯美 정책의 전통을 이어받아 이 조약을 체결했다는 사실이다. 따라서 여기에선 구한말 조선의 위정자들이 내세웠던 연미 정책이 어떤 성격이었으며 그 전통을 이은 이승만 대통령은 왜 그토록 집요하게 미국을 설득해 상호방위조약을 체결했는지, 그리고 그 조약의 역사적 의의는 무엇인지를 개략적으로 살펴보고자 한다.

1. 구한말 조선의 연미 정책과 개화파의 세계정세 인식

조선의 위정자들은 아편전쟁 이후 베이징을 드나든 연행사燕行使를 통해 미국을 포함한 서양 여러 나라의 정보를 접할 수 있었다. 연행사가 갖고 온 자료 가운데 중국인 위원魏源이 저술한 『해국도지海國圖志』(1844)와 서계여徐繼畬의 『영환지략瀛環志略』(1848) 등 서양 인문지리서와 최한기崔漢綺가 이들을 참고해 편술한 『지구전요地毬典要』(1857)는 미국의 지리, 역사, 문물, 제도 등을 긍정적으로 서술하고 있었다. 따라서 이 책들은 조선의 일부 식자들에게 호의적인 미국관을 심어주었다. 1860년 이후 중국을 두 차례 드나들면서 청국 조정의 고관들과 교류한 조선의 대표적 개명 관료 박규수朴珪壽는 미국을 '지구 여러 나라 중에서 가장 공평해 분쟁을 잘

조정할 뿐 아니라 부富가 육대주六大洲에서 으뜸이어서 영토 확장의 야심이 없는 나라'라고 인식하고 있었다.[2]

그러나 흥선대원군이 집권했던 1864년에서 1873년 사이에 발생한 서양인들과의 연쇄적인 충돌 사건, 즉 제너럴셔먼*General Sherman*호 사건(1866), 병인양요(1866), 남연군南延君묘 도굴 미수 사건(1868)과 신미양요(1871) 등으로 조선 조야의 호의적 미국관은 부정적이고 비판적인 쪽으로 바뀌었다. 대원군 치하의 보수 인사들은 대체로 미국을 '해랑적海浪賊'이나 '견양犬羊'의 나라로 인식했다. 신미양요 직후 대원군이 서울과 전국 40여 개 도시의 중앙에 세우도록 한 척화비斥和碑의 구절, 즉 "양이洋夷가 침범했을 때 싸우지 않으면 강화하는 것이며, 강화를 주장하는 것은 매국賣國이다"는 이 무렵 대원군과 보수 집권층의 부정적인 대미 인식을 잘 반영한다.

대원군 집권기에 팽배했던 반미 정서는 1873년 고종이 친정親政을 시작하면서 서서히 바뀌다가 1880년에 호의적인 쪽으로 반전했다. 이 같은 대미 인식 변화엔 도쿄 주재 청국공사관의 참찬관參贊官 황준헌黃遵憲이 조선 위정자들을 계몽할 목적으로 쓴 『조선책략朝鮮策略』이 결정적인 영향을 끼쳤다. 황준헌은 이 책자에서 조선이 러시아의 임박한 침략을 막기 위해서 모름지기 '친중국親中國, 결일본結日本, 연미국聯美國하여 자강自强을 도모할 것'을 권고했다. 황준헌이 제시한 책략 가운데 조선 위정자들을 가장 놀라게 한 대목은 미국이라는 나라와 손잡으라는 이른바 연미론聯美論이었다. 황준헌은 연미를 강조하면서 미국을 '예의로써 나라를 세워 남의 토지를 탐내지 않고, 남의 인민을 탐내지 않으며, 굳이 남의 정사政事에 관여하지 않는 나라', '민주와 공화로써 정치하기 때문에 남이 가지고 있는 것을 탐내지 않는 나라', '땅이 동서양 사이에 뻗쳐 있기에 늘 약소한 자를 돕고 공의를 유지하는 나라'라고 극구 칭찬했다. 이러한 호의적 묘사와 연미론에 매료된 고종과 그를 둘러싼 중신들은 1880년 10월 조선 왕국이 오랫동안 유지해왔던 척사斥邪와 쇄국鎖國 정책을 버리고 미국과 수교해 연미하기로 결정했다.[3] 이 결정은 조선 외교사에서 대서특필할 만한 일이었다.

조선 위정자들이 미국과 수교하는 문제에 이같이 획기적인 결단을 내릴 무렵 전국의 유생들은 위정척사운동을 벌이면서 조정이 추진하려는 대미 수교를 저지하려 했다. 그러자 고종은 국내에서는 미국과의 조약 협상을 벌일 수 없다고 판단, 그 협상을 청의 북양대신北洋大臣 이홍장李鴻章에게 위임했다. 그 결과 조미조약 체결 협상은 천진天津에서 이홍장과 미국의 전권대표 로버트 슈펠트Robert W. Shufeldt 제독 간에 이뤄졌다. 슈펠트는 이렇게 마련된 조약안을 들고 방한해, 1882년 5월 인천 화도진에서 조선 대표를 만나 조선이 요구하는 수정 사항을 일부 수용한 끝에 서명함으로써 역사적인 '조미수호통상조약朝美修好通商條約Treaty of Amity and Commerce between Corea and the United States'이 맺어졌다.[4]

조미조약에서 가장 돋보이는 점은 제1조에 명시된 아래와 같은 '거중조정居中調停(good offices)' 조항이었다.

> 미합중국 대통령과 조선 국왕, 그리고 양국 정부의 공민公民과 신민臣民 간에 영구한 평화와 우호가 있을 것을 기약하고, 만일 별국別國이 한 정부에 부당하게 또는 억압적으로 행동할 때에는 다른 정부는 그 사건의 통지를 받는 대로 원만한 타결을 가져오도록 주선周旋을 다함으로써 그 우의友誼를 표해야 한다.[5]

고종과 조선의 위정자들은 이 조항을 장차 조선이 외세의 억압이나 침략을 받게 되면 미국이 외교력과 군사력을 동원해 조선을 도와준다는 뜻으로 확대 해석했다. 더구나 고종은 새로 맺은 미국과의 유대를 러시아뿐 아니라 청과 일본 등 잠재적 침략자의 위협으로부터 조선의 안보와 독립을 보장받는 방패로 이용할 속셈이었다. 나아가 '문명 부강'한 '공의公義의 나라' 미국으로부터 인적, 물적 지원을 받아 조선의 개화開化와 자강自强, 즉 근대화를 추진하려 했다. 따라서 조미조약의 비준에 따라 1883년 5월 특명전권공사 루셔스 푸트Lucius H. Foote가 서울에 도착하던 날 고종은 "기뻐서 [덩실덩실] 춤을 추었다"[6]고 한다.

그 뒤 고종은 미국과 돈독한 관계를 유지하기 위해 미국과 미국인을 파격적으로 우대했다. 첫째, 고종은 푸트 공사의 도임 직후인 1883년 7월, 민영익閔泳翊, 홍영식洪英植, 서광범徐光範 등 여덟 명으로 구성된 보빙사報聘使(일종의 순회사절단)를 미국에 파견해 조선을 독립국으로 인정해준 미국 정부에 사의謝意를 표함과 동시에 조선의 개화와 자강에 필요한 외교 고문, 군사 교관, 농업기술자 등을 파견해달라고 요청했다. 보빙사가 미국을 다녀온 지 4년이 지난 1888년 초에 고종은 청의 반대를 무릅쓰고 미국 수도 워싱턴에 11명의 직원이 상주하는 공사관을 개설하고 특명전권공사 박정양朴定陽에게 미국 정부에 군사 교관의 파견을 재촉하고 200만 달러의 차관을 얻어오도록 지시했다.[7]

둘째, 고종은 1886년 이후 외교 고문을 기용할 때에 거의 모두를 미국인으로 기용해 미국을 향한 각별한 신뢰와 기대를 보여주었다. 1886년부터 1904년 사이에 조선 정부는 5명*의 미국인 외교 고문을 빙용聘用했는데, 고종은 이들에게 1만 2천 달러에서 1만 5천 달러의 높은 연봉을 주면서 우대했다. 참고로 당시 주한 미국 공사가 미국 정부에서 받는 연봉은 5천 달러였다. 또한, 고종은 서울에 거주하는 이들 미국인 외교관과 더불어 선교사들과도 개인적으로 친분을 쌓으면서 그들에게 주요 외교 현안을 수시로

* 오언 데니Owen N. Denny, 찰스 르장드르Charles W. LeGendre, 클래런스 그레이트하우스Clarence R. Greathouse, 윌리엄 샌즈William F. Sands와 러일전쟁 발발 후 일본의 추천으로 임명된 더럼 스티븐스Durham W. Stevens 등이다.

자문했다. 푸트 공사와 그 밑에서 공사관부附 무관으로 근무하던 조지 퍼크George C. Foulk 중위, 휴 딘스모어Hugh A. Dinsmore 공사 그리고 호러스 알렌Horace N. Allen 공사 등이 고종으로부터 후대를 받은 미국인이었다. 고종은 호러스 언더우드Horace G. Underwood, 헨리 아펜젤러Henry G. Appenzeller, 올리버 에비슨Oliver R. Avison, 호머 헐버트Homer B. Hulbert 등 미국과 캐나다 출신 선교사와 교사들과도 친밀하게 지냈다.[8]

셋째, 고종은 조선의 전통적인 위정척사 정책을 무시하고 미국 개신교 선교사들의 선교 활동을 묵인, 방조했다. 고종은 1884년 6월 서울을 방문한 일본 주재 미국 감리교 국외선교부의 로버트 맥클레이Robert S. Maclay 목사에게 감리교 계통의 학교와 병원을 개설하는 것을 윤허함으로써 개신교 선교사들에게 교육과 의료 활동의 길을 열어주었다. 또한, 1887년에 서울에 새문안장로교회, 황해도 장연군 솔내에 장로교회가 설립되었을 때 이를 묵인해 개신교의 선교 활동을 사실상 인정했다. 이에 앞서 고종은 장로교 의료 선교사 알렌이 세운 광혜원廣惠院(1885)과 언더우드가 설립한 예수교학당(1886) 그리고 감리교 선교사 아펜젤러가 세운 배재학당培材學堂(1885), 스크랜턴 부인Mrs. Mary F. Scranton이 세운 이화학당梨花學堂(1886) 등 근대적 병원과 학교의 설립을 인허하고 후원했다. 고종은 보빙사의 요청으로 한국에 파견된 미국인 교사 조지 길모어George W. Gilmore, 델젤 벙커Delzell A. Bunker, 헐버트 등이 1885년 서울에 도착하자 육영공원育英公院(Royal English Academy)을 설립해 고위층 양반 자제들에게 영어와 근대적 학문을 가르치게 했다.[9]

넷째, 고종은 1887년부터 국내의 금광 채굴권과 철도 부설권 등 수익성이 높은 이권을 미국인에게 넘겨주고 그 대가로 200만~300만 달러의 미국 민간 차관을 도입하려 했다. 이 계획은 청의 주차관駐箚官(Resident) 원세개袁世凱가 조선의 내정을 감독하는 동안(1885~1894) 실현될 수 없었지만[10] 청일전쟁이 끝난 후 청의 간섭이 사라지면서 성사되었다. 즉, 고종은 1895년 이후 미국인 투자가들에게 운산 금광 채굴권, 경인철도 부설권, 서울 시내 전차 부설권, 궁중의 전기 설치권과 전화 가설권, 서울의 상수도 개발권 등 일련의 고가치高價値 이권을 거의 배타적으로 미국인에게 제공했다. 이러한 고종의 특혜에 힘입어 미국 기업가들은 1895년 이후 1904년까지 절정에 달한 조선에서의 열강 간 이권 쟁탈전에서 선두 주자가 될 수 있었다.[11]

다섯째, 고종은 미국인 군사 교관을 고빙雇聘해 조선 군대의 훈련을 맡기고 미제 무기를 도입함으로써 미국과의 군사적 유대를 강화하려 했다. 앞서 지적한 대로 1883년 보빙사를 파견해 미 국무장관에게 군사 교관의 선파를 의뢰했고 같은 해 10월에는 푸트 공사에게 직접 "미국이 군사 교관을 우리나라에 보내주면 그에게 조선 군대에서 두 번째로 높은 직책을 주겠다"고 약속했다. 이에 미국은 퇴역 장교들인 윌리엄 다이William McEntyre Dye 장군, 에드먼드 컴민스Edmund H. Cummins 대령, 존 리John G. Lee 소령과 퍼디낸드 닌스테드Ferdinand J. H. Nienstead 대위를 군사 교관 명목으로 파견했다. 이들은 1888년에 서울에 도착해 고종이 설립한 일종의 사관학교인 연무공원鍊武公院에서 하급장교를 재훈련했다.[12] 고종은 군사 교관의 선파 요구와 함께 1884년에 5천 정의 미제 소총과 6문의 대포를 요코하마에 있는 미국무역회사American Trading Company로부터 사들여 조선군을 미국식 군대로 육성하고자 준비했다. 이외에 1884년 5월 서울에 도착한 미국 공사관의 해군 무관 퍼크 중위에게 서울과 서울 주변의 4대 군사도시인 강화, 수원, 개성, 광주의 유수부留守府의 요새要塞를 시찰하는 특권을 부여했다.[13] 1880년대 초반 고종이 취한 이러한 일련의 조치에는 조미조약을 일종의 군사동맹軍事同盟으로 확대하려 했던 고종의 의도가 분명히 담겨 있었다.

요컨대, 조미조약 성립 후 고종과 조선의 위정자들은 미국을 '형님elder brother의 나라'로 받들면서[14] 조선이 위기에 처했을 때 미국이 외교 군사적으로 '거중조정'을 베풀어줄 것을 기대하면서 미국으로부터 외교 고문, 군사 교관, 교사, 선교사 등을 초빙하고, 미국의 차관을 끌어들이며, 또 미제 무기를 도입함으로써 조선의 개화와 자강을 도모하려 했다. 달리 말하자면, 고종은 연미 정책을 적극 펼침으로써 조선의 안보를 확보함과 아울러 근대화를 촉진하려 했던 것이다.

그러나 고종의 연미 정책에 미국 정부는 냉담하게 대응했다. 미국이 서구 열강 중 최초로 조선과 수호통상조약을 맺었을 때, 미국 정부는 '신비에 쌓인 은둔의 나라'의 경제적 가치에 관심이 컸다. 그러나 서양인 최초로 서울에 발을 디딘 초대 공사 푸트가 본국 정부에 보낸 조사 보고서의 내용은 미국 정부의 이러한 낭만적 기대에 찬물을 끼얹을 만했다. 임오군란(1882) 이후 청의 내정간섭이 전례 없이 심했던 조선의 실정을 살펴본 푸트 공사는 조선 왕국이 "정체되고 빈곤한 나라이며 그 국민은 오랫동안 중국과 일본에 신종臣從한 결과 겁이 많고 나약하다"[15]라고 보고했기 때문이다. 이러한 보고를 접한 미국 정부는 조선의 경제적 가치를 낮게 평가하고 조선을 준準 독립국으로 취급하기 시작했다.

1885년 7월 미 국무부는 주한 미국 공사의 직위를 베이징과 도쿄에 파견한 미국 공사와 동격인 '특명전권공사特命全權公使'에서 방콕 주재 공사와 동격인 '변리공사겸총영사辨理公使兼總領事'로 격하하고, 조선 문제를 처리할 때에는 조선에 영향력을 행사하는 나라인 중국이나 일본의 조언에 따르기 시작했다. 그리고 미국 정부는 조선의 내정에 간섭하지 않는다는 엄정 중립주의를 내세우면서 조선에 진출한 미국인 외교관, 선교사, 상인들에게 조선의 내정에 절대로 끼어들지 말도록 지시했다. 미국 정부는 특히 조선 국왕이 조미조약 제1조를 멋대로 해석해 미국을 동맹국으로 간주할 가능성을 우려해 고종이 요구한 군사 교관 선파 요구를 선뜻 들어주지 않고 질질 끌다가 뒤늦게서야 4명의 퇴역장교, 즉 용병傭兵을 소개해주는 데 그쳤다. 아관파천 후에 대한제국(조선)의 위정자가 미국의 외교 군사적 지원에 의존하려는 태도를 나타내자 미 국무장관 존 셔먼John Sherman은 1897년 11월 조선 주재 미국 공사 알렌에게 아래와 같은 훈령을 보내 대한제국 위정자가 미국을 동맹국으로 간주하는 일이 없도록 조처했다.

> 미국 정부와 미국 외교관들의…… 편파적인 행동은…… 불행하게도 조선인들로 하여금 미국을 조선의 당연하고도 유일한 동맹국으로 간주하게 할지도 모른다. 따라서 미국 정부는 조선의 국가 운명에 관계되는 문제에 상담 역이 될 수도 없고 또 조선과 어떠한 종류의 보호 동맹도 맺지 않을 것임을 [그들에게 주시시키시오]…….[16]

대한제국(조선)을 바라보는 미국의 기본 입장이 이러했기에 미국은 위기에 처한 조선이 거중조정을 요구했을 때 이를 제대로 들어주지 않았다. 예컨대, 1885년 영국 해군이 불법으로 거문도를 점령했을 때, 조선 정부가 미국에 거중조정을 요청하자 미 국무부는 아무런 반응을 보이지 않았다. 1894년 여름, 일본군이 서울을 불법으로 점령하고 청과 전쟁을 벌이려 했을 때(7월 4일)도 조선은 미국에 거중조정을 요청했지만, 미 국무부는 일본 정부에 조선을 너무 가혹하게 다루지 말라고 점잖게 권고하는 데 그침으로써 사실상 일본의 개전開戰을 묵인했다.[17]

앞서 살펴본 대로, 1904년 러일전쟁 발발 후 대한제국은 미국 정부에 거중조정을 요청했지만, 시어도어 루스벨트 대통령의 행정부는 1905년 7월 29일에 도쿄에서 가쓰라-태프트 밀약을 체결함으로써 거중조정은커녕 오히려 일본의 조선 침략을 돕는 배신 행위를 저질렀다.[18]

1882년 이후 고종과 조선의 위정자들은 극히 호의적인 미국관을 가지고 미국과 미국인을 파격적으로 우대하며 미국이 조미조약에 따라 조선의 안보를 보장하고 나아가 조선의 개화와 자강을 적극 지원해주기를 기대했다. 그러나 미국은 이러한 기대를 저버리고 일본의 대한제국 병탄을 도왔다. 뒤집어 말하자면, 대한제국은 그 위정자들이 추구했던 연미 정책이 파탄되어 망국의 비운을 맞은 셈이다. 연미 정책이 파탄한 가장 큰 이유는 미국이 조선의 경제적 가치와 전략적 가치를 얕잡아 평가한 나머지 1882년의 조미조약을 대한제국 위정자들처럼 일종의 동맹 조약으로 간주하지 않았기 때문이었다.

2. 이승만의 한미상호방위조약 체결 경위

이승만 대통령이 1953년 적극 주도해 미국과 맺은 한미상호방위조약의 체결 경위는 앞서 이승만 대통령의 외교 분야 업적을 다룬 3장에서 간략하게 살펴본 바 있다. 여기에서는 당시 이 조약을 둘러싼 정치 외교적 배경과 함께 조약 체결의 진행 상황을 이승만 대통령의 역사 인식과 신념에 초점을 맞춰 다시 한 번 살펴보고자 한다.

주지하다시피, 대한민국 건국 대통령 이승만은 젊은 시절 러일전쟁의 와중에 미국으로 건너가 미 국무장관과 대통령을 만나 그들에게 대한제국의 독립 보존을 위한 거중조정을 요청했던 대한제국의 밀사였다. 이승만은 가쓰라-태프트 밀약이 성립된 지 닷새 만인 1905년 8월 4일 루스벨트 대통령을 뉴욕에 있는 '여름 백악관'에서 만날 수 있었다. 이 뜻깊은 회견에서 이승만은 루스벨트에게 "언제든지 기회 있는 대로 한미약조를 돌아보아 불쌍한 나라의 위태함을 건져주기 바라노라"고 애걸했다. 이에 대해 루스벨트는 사안이 워낙 중요함으로 그 청원을 정식 외교 채널을 통해 문서로 제출하면 자기는 그것을 러·일 강화회의 석상에 내놓겠노라고 대답했다.[19] 이 말에 고무된 이승만은 곧 워싱턴으로 달려가 주미 공사관의 임시대리공사 김윤정金潤晶과 함께 청원서를 작성해 이를 미 국무부에 제출하려 했지만, 김윤정이 협조를 거부함에 따라 결국 외교 사명을 완수하지 못했다. 그런데 당시 이승만이 루스벨트의 지시대로 청원서를 제출했다손 치더라도 루스벨트가 거중조정에 나섰을 리는 없었다. 왜냐하면, 7월 31일에 루스벨트는 자기의 심복인 육군장관 태프트가 일본 총리 가쓰라와 합의한 밀약을 보고받고 그 내용을 승인한다는 전문을 도쿄로 발송했기 때문이다. 달리 말하자면, 루스벨트는 8월 4일 '여름 백악관'에서 이승만을 만나 '불청객' 이승만을 외교적 수사修辭로 적당히 따돌렸던 것이다. 이승만은 자기가 루스벨트에게 기만당했다는 사실을 1924년 미국의 외교사학자 타일러 데넷Tyler Dennet이 가쓰라-태프트 밀약 사실을 폭로했을 때 뼈저리게 깨달았을 것이다.[20]

이러한 맥락은 1919년 이후 이승만이 미국에서 대한민국 임시정부의 대통령 혹은 주미외교위원부의 위원장 자격으로 독립운동을 전개하며 기회 있을 때마다 미국 정부를 상대로 과거 미국이 조미조약의 '신성한' 의무를 이행하지 않은 사실을 비난하면서, 한국 측에서 볼 때 아직도 유효한 조약의 의무를 미국이 조속히 이행하라고 촉구한 직접적인 동기이기도 했다.[21]

한편, 1948년 대한민국 대통령이 된 이승만은 미국의 군사 지원을 신생 공화국의 최우선 과제로 삼았다. 이승만은 1949년 1월 미국 정부가 대한민국을 승인한 직후 워싱턴에 대사관을 설치하고 장면張勉을 초대 대사로 임명하는 한편 조병옥趙炳玉을 대통령 특사 겸 유엔대표단 단장으로 임명해 미국으로 파견했다. 그리고 그들에게 미국 정부를 상대로 약 20만의 군대를 보유하고 있는 북한을 능가하는 국방군을 육성하는 데 필요한 군사

원조를 요청하고 상호안보조약a mutual security pact 체결의 가능성을 타진케 했다.[22] 그러나 미국은 이승만의 요구를 들어줄 생각이 없었다. 초대 주한 미국 대사 존 무초John J. Muccio가 1949년 5월 7일 기자회견에서 "내가 아는 한 미국은 토머스 제퍼슨Thomas Jefferson 대통령 시대 이래 어느 국가와도 상호방위조약을 체결한 일이 없다"[23]라고 말한 것은 이러한 미국 정부의 태도를 확인한 것이었다.

설상가상으로 미국은 이승만 정부가 완강하게 반대했음에도 1949년 6월 주한 미군의 철군을 단행했다. 미국의 철군 계획을 뒤늦게 통보받은 이승만은 1949년 5월 17일 미국에 최소한의 철군 조건을 제시했다. 즉, 미국이 북대서양조약기구NATO와 맺은 상호방위조약과 유사한 태평양조약Pacific Pact을 한국과 체결하거나, 한미 간에 상호방위협정을 체결하거나, 그렇지 않으면 한국을 방위하겠다는 약속을 공개적으로 하라고 요구했다.[24] 그러나 미국의 반응은 여전히 부정적이었다. 결국, 미국은 1950년 1월 26일 대한민국에 상호방위원조협정Agreement on Mutual Defense Assistance과 주한미군사고문단설치협정Agreement for the Establishment of the U. S. Military Advisory Group to the Republic of Korea 같은 실속 없는 조약을 맺어주었다.[25]

기대를 걸었던 미국의 군사 지원이 실현되지 않은 상태에서 대한민국은 1950년 여름 6·25전쟁을 맞았다. 전쟁이 터지자 이승만은 즉각 미국에 군사 개입을 요청해 유엔군의 깃발 아래 미군의 참전을 유도하는 데 성공했다. 이승만은 7월 14일 10만 명 규모의 한국군의 작전지휘권operational control을 유엔군 총사령관 맥아더 장군에게 이양했다(대전협정). 이제 이승만과 맥아더는 '북진 통일'이라는 공동 목표를 향해 협조하게 되었다. 9월 15일의 성공적인 인천상륙작전에 이어 10월 초 한국군과 유엔군이 38선을 돌파하자 이승만의 꿈은 실현되는 듯했다. 유엔총회도 10월 7일 '통일된 독립 민주 한국united, independent and democratic Korea의 수립'을 전쟁 목표로 설정한 결의문을 통과시킴으로써 이승만과 맥아더를 밀어주었다.

그러나 뜻밖에도 10월 19일에 중공군이 한국전쟁에 개입함으로써 전쟁의 양상은 돌변했고 미국의 전쟁 목표도 동요하기 시작했다. 미국의 트루먼 대통령은 12월 4일 워싱턴을 방문한 영국 총리 클레멘트 애틀리Clement R. Attlee와의 회담에서 핵무기 사용 자제를 약속하고 다음 해인 1951년 4월 11일 맥아더를 해임함으로써 한국전쟁을 제한전limited war으로 종결짓겠다는 전략을 내비쳤다. 결국, 트루먼 행정부는 이 정책을 5월 13일 국가안보회의에서 확정했다. 미국은 정치적 타결로 38선 부근에서 전쟁을 끝내기로 방침을 굳힌 것이다. 1951년 3월 5일 스탈린의 사망을 계기로 전의戰意를 상실한 공산군 측에서도 휴전을 모색하기 시작했다. 1951년 6월 23일 유엔의 소련 대표 야코프 말릭Jacob Malik이 휴전을 제의하자 미국은 이를 즉각 받아들여 7월 10일부터 개성에서 휴전회담이 시작되었다.

유엔군과 공산군 간에 휴전 분위기가 무르익자 이승만은 6월 30일 성명을 발표해 남한이 휴전에 동의하는 조건으로 다음 다섯 가지의 조건을 내걸었다.

(1) 중공군의 전면적 철퇴.

(2) 북한군의 무장해제.

(3) 유엔에 의한 제3국의 북한 원조 방지.

(4) 한국 문제와 관련된 국제회의에 한국 대표 참가.

(5) 한국의 주권과 영토 보전에 분쟁을 일으킬 결정이나 계획에 반대.

이는 미국이 용납하기 어려운 조건들로 미국의 성급한 휴전 움직임에 제동을 건 셈이었다.[26] 휴전회담이 교착 상태에 빠져 있던 1952년 3월 초, 이승만은 트루먼에게 공한公翰을 발송, 미국이 한국과 상호방위조약을 체결하는 것만이 한국민이 휴전을 용납할 수 있는 유일한 대책이라고 역설하면서 만약 미국이 이러한 조약을 체결해주지 않으면 한국군은 단독으로 북진통일을 시도할 것이라고 위협했다. 트루먼 대통령은 이승만의 단독 북진을 '공상fantasy'이라고 일축하고 이승만의 조약 체결 요청을 묵살했다.[27]

개성에서 판문점으로 자리를 옮겨 진행된 유엔군과 공산군 간의 휴전 협상은 순조롭게 진행되는 듯하더니 포로 교환 문제로 난관에 부딪혀 1952년 10월 8일부터 1953년 4월 25일까지 정회停會되었다. 그 기간 미국 내에서는 전쟁의 조기 종결을 선거공약으로 내세운 공화당 후보 아이젠하워 장군이 대통령 선거에서 압승, 1953년 2월 대통령에 취임했다. 미국의 새 대통령이 휴전을 적극 모색할 것을 예상한 이승만은 4월 14일 아이젠하워에게 "만일 미국 정부가 한국에 방위조약을 제공한다면 그것은 한국민이 전쟁을 계속 수행하는 데 가장 큰 도움을 줄 것이다"라는 내용의 공한을 보내면서 상호방위조약 체결을 제의했다.[28] 그 뒤 이승만은 4월 30일과 5월 12일에 각각 서한과 면담을 통해 유엔군 사령관 클라크 대장에게 중공군과 미군의 동시 철수를 조건으로 한미상호방위조약 체결을 제의했다.[29]

이승만의 거듭된 제의에도 아이젠하워 대통령, 존 덜레스John F. Dulles 국무장관, 콜린스J. Lawton Collins 육군참모총장 등 미국의 전쟁 지도자들은 한결같이 한국과의 상호방위조약 체결에 반대했다.[30] 미국은 공산군의 재침을 억제하고 휴전 뒤 한국의 안보 보장 방안으로 한미 간에 상호방위조약을 체결하는 대신 16개 유엔 참전국의 명의로 '대제재선언大制裁宣言(the greater sanctions declaration)'을 공포하고 동시에 한국군을 20개 사단으로 증강해주는 유화책을 고려하고 있었다. 아이젠하워는 주한 미국 대사 엘리스 브리그스Ellis O. Briggs와 유엔군 사령관 클라크를 통해 이 같은 미국의 입장을 이승만에게 전달토록 지시했다. 5월 25일 경무대에서 이승만을 만난 브리그스 대사와 클라크 사령관은 한국이 휴전에 협조하는 대가로 미국이 한국의 안보를 위해 다음의 조치를 해줄 용의가 있다고 말했다.

1. 유엔 참전국이 공동으로 한국의 안보를 보장하며 재침再侵 시에는 전쟁을 한반도에 국한하지 않겠다는 취지의 '대제재선언'을 공포한다.
2. 한반도 지역의 안보를 위해 미군이 오키나와에 장기적으로 주둔한다.
3. 상황이 허용하면 유엔군을 한국에 잔류하도록 한다.
4. 한국군을 20개 사단으로 증강하는 군사원조를 제공한다.
5. 휴전 후에 정치회담을 개최해 조속한 시일 안에 한국의 통일 문제를 해결하고 중공군을 한국에서 철수하도록 한다.[31]

이를 풀이해보면, 미국은 휴전을 성립시킨 후에 한반도에서 미군을 철수시키고 유엔의 권위를 빌어 전쟁 재발을 억지하면서, 한국군을 증강해 남한이 자위自衛능력을 갖추도록 돕고, 한국의 통일 문제는 휴전 후에 개최될 정치회담으로 처리하려 했다. 이러한 구상의 밑바닥에는 미국이 한반도 문제에서 손을 떼려는 의도가 숨어 있었다고 볼 수 있다.

이러한 메시지를 구두로 전달받은 이승만은 실망의 빛을 감추지 못했다. 이승만은 아이젠하워가 제안한 유엔 참전국의 대제재선언은 "전혀 무의미한 것"이라고 잘라 말하면서 "미안합니다만, 현재 상황에서는 아이젠하워 대통령에게 나의 협조를 약속해줄 수 없습니다"고 말했다.[32]

이승만의 반응을 주의 깊게 관찰한 클라크 사령관은 이승만이 앞으로 반공 포로를 일방적으로 석방하거나, 한국 단독으로 공산 측에 새로운 제안을 하거나, 휴전회담에서 한국 대표를 철수시키거나, 한국군을 유엔군

에서 빼내거나, 아니면 휴전 반대 데모를 강화할 우려가 있다고 워싱턴의 합참본부에 보고했다.[33]

이러한 보고를 접한 미 합참본부 요원과 국무부 정책 입안자들은 1953년 5월 29일 긴급회의를 소집했다. 회의 참석자들은 국무장관의 책임하에 한국과 방위조약 체결 협상을 준비하기로 결정하고 이 같은 결정 내용을 아이젠하워 대통령에게 건의함과 동시에 유엔군 사령관을 통해 이승만에게도 전달해 사태 악화를 방지하도록 조치했다. 이어서 5월 30일 국무장관과 국방장관이 주재하는 확대회의에서 참석자들은 미국이 필리핀이나 태평양 국가들과 맺은 방위조약과 유사한 조약을 한국과 체결하자는 데 합의했다. 아이젠하워 대통령은 이 건의를 승인했다. 그러고는 6월 6일 이승만에게 공한을 띄워 휴전의 불가피성을 역설하면서 미국은 앞으로 한국 통일을 위해 노력할 것이며 한국과 미필리핀조약이나 ANZUS(Australia, New Zealand and the United States)조약에 준하는 방위조약 체결을 위해 협상을 개시할 용의가 있다고 통보했다. 이는 미국이 종전의 입장을 포기하고 이승만의 요구를 대폭 수용한 것을 뜻한다.[34]

그러나 이승만은 아이젠하워의 제안에 만족하지 않았다. 이승만은 처음부터 '미일안보조약'에 준하는 상호방위조약을 주장했기 때문이었다. 미국이 한국의 요구를 충분히 존중하지 않는다고 판단한 이승만은 나름대로 미리 계획한 특단의 조치를 단행했다. 6월 16일 반공 포로 2만 7천여 명을 유엔군 사령관의 동의 없이 독단으로 석방한 것이다. 이승만의 반공 포로 석방 조치는 세계를 놀라게 했다. 미국은 이승만이 '대전협정'을 위반했다고 비난했다. 아이젠하워 행정부는 미8군 사령관 테일러가 5월 4일에 작성해둔 '상시대비계획'에 따라 쿠데타로 이승만을 제거하고 군정을 실시하거나,[35] 그렇지 않으면 이승만의 요구를 충족시켜줘야 하는 양자택일의 궁지에 몰렸다. 아이젠하워는 '상시대비계획'을 실천에 옮기는 대신 국무부의 극동 문제 담당 차관보 월터 로버트슨Walter S. Robertson을 대통령 특사로 서울에 급파해 이승만의 의중을 살피면서 상호방위조약 체결 협상을 벌이도록 조처했다.

이승만은 로버트슨을 맞아 6월 26일부터 7월 10일까지 2주간 '소 휴전 회담mini truce talk'을 벌였다. 로버트슨이 "한국은 많은 유엔군 병력의 생명과 피의 대가로 확보하려는 휴전을 방해할 권리가 없다"는 내용이 담긴 아이젠하워 대통령의 친서를 이승만에게 전달하면서 회담은 시작되었다. 아이젠하워의 편지를 훑어본 이승만은 "참 잘 쓴 편지로군"이라고 간단히 논평한 다음 본격적 회담에 임했다.[36] 이승만은 7월 3일 회담에서는 과거 미국이 한국에 저지른 배신행위를 들추어내어 미국의 양심을 건드리면서 법적 구속력이 있는 '한미상호방위조약'의 체결을 집요하게 강요했다.[37]

그 뒤 계속된 회담에서 이승만은 "우리가 어차피 적들에게 넘겨질 바에야 차라리 한국이 통일될 때까지 전쟁을 계속할 것이다"[38]라고 으름장을 놓으며 미국이 그동안 한국 문제를 처리할 때 한국 측과 협의를 하지 않았던 예가 비일비재했음을 꼬집고, 대한민국은 주권국가로서 이제 '하찮은 존재cipher'가 아닌 동등한 자격을 지닌 동맹국으로 대접받아 마땅하다고 주장했다.[39]

로버트슨은 7월 1일 덜레스 국무장관에게 보고서를 보내며 이승만은 "빈틈없고 책략이 풍부한shrewd, resourceful 인물일 뿐만 아니라 자기 나라를 국가적 자살 행위national suicide로 몰고 갈 충분한 능력이 있는 매우 감정적이며, 분별력이 없고, 비논리적인 광신자fanatic이지만, 그의 철저한 반공주의와 불굴의 정신은 지원되어야 마땅하다"고 말하면서, 회유와 압력이라는 전략으로 이승만의 협력을 얻어내는 것이 아직도 가능하다고 썼다.[40]

7월 7일 이승만은 로버트슨에게 미국에서 준비한 조약 초안에 체약締約 당사국 중 어느 한 쪽이 무력 공격을 당하면, 다른 한쪽이 '즉각적이고 자동적인' 지원을 한다는 조항이 빠진 것에 실망한다고 말하고, 한국은 필리핀, 오스트레일리아, 뉴질랜드 등과는 달리 적대국으로부터 공격을 받으면 '순식간에 치명타를 입을 나라' 임을 고려해 미국이 최소한 '일본 내와 주변에' 미군의 주둔을 허용한 미일안보조약 수준의 조약을 한국과 체결해야 한다고 역설했다. 덜레스와 교신을 하면서 회담을 해온 로버트슨은 7월 8일에 '한국 내와 주변에' 미군을 주둔시키기를 원하는 이승만의 조건을 수용하겠다고 하면서 그 대신 이승만은 앞으로 한국 문제를 다룰 정치회의가 결렬될 때까지 한국군을 유엔군 통제하에 둘 것을 약속하라고 요구했다.[41]

우여곡절 끝에 7월 9일 이승만과 로버트슨은 '유엔군이 한국의 이익에 배치되는 행동을 하지 않는 한 한국군을 그 예하에 남겨둘 것'과 '휴전에 서명은 않겠지만, 방해도 않을 것'을 약속했다. 동시에 이승만도 한발 물러나 휴전협정 체결 전에 중공군이 철수해야 한다는 종전의 주장을 철회하고 또 상호방위조약에 대한 미 상원의 즉각적인 비준이 현실적으로 어렵다는 것을 인정하고 다음 회기 안으로 처리한다는 아이젠하워 행정부의 방침에 동의한다고 밝혔다. 반면에 로버트슨은, 휴전 후 한미 간에 상호방위조약을 체결하며, 장기간의 경제원조, 한국군 전력의 육군 20개 사단 증강과 해군과 공군의 장비 지원, 그리고 휴전협정에 따라 개최될 국제 정치회담에서 90일이 지나도록 별 진전이 없을 때 한·미 양국은 이 회담과는 별도로 한국의 통일 방안을 협의한다는 등 네 가지의 사항을 준수키로 약속했다.[42]

이로써 미국은 휴전을 방해하지 않겠다는 이승만의 약속을 받아냈고, 이승만은 미국으로부터 상호방위조약의 신속한 체결·비준 약속을 얻어낸 것이다. 이승만과 로버트슨은 상호방위조약의 초안을 교환하고 7월 11일 공동성명을 발표하는 것으로써 역사적인 회담을 마쳤다.

이승만으로부터 휴전을 방해하지 않겠다는 약속을 받아낸 유엔군이 공산군과 7월 27일 판문점에서 휴전협정에 조인함으로써 3년간 이어온 6·25전쟁은 일단 휴전에 들어갔다. 휴전협정이 조인되던 날 이승만은 덜레스 국무장관에게 "미국이 필리핀과 체결한 것과 같은 조약으로는 대규모의 공산군이 한반도에 남아 있는 상황을 적절하게 대처할 수 없다"는 내용의 서한을 발송했다.[43] 이에 덜레스는 조속히 한국을 방문해 휴전 후에 소집될 정치회의에 대비해 사전 협의하고 상호방위조약 체결 문제를 매듭짓겠다고 답했다.

덜레스 국무장관 일행은 1953년 8월 4일 한국에 도착했다. 8월 5일 이승만을 만난 덜레스는 미국의 국무장관이 직접 서울에 온 사실 자체가 매우 이례적임을 강조했다. 이승만은 8월 7일 덜레스와의 회담에서 한국 분단의 미국 책임을 다시 거론하면서 한미 간에 체결될 상호방위조약은 NATO조약과 같이 미국의 '즉각적이고 자동적인 개입'을 보장하는 조약이 되어야 한다고 주장했다.[44] 이에 맞서 덜레스는 한미상호방위조약은 미 상원의 지지를 받을 수 있는 현실적 조약이어야 한다고 대꾸했다. 두 사람의 입장은 타협의 여지가 없는 것처럼 보였지만 서로 양보한 끝에 현실적으로 체결 가능한 상호방위조약을 체결하는 데 합의했다.[45] 이승만과 덜레스가 고차원의 협상을 진행하는 동안 국무총리 백두진白斗鎭, 외무부 장관 변영태는 미국에서 7월 7일에 서울로 날아온 이승만의 자문 올리버 박사의 도움을 받아 덜레스를 수행한 로버트슨 국무차관보 등과 상호방호조약의 초안 문안을 놓고 조정 협상을 벌였다.[46] 8월 8일 변영태와 덜레스는 경무대에서 이렇게 마련된 한미상호방위조약 안에 가假조인했다. 그 뒤 두 사람은 10월 1일 워싱턴에서 다시 만나 정식으로 조약에 서명함으로써 역사적인 한미상호방위조약은 성립되었다.

상호방위조약이 발효되기까지 그 뒤로도 1년 이상의 시간이 걸렸다. 이는 대한민국 국회와 미국 상원에서의 비준 절차를 거쳐야 했고 또 체약 당사국이 조약에 따라 수행할 경제, 군사 협력의 세부 협정이 추가로 필요했기 때문이었다. 한국 국회와 미국 상원은 1954년 1월 15일과 1월 26일에 각각 이 조약을 비준했다. 한미 간 군사, 경제 협력에 관련된 협정은 이승만 대통령이 1954년 7월 26일부터 30일까지 워싱턴을 국빈으로 방문해 아이젠하워 대통령과 두 차례 정상회담 뒤 양국 실무자의 협의가 이뤄져 1954년 11월 17일에 '경제와 군사 문제에 관한 한미합의의사록Agreed Minute Relating to Continued Cooperation in Economic and Military Matters'이라는 이름으로 조인되었다. '합의의사록'이 조인되던 날 양국을 대표해 변영태 외무부장관과 브리그스 대사가 한미상호방위조약의 비준서를 상호 교환함으로써 이 조약은 비로소 발효되었다.

3. 동맹 조약의 내용

한미상호방위조약은 전문前文과 6개 조로 구성되어 있다.*

우선 체약 당사국은 양국이 합법적으로 통치하는 영토를 외부의 무력 공격이 가해지면 이는 자국의 평화와 안정을 위태롭게 하는 것으로 간주해 유엔의 정신에 따라 가급적 평화적인 수단으로 국제적 분쟁을 해결하기로 약속하고 있다(제1조). 그러나 어느 한 쪽이 외부로부터 무력 공격의 위협을 받는다면 상호 협의에 따라 단독이든 공동이든 그것을 저지하는 적절한 조치에 나설 것을 규정하고(제2조), 적절한 조치의 구체적인 방안으로 "각자의 헌법상의 절차에 따라 행동할 것"을 선언하고 있다(제3조).

* 구체적 내용은 이 책의 부록에 수록된 한미상호방위조약 전문을 참고하기 바란다.

위의 조항만을 따져보면 한반도에서 전쟁이 발생하면 양국은 상호 협의를 거친 후 각자의 헌법상 절차에 따라 군사행동을 취한다고 함으로써 미군의 자동 개입이 유보되어 있다. 그러나 이 조약 제4조에 "상호 합의에 따라 대한민국은 미합중국의 육해공군을 대한민국의 영토 내와 그 부근에 배치하는 권리를 허락하고 미합중국은 이를 승인한다"는 조항을 두어 남한에 주둔하게 될 미군이 인계철선引繫鐵線(trip-wire)의 기능을 발휘하게 되어 있다. 이로써 미군의 자동개입이 사실상 보장된 것이다. 그리고 이 조약은 양국의 헌법상의 절차에 따라 비준되고 그 비준서가 교환된 다음 발효한다고 규정하고 있다(제5조). 마지막으로 이 조약은 한미 양국이 원하는 한 무기한으로 유효하다고 선언하고 있다(제6조).

전체적으로 이 조약은 한국이 외부로부터 무력 공격을 당할 때에만 미국이 조약상의 의무를 이행한다고 규정함으로써 남한이 먼저 북한을 무력으로 공격할 때는 미국이 책임을 지지 않게 되어 있다. 또 조약의 적용 범위가 태평양 지역에 국한됨으로써 남한은 미국 영토 내의 분쟁에 개입할 수 없게 되어 있다. 이 점에서 이 조약은 쌍무雙務 조약이라기보다 미국이 일방적인 의무를 지는 편무片務 조약의 성격이 짙다고 할 수 있다.[47] 그리고 무엇보다도 이 조약은 남한에 미군의 주둔권을 허용한 점에서 미필리핀조약 혹은 ANZUS조약보다는 미일안보조약과 유사한 조약이다.

'합의의사록'의 발효로 미국은 1955년 회계연도에 7억 달러 규모의 군사, 경제원조를 한국에 제공했다. 4억 2천만 달러는 군사원조였고 나머지는 경제원조였다. 그리고 10개 예비사단의 신설과 79척의 군함, 약 100대의 제트 전투기를 제공하기로 약속했다. 이로써 한국은 육군 66만 1천 명, 해군 1만 5천 명, 해병대 2만 7천500명, 그리고 공군 1만 6천500명으로 구성되는 총 72만 명의 군대를 유지할 수 있게 되었다.[48]

반면 '합의의사록'에서는 "대한민국은 유엔군사령부가 대한민국의 방위를 책임지는 한 그 군대를 유엔군사령부의 작전통제권operational control 아래에 둔다(제2조)"라고 규정함으로써 이승만의 '북진 무력 통일'의 꿈을 단념시켰다. 미국은 이승만의 일방적인 군사행동으로 전쟁에 끌려 들어가는 일을 사전에 방지한 셈이었다.

이상을 다시 한 번 정리해보면, 이승만은 1953년 4월부터 1954년 11월까지 미국과의 상호방위조약 체결 협상으로 마음속 깊이 갈망했던 북진 무력 통일 구상을 포기하는 대신 미국으로부터 다음과 같은 약속을 문서로 받아내는 데 성공했다.

1. 남한이 외침을 당할 때 미국은 미국의 헌법 절차를 거쳐 한국전에 개입한다.
2. 남한의 미군 주둔으로, 주한 미군이 인계철선 기능을 발휘한다.
3. 미국의 군사원조로 10만에 불과했던 한국군의 규모를 72만 수준으로 증강한다.
4. 미국의 경제원조로 남한의 전후戰後 경제를 복구한다.
5. 휴전 후 한국의 통일 문제를 다룰 제네바 국제정치회담에 남한 대표단이 열강 대표와 동등 자격으로 참가하며, 이 회의가 90일 이내에 만족할 만한 성과를 보여주지 못하면 한국과 미국은 별도로 통일 방안을 마련한다.

덧붙이자면, 이승만은 1항과 2항으로 한반도의 안보를 보장받는 장치를 마련했고, 3항으로 대한민국이 한국 역사상 최대 규모의 군대를 보유함으로써 동아시아의 군사 강국이 될 수 있는 기반을 마련했으며, 4항으로 전화戰禍로 파괴된 남한의 경제 시설을 전전戰前 수준으로 복구할 수 있게 되었고, 5항으로는 한국인이 역사상 처음으로 국제외교 무대에서 미국 등 강대국들과 동등한 자격으로 외교 활동을 펼 수 있게 되었다.

무엇보다도 한국은 이 조약으로 한반도에서 전쟁이 재발하는 경우 미국의 자동 개입을 거의 확실히 보장받았다. 이것은 이승만이 상호방위조약으로 미국이 대한민국을 포기하지 못하도록 즉, 미국이 다시는 한국을 배신하지 못하도록 미국의 발목을 잡은 것을 뜻했다. 그리고 이것은 이승만이 특유의 '벼랑 끝 전략brinkmanship'으로 달성한 역사상 보기 드문 외교적 위업이었다.[49]

4. 동맹 조약의 역사적 의의

덜레스 미 국무장관은 1953년 8월 8일 서울에서 한미상호방위조약에 가조인한 뒤 "이 조약은 우리 청년들의 피로 봉인封印되었다This pact is sealed in the blood of our boys"고 선언함으로써 이 조약의 역사적 중요성을 강조했다.[50] 그 다음 날 이승만은 아래와 같은 성명을 발표하고 이 조약의 역사적 의의를 나름대로 정의했다.

> 오늘날 미국과 상호방위조약이 성립된 것은 1882년 조미통상조약 이후로 우리나라 독립 역사상에 가장 긴중緊重한 진전進展이다.
>
> 강대한 이웃 나라 중간에서 비교적 소약국으로 알려진 우리나라는 금수강산에서 산출되는 풍부한 물산 때문에 자고自古로 탐내는 나라들이 많았다. 따라서 우리나라는 어떤 큰 이웃 나라를 의지하지 않고는 독립을 보장하기 어렵다는 뜻의 '주인 없는 땅no-man's land'으로 여겨져 왔다. 우리는 애당초 국제상 도의를 믿고 군비軍備를 소홀히 한 결과 무력을 숭상한 일본이 서양 각국의 도움을 받아 우리나라 역사상 전례 없는, 치욕스럽고 통분한 40년간의 노예 상태로 몰아넣었던 것이다.
>
> 일본이 세계를 정복하려다가 패전하고 그 뒤에 연합국이 한국을 어떻게 조처

할까 하여 저희들끼리 모여서 [한반도 분할 점령] 정책을 정하고 우리로 하여금 그 결정에 복종케 한 결과 필경은 남북 분열의 참담한 상태를 이루었던 것이다. 그러나 다행히 천의인심天意人心의 순환循環을 응應해 우리 전 민족의 한마음 한뜻과 우리 청년들의 애국충심愛國忠心으로 우방의 도움을 얻어 우리 국군이 놀랍도록 짧은 시일 내에 동양에서 가장 큰 군병의 하나로 발전했으니 이는 실로 커다란 공효의 성취라 하겠다.[51]

이승만은 이어 "우리의 후손들은 앞으로 누대累代에 걸쳐 이 조약으로 말미암아 갖가지 혜택을 누릴 것이다"는 예언적인 명제를 내세우며 성명을 마쳤다.* 단적으로 이승만은 이 조약을 군사동맹 이상의 다중多重 가치를 지닌 획기적인 조약으로 평가했던 것이다.

이 성명서에서 이승만이 상호방위조약의 역사적 의의를 1882년의 조미조약과 연관해 자리매김한 사실은 주목할 만하다. 한미상호방위조약으로 상징되는 한미동맹이 성립됨으로써 남한은 미국의 동아시아 집단안보체제에서 반공의 전초기지前哨基地가 되었다. 특히 남한 내에 미군의 주둔을 허용하고 국군의 작전권을 미군에 예속시킨 점에서 동맹 조약은 우리 민족의 자존심과 국가의 주권을 훼손했음을 부인할 수 없다. 그러나 이 동맹관계는 이승만이 예단한 대로 1953년부터 지금까지 대한민국에 여러 가지 실리적 '혜택'을 안겨주었다. 한미동맹이 가져온 여러 가지 긍정적 변화 가운데 거시적으로 중요하다고 여겨지는 것들을 골라보면 아래와 같다.

* 이 내용은 앞서 3장에서 소개한 바 있다. 이 연설의 영어 원문은 다음과 같다.
Now that a defense treaty has been signed between Korea and the United States our posterity will enjoy the benefits accruing from the treaty for generations to come. Our united effort in this field will long assure our security, protecting us from alien aggressors.

(1) 한반도와 그 주변의 장기적 평화

한미동맹은 일차적으로 공산권의 재침을 억제할 목적으로 형성된 것이었다. 이 조약으로 말미암아 지난 반 세기간 남한에 대한 외부의 군사적 도발이 억제되어 한반도에 평화가 유지되었다. 여기에서 말하는 '외부'는 북한을 위시한 공산권을 주로 지칭하는 것이지만 일본도 포함된다.[52] 이같이 확보된 한반도의 평화는 결과적으로 동북아시아 전체의 안정과 평화에 이바지했다.

(2) 경이적인 경제발전

한미동맹에 따른 미국의 확고한 대한對韓 방위 보장에 힘입어 "한국은 1970년대 전반기까지 평균 GNP의 4퍼센트 이하라는 비교적 적은 국방비만을 쓰면서 경제개발 우선 정책으로 경이적인 경제성장을 이룩할 수 있었다."[53] 그리고 이 동맹은 미국으로 하여금 "지금까지 한국에 가장 많은 원조를 제공하고 가장 큰 규모의 시장 접근을 가능하게" 만들어주었다.[54] 이 밖에도 한미동맹은 1960년대 이후 남한에서 일어난 비약적 경제성장에 간접적으로 도움을 주었다. 예컨대, 주한 미군을 상대로 하는 상업활동이 촉진되었고, 국내외 기업가들이 안심하고 남한에 장기 투자를 할 수 있게 되었다. 경제발전에 필요한 근대적 교통망과 통신망 등 사회간접자본의 확충도 부수적으로 따라왔다. 이렇게 따져볼 때, 한미동맹은 1970년대 이후 한국이 동아시아에서 일본에 다음가는 '경제 강국'으로 부상하는 데 근원적으로 이바지했다고 말할 수 있다.

(3) 군사 강국으로 발돋움

한미동맹은 한국 군대의 비약적인 팽창을 불러왔다.[55] 합의의사록에서 규정된 바에 따라 미국은 휴전 뒤 한국군의 규모를 20개 사단으로 확장해

주었고 남한은 60만~70만 대군이라는 사상 최대 규모의 상비군을 보유할 수 있게 되었다. 대한제국이 일본에 패망했을 때 보유 병력이 고작 8천 명 정도였던 사실과 비교할 때 이는 천양지차天壤之差의 변화이다. 다시 말하자면, 한미동맹으로 한국은 역사상 처음으로 아시아권에서 무시 못할 '군사 강국'이 된 것이다.

(4) 정치 민주화

한미동맹은 남한의 정치 발전, 즉 민주화에 이바지했다. 이 동맹의 당사자인 미국은 다른 무엇보다도 남한의 정치적 안정이 동북아 안정에 필수라고 간주했기 때문에 남한의 민주화에 관심을 기울이지 않을 수 없었다. 따라서 미국은 남한에서 미국식 자유민주주의가 발달하는 것을 후원했다고 볼 수 있다. 주지된 바와 같이, 미국은 1961년에 군사쿠데타를 차단하지 못했고, 1980년 광주민주화운동 때 신군부를 견제하지 못했다. 그 결과 1961년 이후 1987년까지 남한에 군사정권이 발호했다. 그렇지만 미국이 애당초 남한에 군사정권이 수립되는 것을 바란 것은 아니다. 1960년 4·19 의거 당시와 1987년 6·29선언 이후 미국이 남한의 정치 문제에 관련해 취한 태도로 미루어볼 때 미국은 남한 정치에 직접 개입하지 않으면서 남한에서 미국식 자유민주주의가 개화開花하는 것을 은근히 후원했다고 볼 수 있다. 달리 말하자면, 남한 국민은 한미동맹의 군사적 보호막 아래에서 민주주의의 발달에 필요한 훈련을 거쳤으며 그 결과 1987년 이후 상당히 만족스러운 수준의 민주화를 달성할 수 있었다.

(5) 전 세계적 외교망의 구축

한미동맹으로 말미암아 "한국군과 미군은 북한의 무력사용 억제는 물론, 한국의 정치, 경제발전을 도모할 수 있었으며, 특히 한국은 이를 바탕으로 북한의 맹주국이었던 소련의 후신인 러시아, 중화인민공화국과 국교를 정상화할 수 있었다.[56] 즉, "북한을 비롯한 대對 공산권 관계에서 한국은 그간 이룩한 경제력과 한미 협조 체제 내지 미국의 지원을 믿고 평화 공존을 지향하는 여러 형태의 외교 공세를 과감히 취할 수 있었다."[57]

(6) 해양 지향 국가로의 탈바꿈

한미동맹으로 과거에 동양에서 가장 폐쇄적이었던 '은둔의 나라hermit nation' 한국은 '팍스 아메리카나Pax Americana'를 구가하는 태평양 건너 미국과 가장 밀접한 맹방이 됨으로써 서구 문명에 완전히 개방되었다. 따라서 1945년까지 일본을 통해 서양 문물을 도입했던 한국인은 세계 최고 수준을 자랑하는 미국의 문물과 제도를 직접 흡수, 도입할 수 있게 되었다. 동맹관계 성립 후 남한 국민은 미국으로부터 유입되는 막대한 양의 물자와 주한 미군과의 접촉, 점증하는 미국으로의 유학과 이민으로 급속히 '미국화' 되었다. 이 과정에서 원래 대륙 국가였던 한국은 해양 지향의 태평양 국가로 탈바꿈했고[58] 아시아 굴지의 기독교 국가로 부상했다.

맺음말

원래 대한제국의 친미파 지식인이었고 대한제국의 대미 특사였던 이승만은 1948년 대한민국 초대 대통령이 된 뒤로 대한제국(조선)이 조미조약(1882) 체결 이후 추구했던 연미 정책의 연장선에서 미국을 상대로 상호방위조약 체결을 집요하게 요구했다. 그 결과 1953년 6·25전쟁의 휴전을 계기로 '한미상호방위조약'과 '경제와 군사 문제에 관한 한미합의의사록'으로 상징되는 동맹관계를 수립하는 데 성공했다. 상호방위조약의 체결 과정에서 이승만은 한국인의 의사를 무시하고 휴전을 서두르는 미국을 향해 반공 포로 석방과 같은 '벼랑 끝 전략'을 동원했다. 당시 미국은 휴전으로 전쟁을 끝내고 한국과 상호방위조약을 체결하는 대신 유엔 참전국 명의의 '대제재선언'을 공포하고 한국군의 병력을 증강해주면서 미군 철수와 동시에 한국 문제에서 손을 떼려 했다. 그러나 아이젠하워 대통령과 미 행정부는 이승만의 강한 압박해 직면해 원래의 계획을 수정할 수밖에 없었고 결국 한국과 미일안보조약에 준하는 상호방위조약을 체결하게 되었다.

결국, 1953년 이래로 남한은 한미동맹의 보호 우산protective umbrella 아래 군사·정치·외교·경제·사회·문화 등 거의 모든 면에서 획기적인 긍정적 변화를 겪게 되었다. 역사적으로 이는 바로 19세기 말에서 20세기 초 구한말의 위정자들이 추구하고 꿈꾸었던 '문명개화'와 '부국강병'이라는 이상이 반세기 만에 실현되었음을 의미했다.

제6장 3·1운동 후 이승만과 서재필 등의 새 나라 건국 구상

—필라델피아 대한인총대표회의 결의안을 중심으로—

1919년 3·1운동을 계기로 4월 11일 상하이에 대한민국 임시정부가 탄생했다. 이와 거의 동시에 4월 14일 미국 필라델피아에서는 '대한인총대표회의The First Korean Congress(약칭 총대표회)가 개막되었다. 4월 16일까지 사흘간 진행된 이 대회에는 서재필을 위시해 이승만·정한경·임병직·조병옥·장택상·유일한·김노듸 등 해방 후 남한에서 중요한 역할을 맡게 되는 인사들이 다수 참가해 각종 결의안을 토의·채택한 다음 태극기를 흔들며 시가행진을 하고 독립선언문을 낭독하는 의식을 거행했다.

이 대회는 3·1운동 직후 미국에서 소집된 최초의 대규모 한인 정치집회로서 1919년 9월 상하이 임시정부의 헌법 개정과 1948년 대한민국 수립과 운영 등에 상당한 영향을 끼쳐 독립운동사에 한 획을 그은 행사였다. 그럼에도 그동안 학계에서 심도있는 연구를 하지 않았기 때문에 공식 명칭조차도 합의되지 않은 상태*로 학자에 따라 다양하게 부르는 실정이다.[1]

* 김병조·김원용·정병준 등은 '한인자유대회'로 부르고 있으며, 이정식·주진오 등은 '한인연합대회(회의)'로 신재홍은 '재미동포전체대회', 방선주는 '북미대한인국민자유대회', 김원모는

총대표회는 이승만과 서재필에게 특별한 모임이었다. 그들은 정한경과 공동명의로 이 회의를 소집했고 3일간 회의를 주관함으로써 대회를 성공적으로 이끌었다. 특히 이들은 대회에 참가한 한인 애국지사들과 함께 3·1운동 후에 설립된 '대한공화국 임시정부'를 적극 지지할 것을 다짐하면서 앞으로 건설하려는 새 나라의 청사진을 그리는 작업을 선도했다. 즉, 이승만과 서재필은 이 대회에서 신대한新大韓의 비전을 구상하고 제시한 것이다.

결국, 필라델피아 대회를 계기로 마련된 한민족의 미래 국가상像은 1948년 이승만의 대한민국 건국에 적지 않은 영향을 끼쳤다고 판단된다. 따라서 필라델피아 총대표회 결의안의 채택 과정과 그 내용을 분석하는 것은 대한민국 건국의 이념적 뿌리를 재발견하는 의미를 지닌 중요한 학문적 작업이라 할 것이다. 아래에서 필자는 이 대회의 의장역을 맡았던 서재필을 중심으로 논의를 전개하겠다.

1. 1919년 전후 서재필의 입장

서재필徐載弼(Philip Jaisohn, 1864~1951)은 구한말 한국이 배출한 최고의 지성인 중 한 명이었다. 그는 열여덟에 과거(문과)에 합격한 다음 일본으로 가 1년 2개월간 일본어와 근대 군사학을 연마했다. 귀국 후 갑신정변에 참여해 약관 21세로 병조참판겸정령관兵曹參判兼正領官이라는 종2품 관직에 올랐다.[2] 그러나 불행히도 정변이 '삼일천하'로 끝나 온 가족이 멸문지화滅門之禍를 당하고 자신은 일본으로 망명함으로써 '영구한 외국 유찬流竄의 몸'이 되었다.[3]

'제1회 한인대표자대회', 원성옥은 '최초의 한국 의회', 이윤주·고정휴·이우진·홍선표 등은 '제1차 한인회의'로 부르고 있다.

1885년 4월 샌프란시스코에 도착한 서재필은 1년 이상 그곳에 머물다가 다음 해 9월에 펜실베이니아 주의 해리힐맨고등학교Harry Hilman Academy에 입학해 인문학, 특히 서양의 근대 정치사상을 공부했다. 그 뒤 워싱턴에 있는 컬럼비아의과대학Columbian Medical College에 입학해 소정의 과정을 마친 끝에 1892년 한국인으로서는 처음으로 미국 의학박사(M.D.) 학위를 취득했다. 이렇게 미국에 정착하는 과정에서 서재필은 기독교로 개종하고(1886), 미국에 귀화했으며(1888), 미국 여인과 결혼(재혼)함으로써(1894) 미국 동부 백인사회에서 당당히 출세할 수 있는 입지를 굳혔다.

미국 시민으로 재기再起한 서재필은 갑신정변이 정치적으로 미숙하고 성급했던 개화파의 실수였음을 인정하고[4] 자기를 역적으로 단죄한 조국을 향한 사랑의 정을 끊지 못했다. 그렇기에 서재필은 60여 년간 미국에 영주하면서 세 차례나 '한국을 그리워하는 열병Korea fever'[5]에 걸려 본업을 버리고 한국의 개혁운동 내지 독립운동에 참여했다.

그 첫 번째 기간은 1895년 12월부터 1898년 5월까지였다. 이때 서재필은 청일전쟁, 갑오경장, 명성황후시해사건, 아관파천 등 연이은 대사건으로 극도의 혼란에 빠진 조선(1897년 10월부터 대한제국)에 돌아와 '외신外臣'을 자처하면서, 한편으로 중추원中樞院 고문과 교전소校典所 위원 등 월 300달러의 유급직을 맡아 조선 왕조의 법규 개정 작업에 참여하고, 다른 한편으로는 배재학당에 출강해 후진을 교육하면서 ≪독립신문≫을 창간해 국민을 계몽하고, '독립협회'를 창립해 독립문·독립관 건립 운동을 벌임으로써 청국의 종주권에서 갓 벗어난 한국인의 가슴속에 독립 정신과 민주주의 사상을 심는 데 획기적으로 공헌했다.

서재필은 10년간 계약한 중추원 고문직을 3년도 채우지 못하고 1897년 12월에 해고당했다. 그가 펼친 급진적 개혁 활동의 혁명적 파급효과를 대한제국의 지배층과 주한 외국공사들이 그를 경계했기 때문이었다. 1898년 5월 한국을 떠나면서 서재필은 대한제국 정부로부터 고문직 계약 기간 10년 중 채우지 못한 7년 10개월 치의 미수未收 봉급과 귀국 여비를 보상받았고, 1년 후 ≪독립신문≫이 폐간될 때에는 자기가 소유했던 독립신문사 기자재의 보상도 받았다. 이렇게 받아낸 보상금은 약 3만 달러에 달했다.[6]

미국으로 돌아간 서재필은 한동안 군의軍醫와 의학연구소의 연구원으로 활동하다가 1905년부터 의료계에서 손을 떼고 대한제국 정부로부터 받은 보상금을 밑천 삼아 미국 고등학교의 동창생과 함께 사무실 비품과 문방구를 판매하는 사업을 벌였다. 이 사업에서 재미를 본 서재필은 1914년에 동업자와 결별하고 필라델피아에 독자적인 문방구·인쇄·조판물彫版物 회사인 '필립 제이슨 상사Philip Jaisohn & Co.'를 설립해 1919년까지 종업원 50여 명을 거느린 중소기업으로 키우는 데 성공했다. 이 과정에서 '필라델피아 경영인협회Business Association of Philadelphia'의 장재掌財 treasurer에 임명될 정도로 서재필은 필라델피아의 기업인들이 알아주는 지역 사회의 유지有志가 되었다.[7]

필라델피아에서 지명도 높은 사업가로 성공한 서재필은 경제적 성취에 만족하지 않았다. 어린 시절부터 품었던 정치가가 되려는 야망을 기업가로서의 성공이 다 채워주지 못했을 것이다.[8] 1919년에 일어난 3·1운동은 다시 한 번 서재필에게 '한국을 그리워하는 열병'을 앓게 만들었다. 그는 한국인이 거족적으로 일제의 식민통치에 반발, 만세운동을 일으킨 데 감격한 나머지 본업인 문방구·인쇄·조판물 회사 일을 접어두고 1919년 4월부터 1922년 2월까지 약 3년간 한국 독립운동에 몰입해 여러모로 중요한 역할을 담당했다.

당시 서재필은 자신의 본거지 필라델피아를 중심으로 다음과 같이 독립운동 사업을 벌이거나 지원했다.

첫째, 1919년 4월 14일부터 16일까지 필라델피아에서 총대표회를 개최하고 이 대회의 의장으로서 활약했다.

둘째, 총대표회 종료 후에는 '대한공화국 통신부The Bureau of Information for the Republic of Korea'의 총책임자director로서 한국인의 독립 의지를 세계에 홍보하는 영문 월간지 ≪대한평론*The Korea Review*≫을 편집·발간했다.

셋째, 필라델피아에 '한국친우회The League of the Friends of Korea'를 조직하는 데 앞장서고 미국 내 19개 도시와 런던, 파리 등에 설립된 이 친우회의 지부들과 연대해 대한민국 임시정부의 독립운동을 지원했다.

넷째, 1919년 8월 이승만이 워싱턴에 설립한 구미위원부歐美委員部The Korean Commission to America and Europe의 고문직과 임시위원장직을 맡아 이승만이 상하이로 건너가 대한민국 임시대통령직을 수행하는 동안 이 기구를 운영했다.

다섯째, 1921년 11월부터 1922년 2월까지 워싱턴에서 열린 워싱턴군축회의에 대한민국 임시정부의 '군비축소회의 한국 특파단' 부단장副團長으로 임명되어 단장 이승만, 서기 정한경과 함께 군축회의 의장인 미 국무장관 찰스 휴스Charles E. Hughes 등을 상대로 임시정부의 승인을 요구하는 외교 활동을 전개했다.

그러나 아쉽게도 워싱턴군축회의에 참석한 열강 대표들은 한국 특파단의 호소에 냉담한 반응을 보였다. 이렇게 기대했던 외교적 성과가 나타나지 않자 서재필은 독립운동에서 손을 떼고 다시금 개인 사업으로 돌아갔다.[9]

2. 총대표회 소집 경위

서재필은 『서재필 박사 자서전』의 저자 김도태金道泰에게 자기가 두 번째로 조국을 위해 발 벗고 나서게 된 것은 3·1운동 때문이었다고 술회한 바 있다.

> 1919년 3월 1일의 대한독립 만세의 우렁찬 소리는 한라산을 넘고 태평양을 건너 전 미국에 들려왔다. 나는 필라델피아에서 이 소식을 들었다……. 한국의 독립운동이 이같이 급전직하急轉直下로 진전될 줄은 나도 예상하지 못했다. 이 소식을 들은 나는 메스를 버리고 시험관을 던지고 뛰어나왔다. 즉시 ≪이브닝 레저*The Evening Ledger*≫의 기자 베네딕트George G. Benedict와 상의해 한국 문제를 세계의 여론에 호소하기로 결심했다. 조선에 오랫동안 체류했고, 친일파로 지목되던 게일James S. Gale 박사도 이때는 도리어 한인의 용기와 애국심을 절찬하고 한국을 위해 신문과 잡지에 장서長書를 게재했다. 나는 이런 사람들과 호응해 일대 선전 운동을 일으킬 필요를 절실히 느꼈던 것이다.[10]

이 회고담에서 우리는 서재필이 1919년 3월 9일 미국에서 3·1운동 발발 소식을 전해 듣고[11] 감격한 나머지 조국 광복운동에 투신하게 되었음을 알 수 있다. 그렇다고 서재필이 3·1운동이 발발할 때까지 조국의 독립문제에 전혀 무관심했던 것은 아니다. 사실 서재필은 1905년 7월 배재학당 제자인 이승만과 윤병구가 미국 동부에 홀연히 나타나 미국 대통령 시어도어 루스벨트와의 회견을 준비할 때 그들이 루스벨트에게 제출할 영문 청원서의 문안을 다듬어주는 등 그들의 외교 활동을 적극 도왔다.[12] 그 뒤 이승만이 1913년에 하와이로 망명해 언론과 교육 위주의 독립운동을 개시하자 서재필은 이승만에게 한국인의 독립 의지를 세계에 홍보할 영문 잡지를 창간하자고 제의한 일도 있다. 그러나 당시 이승만은 영문 잡지에 대한 하와이 교포들의 호응도가 낮다는 이유로 이 제의를 받아들이지 않고 그 대신 국문으로 된 ≪태평양잡지≫를 창간했다.[13] 이러한 노력의 연장선에서 서재필은 1918년 12월 19일 대한인국민회大韓人國民會 중앙총회장 안창호安昌浩에게 아래와 같이 영문 잡지 창간의 필요성을 역설하고 지원을 요청했다.

> 나는 각하가 한인 가운데 인도자이며 여론의 대표자이며 애국심이 풍부하며 또는 각하의 일평생에 큰 목적이 있는 줄로 아는 고로 이제 각하에게 이 편지를 쓰는바, 내가 장차 미주에 있는 한인들과 회의에 나온 여러 곳에 있는 한인들과 한 가지 일을 의논코자 하는 동시에 먼저 각하의 의견을 듣고자 하며 동력을 얻고자 합니다…….
>
> 내가 하고자 하는 것은 미주에서 제일 고등한 영문 잡지를 시작하되 한국, 일본, 중국의 역사상과 현시의 정형을 기재하고자 함이니, 이러한 기관으로 우리는 세계의 눈앞에 한국이 어떻게 일본에 국치를 당한 것과 일본이 어떻게 한인을 대우하는 사실을 드러내고자 함이라. 이것이 우리의 마땅히 또 능히 만들어 놓을 만한 기관이며 또는 우리가 이것으로 능히 재외에 있는 한인의 생명을 보호하리라.
>
> 이러한 목적을 달성하고자 하면 우리는 마땅히 돈과 조직체와 상당한 사람들이 아울러 있어야 할 터인데, 나는 생각하기를 상당한 사람들은 미주에서도 택할 수 있으니 가령 말하자면 이승만, 정한경 씨와 또 대학교의 교육을 받은 몇몇 애국지사들을 이용할 수도 있으며, 또 잡지사에 대한 조직체로 말하면 몇 해 동안 나의 인쇄 사업에 많은 경력이 능히 그러한 조직체를 다스려 갈 수 있으며, 또한 나의 의무로 보고자 합니다. 그러면 어려운 문제는 돈이나 자본이 있어 상당히 일을 시작한 뒤에 간단하게 진행해 나아가야만 하옵니다.

나의 예산과 추측한 바로는 적게 잡고도 50만 달러의 자본을 가졌어야 할 터인데, 이 자본은 미국에 무슨 보험 회사에 투자하든지 연리 2만 5천 달러를 생식하리니 이익금을 가졌으면 간단하게 잡지 사업을 계속해 가리니, 비록 첫 몇 해 동안은 그 경비를 지탱할 수 없을 듯하나 그러나 몇 해 동안만 지나게 되면 그 잡지를 팔아 가지고도 넉넉히 유지할 수 있을 지니, 그때에는 능히 그 원 자본에 대한 이식금은 고본주에게 나누어 줄 수도 있습니다…….[14]

서재필은 이렇게 제1차 세계대전을 종결짓는 파리강화회의의 개최를 눈앞에 두고 바야흐로 재외 한인들이 독립운동을 펼치려는 시점에 한민족의 독립 의지를 전 세계에 홍보할 목적으로 이승만, 정한경 등 미국에서 대학교육을 받은 한국 지식인들과 손잡고 '미국에서 제일 고등한 영문 잡지'를 발간할 계획을 세우고 이에 필요한 재정 지원을 대한인국민회 중앙총회에 요청했던 것이다. 이 요청에 대한인국민회 중앙총회는 부정적인 회답을 보냈다.[15]

1919년 2월 초, 서재필은 파리강화회의에 참석할 한국 대표로 뽑혀 미국 정부의 여권을 얻고자 워싱턴에 도착한 이승만, 정한경[16]과 이들과는 별도로 뉴욕에 도래한 장택상·민규식[17] 등을 필라델피아에서 만나게 되었다. 이승만의 미간 영문 일기(Log Book of S. R.)를 보면, 서재필은 2월 5일 이들 네 사람을 필라델피아에 초청해 합석한 자리에서 아래와 같이 영문 잡지 발간 계획을 털어놓고 협조를 요청했다.

남한의 한 부호의 아들 장택상이 최근 런던에서 뉴욕에 도착했다. 그리고 한국의 최고 부자로 알려진 전 총리대신 민영휘의 아들 민규식도 뉴욕에 왔다.

서재필 박사는 이들 두 사람에게 50만 달러를 투자해 영문 잡지를 내자고 제의했다. 장택상과 민규식이 각각 20만 달러씩 내놓고 이승만이 10만 달러를 하와이에서 모금해 총 50만 달러의 기금을 마련해주면 자기는 개인 소유의 인쇄기와 모든 기자재를 제공하겠다고 제의했다. 이에 두 청년과 이 잡지의 편집 부책副責이 될 정한경은 기뻐하면서 입을 모아 나더러 그 일을 당장 시작해보라고 졸랐다. 그러나 나는 하와이 동포들이 나를 파리강화회의에 한국 대표로 참석하라고 이곳까지 보냈으니 그 사명을 완수하기 전에는 다른 일에 착수할 수 없다고 대답했다. 그들은 모두 나를 섭섭하게 대하면서 파리행은 바보 행각 fool's errand이라고 말했다. 그러나 나는 그 심부름을 위해 발 벗고 나선 이상 그 일부터 끝마쳐야 한다고 대답했다.[18]

즉, 서재필은 장택상·민규식·정한경 등과 이구동성異口同聲으로 이승만이 강화회의에 참석하기 위해 파리로 가려는 것을 '바보 행각'이라고 비꼬면서 그 대신 50만 달러의 기금을 조성해 영문 잡지를 발간하는 것이 더 현명한 길이라고 주장했던 것이다. 서재필의 제의에 이승만은 하와이 동포들이 자기에게 파리행 임무를 부과한 이상 그 임무를 완수하기까지는 영문 잡지 발간에 착수할 수 없다고 말하면서 일단 협조를 유보했다.

서재필의 영문 잡지 발간 제의를 유보한 이승만은 2월 13일경에 서재필에게 한국인의 독립 의지를 미국 조야에 알릴 목적으로 필라델피아에서 '한인대회a Korean Convention'를 개최하고 미국독립기념관The Independence Hall까지 시가행진을 벌이자고 제의했다.[19] 서재필은 3·1운동 발발 소식을 전해 들은 뒤 그간 숙고하던 이승만의 제의에 동의함으로써 결국 필라델피아에서 '한인대회'가 열리게 되었다. 서재필이 1949년 이승만 전기의 저자 올리버에게 적어준 (가칭) 「이박사에 대한 나의 인상」이라는 비망록을 보면, 서재필과 이승만은 3·1운동 발발 소식을 전해 듣고 나서 필라델피아에 한인 집회를 소집하는 데 합의했음을 알 수 있다.

1919년 봄까지 약 20년간 나는 이승만 박사와 직접적인 접촉이 없었다. 그는 일제 통치에 항거하는 한국민의 독립운동이 거국적으로 일어났으며 이 혁명 후 망명 지도자들이 중국 상하이에 대한민국 임시정부를 수립했다는 소식을 전해 들은 다음 필라델피아로 나를 찾아왔다. 당시 이 박사는 임시정부의 수반으로 선출되어 있었다. 우리는 전국적 규모의 놀라운 혁명운동이 일본 경찰의 날카로운 경계의 눈초리 밑에서 그처럼 성공적으로 벌어졌다는 소식에 너무나 감격했다. 다른 한편 우리는 일본인들이 비무장 상태의 한국인에게 죽음과 고문이라는 광폭한 방법으로써 보복한다는 사실에 몹시 분개했다. 이 박사는 미국에 있는 한국인들이 조국의 동포들을 돕기 위해 무엇을 해야 할지 나에게 물었다. 나는 그에게 재미 한인사회의 모든 당파를 대표하고 한국인 대부분의 지지를 얻을 수 있는 한국인의 집회를 필라델피아에 소집하는 방안을 마련해보라고 권고했다. 그는 이 안에 동의하고 1919년 4월 15일 필라델피아에서 대중 집회를 소집했다.[20]

이 글은 서재필이 85세라는 노령에 집필한 것이기 때문에 세목에 오류가 많이 발견된다.[21] 그렇지만 이 기록에서 우리는 서재필과 이승만이 3·1 운동 소식을 들은 다음 필라델피아에서 '한인대회'를 개최하는 데 합의했음을 확인할 수 있다. 이상으로써 우리는 1919년 4월 14일에 개최된 필라델피아의 한인대회가 이승만이 발의發議하고 서재필이 이에 동의함으로써 가능했던 집회였음을 알 수 있다.[22]

3. 총대표회 개최 목적

그렇다면 서재필과 이승만은 필라델피아의 한인대회를 구체적으로 언제, 어떻게 소집했으며 그들이 추구한 구체적 목적은 무엇이었을까? 이 물음에 대한 답은 서재필·이승만·정한경 등 3인이 3월 24일자 ≪신한민보≫에 공동명의로 발표한 '대한인총대표회의 청첩'에 잘 나타나 있다.

동포여 이때가 어느 땐가. 우리의 충애 동지는 탄환을 대신해 몇만 명 목숨을 버렸으며 여러 만 명의 무죄한 동포는 일인日人의 옥중에서 악형과 학살을 당하는 중이라. 우리 재외 한인들이 목숨을 버리며 피를 흘려서라도 당당한 대한의 독립을 회복하며 저 동포들을 수화水火 중에서 건질 수만 있으면 하나라도 사양치 않을지라.

미주 동편 몇 지방의 동지가 수차 의논한 결과로 4월 14일로 16일까지 필라델피아에서 북미 대한인연합대회를 열고 미국의 각 사업계, 교회계, 교육계, 신문잡지계의 모든 단체적 대표될 만한 신사숙녀를 다수히 청해 방청으로 참여케 하고 서재필 박사와 다른 고명한 웅변 대가로 국어와 영어로 연설해 대한독립 선고의 주의를 발표하며, 독립운동에 대해 우리는 생명과 재산을 바쳐서 도울 뜻을 선고하며, 평화회의에 글을 보내어 독립을 승인하라 하며, 옥에 갇힌 충애지사를 일인의 악형과 학살에서 보호하라고 공포하며, 우리가 독립을 회복한 후에는 공화정체를 쓸 것과 외교, 통상, 선교 등절等節에 국제상 책임을 담임하며, 동양 평화와 만주 개방을 보호한다는 뜻을 공포하며 그 외에 몇 가지 문제를 첨부해 순서를 정하고 연일 개회해 세계에 알리겠으며 마지막 날에는 다수한 미국 동지자들로 합동해 이 도성에 큰길로 국기를 받들고 행렬해 독립관에 가서 큰 연설과 축사와 만세로 폐회할 터이외다.

이 일에 제일 긴한 것은 미주 각처에 산재한 동포가 다수히 모여야 할지니 남녀노소를 물론하고 무슨 책임을 불계하며 이때는 제백사除百事하고 경비를 자담해 한 사람도 빠지지 말고 참여하기를 저마다 주의할지라.

일이 대한 독립에 관계가 중대하니 도리상으로 피치 못할 사람들은 의례히

다 참례하려니와 이러한 성대한 관광을 구경으로만 말해도 평생 지력을 다해 한번 참례할지라. 서로 알리며 서로 도와서 기회를 잃지 말게 하시오.

모든 통신은 이리로 하시오. 1537 Chestnut St., Philadelphia, Va.

1919년 3월 24일

대한인국민회 총대표회 위원 이승만 · 정한경 · 서재필[23]

이 글을 자세히 살펴보면, 우선 서재필은 이승만 · 정한경과 함께 '대한인국민회 총대표회 위원' 자격으로 '대한인총대표회의'를 소집했음을 확인할 수 있다. 그런데 문체와 내용으로 보아 이승만이 작성한 것이 틀림없는 이 청첩장에는 그들이 개최할 한인대회의 목적과 순서까지도 명시하고 있음이 주목된다. 즉, 서재필 · 이승만 · 정한경 등은 첫째, 3 · 1운동을 통해 발현된 한민족의 독립 의지를 전 세계에 알리며, 둘째, 3 · 1운동 이후 국내외에서 펼쳐진 독립운동에 전폭적인 지지를 선언하며, 셋째, 파리강화회의에 문서로써 한국 독립 승인을 요청하며, 넷째, 국내에서 옥고를 치르거나 달리 박해를 당한 애국지사들의 구호를 국제기구에 호소하며, 다섯째, '우리가 독립을 회복한 후에는 공화정체共和政體를 쓸 것'을 공포하며, 나아가 여섯째, 독립된 한국이 미 국민에게 동양 평화와 만주 개방을 보장하겠다는 의지를 천명할 것 등을 대회의 주요 목표로 설정하고 있었다.

그리고 그들은 이 모임에 미국의 실업계, 종교계, 교육계, 언론계 인사들을 다수 초청하고 '서재필 박사와 다른 고명한 웅변 대가로' 하여금 국어와 영어로 연설케 할 것과 대회 마지막 날에 '국기를 받들고 행렬해 독립관에 가서 큰 연설과 축사와 만세로 폐회할 것' 등을 상세히 계획하고 있었다.

위 청첩장에서 우리의 관심을 끄는 것은 서재필 · 이승만 · 정한경 등이

'대한인국민회 총대표회의 위원' 임을 자처하고 그들이 소집한 대회를 '대한인총대표회의'라고 호칭했다는 사실이다. 이것은 이 대회가 대한인국민회의 권위를 빌어 개최된 회의였음을 뜻한다.[24] 요컨대, 1919년 4월 14일에서 16일까지 필라델피아에서 개최된 한인대회의 정식 명칭은 '대한인총대표회의'이며 이를 후원한 기관은 대한인국민회였다고 보는 것이 타당하다. 안창호가 4월 1일 이승만에게 보낸 아래의 서한은 이 대회가 대한인국민회 중앙총회장의 사후 승인 하에, 그리고 안창호가 파견한 3명의 대표가 참석한 가운데 열린 대한인국민회의 공식 행사였음을 확인시켜준다.

> 동방東方의 국민대회國民大會를 여시는 것은 좋은 일이오며 창호昌浩가 진참進參할 뜻이 간절하오나 이미 동양으로 가기로 결정하야 금일 하오下午에 발정함으로 가지 못하오니 매우 섭섭하오이다. 민찬호閔燦鎬·윤병규尹炳圭[*sic*]·이대위李大爲 세 씨가 대회에 참석키 위해 갈 터이오니 그리 아소서…….[25]

이로써 필라델피아 한인대회는 서재필·이승만·정한경이 주동한 행사로서 명목상 대한인국민회(중앙총회)가 후원한 것이며 그것의 정식 국문 명칭은 '대한인총대표회의' 였다는 결론에 도달한다. 그렇지만 이 회의를 개최한 주요 목적 가운데 하나가 미국 국민에게 한국인의 독립 의지를 널리 선전하는 데 있었기에 대회 주최자들은 이 대회를 미국의 독립 이전 1774년과 1775년에 필라델피아에 두 차례 소집되었던 식민지의 '대륙회의The Continental Congress'를 본떠서 영어로는 '제1차 한인의회The First Korean Congress'라고 명명했던 것이다.[26] 그리고 아래에서 보여주는 바와 같이, '대한인총대표회의'는 그것의 청첩장에서 예시된 취지와 순서에 맞추어 착착 진행되었다. 달리 말하자면, 이 대회는 서재필·이승만·정한경 등 주동자들이 기획한 대로 진행된 '완벽히 준비된' 행사였다.

4. 총대표회 참가자

『대한인총대표회의 의사록』('의사록'으로 약칭)을 보면 서재필·이승만·정한경 등은 총대표회 개최 사실을 국·영문 신문에 광고하고 동시에 미국의 뉴욕·오하이오·일리노이·미주리·와이오밍·네브래스카·아이오와·콜로라도·캘리포니아·펜실베이니아 등 11개 주와 하와이, 영국 런던, 아일랜드, 중국 등지에 산재한 한인들에게 청첩장 혹은 전보를 보내 초청한 것으로 기록되어 있다.[27] 이에 따라 150명 내외의 한국인 대표 delegate들이 대회에 참가했다.[28]

그렇다면, 이 대회에 참가한 한국계 인사들은 과연 어떤 인물들이었는가? 이 물음에 만족스러운 답을 제공하기는 현재로서 불가능하다. 그러나 '의사록'에는 이 대회에서 각종 위원회의 위원으로 위촉된 사람들과 회의에서 발언한 인사들 약 30명의 이름이 나온다.[29] 이들의 이름은 모두 영문으로 표기되었기에 그들의 국문 이름이 무엇이었는지 완전히 파악할 수는 없다. 참가자 가운데 국문 이름이 확인되는 인사는 강영대姜永大, 김영기金永基, 김노듸, 김현구金鉉九, 노정민盧政敏, 민찬호, 서재필, 신성구申聲求, 유일한, 윤병구, 윤영선尹永善, 이대위李大爲, 이승만, 이용직李容稷, 이춘호李春昊, 임병직, 임초林超, 장택상, 정한경, 조병옥, 천세헌千世憲 등 21명 정도이다. 이들 가운데 비교적 저명한 인사들의 인적사항을 살펴보면 아래의 〈표〉와 같다.

이들 인사의 공통점을 정리하면 한국에서 태어나 일찍이 미국 혹은 영국에 건너가 그 나라의 유수 대학에서 인문학과 사회과학을 전공해 학사

〈표〉 필라델피아 대한인총대표회의 주요 한국계 참가자(연령순)

이름	생몰년 (당시 나이)	외국 이주년	당시 학력	종교	해방 후 주요 경력
서재필 Philip Jaisohn	1864~1951 (55)	1885	컬럼비아대학교 (조지워싱턴대학교) 의학박사(MD)	기독교	미 군정청 최고고문, 과도정부 특별의정관
이승만 Syngman Rhee	1875~1965 (44)	1904	하버드대학교 석사 프린스턴대학교 국제정치학 박사	〃	국회의장, 초대 대통령
민찬호 C. H. Min	1877~1954 (42)	1905	배재학당 졸업 남가주대학교(USC) 학사·석사(신학)	〃	(체미)
윤병구 P. K.Yoon	1879~1949 (42)	1903	배재학당 졸업 덴버대학교 중퇴	〃	(체미)
김현구 Henry Kim	1889~1967 (30)	1910	오하이오주 콜럼버스대 학사(정치학·철학)	〃	(체미)
정한경 Henry Chung	1890~1985 (29)	1905	네브래스카대학교 석사(정치학)	〃	주일 대표부 초대 수석(대사격)
임병직 B. C. Lyhm	1893~1976 (26)	1913	오하이오주립대학교 재학 중	〃	외무부장관, 주 유엔대사
장택상 T. S. Chang	1893~1969 (26)	1911	와세다대학교 수학 영국 에든버러대학교 중퇴(경제학)	?	수도경찰청장, 초대 외무부장관, 민의원 부의장, 국무총리
조병옥 P. O. Cho	1894~1960 (25)	1914	와이오밍신학원 졸업 컬럼비아대학교 대학원 재학 중	〃	미군정청 경무부장, 유엔 대통령특사, 내무부 장관, 민의원, 민주당 최고의원
유일한 Ilhan New	1895~1971 (24)	1905	미시간대학교 학사 (경영학)	〃	유한양행 회장, 대한상공회의소 초대 회두
김노디 Nodie Dora Kim	1898~1972 (21)	1905	오벌린대학교 재학 중 (역사·정치학)	〃	외자구매처장, 대한적십자사 부총재, 대한부인회 섭외간사, 인하대학교 이사

〈참고자료〉: 『한민족문화대백과사전』; 국가보훈처 편, 『대한민국 독립유공자 공훈록』(국가보훈처, 1980; 방선주, 『재미한인의 독립운동』(한림대학교 아시아문화연구소, 1989); 유영익, 『이승만의 삶과 꿈』(중앙일보사, 1996); 유일한전기편찬위원회 편, 『나라사랑의 참기업인 유일한』(유한양행, 1995); 이현희, 『유일한의 독립운동 연구』(동방도서주식회사, 1995); 임병직, 『임병직 회고록』(여원사, 1964); 장병혜, 『창랑 장택상 일대기: 상록의 자유혼』(창랑장택상기념사업회, 1992); 조병옥, 『조병옥: 나의 회고록』(도서출판 해동, 1986); 조흥은행 문서부 「임원대장」; 홍선표, 「재미한족련합위원회연구(1941~1945)」, 한양대학교 대학원 사학과 박사학위 논문(2001); J. Earnest Fisher, *Pioneers of Modern Korea* (Seoul: The Christian Literature Society of Korea, 1977); Young Ick Lew, "Foreword,"

Henry Chung, *Korea and the United States Through War and Peace, 1943-1960* (Seoul: Yonsei University Press, 2000); Channing Liem, *Philip Jaisohn* (Seoul: Kyujang Publishing Co., 1984); Barbara Bennett Peterson, ed., *Notable Women of Hawaii* (Honolulu: University of Hawaii Press, 1984); Dae-Sook Suh, ed. and tr., *The Writings of Henry Cu Kim* (Honolulu: Center for Korean Studies, University of Hawaii, 1987).

학위 이상의 학위를 취득했거나 재학 중인, 말하자면 그 당시 한국인으로서 최고 수준의 근대 학문을 이수한 엘리트들이었다. 또한, 대체로 소년기에 미국으로 건너가 영어를 익히고 미국 생활에 적응함으로써 미국식으로 사고하고 행동하는 인물들이었다.

종교적으로 거의 모두 기독교(개신교) 신자들로서 한국의 유교 전통에 비판적인 인물들이었다. 그들 가운데 세 명은 조국을 떠나기 전에 배재학당에서 서재필을 만나 사사師事한 경력이 있는 인물들이고, 나머지 청년들 역시 서재필과 이승만을 인생의 본보기role model로 선택하고 사숙한 인사들이었다. 또한, 대부분은 나중에 조국에 돌아가 미 군정과 제1공화국에서 정계, 외교계 혹은 재계에서 요직을 맡아 이승만과 더불어 대한민국 건국에 음양으로 공헌한 인물들이다.

총대표회에 참가한 한국계 인사들은 대회 기간에 '대표'라고 자칭했다. 이는 그들이 1919년 당시 자기가 살던 지역의 대한인국민회 지부의 대표자라는 뜻이었을 것이다. 그렇지만 사실은 그들 가운데 민찬호·윤병구·이대위 세 사람만 안창호가 선발해 보낸 대한인국민회 중앙총회의 대표들이었다. 이 대회에 안창호 자신은 4월 1일에 미국 서부를 떠나 상하이로 향발했기에 불참했고,[30] 안창호가 창립한 흥사단興士團(The Young Korean Academy)의 일원인 백일규白一圭와 백낙준白樂濬도 서재필과 이승만의 초청을 받았지만 참가를 사절했다.[31] 그리고 1915년 이래 하와이 한인 사회에서 이승만과 갈등을 겪던 무투파武鬪派의 영수 박용만과 1918년 11월 뉴욕에서 결성된 신한회新韓會(The New Korea Association)의 초대 회장인 사회주의자 김헌식金憲植 역시 이 대회에 불참했다.[32] 1919년 당시 하와이를 포함한 미주 전역에 약 7천 명의 한국인이 거주하고 있었으며 그중 541명이 미국의 대학교나 전문학교에서 공부하고 있었다는 사실[33]을 비춰볼 때 총대표회의에 참가한 인원은 그리 많은 것은 아니었다. 바꾸어 말하자면, 이 대회는 진정한 의미의 '대한인총대표회의'가 아니었고 미국 내 친親서재필·이승만 세력의 단합대회와 같은 성격의 집회였다고 보는 것이 옳을 것이다.

종래 총대표회를 다룬 거의 모든 번역서와 논저에서 이 대회의 '의사록'에 나타나는 Henry Kim과 Kyiham Chang을 김현철金顯哲과 장기영張基永으로 간주하고 마치 이들이 대회에 참가했던 것으로 서술하고 있는데 이것은 근거 없는 오류라고 여겨진다. 반면 필자는 이 대회에 장택상과 민규식이 참석했을 것으로 추정한다. 이 두 사람은 '한국 굴지 부호의 자식들'로서 대회의 준비·개최 기간을 포함한 2월 초부터 6월 하순까지 이승만과 종종 만나고 있었으며, 앞에서 인용한 자료에 나타난 대로 서재필·이승만·정한경 등과 2월 4일에 필라델피아에서 회동해 영문 잡지 발간 문제로 구수회의鳩首會議를 했던 점으로 미루어 대회에 참가했을 가능성이 높다.[34] 요컨대, 1919년 이전 영국에서 유학하던 장택상과 민규식이 3·1운동 발발 직전에 미국으로 건너가 서재필·이승만·정한경 등과 어울리면서 독립운동에 가담했을 개연성은 상당히 높다.

필라델피아 총대표회에는 위에서 소개한 한국계 인사들 이외에 미국인 다수가 연사 혹은 방청객으로 참석했다. '의사록'에 나타난 저명한 미국인 참가자들의 이름을 직업별로 나누어 제시해보면, 우선 종교계 인사로는 필라델피아 성삼위교회의 교구사제Rector of Holy Trinity Church 톰킨스 박사Dr. Floyd W. Tomkins, 가톨릭계 대학인 빌라노바대학Villanova College 총장 딘 신부Rev. Father James J. Dean, 필라델피아의 대표적 유대교회의 랍비 버코윗츠 박사Rabbi Dr. Henry Berkowitz, 펜실베이니아 주랜스다운Lansdowne 시의 세인트존교회 교구사제Rector of St. John's Church 맥비 목사Rev. Croswell McBee, 필라델피아 기독교계의 지도자 맥카트니 박사Dr. Clarence E. McCartney 등 저명한 성직자들이 참가했다. 다음으로 교육계에서는 오벌린대학Oberlin College의 사회학과 교수 겸 중유럽연합 의장the director of Mid-European Union 밀러 교수Prof. Herbert A. Miller, 스와스모어대학Swarthmore College의 레이머 박사Dr. Reimer, 러시아의 상트페테르부르크에서 오랫동안 거주한 경력이 있는 샤트 교수Prof. Alfred J. G. Schadt 등이 참가했다. 이들 이외에 총대표회에는 한국에서 다년간 봉사하다가 미국으로 돌아간 뎀밍Mr. Demming과 쿡 여사Mrs. E. L. Cook 등 두 명의 선교사 그리고 ≪이브닝 레저≫의 기자 베네딕트 등 언론인이 참가했다. 이들 성직자, 선교사, 대학교수, 언론인은 총대표회에서 성경 봉독, 기도, 축사, 강연, 간증 등의 식순을 맡아 한국인 참가자들의 사기를 북돋아주었다. 그들 가운데 베네딕트 기자는 밤에는 신문사에서 근무하고 낮에는 대회에서 봉사함으로써 대회를 원만하게 치르는 데 크게 이바지했다.

총대표회에 참가한 미국인 성직자, 선교사, 교수, 언론인이 이같이 돋보이는 역할을 담당했지만, 그들 모두가 총대표회의 취지에 꼭 맞는 초빙인사들이었느냐 하면 그렇지는 않다. 왜냐하면, 이 대회를 소집했던 서재필·이승만·정한경 등은 애당초 한국에 가장 많은 수의 선교사를 파송한 미국 장로교와 감리교 교단의 선교본부 총무들을 대회 연사로 모실 계획이었다. 그러나 그들이 이미 "일인日人의 침을 맞아"[35] 대회 참가를 거절했기 때문에 부득이 '꿩 대신 닭' 격으로 서재필, 이승만과 개인적 친분이 있는 인사들을 모셔왔던 것이다. 여하튼 총대표회에 참가한 이들 미국인은 이 대회에서 한국인의 독립 열망에 감명을 받고 대회 종료 후에 서재필, 이승만이 이끄는 한국 독립운동을 지원했다. 그렇지만 이들은 한국인들이 이 대회에서 채택한 결의안에는 아무런 영향도 끼치지 않았다.

5. 총대표회 진행 상황

필라델피아 총대표회는 4월 14일에 필라델피아 시 17가와 델란시Delancey 거리의 교차점에 있는 리틀극장Little Theater에서 개막했다. 이 대회의 준비위원으로서 임시 의장직을 맡았던 서재필은 개회 벽두에 톰킨스 목사에게 기도와 축사를 부탁했으며 회의는 미국 애국가를 제창함으로써 개시되었다. 그다음 회의 참석자들은 앞으로 3일간에 걸쳐 진행될 대회의 사회를 맡게 될 의장president을 선출하는 절차를 밟았다. 이때 정한경의 동의와 이승만의 재청으로 서재필이 만장일치로 의장에 선출되었다. 이에 서재필은 아래와 같이 의미심장한 의장직 수락 연설을 했다.

> 대한인총대표회의에 참석하신 신사 숙녀 여러분, 여러분이 보여주신 신뢰에 감사드립니다. 저는 여러분이 저를 앞으로 진행될 회의의 사회자로 뽑아주신 것을 영광으로 생각합니다. 그러나 저는 한 가지 사실을 분명히 말씀드리고 싶습니다. 다름 아니라 저는 다음과 같은 이유로 이 자리를 다른 분이 맡아 주셨으면 했습니다. 여러분이 다 잘 아시는 바와 같이, 저는 이 나라에 귀화한 미국 시민입니다. 저의 마음과 영혼은 여러분과 함께 있고 또 제 능력이 허락하는 한 모든 일에 있어 여러분을 돕고 같이 의론도 하겠지만 제가 그렇게 행동하는 데에는 한계가 있습니다. 저는 미국 헌법을 준수하겠다고 서약했기 때문에 이 회의를 진행하는 동안 말로써나 행동으로, 의식적·무의식적으로 조금이라도 미국의 국익과 법률에 저촉되는 일이 발생한다면 저는 사퇴해야 합니다. 이 점을 양해하시고 여러분께서 저를 이 대회의 사회자로 밀어주신다면 저는 최선을 다해

그 책임을 완수하겠습니다.[36]

즉, 서재필은 자신이 미국 헌법을 준수하겠다고 서약한 미국 시민이기 때문에 한국인의 독립운동에 앞장설 수 없다는 입장을 분명히 밝히고, 미국의 국익과 법률에 저촉되지 않는 범위에서 최선을 다해 사회자의 역할을 담당하겠다고 '양심선언'을 한 것이다.

이러한 입장 표명에 이승만이 대회 참가자들을 대표해 양해하겠다고 발언함으로써 서재필의 사회는 시작되었다. 사회봉을 잡은 서재필은 우선 이승만의 추천으로 임병직·김현구·Kiyham Chang 등 3인을 대회의 서기書記로 임명했다. 회의는 시종일관 거의 영어로 진행되었는데, 총대표회의 3일간 진행 순서는 아래와 같다.

총대표회의 진행 순서

제1일(4월 14일)

오전

- 서재필 의장 선출 / 의장 취임 인사 / 서재필 사회 개시
- 이승만의 추천에 따라 임병직, 김현구, Kiyham Chang을 서기로 임명
- 서재필, 대회의 주요 결의안을 기초起草할 분과위원회 위원들 임명(서재필 당연직)

  ① 대한공화국 임시정부에 보낼 메시지 기초위원회(동의자 민찬호)
  민찬호·정한경·천세헌千世憲(S. H. Chunn)

  ② 미국에 보내는 호소문 기초위원회(동의자 이승만)
  이승만·이상설·Mr. Y. N. Park

  ③ 한국인의 목표와 열망을 표명하는 결의문 기초위원회(동의자 유일한)

유일한 · 김현구 · Miss Joan Woo

④ 일본 국민에게 제출할 결의문 기초위원회(동의자 이승만)

윤병구 · 임초 · 김노듸

⑤ 워싱턴의 적십자사 본부에 보낼 전보 기초위원회(동의자 이승만)

이승만 · 이상설 · 정한경

• 파리강화회의에 참석 중인 김규식으로부터 답지한 4월 11일자 축전 낭독

• 김노듸의 연설

• 밀러 교수의 연설

• 샤트 교수의 연설

오후

• 결의안 '대한공화국 임시정부에 보내는 메시지' 채택

• 워싱턴 적십자사 본부에 보내는 전보문 타전

• 결의안 '미국에 보내는 호소문' 채택

• 사무엘 리Samuel Lee의 축가祝歌 독창

• 결의안 '한국인의 목표와 희망'의 초안 제출; 토의와 채택은 다음 날로 미룸

제2일(4월 15일)

오전

• 딘 신부의 성경 봉독(시편 53편)과 기도, 연설

• K. S. Deyo의 바이올린 독주

• 하와이로부터 답지한 축전 낭독, 축전 답장 작성위원 위촉: 서기 3명

• 결의안 '한국인의 목표와 희망' 토의, 채택

• 결의안 '사려 깊은 일본인에게 보내는 메시지' 토의, 채택

오후

- 상하이 고려교민친목회 회장 신헌민申獻民으로부터 답지한 축전 낭독
- 미국 정부와 파리강화회의에 보낼 임시공화국 승인 청원서 초안 기초위원 임명(조병옥 · 윤병구 제의)
  정한경 · 윤병구 · 민찬호 · 서재필 당연직

제3일(4월 16일)

오전

- 버코윗츠 랍비의 기도
- 사무엘 리의 독창
- 버코윗츠 랍비의 연설
- R. K. Lee의 축가 독창
- 베네딕트 기자의 연설
- 맥비 목사의 연설
- 미국 교회연합회에서 온 통신 보고 낭독
- '미국 대통령과 파리강화회의에 보내는 청원서' 채택
- 대한인국민회 집행부의 결정에 따라 필라델피아에 홍보국 설치 결의
- 서재필을 한국중앙통신국과 한국독립동맹의 대표로 지명. 서재필이 이들 기구의 책임을 고문 자격으로 맡겠다고 조건부 수락

오후

- Mrs. Caroline Kennedy O'Neill의 유족에게 조전弔電 발송 결의; 기초위원 3명 임명
- 필라델피아 시장, 시당국, 언론기관, 대회 참가 미국인들에게 감사 표시를 하기로 하되 서재필이 그러한 내용의 서한을 작성하기로 결의

- 1919년 4월 16일자 ≪필라델피아 레코드*Philadelphia Record*≫에 실린 사설 '한국의 독립Korean Independence' 낭독
- 레이머 박사의 연설
- 맥카트니 박사의 연설
- Mr. D. W. Lim, 한국 독립을 위해 하루에 세 번 기도할 것을 제안; 만장일치로 통과
- 민찬호 목사의 폐회 기도
- 서재필 의장의 무기 휴회 선언
- 참가자 전원 미국독립기념관까지 행진
- 이승만의 독립선언서 낭독
- 대회 무기 휴회

이렇게 3일간 진행된 대회는 매일 아침 특별 연사로 초빙된 미국인 성직자들의 기도와 축사로 시작되었고 미국인 대학교수들의 연설 혹은 한국에서 갓 돌아온 선교사들의 증언과 독창·기악 독주 등 음악 순서까지 들어 있어 마치 개신교 교회의 부흥회를 방불케 했다.[37] 대회 도중 서재필은 파리강화회의에서 한국 대표로 활약하고 있던 김규식이 보내온 축전, 새크라멘토의 대한인국민회 지부와 호놀룰루의 국민회 지방총회로부터 온 축전, 그리고 상하이 고려교민친목회高麗僑民親睦會(Korean Municipality of Shang-hai)의 신헌민Hun Min Sinn(申獻民, 본명: 申錫雨)[38] 회장이 보낸 축전 등을 낭독해 대회 참가자들의 사기를 북돋우었다. 대회 마지막 날에는 서재필 의장이 ≪필라델피아 레코드≫에 실린 '한국의 독립Korean Independence'이라는 사설을 낭독함으로써 이 대회의 성과를 과시하기도 했다. 서재필은 리틀극장에서 치러진 모든 일정을 민찬호 목사의 한국말 기도로써 끝맺었다.

폐회 선언 후 서재필과 참가자 일동은 필라델피아 시의 토마스 스미스Thomas Smith 시장이 제공한 기마대와 군악대의 호위 하에 리틀극장을 출발, 미국의 독립운동을 기념하는 역사적 유적인 '미국독립기념관'까지 태극기를 흔들면서 행진했다. 일행이 독립기념관에 도착하자 서재필은 기념관 관장에게 건물의 내력 설명을 부탁했고 이어서 이승만에게 최남선崔南善이 지은 「독립선언서」를 낭독시켰다. 이 자리에서 이승만은 영어로 번역된 「독립선언서」를 낭독했다. 이어서 일행은 이승만의 선창에 따라 '대한공화국 만세'와 '미국 만세'를 삼창했다. 마지막으로 일행은 각자 독립관 내에 보존된 '자유의 종Liberty Bell'을 오른손으로 만져보고 기념관을 관람했다. 이때 서재필은 독립관 관장의 양해를 얻어 1787년 미국 헌법 선포 당시 미국 초대 대통령 조지 워싱턴George Washington이 사용했던 의자에 이승만을 앉게 하고 기념촬영을 했다.[39]

이상과 같이 다채로운 행사를 주관하는 과정에서 서재필은 이승만을 특별히 우대하는 모습을 여러 차례 보여주었다. 서재필은 대회 종료에 맞춰 미국독립기념관에서 이승만에게 독립선언서를 낭독하게 했고, 만세 삼창을 선창하도록 배려했으며, 미국의 초대 대통령이 앉았던 의자에 앉아 사진을 찍게 함으로써 참가자들의 마음속에 이승만이 한국 독립운동의 최고 지도자라는 인상을 각인시키고 있었다. 이에 앞서 4월 15일 대회 도중에도 서재필은 이승만이 4월 초에 '만주 접경 지역에 수립된 대한공화국'의 '국무경Secretary of State'으로 선출되었다는 사실을 공표함으로써 이승만의 위상을 높여주었다.[40] 이어서 4월 16일 대회에서는 아래와 같이 이승만을 대놓고 칭찬하는 발언을 했다.

> 이승만 박사는 놀랄 만큼 훌륭한 업적을 달성한 인물입니다. 나는 여러분이 과거 20년간의 역사를 통해 그를 여러분의 지도자로 절대 신뢰하고 있음을 알

고 있습니다. 그는 지옥의 열화烈火같은 고난을 극복한 인물입니다. 그는 그리스도를 믿는다는 이유로 5년간[sic] 감옥에 갇혀 있었습니다. 그는 여러분의 신뢰를 받을 만합니다.[41]

이상과 같은 서재필의 언동을 종합해볼 때, 서재필은 자기 제자인 이승만이야말로 한국 독립운동의 최고 지도자이자 신생 공화국의 최고지도자로서 손색이 없는 인물이라 믿고 남들 역시 이승만을 그렇게 인정하고 받들어줄 것을 기대했던 것으로 볼 수 있다. 그렇다고 서재필이 이승만을 무조건 존경하고 옹호한 것은 아니었다. 서재필은 이승만의 유아독존적이고 독선적獨善的인 성격[42]을 누구보다도 더 잘 알고 있었다. 4월 14일 오후 대회에서 이승만은 자기가 기초하고 작성한 '미국에 보내는 메시지' 채택 여부를 놓고 회중이 토론을 시작하려 하자 토론을 생략하자고 주장한 일이 있었다. 이때 서재필은 이승만을 제지하면서 그러한 태도는 비민주적이라고 견책하고 토론을 강행했다.[43] 이 일화는 서재필이 이승만의 조급하고 독선적인 성격을 잘 알고 있었음을 보여주는 사례이다.

서재필의 독립운동을 연구한 일부 학자는 위의 사건을 놓고 서재필과 이승만이 필라델피아 한인대회 때부터 이미 갈등을 빚었으며 서재필은 이승만의 지도력에 항상 불신감을 가졌던 것으로 해석하는 경향이 있다.[44] 그러나 '의사록' 내용 전체를 엄밀히 검토해보면, 서재필은 이승만의 성격상 결함을 지실知悉하면서도 그의 빼어난 학력, 정치가로서의 탁월한 자질, 발군의 독립운동 경력 등을 종합적으로 고려해 그를 한국 독립운동의 최고 지도자, 그리고 신생 공화국의 최고 지도자로 추대하고 있었음을 유추할 수 있다.

참고로 필자는 1922년 이후 서재필이 집필한 다음 세 가지 글을 검토한 결과 서재필이 1950년에 서거할 때까지 이승만에 대한 신뢰와 존경심을 잃지 않았음을 확인할 수 있었다. 첫째, 서재필은 1922년 2월 6일 구미위원부의 임시위원장직을 사임하고 독립운동의 일선에서 물러날 때 이승만 '임시대통령'에게 다음과 같은 내용의 사임서를 제출한 바 있다.

> 이렇게 각하와의 공적 관계를 중단하면서 본인은 각하께서 그동안 본인이 구미위원부의 임시위원장직을 맡았을 때 베풀어주신 갖가지 호의에 감사를 드립니다. 본인은 한국의 독립운동과 관련해 각하께서 본인의 도움이 필요하다고 생각하시면 언제든지 다시 각하의 명령에 따를 것을 분명히 언명해두는 바입니다.[45]

이 서한은 서재필이 1922년에 이승만과의 협력 관계를 중단하면서도 이승만의 지도력에 여전히 신뢰와 존경심을 갖고 있었음을 증명하는 자료라고 볼 수 있다.

둘째, 서재필은 1942년 2월 말부터 3월 초까지 워싱턴에서 개최되었던, 이승만이 주관한 '한인자유대회The Korean Liberty Conference'에 참석한 자리에서[46] 한국인 '친구들'에게 다음과 같은 공개서한을 발송한 일이 있다.

> 이 자리에서 저는 여러분의 노련한 지도자 이승만 박사가 그간 착실히 운영해온 워싱턴의 구미위원부를 밀어드리라고 부탁하고 싶습니다. 이 박사가 한국인의 자유를 위해 헌신한 사실은 한국어를 말하고 읽는 사람이면 누구나 다 잘 알고 있습니다. 그의 단점을 꼬집어 트집 잡는 따위의 비판일랑 그만두고 한국의 자유라는 크고 고상한 목적을 위해 그분에게 가능한 한 최선의 지원을 베푸시기 바랍니다. 여러분이 그분에게 아낌없는 정신적, 물질적 지원을 해주지 않으면 그분은 무력할 것이며 그렇게 되면 한국 독립운동은 피해를 볼 것입니다. 저는 올바르게 생각하는 한국인이라면 누구도 그런 무모한 짓을 하지 않으리라

생각합니다. 이것이 현재 제가 여러분에게 드리고 싶은 부탁의 전부입니다. 이 말씀을 통해 여러분께서 저의 입장이 어떤지를 깨달아주시기 바랍니다.[47]

이로써 우리는 서재필이 1940년대 초에도 여전히 이승만을 한국 독립운동의 최고 지도자로 추대하는 데 인색하지 않았음을 확인할 수 있다.

셋째, 서재필은 1949년에 집필한 「이 박사에 대한 나의 인상」이란 글의 종결 부분에서 아래와 같이 이승만이야말로 신생 대한민국의 초대 대통령이 될 자격이 있는 유일한 인물이며 한국 역사상 가장 걸출한 인물 중의 한 사람이라고 평가했다.

조국 독립을 위한 그분의 집념과 불요불굴의 헌신적 노력은 그가 한국을 위해서 한 봉사 가운데 가장 돋보이는 것입니다. 작년에 대한민국 국회는 오랫동안 최악의 조건하에서 자기 민족을 위해 헌신했던 그분의 노고를 인정해 그분을 한국 역사상 최초로 [탄생한] 민주주의 정부의 대통령으로 선출했습니다. 나는 이 박사 이외에 이 영예에 더 합당한 인물을 알고 있지 않습니다. 나는 그가 성공적으로 대통령직을 수행할 것을 바라며 또 그렇게 할 자격을 갖추었다고 봅니다. 나는 그분과 그의 보좌관들이 헌법의 테두리 안에서 자신들의 직책을 현명하게 수행하는 한 그분과 그의 정부를 밀어주려고 합니다. 그의 앞에 놓인 과제는 험난하고 그 과업을 수행함에 필요한 설비는 부족합니다. 나는 한국을 사랑하는 모든 사람이 이 시점에서 그분과 그분의 보좌관들을 가혹하게 비난하거나 근거 없이 험담하지 말고 그들에게 동정과 격려를 베풀어주기를 바랍니다.

동시에 나는 이 박사와 그의 보좌관들이 [앞으로] 정치·경제적 현안을 놓고 정직하게 [자신들과] 의견을 달리하는 인사들에게 좀 더 관용적일 것을 바랍니다. 적어도 공적인 문제로 발생하는 그들과의 의견 차이가 그들과의 인간적 유대에까지 악영향을 미치지 않기를 바랍니다. 왜냐하면, 그렇게 하는 것은 훌륭하고 대범한 정치가 아니기 때문입니다. 물론 근본 원칙은 타협하지 말고 끝까지 지켜야 하겠지만 자기와 견해를 달리하는 사람들을 불필요하게 소외시켜서는 안 됩니다.

나는 이 박사가 한국 역사상 걸출한 인물 가운데 하나라고 생각합니다. 그는 지난날 자기 나라를 위해 많은 고초를 당했습니다. 그러나 나는 그분이야말로 이제 필생의 목표를 성공적으로 달성한 만큼 행복한 여생을 누릴 것을 바라마지 않습니다.[48]

이상의 세 가지 인용문은 서재필이 독립운동가이자 정치가로서의 이승만에 대해 시종일관 최고의 신뢰와 존경심을 갖고 있었음을 증명한다고 말할 수 있다.

6. 총대표회에서 채택된 결의안의 내용 분석

필라델피아 총대표회가 끝난 직후 4월 17일에 이승만은 파리에 있는 강화회의 한국 대표 김규식과 샌프란시스코에 자리한 대한인국민회 중앙총회 회장 임시대리 백일규白一圭, 그리고 호놀룰루에 있는 국민회 하와이 지방총회장 이종관李鍾寬 등에게 필라델피아 총대표회의 종료 사실을 아래와 같이 전보(기안자 정한경)로 통지했다.

필라델피아의 한인대회가 4월 16일에 대성공으로 끝났습니다. 서재필 의장이 영어로 이 회의의 모든 절차를 주재했습니다. 성공회, 가톨릭교, 유대교, 장로교 등 여러 교파를 대표하는 저명한 연사들이 우리 공화국에 축하를 표했습니다. 여기에 온 미국인들은 한국민의 자유를 위해 한 단체를 조직했습니다. 이

대회에서 다음과 같은 결의안이 채택되었습니다. 첫째, 임시정부 지지를 약속하는 메시지. 둘째, 우리는 민주주의 정부, 종교와 언론의 자유, 자유무역 그리고 서구식 교육 등을 믿는다는 사실을 선포하는 결의문. 셋째, 미국에 보내는 호소문. 넷째, 사려 깊은 일본인에게 그들의 전제적 정부를 전복하라고 권고하는 메시지. 다섯째, 워싱턴 정부와 파리강화회의에 우리의 임시정부를 승인하라고 요구하는 청원서 등입니다.

150명의 남녀 대표자들이 이승만 국무총리Premier와 서재필 의장Chairman의 인도하에 기마대와 군악대의 호위를 받아 국기를 들고 필라델피아 시가지를 통해 '미국독립기념관'까지 행진했습니다. 수천 명의 인파가 이를 지켜보고 격려의 박수를 보냈습니다. 독립기념관에서는 관장의 환영사가 있었고 국무총리가 워싱턴이 앉았던 의자에 정좌했습니다. 그러고 나서 서재필 의장이 연설하고 국무총리가 서울에서 서명된 독립선언문을 낭독했습니다. 이곳 상황은 매우 유리합니다.[49]

자화자찬이 담긴 이 전보문에서 우리는 대회를 주관했던 서재필·이승만·정한경 등이 필라델피아 대회를 남녀 대표자 '150명'이 참가한, 성공적인 집회로 자체 평가하고 있음을 확인할 수 있다. 동시에 우리는 이 대회 후반기에 이승만이 상하이 임시정부의 '국무총리'로서 서재필 '의장'의 권위를 앞지르는 모습을 그려볼 수 있다.

필라델피아 총대표회에서 서재필과 이승만 다음으로 중요한 역할을 담당했던 정한경은 그의 유고遺稿 '한국에 온 미국인들Americans Came to Korea'에서 이 대회가 '한국민의 자유 획득 노력이 미국인의 호의적 관심을 이끈 점'에서 성공적이었다고 평가했다.[50] 또 이 대회의 서기로 활약했던 임병직은 그의 회고록에서 '이 대회가 끝난 다음 미국 전역에서 친한親韓 여론이 조성되고 신문들은 매일 한국에 관한 기사를 실었다'라고 하면

서 이 대회를 '대성공'이었다고 평가했다.[51]

이 대회가 과연 이승만 · 정한경 · 임병직 등이 스스로 평가한 것처럼 대성공을 거둔 행사였는지는 차치하고 이 대회는 여러 가지 다른 측면에서 획기적 의의가 있는 행사였다. 우선 이 대회는 한국 역사상 처음으로 한국인 독립지사들이 미국인과 더불어 영어를 사용하면서 진행한 국제적 행사였다. 그리고 이 대회에서 김노듸라는 묘령의 여성 대표가 남녀동등권과 여성의 보통선거권을 주창하고, D. W. Lim의 동의와 Y. C. Lee, Taikwon Sur, 김노듸, 서재필 부인, 이승만, 윤병구 등의 재청으로 회의 참가자들이 앞으로 하루에 세 번(아침, 점심, 저녁) 조국의 독립을 위해 침묵기도를 하기로 만장일치로 결의한 사실 등은 한국인의 국제 교류사와 여권신장사, 그리고 개신교 발달사 등에서 특기할 만하다.[52]

그렇지만 필라델피아 총대표회의 가장 중요한 성과는 아무래도 대회 참가자들이 토의, 채택한 일련의 결의안決議案(resolution)이었다. 서재필 의장은 미리 짜놓은 계획에 따라 결의안별로 기초분과위원회를 구성토록 한 다음 각 분과위원회에서 마련한 결의안 초안들을 전체회의에 부쳐 토의하고 채택하도록 했다. 앞서 살펴본 대로, 이러한 절차를 거쳐 서재필이 이 대회에서 채택한 주요 결의안은 다음의 다섯 가지였다.

(1) 대한공화국 임시정부에 보내는 메시지Message to the Provisional Government of the Republic of Korea.
(2) 미국에 보내는 호소문An Appeal to America.
(3) 한국인의 목표와 열망Aims and Aspirations of the Koreans.
(4) 사려 깊은 일본인들에게 보내는 메시지To the Thinking People of Japan.
(5) 미국 대통령과 파리강화회의에 보내는 청원서Petition to the President of the United States and the Peace Conference in Paris.

이들 결의안은 3·1운동 후 처음으로 한인 독립운동 단체가 영문으로 한민족의 독립 의지를 세계에 천명하며 그들의 정치적 이상을 표출시킨 문건이라는 점에서 특기할 만하다. 이들 결의안은 미국에서 정규 대학교육을 받아 영어 문장력이 돋보이는 지식인들이 작성한 것이기에 형식상 잘 다듬어졌다. 그 가운데 제(5)항목은 서재필이 당연직 위원으로 참여했던 분과위원회에서 기초한 것이기 때문에 서재필의 입김이 작용했던 것으로 간주할 수 있다. 여타의 문건들도 서재필이 감수하거나 가필했을 가능성이 높다. 여하튼 다섯 개의 결의안 가운데 (1), (3), (5)항목은 이 책에서 다루는 주제와 관련이 깊어 아래에 국문으로 번역해 상론하기로 한다. 우선 결의안 (1)의 전문을 번역, 소개하면 아래와 같다.

대한공화국 임시정부에 보내는 메시지

일본이 무력과 배신 등 부당한 방법으로 우리의 주권을 파괴하고 우리나라를 병탄했기에 우리 2천만 동포의 가슴속에는 일본 정부를 향한 깊은 분노가 쌓여 있습니다.

일본의 한국 통치는 한국인에게 경제적, 교육적, 종교적, 도덕적으로 처참한 상황을 조성했으며 한국인에 대한 일본의 처우는 한결같이 야만적이고 비인도적이며 견딜 수 없었습니다.

1919년 3월 1일에 3백여만 명의 우리 동포들이 총궐기해 일본으로부터의 독립을 선언했으며 고매한 기독교적 인격을 갖추고 고등교육을 받은, 민주적 통치 원칙을 받드는 인사들로 임시정부를 조직했습니다.

우리 모국의 애국적 동포들은 그들만의 자유liberty가 아니라 우리의 자유를 위해, 그리고 자유freedom와 인류애라는 대의를 위해 최악의 상황에서 만난萬難을 무릅쓰고 아낌없이 피를 흘리며 싸우고 있습니다.

이상을 살펴 미국 본토와 하와이 등지에서 이 대회에 참가한 우리 한인들은 조국의 자유를 위해 우리의 도덕적, 물질적, 육체적 지원을 다 바칠 것을 엄숙히 선언합니다.

우리는 또한 우리 동포의 불가양不可讓의 권리 회복 노력을 절대 늦추지 않을 것이며 우리의 힘을 다하고 모든 수단을 동원해 조국의 애국적 형제들을 돕고 격려할 것을 결의합니다.

우리는 또한 세계 여론에 우리의 정당한 불만과 우리 동포에 대한 일본의 폭압적 행동의 진상을 폭로하며, 다른 나라 국민들이 진실을 깨닫고 우리가 처한 현실에 대해 현명하고도 올바른 견해를 가질 수 있도록 우리가 동원할 수 있는 모든 수단을 동원할 것을 결의합니다.

이 결의안의 사본을 번역, 정서해 대한공화국 임시정부 대통령에게 보낼 것을 결의합니다.

정한경 · 천세헌 · 민찬호[53]

이 메시지는 1919년 4월 5일 ≪신한민보≫에 보도된 '만주에 있는 각 단체 대표자들에 의해 만주 접경에 수립된 대한공화국 임시정부The Provisional Government of the Korean Republic'의 대통령 손병희孫秉熙에게 보낼 것을 염두에 두고 작성된 문건이었다.[54]

그런데 ≪신한민보≫를 통해 알려진 '만주 접경'에 위치한 임시정부 각료 명단에는 대통령 손병희, 부통령 박영효朴泳孝 등의 이름 아래 이승만의 이름이 '국무경Secretary of State'으로 기재되어 있었다. 공교롭게도 필라델피아 회의에서 이 결의안이 채택되던 날, 즉 4월 14일(상하이 4월 15일)에 상하이 대한민국 임시정부의 외무차장 현순玄楯은 이승만에게 4월 11일 대한민국 임시정부 의정원에서 선출한 '진짜 임시정부'의 각료 명단을 전보로 통보했다.[55] 이 새로운 각료 명단에는, 이승만이 임시정부의 행정

수반인 '국무총리Premier'로 명시되어 있었다.

그러나 현순의 전보는 4월 14일 필라델피아 한인대회에 참석 중인 이승만에게 곧바로 전달되지 않았던 것 같다. 그 결과 4월 14일 회의 도중에 조병옥이 임시정부의 위치가 어디냐고 따졌을 때 서재필 의장은 "한국민이 임시정부를 수립할 의지를 나타낸 사실이 중요하지 임시정부의 소재지가 어디냐는 중요하지 않다"는 이유를 내세워 이 질문에 답을 회피하고 토론을 종결시켰다. 즉, 서재필은 대한공화국 임시정부의 위치를 분명히 확인하지 않은 채, 그것이 막연히 만주 접경에 존재한다고 가정하고 이 결의문을 통과시켰던 셈이다. 그러나 4월 17일 이승만이 각지로 발송한 전보문에 보이듯이, 대회 참가자들은 회의가 끝날 무렵에는 대한민국 임시정부가 상하이에 존재하며 이승만이 그 정부의 국무총리임을 알고 있었다.[56]

여하튼 이 메시지의 내용 가운데 우리가 주목해야 할 점은 대회 참가자들이 3·1운동 후 수립된 새로운 임시정부가 민주공화제 정부여야 하고 그 임시정부의 지도자들이 기독교적 인격을 갖춘 민주주의 신봉자여야 한다는 것을 강조했다는 사실이다. 이는 결의문 작성자와 그 결의문을 채택한 대회 참가자들이 모두 3·1운동 후 수립된 한민족의 새로운 국가는 기독교 민주주의 공화국일 것을 바라고 있었음을 방증하는 것이다.

다음으로 소개할 결의안 (3)은 정한경이 작성하고 서재필이 당연직 위원으로 기초 작업에 참여한 '미국 대통령에게 보내는 청원서'이다. 이 결의안은 원래 조병옥의 제의에 따라 미국 대통령에게 보내는 청원서로서 작성되었으나 토의 과정에서 윤병구의 수정 제의에 따라 '미국 대통령과 파리강화회의에 보내는 청원서'로 그 제목이 바뀌었다. 이 청원서는 아래와 같이 미국 대통령 윌슨Woodrow Wilson에게 '대한공화국 임시정부'의 승인을 요청하는 내용을 담고 있었다.

미국 대통령에게 보내는 청원서

국외에 거주하는 모든 한국인을 대표해 1919년 4월 14일부터 16일까지 펜실베이니아 주 필라델피아에서 개최된 대회에 참석한 우리들은 각하에게 1919년 3월 1일 2천만 이상의 전 한국민의 의지를 모아 설립된 대한공화국 임시정부의 승인을 정중히 요청합니다.

이 임시정부는 형식상 공화제이며 그 지도 이념은 진정한 민주주의 정신입니다. 이 정부는 대체로 고등교육liberal education을 받고 고매한 기독교적 인격을 갖춘 인사들로 구성되어 있습니다.

우리의 유일한 목적은 우리 민족의 불가양不可讓의 자결권을 회복함으로써 기독교 민주주의의 지도 원리에 따라 자유민으로 발전하는 것입니다.

우리는 한국이 1905년까지 독립된 왕국이었으며 미국은 1882년에 한국의 영토 보전과 독립을 보장하는 조약covenant을 체결한 당사국이었음을 지적하고 싶습니다.

우리는 각하께서 국제 정의를 옹호하는 데 앞장서왔던 공적을 인정하면서 민주주의와 약소국들의 권익을 위해 항상 싸워온 나라인 미국의 대통령인 각하에게 이 청원을 드립니다.

우리의 청원에 각하께서 호의적인 고려를 베푸실 것을 기쁘고 즐겁게 기대합니다.

심심한 존경을 표하면서.

정한경 · 윤병구 · 민찬호 · 서재필[57]

이 결의안은 무엇보다도 미국 대통령과 파리강화회의를 상대로 한국의 임시정부를 승인해달라고 요청한 최초의 문건이라는 점에서 역사적 의의가 깊다. 이 문건의 기초자들은 '3월 1일에' 민주주의 정신에 입각한 한민족의 새로운 공화제 정부가 탄생했으며 그 정부의 지도자들은 '고매한 기독교적 인격을 갖춘' 고등교육을 받은 인사들로써 구성되었다고 소개했다. 이 같은 내용은 이 문건 작성자들과 총대표회 참가자들이 신대한의 형태와 그 지도자들에게 걸었던 기대감을 반영한 것이라고 말할 수 있다.

총대표회에서 채택된 다섯 개의 결의안 가운데 가장 중요한 것은 「한국인의 목표와 열망」이라는 제목의 다섯 번째 결의안이다. 이 결의안은 워낙 중요한 문건이기 때문에 그것의 국문 번역문이 1919년 8월 15일 호놀룰루의 한인기독학원(원장 이승만)에서 발간한 『대한독립혈전긔大韓獨立血戰記』에 실렸다. 이 책에선 '한국인의 목표와 열망'이라는 제목을 '필라델피아 총대표회 종지宗旨(cardinal points)'라고 번역해 소개하고 있다. 이승만이 번역한 것으로 판단되는 이 번역문을 영어 원문과 나란히 소개하면 아래와 같다.

필라델피아 총대표회 종지(「한국인의 목표와 열망」)

1. 우리는 정부의 공정한 권리가 관리管理를 받는 자에게로 말미암아 나온 것을 믿나니 그런 고로 정부는 관리를 [베풀어] 주는 백성의 이권利權을 위해 마땅히 동작動作할 일.

   We believe in government which derives its just power from the governed, therefore the government must be conducted for the interest of the people it governs.
2. 우리는 할 수 있는 데까지 미국의 정체를 모방한 정부를 세우기로 제의해 교육을 [이에] 일치케 할지라. 이 앞으로 오는 10년 동안에는 필요한 경우를 따라서 권세를 정부로 더욱 집중하며 또 국민인자 교육이 발전되고 자치상의 경험이 증가할진대 그에 대해 관리상 책임의 공권公權을 더욱 허락할 일.

We propose to have a government modeled after that of America, as far as possible, consistent with the education of the masses. For the next decade it may be necessary to have more centralized power in the government; but as education of the people improves and as they have more experience in the art of self-governing, they will be allowed to participate more universally in the governmental affairs.

3. 아모커나 우리는 공동 투표권을 제의하며 허락해 지방입법부地方立法府 임원들을 자유로 공선케 하며 또 지방입법부 임원들은 국회國會입법원 대의사代議士를 공선케 할 터이라. 국회입법원 대의사들은 국회 행정부 임원들과 권리를 같이하되 국법國法 제정 권한과 그 대표함을 받은 백성들의 뜻을 온전히 응종應從할 일.

However, we propose to give universal franchise to elect local and provincial legislators, and the provincial legislators elect the representatives to the National Legislature. The National Legislators will have co-ordinate power with the Executive Branch of the government, and they have sole power to make laws of the nation and is solely responsible to the people whom they represent.

4. 행정부는 대통령, 부통령 급 내각 임원을 두어 입법부에서 제정한 법률로 행정케 하며 대통령은 내각 임원과 각도 수령 방백과 행정상의 필요한 관리와 외국에 파송하는 대사들을 자벽해 택용擇用하며 또 대통령은 외국과 조약을 정하는 특권을 가지되 상의원上議院 임원들의 중명衆命을 응종하고 대통령 이하 내각 임원들은 국회입법부와 상관되는 담책擔責이 있을 일.

The executive branch consists of President, Vice-President and Cabinet officers, who carry out all the laws made by the National Legislature. The President shall be elected by the members of the National

Legislature, and the President has the power to appoint the Cabinet Ministers, Governors of Provinces and other such important executive officials of the government, including envoys to foreign countries. He has the power to make treaties with foreign powers, subject to the approval of the upper house of the National Legislature. The President and his cabinet are responsible to the National Legislature.

5. 우리는 종교상 자유를 믿어 어떠한 종교나 교리를 국중에서 임의로 선포케 하되 그 전도하는 바가 국가의 관계되는 법률과 권리에 대해 충돌함이 없을 일.

   We believe in freedom of religion. Any religion or doctrine shall be freely taught and preached within the country, provided such teaching does not conflict with the laws or the interest of the nation.

6. 우리는 세계 모든 나라들로 더불어 통상하는 자유를 얻어 우리와 조약한 나라 인민에게 동일한 기회와 보호가 있게 해 우리와 외국인 간에 관한 상업과 영업이 발전되게 할 일.

   We believe in free commerce with all nations of the world, affording the citizens and subjects of all treaty powers equal opportunity and protection for promoting commerce and industry between them and the Korean people.

7. 우리는 국민교육을 믿나니 국민교육은 정부에 대한 모든 활동 중에 가장 긴절緊切한 일.

   We believe in education of the people, which is more important than any other governmental activities.

8. 우리는 과학적으로 근년에 개량된 위생법을 믿나니 국민의 건강은 관리자들의 제일第一로 주목할 일.

We believe in modern sanitary improvements under scientific supervision, as the health of the people is one of the primary considerations of those who govern.

9. 우리는 언론과 출판 자유를 믿나니 사실상으로 우리가 온전한 공화종지共和宗旨와 동일한 기회와 평균한 경제상 정치와 세계 열방으로 자유 교섭하는 것을 발전케 해 전체 국민 생활상 정도를 극히 편리하도록 할 일.

We believe in free speech and free press. In fact, we are in thorough accord with the principle of democracy, equal opportunity, sound economic policies, free intercourse with the nations of the world, making conditions of life of the entire people most favorable for unlimited development.

10. 우리는 무슨 일에든지 자유 활동을 믿으며 그 언어와 동작이 타인의 권리를 모손耗損하거나 국가 법률과 이권으로 더불어 서로 반대됨이 없을 일.

We believe in liberty of action in all matters, provided such actions or utterances do not interfere with the rights of other people or conflict with the laws and interests of the nation.

우리는 모두 목숨이 살아 있는 한 이상의 종지宗旨를 최선을 다해 실천할 것을 엄숙히 다짐함.

Let us all pledge our solemn word to carry out these cardinal points to the best of our ability, as long as there is life remaining within us.[58]

이 번역문은 영문 원문을 구식 문투로 직역한 것이기 때문에 현대인이 그 내용을 파악하기가 어렵다. 그렇기에 필자 나름대로 이 결의안의 주요 부분을 골라서 현대식으로 의역하고 그 내용을 분석해보면 대체로 아래와 같다.

1. 우리는 정부의 권력이 통치를 받는 인민에게서 나온다고 믿는다. 따라서 정부는 인민의 복리를 위해 통치권을 행사해야 한다.

2.

가) 우리는 가급적 미국의 정체를 모방한 정부를 수립하기를 원한다.

나) 정부 수립 후 초창기 10년 동안에는 권력을 중앙정부에 집중하는 것이 필요하다.

다) 정부 수립 후 인민의 의식 수준을 미국식 정체에 맞게끔 국민교육을 실시한다.

라) 인민의 교육 수준이 향상되고 그들의 민주주의 자치 경험이 축적되는 것에 비례하여 그들에게 참정권의 폭을 넓혀간다.

3.

가) 인민에게 군郡과 도道 단위 지방의회의 의원을 선출할 보통 선거권을 부여한다.

나) 도의회道議會 의원들은 국회의원國會議員을 선출한다.

다) 국회의원들은 행정부와 권력을 적절히 분담하면서 그들이 대표하는 인민에게 책임을 지고 국법國法을 제정하는 권한을 행사한다.

4.

가) 행정부는 대통령, 부통령 및 내각 각료들로 구성되며 이들은 국회에서 제정한 법률에 따라 행정을 한다.

나) 대통령은 국회의원이 선출한다.

다) 대통령은 내각 각료, 도지사, 외교사절 등 행정부의 주요 관리들을 임명하는 권한을 가진다.

7. 우리는 국민교육이 정부의 어떠한 업무보다 더 중요하다고 믿는다.

9. 우리는 언론과 출판의 자유를 믿는다. 사실상 우리는 민주주의 원칙을 준수하고, 기회균등의 보장, 건실한 경제정책 추구와 세계 각국과의 자유로

운 교역 등으로 전 국민의 생활 수준을 무한히 향상시키고자 한다.

이상과 같이 정리된 자료를 토대로 결의안의 내용을 다시 음미해보면, 총대표회 참가자들은 3·1운동 후 자신들이 건설하고자 원하는 새로운 국가의 정부 형태와 그 운영방법에 대해 대체로 아래와 같은 청사진을 머릿속에 그리고 있었다고 말할 수 있다.

- 민주주의 원칙에 입각한 국가를 건설한다.
- 미국식 공화제 정부를 수립한다.
- 중앙정부는 입법부(국회)와 행정부로 구성된다.
- 국회는 국민을 대표해 헌법과 국법을 제정한다.
- 국회의원은 도의회에서 선출한다.
- 대통령은 국회에서 선출한다.
- 대통령·부통령·내각 각료로 구성되는 행정부는 국회에서 제정한 법률에 따라 행정을 한다.
- 인민의 교육 수준이 저급하고 그들의 자치 경험이 부족한 점을 고려해 정부 수립 후 10년간 중앙집권적 통치를 시행한다.
- 정부 수립 후 10년간 정부는 국민교육에 주력함으로써 인민이 미국식 공화제 정부를 운영할 수 있도록 만든다.
- 인민의 교육 수준이 향상되고 그들의 민주주의적 자치 경험이 축적되면 이에 맞추어 그들의 참정권을 확대한다.
- 인민이 자치 경험을 쌓을 수 있도록 그들에게 군郡과 도道 등 지방의회 의원 선거권을 부여한다.

여기서 우리는 필라델피아 대회에 참가했던 독립지사들이 한국 민중의 교육 수준이 낮고 그들의 자치 경험이 부족하다고 판단한 나머지 '정부 수립 후 10년간 중앙집권적인 통치를 행하는 것'이 불가피하다는 결론에 도달했음을 확인할 수 있다. 이것은 두말할 것도 없이 우민관愚民觀에 입각한 일종의 교도敎導민주주의적 발상이었다.[59] 여기서 우리는 서재필·이승만 등이 이러한 결의안의 채택에 주동적 역할을 담당했다는 사실을 주목할 필요가 있다.

참고로, 이 결의안 (5)의 내용을 두고 대회 참가자들의 관심은 어떠했으며 또 얼마나 열띤 토론을 했는지를 짚고 넘어가자. 우선 이 결의안의 기초 작업을 맡았던 유일한의 입장을 살펴보건대, 그가 이 결의안 기초위원회의 위원장으로 지명된 것은 일찍이 미시간대학교의 입실란티법과대학 The Ypsilanti School of Law에서 법학을 공부한 경력이 있었기 때문인 것 같다.[60] 말하자면 유일한이 대회 참가자들 가운데 법률 지식이 가장 풍부한 인재라고 판단되었기에 비록 약관 24세의 젊은이였지만 그에게 이 결의안 작성의 중책이 맡겨진 것으로 여겨진다. 유일한은 이 결의안의 초안을 본회의에 부쳤을 때 자기가 이끈 기초위원회의 임무가 얼마나 중요하며 또 그 책무가 얼마나 버거운지를 아래와 같이 실토했다.

> 우리는 이 결의안을 기초하면서 그 작업이 우리의 실력으로는 도저히 만족스럽게 완수될 수 없는 힘겨운 일임을 깨달았습니다. 그렇지만 우리는 무엇인가 손에 잡히는 것을 대회에 제출해야 했기 때문에 우리가 주장하고 싶은 기본 원칙들cardinal principles을 역사상 처음으로 문장화文章化해 보았습니다. 이 작업을 수행하면서 우리는 앞으로 전 세계에 흩어져 있는 한국인들이 장차 안고安固한 정부의 수립을 위해 조국에서 대규모 제헌의회a great Congress를 개최할 때 그 회의에 참석할 많은 석학들eminent scholars이 무비無比의 헌법憲法을 제정하리라 생각했습니다. 지금은 그러한 유능한 인재들을 한곳에 모으는

것이 물리적으로 불가능합니다. 현재 우리가 갖고 있는 실력으로는 우리의 '목표와 열망'을 완벽하게 표출시킬 수 없었습니다. 그러므로 우리가 제출한 이 초안이 우리가 만들어낼 수 있는 최선의 것입니다.[61]

달리 말하자면, 유일한은 이 결의안을 작성할 때 스스로 일종의 헌법 대강大綱을 만든다는 사명감으로 작업에 임했지만, 그 일이 워낙 어려워서 만족스러운 성과를 얻어내지 못했다고 고백한 셈이다.

서재필은 유일한이 기초한 이 결의안의 초안이 전체회의에 처음 상정되었을 때 아래와 같이 그것의 획기적 중요성을 강조하면서 표결을 하루 연기해 시간적 여유를 갖고 내용을 재검토한 다음에 의결, 채택하자고 제의했다.

이것은 우리가 충분히 토론해야 하는 중대한 과제입니다. 여러분은 이제 획기적으로 중요한 작업을 시작했습니다. 이것은 대한공화국의 결의문은 아니지만, 이 대회의 결의문입니다. 따라서 여러분이 이 결의안에 대해 어떠한 조치를 취하든 그 의미는 전 세계적으로 중요한 것이 됩니다. 왜냐하면, 이것은 이 대회가 세계를 향해 한국인들이 과연 무엇을 희구하는지를 알려주는 문건이기 때문입니다. 저는 이 대회에 참가한 여러분 가운데 많은 사람이 앞으로 한국의 광복사업에 참여해 지도적 역할을 담당하게 될 것을 압니다. 저는 여러분이 이 결의안의 중요성이 무엇인지 그리고 그것이 현재의 한국인뿐만 아니라 다음 세대 한국인의 생활에 어떤 영향을 끼칠 것인지를 고려하면서 이 초안을 조목조목 면밀하게 검토하시기 바랍니다.

우리가 다루는 문건은 공식적인 법규나 헌법이 아닙니다. 그러나 제 생각으로는 여러분께서 만약 이 초안에 표출된 원리들을 믿는다면 그 원리들은 앞으로 한국에서 제정될 헌법의 최종안에 구현될 것입니다. 그러므로 저는 여기에 모인 신사 숙녀들께서 이 초안을 재삼 정독하고 그것이 무엇을 뜻하는지를 확실히 파악한 다음 그것이 여러분 자신과 여러분의 자녀들의 삶에 어떠한 영향을 끼칠 것인가를 고려하시기 바랍니다. 법률이란 일단 제정되어 시행되면 하룻밤 사이에 그것을 고칠 수 없습니다. 그렇기에 이 문제는 현재뿐만 아니라 미래를 위해서 심사숙고되어야 합니다. 따라서 저는 여러분이 허락하신다면 이 결의안의 표결은 오늘 하지 말고 내일까지 연기했으면 합니다.[62]

서재필의 이 같은 제의에 따라 이 결의안의 의결은 하루 연기되었다. 그리고 그날 밤에 이승만과 대한인국민회의 대표 등 일부 참가자들은 따로 특별 모임을 갖고 이 결의안 초안을 검토했다. 이러한 절차를 거친 다음 이튿날 토론이 재개되었을 때 서재필은 아래와 같이 이 결의안의 성격과 중요성을 다시 한 번 강조했다.

이 초안에 포함된 항목들은 본 대회가 채택해야 할 기본 원칙들에 불과합니다. 요컨대 이것은 헌법이 아닙니다. 이것은 국가의 기본법이 아니고 다만 이 대회가 책임지고 세상에 내놓을 수 있는 중요한 원칙들important principles에 불과합니다……. 이 결의안에서 다루지 못한 세목이라던가 장차 헌법이나 국가 기본법에 반영될 다른 중요한 요소들은 앞으로 대한공화국의 어떤 적법적인 기구에서 임명할 제헌 특별위원회에서 헌법을 제정할 때 구체화될 것입니다. 그러므로 이 결의안은 필라델피아에서 개최된 이 대회의 한국인 참가자들의 의지를 나타낼 뿐입니다. 그렇기에 이 결의안은 이 대회에 참가한 여러분과 이 결의안에 찬동하는 사람들 이외에는 구속력이 없습니다.[63]

이상과 같은 서재필의 중복된 발언을 종합해보면, 그는 이 결의안이 헌법은 아니지만 준準 헌법적 중요성을 지닌 문건으로서 장차 '대한공화국'

정부가 제헌의회를 소집해 본격적으로 헌법을 제정할 때 참고하게 될 중요한 문건이라고 판단하고 있었음이 확실하다. 달리 말하자면, 서재필은 이 결의안이야말로 새로 건설될 민주공화국의 기본 원리를 담은 건국建國의 청사진이라고 간주했던 셈이다. 이 점에서 이승만이 이 결의안을 '[건국]종지宗旨'라고 번역한 것은 일리가 있다.

이 결의안은 워낙 중요한 사안이기 때문에 전체 회의 토론 과정에서 서재필 이외에 유일한·이승만·Mr. Chang·Mr. Min 등이 발언에 나섰다. 이승만은 유일한의 초안을 수정 없이 전폭적으로 채택할 것을 주장했다.

> 우리는 이 초안을 어젯밤 집행위원회에서 숙의했습니다. 우리는 '우리는 정당한 통치권이 피통치자에게서 나오는 정부를 믿는다'는 등의 주요 원칙에 만장일치로 동의했습니다. 여타의 조항들 역시 만장일치로 찬동했습니다. 앞으로 개선되어야 할 몇 가지 세목을 제외하고 우리는 전반적인 원칙들에 대해 모두 찬동했습니다.[64]

반면에 장택상으로 추정되는 'Mr. Chang'은 다음과 같이 초안에 들어 있는 부통령제와 대통령 선출 방법에 비판적인 견해를 표시했다.

> 저는 부통령직에 관해 주의를 환기하고 싶습니다. 프랑스 정부에는 부통령이 없는 것으로 알고 있는데, 부통령제의 필요성이 무엇인지 모르겠습니다. 저는…… 대통령을 선출할 때 다른 나라의 입법기구에서 하는 방식에 따라 할 것을 건의합니다.[65]

서재필은 이러한 Mr. Chang의 제의를 나중에 헌법이 정식으로 제정될 때 고려할 사항이라는 이유로 받아들이지 않았다. 민규식으로 추정되는

'Mr. Min'은 토론 종결에 동의하는 발언을 함으로써 대체로 원안에 찬동하는 뜻을 나타냈다. 이렇게 충분한 토의 과정을 거친 끝에 이 결의안은 4월 15일 이승만의 동의에 따라 원안대로 통과, 채택되었다.[66] 이로써 이날 채택된 '우리의 목표와 열망(일명 필라델피아 총대표회 종지)'라는 결의안은 서재필뿐만 아니라 유일한 · 이승만 · Mr. Chang · Mr. Min 등 대회에 참가했던 모든 인사들의 신국가 건설 구상을 고루 반영시킨 문건이었다고 말할 수 있다.

지금까지 살펴본 세 가지 결의안에 표출된 서재필과 대회 참가자들의 신대한 건국 구상은 3 · 1운동 후 국내외에서 선포된 다른 임시정부들의 헌법 내지 헌장과 비교해볼 때 적어도 다음 세 가지의 특징을 가진다.

(1) 기독교 민주주의 국가 건설론

서재필과 대회 참가자들은 3 · 1운동을 기해 유교儒敎 이념으로 이어온 조선 왕조(대한제국)의 유서 깊은 군주제 전통을 헌신짝 같이 버리고 그 대신 기독교에 기초한 민주주의 국가를 수립할 것을 결의했다. 서재필은 3 · 1운동 이후 한국인이 벌이는 독립운동을 '[조국의] 독립과 기독교 민주주의의 실현을 위한 운동movement for independence and Christian democracy'이라고 정의함으로써 이 같은 생각을 압축적으로 표현했다.[67] 이승만은 4월 7일 '만주 접경에 수립된' 임시정부의 국무경 자격으로 미국 연합통신UP의 어느 기자와 인터뷰할 때, "이번 독립운동에 인도자들의 주의主意는 한국에 동양의 처음 되는 예수교국을 건설하[는 것]"이라고 공언했다.[68] 이승만은 또 '필라델피아 총대표회 종지'를 소개하는 글에서 '그 요지는 우리나라를 회복한 뒤 정부를 미국 제도로 할 수 있는 대로 모본해 공화정치와 기독교 문명을 숭상하는 나라를 만들어 종교와 통상과 언론 등 모든 사회의 자유를 이루겠다는 뜻을 선고함'[69]이라고 해명함으로써 이 뜻을 재천명했다. 앞에서 살핀 대로, 정한경 역시 그가 기초한 '미국 대통령에게 보내는 청원서'에서 이와 같은 취지를 밝히고 있었다.

이같이 서재필·이승만·정한경·유일한 등은 앞으로 세워질 신대한이 '기독교 민주주의 국가'여야 된다고 주장했는데, 그들이 그렇게 주장한 배경에는 그들 모두가 독실한 개신교인이었다는 사실 이외에, 한국 국민의 대다수가 기독교로 개종했다는 그들 나름의 판단과, 3·1운동을 주도한 국내 세력과 상하이 임시정부의 지도층이 거의 모두 기독교인이라는 인식이 작용했다. 그 외에 "미국 선교사들이 한국에 성경을 갖고 와 억압에 눌려 불행한 상태에서 신음하는 한국인에게 새 희망과 용기를 불어넣어 주었고, 나아가 병원, 학교, 과학, 기예, 음악 등 신문명을 도입하고 독립 정신과 민주주의 정신을 심어주었다"[70]라고 하는 선교사들의 노력에 대한 긍정적 평가와 "3·1운동 발발 후 5개월 동안 자신들의 잠재력과 애국심을 충분히 증명한 '영웅적인' 기독교 교인들이 장차 이끌게 될 '신대한'은 부패, 무능한 관료들이 통치했던 지난날의 조선과 사뭇 다를 것이다"[71]라는 확신이 자리하고 있었다.

(2) 미국식 공화제 정부 수립론

서재필을 위시한 대회 참가자들은 새로 수립될 신대한이 대통령중심제의 공화국일 것을 기대했다. 서재필과 그의 동지들이 신대한의 정체로서 공화제를 선호했다는 사실은 3·1운동 후 국내외에서 동시다발적으로 조직·선포된 여러 개의 임시정부가 신국가의 정체로서 공화제를 표방했던 사실[72]과 함께 한국 정치사상 획기적, 혁명적 의의를 지닌 것이었다. 그런데 총대표회에서는 '할 수 있는 데까지 미국의 정체를 모방한' 공화제를 채택하겠다는 내용의 결의안을 채택함으로써 '미국식' 공화제(대통령중심제)를 특별히 강조했는데 이 점은 다른 임시정부들의 경우와 달랐다.[73]

(3) 정부 수립 후 10년간 중앙집권적 통치 필요론

서재필과 대회 참가자들은 3·1운동을 계기로 한민족이 일제의 식민통치를 벗어나 역사상 최초로 민주주의 국가를 건설·운영하기를 바랐지만, 일반 대중의 교육 수준이 저급하고 그들의 민주주의적 자치 경험이 부족한 점 등을 고려해 새로 수립될 대통령 중심의 공화제 정부는 건국 후 10년간 강력한 중앙집권적 통치를 해야 한다고 생각했다. 그들의 이러한 판단은 '우리의 목표와 열망'의 제2항, 즉 "우리는 할 수 있는 데까지 미국의 정체를 모방한 정부를 세우기로 제의해 교육을 일치케 할지라. 앞으로 오는 10년 동안에는 필요한 경우를 따라서 권세를 정부로 더욱 집중하며 또 국민교육이 발전되고 자치의 경험이 증가할진대 그에 관리상 책임의 공권公權을 더욱 허락할 일"이라는 문구에 잘 요약되어 있다. 달리 말하자면, 서재필과 대회 참가자들은 신정부가 수립된 다음 적어도 10년간 선의善意의 중앙집권적인 통치를 하고 그 기간에 국민교육을 북돋아 인민에게 민주주의 정치 훈련을 베푼 다음 민도民度의 향상 정도에 맞추어 점진적으로 그들의 참정권을 확대한다는 일종의 교도敎導민주주의 정치 내지 민주주의 훈정訓政을 구상하고 있었던 것이다.

맺음말

서재필과 이승만은 구한말 한국이 배출한 최고의 지성인 정치가들이었다. 그들은 정한경과 함께 1919년 4월 피라델피아에서 '대한인총대표회의'를 대한인국민회 중앙총회의 권위를 빌려 소집했다.

이 대회는 3·1운동을 기해 분출된 한민족의 독립 의지를 전 세계에 공포하며 '만주 접경'에 수립된 대한공화국 임시정부에 대한 지지를 선포함으로써 미국에서의 독립운동을 본격화시킬 목적으로 소집되었다. 그런데 이 대회는 친親서재필·이승만계 인사들의 단합대회의 성격을 띠었다.

이 대회에 참가한 대표들 가운데 다수는 해방 후 남한에서 이승만과 더불어 대한민국의 건국과 운영에 일익을 담당하게 되는 인물들이었다. 이 대회의 가장 중요한 성과였던 다섯 개의 결의안은 신대한의 건국 이념과 구체적인 국가 운영 방략을 담았다는 점에서, 그리고 그 이념이 실제로 1948년 대한민국 건국에 직·간접적으로 영향을 끼쳤다는 점에서 한국 정치사에 길이 남을 의의를 지닌다.

그런데 서재필과 이승만 등의 정치 구상은 철저히 친미적이며 친기독교적인 입장에서 안출案出된 것으로서 한국 민중에 대해 우민관愚民觀을 드러내고 있었다. 그렇지만 그것은 마음속 깊이 한국을 사랑했던 재미 한국 독립운동가들이 일찍이 서울에서 독립협회를 통해 개혁운동을 펼쳤던 경험을 살리고 외국에서 고등교육을 받은 다음 객관적 입장에서 한국 문제를 심사숙고한 끝에 짜낸 지혜의 소산이었다.

그렇기에 그들의 정치 구상은 한국 독립문제에 관심이 있는 많은 국내외 지성인들에게 상당한 호소력을 지녔음이 틀림없다. 필라델피아 대회에 참가했던 정한경·민찬호·임병직·조병옥·장택상·김노듸 등은 이승만, 서재필, 유일한 등의 정치 구상에 찬동했다. 필라델피아대회에 참가하지는 않았지만 그들과 비슷한 배경을 갖추었던 상하이 임시정부의 안창호·김규식·조소앙·신익희 등도 그들의 구상에 동조했을 가능성이 높다.

결국, 필라델피아 대한인총대표회의 참가자들의 신대한 건국 구상은 1919년 이후 한국의 독립운동에 심대한 영향을 미쳤다. 예컨대, 총대표회에서 채택된 결의안 「한국인의 목표와 열망」에 내포된 미국식 공화제 채택 주장은 상하이 대한민국 임시정부의 안창호 등에게 수용되어 1919년 9월 상하이에서 추진된 제1차 헌법개정에서 임시정부의 의원내각제 정부

체제를 대통령중심제로 바꾸는 데 영향을 주었을 가능성이 높다.[74] 이와 마찬가지로 「한국인의 목표와 열망」에 표출된 미국식 대통령중심제 선호 사상은 1948년 대한민국 헌법 제정 당시 제헌국회의 의장직을 맡았던 이승만을 통해 대한민국 헌법에 반영되었다. 그리고 총대표회 참가자들이 동의했던 건국 후 10년간의 훈정[75] 필요론은 1948년 이후 이승만이 12년간 남한을 '중앙집권적'으로 통치함으로써 사실상 실현되었다.

주

제1부 생애

제1장 이승만의 정치 역정

1 이 장의 초반부는 필자의 졸저 『이승만의 삶과 꿈—대통령이 되기까지』(중앙일보사, 1996)와 『젊은 날의 이승만—한성감옥 생활(1899~1904)과 옥중잡기 연구』(연세대학교 출판부, 2002)의 내용과 부분적으로 중복된다. 그러나 후반부에서는 이들 저서에서 다루지 못한 새로운 사실들을 많이 발굴해 다루었다. 이 장에서는 1930년대 후반부터 1945년까지 이승만의 지도력에 불만을 품고 그의 독립운동을 방해했던 재미 한인 지도자들, 예컨대 재미한족연합회의 김호·김원용·전경무·한시대 등과, 중한민중동맹단, 그리고 조선민족전선연맹의 워싱턴 대표 한길수의 활동에 관해서는 논지의 혼란을 피하고자 서술을 생략했다. 이들의 반反이승만 활동에 관해서는, 유영익, 『이승만의 삶과 꿈』(중앙일보사, 1996), 198~205쪽; 홍선표, 『자주독립과 통일정부 수립을 위한 재미 한인의 꿈과 도전』(연세대학교 출판부, 2011), 142~169, 326~394, 443~469쪽 참조.

2 이승만의 가계에 관해서는, 이해선 편, 『종사즙[집]요宗事輯要』(양녕대군 제5자 長平副正公派宗會, 1971), 96~111쪽; Syngman Rhee, "Child Life in Korea," *The Korea Mission Field* 8:3 (March 1912), pp. 93~8; Syngman Rhee, "Autobiography of Dr. Syngman Rhee," 하버드대학교 Harvard-Yenching Institute 소장所藏 George A. Fitch Papers, pp. 2~3; 고정휴, 「개화기 이승만의 사상 형성과 활동(1975~1904)」, 『역사학보』 109 (1986. 3), 25~28쪽; 유영익, 『이승만의 삶과 꿈』, 14쪽; 정병준, 『우남 이승만 연구』(역사비평사, 2005), 51~63쪽; 손세일, 『이승만과 김구, 1875~1919』(나남, 2008), 21~31쪽 참조.

3 서정주, 『이승만박사전』(삼팔사, 1949), 83~97쪽. 이승만이 여러 번 과거에 낙방한 것은 과

거제도의 문란 때문만이 아니라 정부가 그의 반골 기질을 미리 알고 등용을 꺼렸기 때문이라는 설도 있다. 이도형, 「건국의 아버지 이승만」(한국논단, 2001), 18쪽 참조.

4 유영익, 『젊은 날의 이승만』, 8~9쪽. 이승만의 연설 내용에 관해서는 주진오, 「청년 이승만의 언론·정치활동, 해외 활동」, ≪역사비평≫(1996년 여름호), 162쪽 참조.

5 신용하, 『독립협회 연구』(일조각, 1976), 297~302쪽; 고정휴, 앞의 논문, 33~37쪽; 서정민, 「구한말 이승만의 활동과 기독교(1875~1904)」, 연세대학교 교육대학원 석사학위 논문(1987. 11), 20~22쪽; 주진오, 「19세기 후반 개화 개혁론의 구조와 전개—독립협회를 중심으로」, 연세대학교 대학원 사학과 박사학위논문(1995), 109쪽.

6 천관우, 「독립협회와 의회 개설 운동」, 『한국사의 재발견』(일조각, 1974), 313쪽; 신용하, 앞의 책, 406~424쪽; 고정휴, 앞의 논문, 38~41쪽; 주진오, 앞의 논문, 168, 170쪽 참조.

7 유영익, 『젊은 날의 이승만』, 12쪽.

8 윤치호, 『윤치호 일기(Yun Chi-ho's Diary, 1897~1902)』 5(국사편찬위원회, 1975), 187~190쪽; 신용하, 앞의 책, 487~512쪽; 유영렬, 『개화기 윤치호 연구』(한길사, 1985), 130~137쪽. 1898년 박영효의 정변 시도에 관해서는, 김현철, 「제2차 일본 망명 시기 박영효의 행적과 정변 시도」, 『근현대사강좌』 11(2000), 209~210쪽 참조.

9 유영익, 앞의 책, 12~20쪽.

10 유영익, 앞의 책, 60~1쪽; 올리버 R. 에비슨 지음, 박형우 편역, 『올리버 R. 에비슨이 지켜본 근대 한국 42년, 1893~1935』(청년의사, 2010), 하권, 90쪽. 이승만은 스스로 남긴 자서전 원고에서 자기의 기독교 입신入信이 언제 어디서 이뤄졌는지 구체적으로 밝히지 않았다. 따라서 그의 개종 장소와 시점에는 이견이 있다. 이덕주, 「이승만의 기독교 신앙과 건국론—기독교 개종 직후 종교활동을 중심으로」, 2008년, 11월 1일 한국기독교역사학회 학술심포지엄 발표 논문, 『대한민국 정부 수립과 한국교회』, 42쪽 주)31 참조.

11 이승만의 옥중 집필 활동에 관해서는, 고정휴, 「개화기 이승만의 사상과 활동(1875~1904), 『역사학보』 109(1986. 3), 50~56쪽; 유영익, 앞의 책, 73~79쪽; 이정식, 『초대 대통령 이승만의 청년시절』(동아일보사, 2002), 105~124쪽 참조.

12 이정식 역주, 「청년 이승만 자서전」, 『신동아』 1965년 9월호, 440~442쪽 참조. 이승만이 미국으로 떠나기 전에 고종 황제가 시녀를 통해 이승만을 궁중으로 불러들여 밀명을 하달하려 했으나 이승만은 알현을 사절했다. 유영익, 『이승만의 삶과 꿈』, 38쪽.

13 이정식 역주, 앞의 논문, 448쪽; Chong-Sik Lee, *Syngman Rhee: The Prison Years of a Young Radical* (Seoul: Yonsei University Press, 2001), pp. 170~172 ("Appendix 3: Autobiographical Notes of Syngman Rhee"); 연세대학교 이승만연구원에 소장된 이승만이 민영환과 한규설 앞으로 쓴 1905년 8월 9일자 한글 편지. 딘스모어는 1887~1890년간 서울에서 주한 미국 공사로 활약했던 인물이다. 현광호, 「딘스모어의 조선 외교 인식과 활동」, 『역사학보』 210호(2011. 6), 137~163쪽 참조.

14 유영익, 앞의 책, 43~44쪽; 나가타 아키후미 지음, 이남규 옮김, 『미국, 한국을 버리다—시어도어 루스벨트와 한국』(기파랑, 2007), 163~166쪽. 원명이 우병길禹炳吉인 윤병구의 배경에 관해서는 유동식, 『하와이의 한인과 교회—그리스도감리교회 85년사』(한국그리스도연합감리교회, 1988), 34, 38, 41, 42, 44, 60~61쪽; 이덕희, 「하와이 한인들이 하와이 감리교회에 끼친 영향, 1903~1952」, 김찬희 편, 『미주한인감리교회 100년사』 2권 (Upland, CA: The United Methodist Publishing House, 2003), 32, 43쪽; 이만열, 「미주 한인교회와

독립운동」, 연세대학교 국학연구원 편, 『미주 한인의 민족운동』(혜안, 2003), 67, 75쪽 참조.

15 이승만의 미국 유학에 관해서는 유영익, 앞의 책, 46~59쪽 참조. 이승만이 프린스턴대학교 대학원의 역사학과를 졸업한 사실은 프린스턴대학교의 Mudd Manuscript Library에 소장된 "Princeton University Graduate Alumni Index, 1839~1998"에 나타나 있다. 이 사실을 필자에게 알려준 '프린스턴 한겨레문화연구회'의 이종숙 회장님께 감사드린다.

16 유영익, 앞의 책, 80~90쪽; Chuhyon Angie Lee, "Syngman Rhee as Secretary of Seoul YMCA, 1910~1912—With Emphasis on the Possible Impact of His Activities on the Korean Conspiracy Case (1910~1913)," M. A. thesis, Graduate School of International Studies, Yonsei University, December 2002; 김영철, 『영어, 조선을 깨우다』(일리, 2011), 128~130쪽.

17 유영익, 앞의 책, 86~90쪽. 에디 목사는 한국 기독교의 발전과 이승만의 활동에 대해 각별한 관심을 기울였던 인물이다. 이 점에 관해서는, Sherwood Eddy, *The New Era in Asia* (New York: Missionary Education Movement of the United States and Canada, 1913), pp. 76~83; idem, *Eighty Adventurous Years: An Autobiography* (New York: Harper and Brothers, 1955), pp. 190~193 참조.

18 Chuhyon Angie Lee, ibid., pp. 54~75. 윤경로, 『105인사건과 신민회 연구』(일지사, 1990), 92쪽; 나가타 아키후미 지음, 박환무 옮김, 『일본의 조선 통치와 국제관계—조선독립운동과 미국, 1910~1922』(일조각, 2008), 52쪽 참조.

19 유영익, 앞의 책, 90~92쪽.

20 Syngman Rhee, "Log Book of S.R. Since 1904"(아래에서 LBSR로 약칭), 1912년 3월 30일 일기.

21 유영익, 앞의 책, 96~97쪽; 서정주, 앞의 책, 242~245쪽 참조.

22 이승만은 프린스턴대학교에서 박사학위 과정을 끝낼 무렵에 장차 하와이로 갈 것을 고려한 바 있다. Syngman Rhee to Horace G. Underwood, April 19, 1910. Young Ick Lew, ed., *The Syngman Rhee Correspondence in English, 1904~1948* (아래에서 *SRCE*로 약칭)(Seoul: Institute for Modern Korean Studies, Yonsei University, 2009) 1, p. 1 참조.

23 와드만 박사는 1904년 11월 말 이승만이 미국으로 가는 도중 호놀룰루에 하룻밤 묵었을 때 자기를 환대하면서 앞으로 호놀룰루에 다시 와서 교회 일을 도와줄 것을 부탁한 바 있다. LBSR, 1904년 11월 29일 일기 참조.

24 한인중앙학원에 관해서는, 윤종문, 「하와이 한인중앙학원의 설립과 운영」, 『사학연구』 88(2008), 86~94쪽 참조.

25 오영섭, 「이승만의 언론활동」, 연세대학교 현대한국학연구소 제8차 학술회의 발표논문집 『이승만과 하와이 한인사회』(현대한국학연구소, 2007. 11), 27~33쪽.

26 하와이국민회의 위상과 그 단체의 재정 상황 및 박용만의 대조선국민군단 등에 관해서는, Arthur Leslie Gardner, "The Korean Nationalist Movement and An Ch'ang-ho, Advocate of Gradualism," Ph.D. dissertation, University of Hawaii, December 1979, pp. 152~161; 방선주, 『재미한인의 독립운동』(한림대학교 아시아문화연구소, 1989), 44~78쪽; 최영호, 「박용만—문무를 겸비한 비운의 민족주의자」, 『한국사시민강좌』 47(2010), 119~120쪽; 이덕희, 『하와이 대한인국민회 100년사』(연세대학교 대학출판문화원, 2013),

87~99쪽 참조.

27 방선주, 앞의 책, 85쪽.

28 김원용, 『재미한인 50년사』(Reedley, CA: 김원용·김호, 1959), 139~142쪽.

29 김원용, 앞의 책, 145~146쪽; Bong-youn Choy, *Koreans in America* (Chicago: Nelson-Hall, 1979), p. 162. 정인수는 1903년 1월 제1차 하와이 이민선의 통역으로 호놀룰루에 도착했던 인물이다. 유동식, 『하와이의 한인과 교회』, 25쪽; 이만열, 「하와이 이민과 한국교회」, 한국기독교역사연구소 편, 『한국기독교와 역사』 16(2002. 2), 41쪽 참조.

30 최영호, 「이승만의 하와이에서의 초기 활동—교육 사업과 1915년의 대한인국민회 사건」, 유영익 편, 『이승만 연구—독립운동과 대한민국 건국』(연세대학교 출판부, 2000), 88~94쪽; 이덕희, 앞의 책, 76쪽. 홍한식은 1911년 9월에 하와이섬Big Island의 힐로에 교회당을 건축할 때 일본인의 돈 200달러를 받아 쓴 일이 있기 때문에 국민회로부터 공권 정지 처분을 당한 경력이 있다. 1913년 당시 힐로에서 목회활동을 하고 있었다. 유동식, 앞의 책, 85, 92쪽 참조.

31 김원용, 앞의 책, 148쪽. 그 후 하와이국민회 내 이승만의 직책명은 '재무'로 바뀌었다. 같은 책, 149, 150, 153쪽 참조.

32 방선주, 앞의 책, 86~87쪽, 161쪽.

33 김원용, 앞의 책, 147~154쪽 참조.

34 이승만이 미 감리교 선교부와의 관계를 단절한 경위에 대해서는, 유동식, 108쪽 참조.

35 최영호, 「이승만의 하와이에서의 초기 활동」, 89~91쪽.

36 유동식, 앞의 책, 109쪽.

37 김원용, 앞의 책, 152~154쪽; 이덕희, 「하와이 한인들이 하와이 감리교회에 끼친 영향」, 35쪽.

38 홍선표, 「1910년대 후반 하와이 한인사회의 동향과 대한인국민회의 활동」, 『한국독립운동사연구』 8(1994), 173~175쪽.

39 이승만의 파리행 여행권 획득 실패의 경위에 관해서는 Frank P. Baldwin, "The March First Movement: Korean Challenge and Japanese Response," unpublished Ph.D. dissertation, Columbia University, 1969, pp. 124~129 참조.

40 이승만과 정한경의 국제연맹 위임통치 청원사건에 관해서는, 정한경, 「이과已過의 위임통치설을 설명」, 연세대학교 현대한국학연구소 우남이승만문서편찬위원회 편, 『(이화장 소장)우남 이승만 문서 동문편』(중앙일보사/연세대학교 현대한국학연구소, 1998) 8, 213~216쪽; 양영석, 「위임통치청원(1919)에 관한 고찰—그 비판과 반론」, 『한국학보』 49(1987), 102~122쪽; 방선주, 「이승만과 위임통치안」, 『재미한인의 독립운동』(한림대학교 아시아문화연구소, 1989), 208~257쪽; 오영섭, 「대한민국임시정부 초기 위임통치 청원 논쟁」, 『한국독립운동사연구』 41(2012. 4), 81~142쪽 등 참조. 정한경의 인적 배경에 관해서는, Young Ick Lew (유영익), "Foreword," Henry Chung, *Korea and the United States Through War and Peace, 1943~1960* (Seoul: Yonsei University Press, 2000), pp. 13~22 참조.

41 Syngman Rhee, LBSR, 1919년 2월 13일자 일기.

42 유영익, 「3·1운동 후 서재필의 신대한新大韓 건국구상」, 김용덕 등 편, 『서재필과 그 시대』(서재필기념회, 2003), 370~385쪽.

43 유영익, 『이승만의 삶과 꿈』, 142~146쪽.

44 유영익, 「대한민국임시정부 수반 이승만의 초기 행적과 사상」, 유영익 외 지음, 『이승만과 대한민국임시정부』(연세대학교 출판부, 2009), 14~27쪽.

45 Syngman Rhee to Woodrow Wilson, April 30, 1919, *SRCE* 1, pp. 106~107; Syngman Rhee to George Clemenceau, April 30, 1919, *SRCE* 1, pp. 108~109. 연세대 이승만연구원에는 1919년 6월 13일자 김규식 임명장이 소장되어 있다.

46 고정휴, 『이승만과 한국독립운동』(연세대학교 출판부, 2004), 101~107쪽 참조.

47 고정휴, 앞의 책, 117~125쪽.

48 고정휴, 앞의 책, 356~360쪽 참조. 돌프의 인적 배경에 관해서는 Robert T. Oliver, *Syngman Rhee: The Man*, pp. 355~356 참조.

49 유영익, 「3·1운동 후 서재필의 신대한新大韓 건국 구상」, 김용덕 등 편, 『서재필과 그 시대』(서재필기념회, 2003), 349~51쪽 참조.

50 "Friend of Korea Writes to Japanese Envoy" [a letter of Rev. Floyd W. Tomkins addressed to Baron Shidehara Gijuro, June 28, 1921], *Korea Review*, III: 6 (1921. 8), pp. 13~14.

51 유영익, 「대한민국임시정부 수반 이승만의 초기 행적과 사상」, 33~39쪽.

52 이 점에 관해서는, ① 1919년 7월 17일자 ≪신한민보≫에 게재된 안창호의 이승만 앞 전문, ② The Institute for Modern Korean Studies, ed., *The Syngman Rhee Telegrams* (Seoul: The Institute for Modern Korean Studies, Yonsei University, 2000), 1, p. 382에 실린 1919년 7월 29일자 안창호의 이승만 앞 전문, ③ 주요한, 『안창호전』(삼중당, 1975), 159~160쪽에 보이는 1919년 8월 25일과 16일자 전문 등 참조.

53 상해 임시의정원에서 이승만을 임시대통령으로 받아들이기 위해 치러진 개헌에 관해서는, 이강훈, 『대한민국임시정부사』(서문당, 1999), 33~53쪽 참조.

54 ≪독립신문≫, 1920년 3월 23일과 25일자 기사. 반병률, 「이승만과 이동휘」, 유영익 편, 『이승만 연구—독립운동과 대한민국 건국』(연세대학교 출판부, 2000), 300~302쪽 참조.

55 이승만의 상해 밀항에 관해서는, 유영익, 『이승만의 삶과 꿈』, 150~54쪽; Ben C. Limb 〔임병직〕, "Syngman Rhee—The Man," 연세대학교 이승만연구원 소장 자료 참조.

56 보스윅이 이승만 일행의 밀항을 도운 경위에 관해서는, 유영익, 『이승만의 삶과 꿈』, 150쪽 참조.

57 LBSR의 1920년 12월 5일, 7일, 12일자 일기와 유영익, 앞의 책, 154쪽 참조.

58 김명구, 『해위 윤보선: 생애와 사상』(고려대학교출판부, 2011), 32~39, 81쪽.

59 Syngman Rhee to Philip Jaisohn [서재필], January 18, 1921, Young Ick Lew, ed., *The Syngman Rhee Correspondence in English, 1904~1948* (Seoul: The Institute for Modern Korean Studies, Yonsei University, 2009) (아래에서 *SRCE*로 약칭) 1, pp. 379~381, 김원용, 『재미한인 오십년사』, 478~480쪽; Byung Yul Ban, "Korean Nationalist Activities in the Russian Far East and North Chientao (1905~1921)," unpublished Ph.D. dissertation, University of Hawaii, 1996, pp. 465~466; 반병률, 앞의 논문, 305~306 참조.

60 이명화, 『도산 안창호의 독립운동과 통일노선』(경인문화사, 2002), 489쪽; Syngman Rhee to Henry Chung, July 24, 1921, *SRCE* 1, p. 412 참조. 국민대표회의의 추진 및 개최 과정

에 관해서는, 김원용, 앞의 책, 488~491쪽; 이강훈, 『대한민국임시정부사』, 111~134쪽; 김희곤, 『대한민국임시정부 연구』(지식산업사, 2004), 67~70쪽 참조.

61 Syngman Rhee to Philip Jaisohn, February 19, 1921, *SRCE* 1, pp. 385~386 참조.

62 김희곤, 『중국관내 한국독립운동단체 연구』(지식산업사, 1995), 144~145쪽; 한시준, 「이승만과 대한민국임시정부」, 유영익 편, 『이승만 연구』(연세대학교 출판부, 2000), 192~193쪽; 김희곤, 『대한민국임시정부 연구』, 195~196쪽 및 321~322쪽; 윤대원, 『상해시기 대한민국임시정부 연구』(서울대학교 출판부, 2006), 205쪽; 오영섭, 「상해임정 내 이승만 통신원들의 활동」, 유영익 외, 『이승만과 대한민국 임시정부』(연세대학교 출판부, 2009), 137쪽; 오영섭, 「이승만의 대한민국 임시정부 통치구상」, 『한국민족운동사연구』 61(2012), 86~87쪽 참조.

63 이승만의 5월 17일자 교서와 5월 18일자 유고는 독립기념관 한국독립운동사연구소 편, 『대한민국임시정부공보』(독립기념관 한국독립운동사연구소, 2004) 82쪽과 74~79쪽에 각각 실려 있다.

64 연세대학교 이승만연구원에 소장된 이승만의 무제無題 상해 밀항기—가칭, "How I Smuggled Myself to and from Shanghai" 참조. 유영익, 『이승만의 삶과 꿈』, 156쪽. 피치 목사와 한국 독립운동과의 연관성에 대해서는, George A. Fitch, *My Eighty Years in China* (Taipei: Mei Ya Publications, Inc., 1967), pp. 383~384; 김구 저, 도진순 주해, 『백범 김구 자서전: 백범일지』(돌베개, 1997), 338, 342~344쪽; 이기동, 「피치—한국의 독립운동과 기독교청년회를 도운 은인」, 『한국사시민강좌』 34(2004), 54~68쪽 참조.

65 이덕희, 『한인기독교회 · 한인기독학원 · 대한인동지회』(한국기독교역사연구소, 2008), 301쪽; 한시준, 앞의 논문, 195~197쪽.

66 이승만이 워싱턴회의 외교를 위해 모금한 특별헌금 7만 5천237달러 가운데 2만 1천219달러는 허정許政이 회장직을 맡고 있던 뉴욕의 한인공동회韓人共同會에서 거둔 돈이고, 9천500달러는 국내에서 이상재李商在가 비밀리에 모금해 서재필에게 보낸 것이었다. 그리고 그 나머지는 미 본토, 하와이, 멕시코, 쿠바 등지에 있는 한인 교포와 친한親韓 중국인들이 거두어 보낸 돈이었다. 허정, 『허정 회고록: 내일을 위한 증언』(샘터사, 1979), 61쪽; 방선주, 「1921~1922년의 워싱턴회의와 재미한인의 독립청원 운동」, 국사편찬위원회 편, 『한민족독립운동사』 6(국사편찬위원회, 1989), 213쪽; 이정식, 『구한말의 개혁 · 독립투사 서재필』(서울대학교출판부, 2003), 341쪽; 고정휴, 앞의 책, 403쪽; 정병준, 앞의 책, 295~297쪽 참조.

67 고정휴, 앞의 책, 415~416 참조.

68 고정휴, 앞의 책, 414~415쪽; 나가타 아키후미 지음, 박환무 옮김, 『일본의 조선 통치와 국제관계』, 329쪽.

69 이정식은 워싱턴회의에서 한국대표단이 거둔 성과를 "실패라고 단정하는 것은 너무나도 근시안적인 것이라고 아니할 수 없다"라고 평가했다. 이정식, 『구한말의 개혁 · 독립투사 서재필』, 343쪽.

70 강영심, 『신규식의 생애와 독립운동』(한국독립운동사연구소, 1992), 129~130쪽 참조.

71 이정식, 『시대와 사상을 초월한 융화주의자 몽양 여운형』(서울대학교 출판부, 2008), 300~329쪽; 정병준, 「여운형—좌우와 남북의 통일독립국가를 지향했던 진보적 민족주의자」, 『한국사시민강좌』 47(2010), 155~158쪽; 윤경로, 「김규식—이념을 초월한 통일전선 지도

자 · 외교가」, 『한국사시민강좌』 47(2010), 79~83쪽 참조.

72 김구가 상하이 임정의 내무총장으로서 국민대표회의를 해산시킨 사실에 대해서는, 한시준 편, 『대한민국임시정부 법령집』(국가보훈처, 1999) 281쪽; 김구 저, 윤병석 직해 『직해 백범일지』(집문당, 1995), 244쪽; 신용하, 『백범 김구의 사상과 독립운동』(서울대학교 출판부, 2003), 181~182쪽; 김희곤, 『대한민국임시정부 연구』, 325~326쪽 참조.

73 김희곤, 앞의 책, 326~327; 윤대원, 앞의 책, 238~249쪽. 김원용은 ≪신한민보≫와 '정부통신'에 근거해 임시대통령 이승만에 대한 '탄핵 심판의 내용'과 '이승만 범과의 사실'을 아래와 같이 제시했다. 김원용, 앞의 책, 498~500쪽.

〈탄핵심판의 내용〉

- 임시대통령 '이승만'은 시세에 암매해 정견이 없고 무소불위의 독재 행동을 감행했으며 포용과 덕성이 결핍해 민주주의 국가 정부의 책임자 자격이 없음을 판정함.
- 임시대통령 '이승만'이 대한민국 임시 헌법을 기탄없이 저촉했고 국정을 혼란시키어서 국법의 신성과 정부의 위신을 타락하게 했음을 판정함.
- 임시대통령 '이승만'의 범과 사실을 심리하고 대한민국 임시 헌법 제4장 제21조 제14항에 의해서 탄핵 면직에 해당함을 판정함.

〈이승만 범과의 사실〉

1. 임시대통령 '이승만'이 그 직임에 피선된 지 7년에 임시대통령의 선서를 이행하지 않았으며 정부의 행정을 집행하지 않았고 각원들과 불목하여 정책을 세워보지 못했다.
2. 임시대통령 '이승만'이 대미 외교 사업을 목적하고 설립한 구미위원부를 가지고 국무원과 충돌했고 아무 때나 자의로 법령을 발포해서 질서를 혼란하게 했으며 정부의 처사가 자기 의사에 맞지 않으면 동지자들을 선동해 정부를 반항했다.
3. 임시대통령 '이승만'은 그 직임이 국내 13도 대표가 임명한 것이라 해 신성불가침의 태도를 갖고 임시의정원 결의를 무시하며 대통령 직임을 '황제'로 간주해 '국부'라 하며 '평생 직업'을 만들려는 행동으로써 민주주의 정신을 말살했다.
4. 임시대통령 '이승만'이 미주에 앉아서 구미위원부로 하여금 재미동포의 인구세와 정부후원금과 공채표 발매금들을 전부 수합해 자의로 처단하고 정부에 재정 보고를 제출하지 않아서 재정 범포가 어느 정도까지 달했는지 알지 못하게 했다.
5. 임시대통령 '이승만'이 민중 단체의 지도자들과 충돌해 정부의 고립 상태를 주출하고 재미한인 사회의 인심을 선동해서 파쟁을 계속하므로 독립운동에 막대한 지장을 주었다.

74 고정휴, 앞의 책, 243~244쪽; 윤대원, 앞의 책, 249쪽.

75 『우남 이승만문서 동문편』 9, 47쪽.

76 아래의 주) 86, 98 참조.

77 John Kie-chiang Oh and Bonnie Bongwan Cho Oh, *The Korean Embassy in America* (Elizabeth, N.J and Seoul: Hollym International Corp., 2003), pp. 43, 187 참조.

78 하와이 학생 모국방문단에 관해서는, 정병준, 앞의 책, 308~313쪽 참조.

79 이승만은 1924년 2월 7일부터 3월 2일까지 여객선 베네수엘라*Venezuela* 호를 타고 과테말라, 살바도어, 니카라과 및 쿠바의 주요 항구 도시와 파나마 운하를 방문, 관광했다. LBSR의 위 해당 일자 일기 참조.

80 교민총단은 하와이 대한인교민단僑民團의 별칭으로서 1920년 10월 7일자로 상하이 임정의 내무부령內務部令 제4호 '임시교민단제'에 의거해 종전의 하와이국민회를 재편한 것이다.

한시준 편, 『대한민국 임시정부 법령집』, 261~263쪽; 고정휴, 앞의 책, 188쪽; 이덕희, 『하와이 대한인국민회 100년사』, 102~103쪽.

81 고정휴, 앞의 책, 178~79쪽; 이덕희, 앞의 책, 305~308쪽.

82 홍업구락부에 관해서는, 윤치영, 『윤치영의 20세기: 동산회고록』(삼성출판사, 1991), 126, 132쪽; 김상태, 「1920~1930년대 동우회와 홍업구락부 연구」, 『한국사론』 28(1992), 219~222쪽; 고정휴, 앞의 책, 309~314쪽; 정병준, 앞의 책, 341~389쪽 참조.

83 동지식산회사는 1931년 4월에 파산했다. 동지식산회사와 동지촌의 설립 경위, 운영 실태 및 파산 원인 등에 관해서는, 이덕희, 앞의 책, 310~319쪽; Dae-Sook Suh, ed. and tr., *The Writings of Henry Cu Kim: Autobiography with Commentaries on Syngman Rhee, Pak Yong-man, and Chŏng Sun-man* (Honolulu: University of Hawaii Press/Center for Korean Studies, University of Hawaii, 1987), pp. 207~209 참조.

84 홍선표, 「이승만의 통일운동—1930년 하와이 동지미포대표회를 중심으로」, 『한국독립운동사연구』 11(1997), 285~289쪽; 이덕희, 앞의 책, 327~330쪽.

85 김도형, 「1930년대 초반 하와이 한인사회의 동향—소위 '교민총단관 점령사건'을 통하여」, 『한국근현대사연구』 9(1998), 214쪽.

86 김현구가 선봉에 섰던 반이승만 '민중[주]화운동'에 관해서는, 홍선표, 『자주독립과 통일정부 수립을 위한 재미한인의 꿈과 도전』(연세대학교 출판부, 2011), 46~47쪽 이외에 Kingsley K. Lyu, "Korean Nationalist Activities in Hawaii and the Continental United States, 1900~1945," *Amerasia Journal*, 4:1 (1977), pp. 82~83; 4:2 (1977), pp. 62~63, 68~70; John K. Hyun, *A Condensed History of the Kungminhoe: The Korean National Association (1903~1945)* (Seoul: The Korean Cultural Research Center, Korea University, 1986), pp. 34~35; 손세일, 「손세일의 비교평전(49)—한국민족주의의 두 유형: 이승만과 김구」, ≪월간조선≫(2006년 4월호), 10~11쪽 참조. 김현구를 지지했던 김원용은 1930년의 '민중화운동'을 '민중 대 독재자의 충돌'이라고 표현했다. 김원용, 앞의 책, 160쪽.

87 홍선표, 『재미 한인의 꿈과 도전』, 63~65쪽 참조.

88 김현구는 1926년 9월부터 1929년 10월까지 워싱턴의 구미위원부에서 근무하다가 이승만의 초청으로 호놀룰루에 건너온 인물이다. 반병률에 의하면, 김현구는 1925년 3월 15일 상하이 임정의 의정원에서 이승만 임시대통령을 탄핵할 때 하와이 독립단 대표로서 탄핵안을 제출했던 인물이었다. 그는 또 1930년 6월 동지회 헌장 기초위원이기도 했다. 이용직은 1920년대 초에 워싱턴의 구미위원부에서 잠깐 근무한 경력이 있는 목사로서 1929년 12월에 이승만의 초청으로 호놀룰루의 한인기독교회 목사로 청빙되었다. 그는 한인기독교회의 목사뿐만 아니라 동지식산회사의 이사이며 동지회 중앙이사회 이사장이었다. 반병률, 「상하이 임정의 이승만 탄핵과 그 주도세력」, 유영익 외 지음, 『이승만과 대한민국 임시정부』(연세대학교 출판부, 2009), 113~4쪽; 홍선표, 『재미한인의 꿈과 도전』, 62~65쪽; 이덕희, 『한인기독교회·한인기독학원·대한인동지회』, 71~79쪽. 김원용은 1930년 7월 호놀룰루에서 열린 동지미포대표회의 시카고 대표였다. 그는 이 대회 직후 이승만에 의해 동지회의 상무원 겸 중앙이사부의 장재掌財로 임명되었다. 이승만, 「동지회 사업순서」, ≪태평양잡지≫, 3:6 (1930), 8~9쪽.

89 김도형, 앞의 논문, 211~212쪽.

90 홍선표, 「이승만의 통일운동—1930년 하와이 동지미포대표회를 중심으로」, 285~289쪽; 김도형, 앞의 논문, 216~230쪽; Richard S. Kim, "Local Struggles and Diasporic Politics: The 1931 Court Cases of the Korean National Association of Hawaii," in Yŏng-ho Ch'oe, ed., *From the Land of Hibiscus: Koreans in Hawaii* (Honolulu: University of Hawaii Press, 2007), pp. 153~158, 172~173. 이 밖에 김원용, 앞의 책, 160~163; 정두옥, 「재미한족독립운동실기」, 『한국학연구』 3권 별집(1991.3), p. 79; Warren Y. Kim, *Koreans in America* (Seoul: Po Chin Chai Co. Ltd., 1971), p. 135; Roberta Chang, *The Koreans in Hawaii: A Pictorial History* (Honolulu: University of Hawaii Press, 2003), pp. 142~143 참조.

91 김도형, 앞의 논문, 226쪽; 홍선표, 『재미한인의 꿈과 도전』, 69쪽.

92 앞의 논문, 338쪽. Richard S. Kim에 의하면, 판결 날짜는 1931년 12월 19일이었다. Richard S. Kim, ibid., p.172.

93 김도형, 앞의 논문, 229쪽.

94 김도형, 앞의 논문, 229쪽. LBSR, 1932년 12월 11일자 일기 참조.

95 홍선표, 「이승만의 통일운동」, 289~290쪽; 고정휴, 「대한인동지회 회원 분석: 1930년대 하와이 '회적'을 중심으로」, 『한국민족운동사연구』 40(2004), 165쪽. 동지회 조직이 하와이와 미주 본토에 확대됨에 따라 동지회 회원 수는 1930년대 후반부터 1940년대 초까지 점증하여 1945년에는 그 수가 약 1천 명에 달했다. 홍선표, 「이승만과 동지회」, 연세대학교 현대한국학연구소 편, 『이승만과 하와이 한인사회』(연세대학교 현대한국학연구소, 2007), 65쪽.

96 연세대학교 이승만연구원에 소장된 1932년 11월 10일자 임정의 특명전권수석대표 '신임장'과 이에 첨부된 영문 번역문.

97 LBSR, 1932년 12월 11일자 일기. 방선주, 「1930년대의 재미한인의 독립운동」, 국사편찬위원회 편, 『한민족독립운동사』(국사편찬위원회, 1990), 440~441쪽 참조.

98 이원순, 『세기를 넘어서: 해사 이원순 자전』(신태양사, 1989), 190쪽.

99 제네바 주재 미국영사 길버트가 1933년 2월 9일과 4월 28일 미 국무장관 앞으로 발송한 보고서, 즉 Prentiss B. Gilbert to Secretary of State [Henry L. Stimson], Document File Note, 895.01/36 및 895.00/718 참조.

100 LBSR, 1933년 1월 19일 및 1월 20일자 일기와 "Oliver's Notes on Rhee," Robert T. Oliver 소장 문서, pp. 10~12.

101 이 문서는 League of Nations, *League of Nations Official Journal*, Special Supplement No. 112: *Records of the Special Session of the Assembly Convened in Virtue of Article of the Covenant at the Request of the China Government*, Vol. IV (Geneva, 1933), pp. 53~55에 실려 있다.

102 손세일, 「손세일의 비교평전(53)—한국민족주의의 두 유형: 이승만과 김구」, ≪월간조선≫ (2006년 8월호), 12~13쪽.

103 손세일, 앞의 논문, 11, 14쪽 참조.

104 분량이 35쪽인 이 책자의 표지에는 *Extracts from the LYTTON REPORT with Comments by Dr. Syngman Rhee*라는 부제가 달려있다. 이 책자는 1933년 3월 20일경에 형식상 제네바에서 출간되었으나 실제로 서영해가 파리에 설립한 고려통신사Agence Korea에서 출판되었다.

105 Syngman Rhee to Eric Drummond, March 20, 1933. SRCE 1, pp. 504~505.

106 손세일, 앞의 논문, 2, 8쪽. 서영해의 인적 배경에 관해서는, 고정휴, 『1920년대 이후 미주·유럽지역의 독립운동』(독립기념관 한국독립운동사연구소, 2009), 188~196; 이주영, 『이승만과 그의 시대』(기파랑, 2011), 157쪽 참조.

107 John D. Palmer, "Syngman Rhee's Activities in Geneva and Moscow, 1933," unpublished M.A. thesis, Graduate School of International Studies, Yonsei University, December 1996, p. 43; 손세일, 앞의 논문, 554~558쪽 참조.

108 LBSR, 1933년 6월 12일자 일기.

109 LBSR, 1933년 4월 25일과 28일자 일기. 제네바 주재 미 영사 길버트는 스팀슨 국무장관에게 이승만의 소련 방문 계획에 관해 "Alleged Project of Dr. Syngman Rhee Respecting Siberia"라는 제목하에 상세히 보고했다. Prentiss B. Gilbert to Secretary of State [Henry L. Stimson], April 28, 1933, No. 576 Political, F/HS 895.00/718.

110 LBSR, 1933년 7월 19일자 일기.

111 리 푸랜세스카 지음, 조혜자 옮김, 『대통령의 건강』(도서출판 촛불, 1988), 15~6쪽 참조.

112 LBSR, 1934년 10월 8일자 일기. 프란체스카 도너 양은 10월 4일 미국 이민 자격으로 비자를 획득해 10월 4일에 미국에 입국했다. "Marriage" in the "Oliver's Notes on Rhee," p. 14.

113 이덕희, 『한인기독교회·한인기독학원·대한인동지회』, 279, 282쪽.

114 고정휴, 「이승만의 '일본내막기' 집필 배경과 내용 분석」, 연세대학교 현대한국학연구소 편, 『저서를 통해 본 이승만의 정치사상과 현실 인식』(연세대학교 현대한국학연구소, 2009), 96쪽.

115 고정휴, 앞의 책, 427쪽.

116 홍선표, 『재미한인의 꿈과 도전』, 188, 191~192쪽.

117 연세대학교 이승만연구원 소장 1941년 6월 4일자 김구 주석과 조소앙 외교부장의 신임장 참조.

118 Hong-Kyu Park, "From Pearl Harbor to Cairo: America's Korea Diplomacy, 1941~1943," *Diplomatic History* 13:3 (Summer 1989), p. 345.

119 Ibid., p. 346. 이승만은 1942년 1월 2일에 국무부를 방문해 국무장관 헐의 대변자인 앨저 히스Alger Hiss를 혼백과 함께 3시간 동안 면담했다. 이때 이승만은 미국이 중경 임정을 승인하면 한국인들이 미국의 대일 전쟁을 여러모로 도울 수 있다고 말했다. 그러자 히스는 임정의 승인은 소련을 자극할 가능성이 있으며 아직 일본과 전쟁 상태에 있지 않은 소련의 이해관계를 무시하고 임정을 승인할 수 없다고 잘라 말함으로써 이승만의 요구를 거절했다. Robert T. Oliver, 앞의 책, p. 178. 최근에 거의 확정적으로 밝혀진 바로는, 히스는 그 당시 미 국무부에 침투한 소련의 고정간첩이었다. G. Edward White, *Alger Hiss's Looking-Glass Wars: The Covert Life of A Soviet Spy* (Oxford and New York: Oxford University Press, 2004), pp. 212~235; 이상돈, 「(해외서평) 앨저 히스의 거울 전쟁」, 『시대정신』 27(2004, 겨울), 280~306쪽; 이주천, 「앨저 히스 간첩사건에 대한 연구사적 검토-전통주의의 입장에서」, 『미국사연구』 22 (2005), 119~155쪽 참조. 혼백이 2월 4일에 이승만에게 신임장을 반려한 것은 히스의 태도에 직접 영향받은 행동이었을 것이다.

120 Syngman Rhee to Cordell Hull, February 7, 1942. U.S. Department of State, *Foreign Relations of the United States* (아래에서 *FRUS*로 약칭) (Washington: United States

Government Printing Office, 1960), 1942, I, p. 859. See also ibid., p. 346.

121 Adolf A. Berle to Syngman Rhee, February 19, 1942. *FRUS*, 1942, I, p. 862.

122 한림대학교 아시아문화연구소 편, Department of State, U. S., *United States Policy Regarding Korea, 1834~1950* (아래에서 *USPRK*로 약칭) (Ch'unch'ŏn: Institute of Asian Culture Studies, Hallym University, 1987), p. 79.

123 Syngman Rhee to Franklin D. Roosevelt, May 15, 1942. *SRCE*, 1, pp. 525~526.

124 아래의 주 146 참조.

125 *USPRK*, p. 95.

126 고정휴, 『이승만과 한국독립운동』, 428~431쪽 참조.

127 안종철, 「문명개화에서 반공으로: 이승만과 개신교의 관계의 변화, 1912~1950」, 『동방학지』 145 (2009.3), 198~201쪽: 고정휴, 『1920년대 이후 미주·유럽지역의 독립운동』, 213쪽.

128 고정휴, 앞의 책, 436~41쪽 참조.

129 고정휴, 앞의 책, 217쪽. 이 대회의 행사 내용 전반에 관해서는 재미한족연합위원회에서 출판한 회의록인 *Korean Liberty Conference* (Washington D.C.: The United Korean Committee in Los Angeles and Honolulu, 1942)를 참고할 것.

130 굿펠로는 1941년 9월부터 12월 초까지 COI에서 열린 부간部間협의회interdepartmental conferences에서—이승만의 청년 시절 멘토였던 재한 선교사 제임스 게일James S. Gale의 조카로서 이승만을 '한국의 쑨원孫文'으로 존경했던—COI 동아시아 지역 특별고문 애슨 게일Esson McDowell Gale 박사의 소개로 이승만을 처음 만났다. Clarence N. Weems, "Washington's First Steps toward Korean-American Joint Action (1941~1943)," 미 남가주대학교 동아시아연구소·독립기념관 한국독립운동연구소 주관 한국무장독립운동에 관한 국제학술회의(1988. 11. 12~13) 발표논문, p. 330. 고정휴, 『이승만과 한국독립운동』, 444~445쪽 참조. 굿펠로의 생애 전반에 관해서는 "M. P. Goodfellow, 81, Publisher, Dies," *The Washington Post*, September 7, 1973 참조.

131 Clarence N. Weems, 앞의 논문, p. 338; Clarence N. Weems, "American-Korean Cooperation (1941~1945): Why Was It So Little and So Late?" Columbia University Seminar on Korea (1981.2.20) 발표논문, p. 1. 정병준, 앞의 책, 249쪽; 장기영, 「OSS의 한국인」, ≪신동아≫(1967년 9월호), 258~270쪽; 장석윤, 「풍상 끝에 얻은 섭리」, 이재학 등 편, 『격랑의 반세기: 강원도 저명인사 회고록』 1(강원일보사, 1988), 286~341쪽 참조.

132 방선주, 「아이프러기관機關과 재미한인의 복국운동」, 인하대학교 한국학연구소 편, 『해방 50주년, 세계 속의 한국학』(인하대학교 한국학연구소, 1995), 131~143쪽.

133 고정휴, 『1920년대 이후 미주·유럽지역의 독립운동』, 228~231쪽; 정병준, 앞의 책, 249~253쪽.

134 고정휴, 앞의 책, 231~232쪽 참조.

135 Clarence N. Weems, "American-Korean Cooperation (1941~1945)," pp. 34~39; 방선주, 「아이프러기관과 재미한인의 복국운동」, 140~143쪽; 김광재, 「한국 광복군의 한미공동작전과 그 의의」, 『군사』 52(2004), 8~13쪽; 남정옥, 『이승만 대통령과 6·25전쟁』(이담, 2010), 47~53쪽.

136 Robert T. Oliver, *Syngman Rhee: The Man*, pp. 190, 364~5; Soon Sung Cho, *Korea in World Politics, 1940~1950* (Berkeley and Los Angeles: University of California Press,

1967), p. 18; 장기윤Chi-yun Chiang, 「카이로 회의기록」, 한국정신문화연구원 편, 『한국독립운동사 자료집: 중국인사 증언』(박영사, 1983), 232~233, 244쪽; 신용하, 『한국 항일독립운동사 연구』(경인문화사, 2006), 224~225, 228~229쪽.

137 정일화, 『대한민국 독립의 문: 카이로 선언』(선한약속, 2010), 30~34, 474, 485, 488쪽. 홉킨스는 1945년 루스벨트가 사망할 때까지 루스벨트의 대소 정책을 보좌하며 핵심 브레인 역할을 담당했던 인물이다. 이주천, 『루스벨트의 친소 정책, 1933~1945』(신서원, 1998), 138쪽 참조.

138 정일화, 앞의 책, 71~73, 458~459, 476~478, 485~488쪽.

139 앞의 책, 30~33쪽.

140 홉킨스가 작성한 초안의 한국 독립 약속 관련 부분에서 루스벨트와 영국 외무차관 캐도건이 수정한 구절은 루스벨트가 구상하고 있던 전후 한국에 대한 국제 신탁통치의 실시 기간에 관한 표현이었다. 루스벨트는 11월 24일에 홉킨스의 초안에 나타난 '가능한 가장 빠른 순간에at the earliest possible moment'라는 표현을 '적절한 순간에at the proper moment'로 고쳤고, 캐도건은 25일 이후에 이를 '적절한 과정을 거쳐in due course'로 고쳤다. 정일화, 37~39쪽 참조.

141 정일화, 앞의 책, 56, 541쪽.

142 Timothy L. Savage, "The American Response to the Korean Independence Movement, 1910~1945," *Korean Studies* 20 (1996), pp. 216~217 참조. 물론 장제스는 카이로 회담에 참가한 행위 그 자체로써 루스벨트 대통령으로 하여금 한국 독립 문제를 거론하게 만들었으며 또 루스벨트의 발의에 소극적으로나마 호응함으로써 카이로선언에 한국 독립 보장 약속 문구를 삽입시키는 데 어느 정도 공헌했다고 말할 수 있다. 그러나 장제스와 그를 수행한 중국의 외교고문팀은 전후 한국의 즉각적인 독립을 보장하는 약속을 성명서에 포함시키는 노력을 하지 않았음이 분명하다. 장제스 이외에 1942년 4월 워싱턴을 방문해 루스벨트 대통령에게 "한인을 무장시켜 적후敵後 공작을 시키는 것이 바람직하며 그렇게 하기 위해서는 전후戰後 한국의 독립 보장을 약속할 필요성이 있다"라는 취지의 이른바 '송자문 비망록The Soong Memorandum'을 제출한 중국의 외교부장 숭쯔원宋子文(T. V. Soong)도 카이로선언에 공헌했다고 볼 수 있다. 정병준, 앞의 책, 247쪽 참조.

143 Syngman Rhee, *Japan Inside Out*, pp. 144~145; 최종고 편저, 『대한민국 건국대통령의 사상록: 우남 이승만』(청아출판사, 2011), 450쪽 참조; Francesca Rhee to Oliver, March 9, 1945 in SRCE, 7, p. 249; Robert T. Oliver, *The Way It Was—All the Way: A Documentary Accounting* (n.p. and n.d.), p. 41.

144 Robert T. Oliver, *Syngman Rhee: The Man*, pp. 177, 185~186. 로버트 올리버 지음, 황정일 옮김, 『신화에 가린 인물 이승만』(건국대학교 출판부, 2002), 203~204쪽. 올리버 지음, 서정락 옮김, 『대한민국 건국대통령 이승만』(단석연구원, 2009), 196쪽 참조. 첫 번째 편지는 진주만 사건 발발 이전, 즉 1941년 6월 6일에 발송되었다. 중경 임정의 주미외교위원장 신임장과 함께 보낸 이 편지에서 이승만은 앞으로의 미·일 충돌을 예견하고 한국 내 일제의 전략적 요충들을 파괴하기 위해 한국인들이 할 수 있는 일들을 예거例擧한 다음 이러한 일들을 해내는 데 필요한 미국의 원조를 요청했다. 이 요청에 대해 1주일 후 미 국무부의 혼백이 미국은 아직 일본과 교전상태에 있지 않기 때문에 그 요청을 수용할 수 없다는 회답을 보냈다. 이승만은 미국인이 '치욕의 날'로 기념하는 진주만 사건 1주년을 기해 1942년

12월 7일 루스벨트에게 두 번째 편지를 보냈다. 그는 이 편지에서 "대일對日 전쟁을 위한 한국 젊은이들의 훈련이 미 육군에서 시작되었습니다. 친애하는 대통령 각하, 그들의 숫자는 미미하지만 지향하는 목표는 원대합니다. 궁극적으로 아시아에서 한국인 인적 자원을 동원하는 것은 섬나라 야만인들을 패배시키기 위한 기폭제가 될 것입니다"라고 말하면서 대일 전쟁에 한국인을 적극 활용할 것을 건의했다. 이 편지에 대해 이승만은 아무런 회답을 받지 못한 것 같다.

145 앞의 주 123과 동일. Michael C. Sandusky, *America's Parallel* (Alexandria, VA, 1983), pp. 89~90 참조.

146 "I do not need to assure you that the contents of your letter....have received careful attention." Michael C. Sandusky, ibid., p. 90; *USPRK*, p. 80, fn. 1; 허정, 『우남 이승만』(태극출판사, 1974), 180쪽.

147 Robert T. Oliver, *Syngman Rhee: The Man*, pp. 180~181, 362~364. 이들 이외에 한미협회의 다른 한 이사인 메크린Ernest F. Mechlin 변호사는 1943년 12월 21일 루스벨트 대통령에게 임정과 이승만 박사를 지원함으로써 한국인이 자유를 회복할 수 있도록 도와달라는 편지를 보냈다. Record Group 353, 895.01/308 PS/RA, National Archives.

148 Michael M. Sandusky, ibid., p. 91.

149 무어 박사가 1943년 11월 19일에 루스벨트 대통령에게 써 보낸 편지의 내용은 아래와 같다.

"Dear Mr. President:

In 1905 a distant relative of yours received the Nobel Peace Prize for bringing to a close the Japanese-Russian war. In that settlement the Japanese received no indemnity—they wanted none—but they secured what they wanted, Korea, their first foot hold [*sic*] on the Continent of Asia.

This was the first grab of the modern world and the pattern by which Mussolini took Ethiopia. This was the seed from which has grown Japan's mighty Empire of today. The real start of her war with China and the United States.

The 23,000,000 Korean people have been slaves for thirty years....

Hence the Nobel Prize was given not for peace, but to make slaves and war. Soon after peace was made Dr. Gale, one of our Korean missionaries had an interview with the President of the United States. The President listened to Dr. Gale then strenuously slapped his knee and said, 'Did we make a mistake when we helped Japan take Korea [?].'

A little over sixty years ago it was death for a white man to go to Korea.... The United States opened these doors that we might do business with this richly endowed land of Korea. As one result of this the United States did all the first modern industrial and financial development of Korea. This included gold mines from which Americans brought much gold to the United States. In order to open these gates we made a treaty with Korea. In this treaty are these words, 'If other powers deal unjustly or oppressively with either government, the other will exert their good offices on being informed of the case, to bring about an amicable arrangement.'

The time has come to redeem our pledge to Korea and I am asking you, Mr. President, to give a friendly hearing to my friend Dr. Syngman Rhee the representative in Washington of the Provisional Government of Korea with Headquarters at Chungking, China, under the direction of Generalissimo Chiang Kai-shek.

With deepest appreciation,

Sincerely yours,

(Signature)

For Forty [*sic*] years missionary Pyeng Yang, Korea."

John Z. Moore to Franklin D. Roosevelt, November 19, 1943, Record Group 353, 895.01/308, National Archives.

한배호, 『자유를 향한 20세기 한국 정치사』(일조각, 2008), 65쪽 참조. 한국 이름이 문약한 文約翰인 무어 목사(1874~1963)는 1903년에 드류신학교를 졸업하고 내한해 감리교 선교사로서 평양을 중심으로 교회와 교육기관 설립에 헌신하다가 1940년에 일제에 의해 강제 귀국을 당한 인물이다. 마운트유니온신학교에서 신학박사(1915)와 법학박사(1941) 학위를 취득했다. 김승태 · 박혜진 엮음, 『내한선교사총람, 1884~1984』(한국기독교역사연구소, 1994), 362쪽. 제임스 게일은 1906년 3월 휴가차 서울을 떠나 스위스를 거쳐 미국의 워싱턴을 방문했는데, 그때 그는 시어도어 루스벨트 대통령의 초대를 받아 백악관에 들러 대통령에게 "주한 미국 공사 알렌의 성격" 등에 관해 보고했다. 그러나 두 사람 간의 대화 내용은 기록에 남아 있지 않다. Richard Rutt, *James Scarth Gale and His History of the Korean People* (Seoul; Royal Asiatic Society, Korea Branch in Conjunction with Taewon Publishing Company, 1972), p. 45; 고춘섭 편저, 『연동교회 100년사, 1894~1994』(대한예수교장로회 연동교회, 1995), 132쪽. 제임스 게일의 인적 배경에 관해서는, 한규무, 「게일 James S. Gale의 한국 인식과 한국 교회에 끼친 영향―1898~1910년을 중심으로」, 『한국기독교와 역사』 4:1 (1995), 161~176쪽; 민경배, 「게일―한국을 사랑하고 한국문화를 아낀 선교사」, 『한국사시민강좌』 34(2004), 69~80쪽 참조. 게일과 이승만 간의 특별한 친분에 대해서는, 유영익, 『이승만의 삶과 꿈』, 46, 72~73쪽; 김낙환, 「게일과 이승만의 멘토링 관계 연구」, (목원대학교 신학연구소) 『신학과 현장』 21(2011), 274~282쪽; 『우남 이승만 신앙 연구』(청미디어, 2012), 175~187쪽 참조. 하와이에 거주하는 한인들이―아마도 이승만의 요청에 따라―1943년 8월 26일 국치일國恥日(Korean National Mourning Day)을 맞아 미국의 대일 전쟁 보조금으로 2만 6천 달러를 모금해 루스벨트 대통령에게 기증한 일이 있는데, 이 사건 역시 루스벨트와 홉킨스로 하여금 카이로선언에 한국 조항을 넣는 데 영향을 주었다고 볼 수 있다. 2만 6천 달러 기증 사실에 관해서는, Alice R. Appenzeller, "A Generation of Koreans in Hawaii," *Paradise of the Pacific*, December 1944, p. 83; Kingsley K. Lyu, "Korean Nationalist Activities in Hawaii...," *Amerasia Journal* 4:2 (1977), p. 76 참조.

150 정일화는 "기록에는 없지만 개인적으로 혹 홉킨스가 감리교 출신이기 때문에 같은 감리교도인 이승만이 감리교 지도자들을 통해 연락이 되었을 가능성은 있을 수 있다"라고 그 가능성을 암시했다. 정일화, 앞의 책, 495쪽.

151 Syngman Rhee to Franklin D. Roosevelt, December 9, 1943. *SRCE*, 1, p. 527. 이승만은 이 서한에서 카이로선언에 삽입된 '적절한 과정을 거쳐'라는 단서에 대해 의문이나 이의를 제기하지 않았다. 그러나 이승만은 루스벨트 대통령이 처칠 수상과 퀘벡에서 제2차 회담을 하고

있던 1944년 9월에 그들에게 전보로 일본의 패망 직후 한국의 독립을 보장하라고 요구하면서 카이로선언의 불명확한 점에 대해 해명을 요구했다. *USPRK*, p. 88. 그리고 1945년 7월 25일에 미 국무부 필리핀 담당국장 록하트Frank P. Lockhart에게 보낸 공문에서 다시 한 번 "in due course"의 뜻을 해명해달라고 요청했다. SRCE, 1, p. 545.

152 Robert T. Oliver, *Syngman Rhee: The Man*, pp. 180~1, 362~4.

153 1943년 여름에 하와이 군정장관 엠몬스Emmons 장군이 발포한 규제 명령으로 호놀룰루에 거주하는 한인 두 명이 부당하게 체포, 구금되는 사건이 발생하자 이승만은 다시 한 번 스팀슨 장관에게 항의 서한을 보내 시정을 요구했는데, 이에 대해 스팀슨은 7월 7일 그러한 부당한 사태가 재발하지 않도록 조치하겠다고 답했다. 앞의 책, pp. 180, 189~190.

154 정병준, 앞의 책, 254쪽.

155 정병준, 앞의 책, 402~404쪽.

156 방선주는 「1930년대의 재미한인 독립운동」이라는 논문에서, "1940년대의 미국에서의 독립운동이 매우 치열했던 것은 잘 알려진 것이며 그 토대는 1930년대에 구축된 것"이라고 전제한 다음 "1930년대 초기의 이승만의 행적을 좇아보면 그가 의외로 미국 언론계 인사나 정부 관료들과 넓게 교제하고 있음을 본다. 이런 것이 후일 미국의 대한국관對韓國觀에 기여했음을 의심하지 않으며 이런 면에서 이승만의 공적은 실로 크다고 할 수 있다"라고 결론을 내렸다. 그는 또 "이승만 박사가 독자적인 힘으로 다년간 한국위원부를 유지한 것은 대단히 높이 평가할 만한 것이었다"라고 주장했다. 방선주, 「1930년대의 재미한인 독립운동」, 국사편찬위원회 편, 『한민족독립운동사』 8(국사편찬위원회, 1990), 437, 438, 439쪽. 정치학자인 이철순도 이와 같은 입장을 취하는 것으로 여겨진다. 이철순, 「이승만의 대미외교를 통한 국가생존전략(1895~1953)」, 『한국정치연구』 21:3(2012), 180~181쪽. 반면에 고정휴는 태평양전쟁 기간 이승만의 대미 외교 선전 활동은 완전히 실패했다고 주장했다. 고정휴, 「이승만은 독립운동을 했는가」, ≪역사비평≫(1991년 겨울호), 204쪽.

157 유엔 창립총회에 참석할 한국 대표단이 구성되는 과정에 관해서는, 홍선표, 「1945년 샌프란시스코회의를 둘러싼 미주 한인의 대응과 전략」, 『한국독립운동사연구』, 25 (2005. 12), 300~301쪽 참조.

158 Syngman Rhee to the Secretary of State [Edward R. Stettinius, Jr.], March 8, 1945, *SRCE*, 1, p. 531.

159 Earle R. Dickover to Syngman Rhee, March 28, 1945. *USPRK*, p. 92.

160 Robert T. Oliver, *Syngman Rhee: The Man*, p. 199.

161 이 「진정서」는 방선주 박사가 수집, 보관하고 있는 자료이다. 이 문건의 사본을 필자에게 제공해주신 방선주 박사에게 감사한다.

162 "Secret Agreement signed by United States, Great Britain [and] Russia declaring Korea will remain in orbit of Soviet influence until after end of Japanese War and further declared United States and Great Britain shall make no commitments to Korea until after the Japanese War has ended. All this was signed at Stalin's request in Yalta." 고정휴, 『이승만』, 457~458쪽; 홍선표, 앞의 책, 469쪽; Robert T. Oliver, ibid., p. 200.

163 고정휴, 앞의 책, 458쪽; 홍선표, 앞의 책, 469쪽. *USPRK*, p. 93 참조.

164 고브로우는 일부 학자들이 주장하거나 추정하는 것처럼 '가공의 인물'이 아니다. 그는 1945년 4월 당시 펜실베이니아 주의 포인트 프레센트Point Pleasant에 거주하는 자칭 '직업적

신문인professional newspaperman'이었다. Emile Gauvreau to Jay Jerome Williams, April 17, 1945, in *SRCE* 7, pp. 254~5. 그는 이승만의 지지자인 윌리엄스Jay Jerome Willams에 의해 1945년 4월 17일 이전에 이승만에게 소개되어 5월 11일 혹은 그 이전에 샌프란시스코에 도착, 이승만과 면담했다. Syngman Rhee's letter to an unidentified person, May 11, 1945, ibid., p. 539 참조.

165 허스트는 5월 21일자 ≪로스앤젤레스 이그재미너*The Los Angeles Examiner*≫ 지에 이승만의 얄타 밀약설을 기사화했다. 홍선표, 앞의 책, 476~477쪽.

166 Robert T. Oliver, ibid., pp. 199~200.

167 Syngman Rhee to Harry S. Truman, May 15, 1945, in *SRCE*, 1, p. 542; FRUS, 1945, VI, pp. 1028~1029.

168 정병준, 앞의 책, 263쪽; 고정휴, 앞의 책, 461쪽.

169 "Many subjects had been discussed and some general understandings had been reached." Robert T. Oliver, ibid., p. 200; 홍선표, 앞의 책, 478쪽.

170 홍선표, 앞의 책, 478쪽.

171 Syngman Rhee to Harry S. Truman, July 21, 1945, Telegram, in *SRCE* 1, p. 544; *FRUS*, 1945, VI, p. 1031.

172 Syngman Rhee to Frank P. Lockhart, July 25, 1945, in *SRCE*, 1, p. 545; *FRUS*, 1945, VI, pp. 1032~33. Charles M. Dobbs, *The Unwanted Symbol: American Foreign Policy, the Cold War, and Korea, 1945~50* (Kent, Ohio: The Kent State University Press, 1981), p. 20 참조.

173 Henry Chung, *Syngman Rhee: Prophet and Statesman* (Washington, D.C.: The Korean American Council, 1946), pp. 2~3; 구대열, 『한국 국제관계사 연구 2』(역사비평사, 1995), 62쪽; 이정식, 『대한민국의 기원』(일조각, 2006), 311쪽; 고정휴, 책, 462~468쪽; 홍선표, 책, 474~476쪽.

174 홍선표, 앞의 책, 478~479쪽.

175 맥아더는 1945년 7월에 이승만이 한국민 상대로 행한 단파방송을 듣고 7월 30일 육군성의 통신망을 이용해 이승만의 투쟁 정신을 격려하는 전보를 보낼 정도로 이승만을 아꼈다. O. T. Jamerson, etc. to Syngman Rhee, July 30, 1945. *SRCE*, 7, pp. 638~639 참조.

176 한표욱, 『한미외교 요람기』(중앙일보사, 1984), 37~38쪽.

177 이정식, 『대한민국의 기원』, 312~313쪽; 이도형, 「건국의 아버지 이승만」(한국논단, 2001), 30~34쪽.

178 Syngman Rhee to His Excellency the President [Harry S. Truman], August 27, 1945. *SRCE*, 7, p. 646. 이승만은 1945년 8월 10일 미일전쟁의 종결이 임박하고 일본이 패망하면 미군이 한반도에 상륙할 것이라고 예상하고 미 참모총장 마셜George C. Marshall 장군에게 미군과 함께 한국에 돌아가게 해달라고 요청한 바 있다. Michael C. Sandusky, *America's Parallel*, p. 34.

179 이정식, 앞의 책, 318~319쪽. Won Sul Lee, *The United States and the Division of Korea* (Seoul: Kyung Hee University Press, 1982), pp. 201~208 참조.

180 Michael C. Sandusky, *America's Parallel*, pp. 34~35.

181 이정식, 앞의 책, 314~315쪽. 이승만의 귀국 당시 동지회는 그에게 2만 달러의 여비를 제공

했다. Kingsley K. Lyu, "Korean Nationalist Activities in Hawaii and the Continental United States," II, *Amerasia Journal* 4:2 (1977), p. 76.

182 Syngman Rhee to General Douglas McArthur, September 27, 1945, *SRCE* 7, p. 647 참조.

183 정병준, 앞의 책, 440~443쪽; 이정식, 앞의 책, 316~318쪽.

184 우남실록편찬회 편, 『우남실록, 1945~1948』(열화당, 1976), 332쪽. 종래 일부 학자들은 인공을 여운형이 수립한 정권으로 서술했다. 그러나 이는 오류이며, 박헌영이 주도해 급조한 정권이었다. 최상룡, 『미군정과 한국민족주의』(나남, 1988), 84쪽; 이완범, 『한국 해방 3년사, 1945~1948』(태학사, 2007), 84, 86쪽; 이정식, 앞의 책, 284~286쪽; 이정식, 『시대와 사상을 초월한 융화주의자 여운형』, 534~543쪽; 양호민, 『한반도의 격동 1세기 반; 권력, 이데올로기, 민족, 국제관계의 교착』(한림대학교 출판부, 2010), 상, 350쪽 참고. 커밍스는 인공의 탄생 경위에 관련해, "박헌영이 인공 수립 계획에 직접 개입했을 가능성이 있다"([I]t is probable that Pak was directly involved in KPR planning)라고 서술했다. Bruce Cumings, *The Origins of the Korean War*, I, p. 84.

185 양동안, 『대한민국건국사: 해방 3년의 정치사』(현음사, 2001), 107~108쪽. 이승만은 해방 후 한민당이 추대한 영수 7인 가운데 한 사람이었다. 백완기, 『인촌 김성수의 삶—인간 자본의 표상』(나남, 2012), 174쪽.

186 양동안, 앞의 책, 309쪽.

187 양동안, 앞의 책, 143~145쪽.

188 양동안, 앞의 책, 147~148쪽. 연합국에 발송된 '결의안'의 한국어 번역본은, 이도형, 앞의 책, 51~54쪽에 실려 있다. 이 결의문이 미국 정부에만 발송되었다는 사실에 관해서는, 이현주, 「조선공산당의 영입 추진과 이승만의 대응」, 최상오 · 홍선표 외 지음, 『이승만과 대한민국 건국』(연세대학교 출판부, 2010), 213쪽 참조.

189 『우남실록』, 95~96, 314~315쪽.

190 『우남실록』, 102쪽; 양동안, 앞의 책, 141~154쪽. 이승만이 인공 주석직 취임을 거부하는 방송을 하기 전후에 조선공산당이 이승만에 대해 취한 태도에 관해서는, 이호재, 『한국 외교정책의 이상과 현실—이승만 외교와 미국』(법문사, 1980), 114~119쪽 참조.

191 양동안, 앞의 책, 141~154쪽 참조.

192 정병준, 앞의 책, 711쪽; 김보영, 「대한독립촉성국민회의 조직과 활동」, 한양대학교 대학원 석사학위논문, 1994, 30~37쪽.

193 E. Grant Meade, *American Military Government in Korea* (New York: King's Crown Press, 1951), p. 163.

194 Joungwon A. Kim, *Divided Korea: The Politics of Development, 1945~1972* (Cambridge, Mass.: East Asian Research Center, Harvard University, 1975), p. 63; 정병준, 앞의 책, 560~561쪽 참조. 이승만이 독촉국민회의 총재직을 수락한 사실의 정치적 중요성에 관해서는, 김수자, 「해방정국 이승만의 대동단결론과 단체 통합 운동」, 최상오 · 홍선표 외 지음, 앞의 책, 22~23쪽 참조.

195 ≪동아일보≫(1946년 7월 23일); Robert T. Oliver, *Syngman Rhee: The Man*, p. 270; 이정식, 앞의 책, 228쪽에서 재인용.

196 굿펠로는 이승만과 미국 내 이승만 후원자들의 요청으로 하지의 특별고문이 되어 서울에 왔다. 이 사실에 관해서는, Syngman Rhee to M. P. Goodfellow, November 8, 1945, *SRCE*

1, p. 549; William G. Morris, "The Korean Trusteeship, 1941~1947: The United States, Russia, and the Cold War," unpublished Ph.D. dissertation, the University of Rexas at Austin, 1974, p. 185; 제임스 I. 매트레이, 「미국은 왜 한국에서 극우 세력을 지지했는가—트루먼의 대한對韓정책에 대한 실증적 검토」, ≪계간사상≫ 1990년 봄호, 73~74쪽 참조.

197 『우남실록』, 145~146쪽; 양동안, 앞의 책, 191쪽 참조.

198 오영섭, 「대한민국 건국의 일등공신 윤치영」, 『한국사시민강좌』 43(2008), 101~102쪽.

199 Robert T. Oliver, *Syngman Rhee: The Man*, pp. 219, 365~367. 이 '임시정책 대강'은 이승만이 1946년 2월 6일에 「모범적 독립국을 건설하자」라는 제목의 방송을 통해 발표했던 '과도정부 당면 정책 33항'에 바탕한 것이었다. 『우남실록』, 382~385쪽 참조.

200 천관우, 『자료로 본 대한민국 건국사』(지식산업사, 2007), 188쪽. 리인수, 『대한민국의 건국』(도서출판 촛불, 1988), 78쪽; 윤치영, 「국제연합과 선거를 통한 대한민국 수립」, 한승조 외 공저 『해방 전후사의 쟁점과 평가 2』(형설출판사, 1990), 168~9쪽; 김달순, 『이승만 정치 연구』(수원대학교 출판부, 2000), 131~133쪽: 한지은,「임영신 박사와 한국 여성들의 독립 및 건국 외교 활동」, 건국대통령이승만박사기념사업회 편, 『이승만 회보』 70(2012. 1), 25~26쪽 등 참조.

201 정병준, 앞의 책, 594~597쪽.

202 정병준, 앞의 책, 607~609쪽.

203 정병준, 앞의 책, 600쪽.

204 ≪서울신문≫, 1946년 6월 4일.

205 양동안, 앞의 책, 238쪽.

206 "Proposed Message to General of the Army Douglas MacArthur Drafted in the Department of State" (February 28, 1946), *FRUS*, 1946, VIII, pp. 645~646; "Discussion [of] Appendix 'B,' Memorandum by the Assistant Secretary of State for Occupied Area (Hilldring) to the Operation Division, War Department, June 6, 1946, *FRUS*. 1946, III, pp. 698~699; Bruce Cumings, 앞의 책, p. 254; Bonnie B. C. Oh, "Kim Kyu-sik and the Coalition Effort," idem ed., *Korea under the American Military Government, 1945~1948* (Westport, CT: Praeger Publishers, 2002), pp. 110~111; Allan R. Millet, *The War for Korea, 1940~1950*, p. 83.

207 양동안, 앞의 책, 244~247쪽. 좌우합작운동의 전개 과정과 그 실패 요인에 관해서는, 안정애, 「좌우합작운동의 전개 과정」, 최장집 편, 『한국현대사 1: 1945~1950』(열음사, 1985), 281~310쪽 참조.

208 송남헌, 『해방 3년사, 1945~1948 II』(까치, 1985), 378~84쪽. 정용욱, 『해방 전후 미국의 대한정책』(서울대학교 출판부, 2003), 291~292쪽 참조.

209 Syngman Rhee to Charles A. Willowby, December 18, 1946, *SRCE* 1, pp. 567~568; 천관우, 앞의 책, 223~226쪽 참조. 1945년 10월에 미주에서 구성된 '재미한족연합위원회 대표단'의 일원으로 조국에 돌아와 김규식과 여운형이 추진하는 좌우합작운동을 지원하다가 1946년 12월 7일 하지에 의해 남조선과도입법의원의 관선의원으로 임명된 김호金乎와 김원용金元容은 해방 이전에 이미 반反이승만적 입장을 나타냈기에 친이승만계의 동지회 측에서 '공산당'이라고 '모함'당했던 인물들이었다. 홍선표, 「이승만의 견제 세력—재미한족연합위원회의 국내 정치활동을 중심으로」, 최상오 · 홍선표 외 지음, 앞의 책, 258~263, 268

쪽 참조.

210 최영희, 앞의 책, 292쪽; 천관우, 앞의 책, 188~189쪽; 정용욱, 앞의 책, 309쪽; 양동안, 앞의 책, 326~327쪽; 임홍빈, 앞의 논문, 217쪽. 이[리]인수에 의하면, 이승만은 1946년 10월 28일 하지 사령관에게 한국 문제는 두 점령군 당국에서 해결될 것이 아니라 미국과 소련 정부가 직접 나서야 하며 카이로선언과 포츠담선언에 위배되는 3상회의 결정은 최소되어야 한다고 말했다. 이인수, 「미 군정의 한국 정치 지도자에 대한 정책 연구」, 94쪽.

211 Syngman Rhee to Douglas MacArthur, December 18, 1946, *SRCE*, 1, p. 566. Syngman Rhee to Edwin W. Pauley, December 21, 1946, *SRCE*, 1, pp. 569~570; Syngman Rhee to Edwin W. Pauley, January 4, 1947, *SRCE*, 1, pp. 572~573; Syngman Rhee to George C. Marshall, January 21, 1947, *SRCE*, 1, p. 577 참조.

212 Robert T. Oliver, *Syngman Rhee: The Man*, pp. 233~236; idem, *Syngman Rhee and American Involvement in Korea: A Personal Narrative* (Seoul: Panmun Book Co. Ltd., 1978), pp. 56, 61~66, 701, 82~83.

213 우달은 1946년 10월까지 미 군정청에서 '사법부장 겸 군정청 일반 자문director of the department of justice and general counsel of the United States MIlitary Government of Korea이었던 육군 중령이었다. Emery J. Woodall, "Molotov and Byrnes," *The Washington Post*, October 20, 1946 참조.

214 *FRUS*, 1947, pp. 604~5. 미 국무부는 3월 4일에 국무장관 앞으로 보낸 이승만의 건의서를 받았다는 회신을 이승만에게 보냈다. 같은 책, p. 603, fn. 18.

215 Robert T. Oliver, *Syngman Rhee: The Man*, p. 232.

216 『우남실록』, 197~199쪽. 이정식, 앞의 책, 452~454쪽; 양동안, 「45~48년 기간에 있어서 이승만의 정치활동에 관한 연구」, 『정신문화연구』 25:3(2002. 2), 208~209쪽 참조.

217 Allan R. Millet, 앞의 책, pp. 88, 110~111; 정용욱, 앞의 책, 314쪽 참조.

218 Syngman Rhee to Harry S. Truman, March 13, 1947, *SRCE*, 1, p. 586.

219 William Stueck, *Rethinking the Korean War: A New Diplomatic and Strategic History* (Princeton and Oxford: Princeton University Press, 2002), pp. 55~58.

220 Syngman Rhee to Mrs. Gwendolyn R. Frye, April 16, 1947, *SRCE*, 1, p. 590; Syngman Rhee to Mr. H. W. Ireland, May 15, 1947. ibid., p. 591. 이승만이 장제스 총통이 제공한 특별 군용기 편으로 귀국한 사실에 대해서는, 『우남실록』, 203쪽; 양동안, 앞의 논문, 210쪽; 정용욱, 앞의 책, 309~313쪽 참조.

221 양동안, 앞의 논문, 213쪽

222 이 무렵 마셜 국무장관의 한국 문제에 관한 입장은 김용호, 「대한민국 정부 수립 과정에서 이승만의 역할에 대한 재평가: 미군정시기 미국의 대한반도 정책을 둘러싼 이승만-하지의 갈등과 협력관계 분석」, 『한국정치연구』 20:2(2011), 120~121쪽; 이주영, 『이승만과 그의 시대』, 121쪽 참조.

223 미국 정부는 7월 23일부터 '3성정책조정위원회SWNCC' 산하의 '한국문제임시위원회Ad Hoc Committee on Korea'를 통해 한국 문제 처리 방안을 논의한 끝에 7월 29일에 국무부 동북아 부국장 앨리슨John M. Allison이 제출한 이른바 "앨리슨 계획"에 따라 한국 문제를 유엔에 이관하기로 8월 4일 마셜 국무장관에게 건의했다. 그 뒤 마셜 국무장관은 트루먼 대통령의 재가를 얻어 9월 17일에 한국 문제 해결에 관한 미국 안을 유엔 총회에 제출했다. 이

과정에 관해서는, James I. Matray, *The Reluctant Crusade: American Foreign Policy in Korea, 1941~1950* (Honolulu: University of Hawaii Press, 1985), pp. 119~24; 차상철, 『해방 전후 미국의 한반도정책』(지식산업사, 1991), 153~176쪽; 매트레이, 「미국은 왜 한국에서 극우 세력을 지지했는가」, 98~99쪽; Chong-Sik Lee, "The Road to the Korean War: The United States Policy in Korea, 1945~48," G. Krebs and C. Oberlander, eds., *1945 in Europe and Asia* (München, Germany: Iudicium, 1997), pp. 208~209; 양동안, 앞의 책, 376~383쪽; 이정식, 앞의 책, 165~73쪽; 한배호, 『자유를 향한 20세기 한국정치사』(일조각, 2008), 111~119쪽.

224 양동안, 앞의 책, 441~444쪽.

225 이주영, 『이승만과 그의 시대』, 138쪽.

226 박찬표, 「대한민국의 수립」, 국사편찬위원회 편, 『한국사』 52(2002), 411, 415쪽.

227 양동안, 앞의 책, 517쪽 참조.

228 유영익, 「대한민국 건국과 국회개회 기도」, 미래한국신문 편집국 편, 『한국역사를 움직인 기도』(도서출판 언약, 2007), 10쪽.

229 『우남실록』, 541쪽.

230 유영익, 「이승만 국회의장과 대한민국 헌법 제정」, 『역사학보』 189(2006. 3), 124~131쪽.

231 이 비유는 하지 장군이 1946년 6월 23일 굿펠로에게 보낸 편지에서 이승만의 집요한 성격을 묘사하기 위해 쓴 표현이다. 양동안, 앞의 책, 234쪽. Bruce Cumings, *The Origins of the Korean War: Liberation and the Emergence of Separate Regimes, 1945~1947* (Princeton, N.J.: Princeton University Press, 1981), p. 259 참조.

제2부 사상

제2장 이승만의 개혁 건국 사상

1 김도현, 「이승만 노선의 재검토—민족통일사관의 입지에서」, 송건호 등 공저, 『해방전후사의 인식 1』(한길사, 1997), 325쪽.

2 서중석, 『이승만의 정치 이데올로기』(역사비평사, 2005), 18~19쪽.

3 Bruce Cumings, *Korea's Place in the Sun: A Modern History* (New York and London: W. W. Norton & Co., 1997), pp. 214~215. 브루스 커밍스 저, 김동노 등 역, 『브루스 커밍스의 한국현대사』(창비사, 2001) 302쪽 참조. 이 인용문은 Bruce Cumings, *The Origins of the Korean War*, Volume II: *The Roaring of the Cataract, 1947~1950* (Princeton, New Jersey: Princeton University Press, 1990), pp. 226~227에도 나온다.

4 Andre Schmid, *Korea Between Empires, 1895~1919* (New York: Columbia University Press, 2002) 참조.

5 "(Appendix 3) Autobiographical Notes of Syngman Rhee," Chong-Sik Lee, *Syngman Rhee: The Prison Years of a Young Radical* (Seoul: Yonsei University Press, 2001), p. 164; 유영익, 『젊은 날의 이승만—한성 감옥 생활(1899~1904)과 옥중잡기 연구—부: 국역 「옥중잡기」』(연세대학교 출판부, 2002), 60쪽.

6 이승만의 옥중 전도활동에 관해서는 유영익, 『젊은 날의 이승만』, 60~65쪽 참조.

7 원영희·최정태 편, 『뭉치면 살고…… 1898~1944: 언론인 이승만의 글 모음』(조선일보사, 1995), 150쪽. 이 장에서는 이승만의 발표문이 많이 인용되고 있는데, 인용문 안에 보이는 한자들은 필자가 추가한 것이다. 그리고 이승만의 표현 가운데 현대인이 이해하기 어려운 부분은 필자가 최소한도로 조정하였음을 알린다.

8 앞의 책, 153쪽.

9 "Autobiographical Notes: Syngman Rhee" (이정식 소장 미간 원고), p. 11. 이승만의 미간 영문 자서전 원고들을 필자에게 제공해주신 이정식 교수에게 감사를 드린다.

10 이승만이 미국 유학 시절에 미국 동부 각지에서 연설한 횟수는 정확히 알 수 없다. 그러나 그가 조지워싱턴대학교에서 공부할 때 연설한 횟수는 약 60회였다. 유영익, 『이승만의 삶과 꿈』, 50쪽. 그리고 그가 유학 기간 전체를 통해 미국인 과 한국인을 상대로 연설한 횟수는 170여 회로 알려졌다. 김인서, 『망명 노인 이승만 박사를 변호함』(독학협회출판사, 1963), 61쪽 참조.

11 이정식 역주, 「청년 이승만 자서전」, 『초대 대통령 이승만의 청년 시절』(동아일보사, 2002), 308~309쪽. 이 인용문의 출처는 *The Korean Mission Field*, June 1, 1908, p. 96이다. 참고로, 클라크Charles A. Clark는 1890년부터 1936년까지 한국 개신교인의 증가 추세에 관해—"Digest of the Presbyterian Church of Korea, 1934"를 바탕으로—아래와 같은 통계를 제시했다.

연도	신도 수(명)
1890	150
1900	13,560
1910	153,915
1920	153,915
1930	194,678
1931	203,912
1932	258,216
1933	281,231
1934	298,430
1935	323,974
1936	341,700

Chas. Allen Clark, "Some Startling Church Statistics," *The Korean Mission Field* 33:1 (January 1937), p. 18.

12 리승만, 『한국교회핍박』(미령 하와이: 신한국보사, 1913. 4), 12~13쪽.

13 앞의 책, 13쪽.

14 앞의 책, 85~6쪽. 『한국교회핍박』의 내용 전반에 관해서는 이덕희, 『한인기독교회·한인기독학원·대한인동지회』, 20~25쪽 참조.

15 리승만, 「한일 교회 합동문제」, ≪태평양잡지≫(1914년 2월호) 1권 6호.

16 「우리나라[를] 예수교국으로 만들어—일본의 통치권을 벗는 그날로」, ≪신한민보≫, 1919년 4월 8일(제536호).

17 원성옥 역, 『*First Korean Congress*: 최초의 한국 의회』, 141쪽. 이 인용문의 원문은 아래와 같다.

"We appeal to you for support and sympathy because we know you love justice; you also fought for liberty and democracy, and you stand for Christianity and humanity. Our cause is a just one before the laws of God and man. Our aim is freedom from militaristic autocracy; our object is democracy for Asia; our hope is universal Christianity. Therefore we feel that our appeal merits your consideration."
First Korean Congress. Held in the Little Theatre, 17th and Delancey Steets, April 14, 15, 16 (Philadelphia, 1919), pp. 29~30.

18 Robert T. Oliver, *Syngman Rhee: The Man*, p. 187. 로버트 올리버 지음, 황정일 옮김, 『신화에 가린 인물 이승만』(건국대학교 출판부, 2002), 205쪽 참조.

19 이승만은 1954년 10월 1일, 1957년 12월 30일, 그리고 1958년 2월 26일에 각각 「유교의 교훈을 지켜 예의지국 백성이 되자」, 「모든 동포들이 삼강오륜을 알고 지켜라」, 「내가 유교를 믿는 가정에서 태어나서 유교에서 가르치는 교육과 신앙을 배워서」 라는 제목의 담화를 발표했다. 그 중 첫째 담화에서 그는 예수교와 유교가 서로 모순되지 않는다는 주장을 폈다. 구자열(발행인), 『대통령 이승만 박사 유교 담화집』(유도회총본부, 1958), 4~6쪽.

20 우남실록편찬회 편, 『우남실록』(열화당, 1976), 343쪽. 한국기독교역사학회 편, 『한국 기독교의 역사 III: 해방 이후 20세기 말까지』(한국기독교역사연구소, 2009), 40~42쪽 참조.

21 앞의 책, 386쪽.

22 유영익, 「대한민국 건국과 국회개회 기도」, 미래한국신문 편집국 편, 『한국역사를 움직인 기도』(도서출판 언약, 2007), 9~13쪽.

23 우남실록편찬회 편, 앞의 책, 295쪽.

24 유영익, 『젊은 날의 이승만』, 326쪽.

25 앞의 책, 317, 321쪽.

26 앞의 책, 291~293쪽.

27 리승만 작, 신호열 역주, 『체역집』(동서출판사, 1961), 건乾, 56~57쪽.

28 원영희.최영태 편, 앞의 책, 272쪽.

29 손세일, 「이승만의 자본주의 정신」, NewDaily 이승만연구소 제11회 이승만 포럼 (2012. 1. 11), 6~7쪽.

30 리승만 저, 『독립정신』(정동출판사, 1993), 250쪽. 이 장에서 이승만의 『독립정신』의 인용은 원칙적으로 1993년에 정동출판사에서 출판한 현대어 본을 사용하기로 한다. 그러나 이 현대어 본에 오류가 있다고 판단되는 경우에는 1910년에 출판된 이 책의 원본을 필자가 현대어로 바꾸어 인용하기로 한다.

31 북미한인유학생회 편, 『우라키』(*The Rocky*) 14(1930), 14~15쪽.

32 우남실록편찬위원회 편, 앞의 책, 399~400쪽. 최영희, 『격동의 해방 3년』(한림대학교 아시아문화연구소, 1996), 71쪽 참조.

33 손세일, 앞의 논문, 4~5쪽.

34 우남실록편찬위원회 편, 앞의 책, 383쪽; 리승만, 『일민주의 개술』(일민주의 보급회, 1949). 19~20쪽.

35 리승만 『독립정신』(미국 로샌즐리쓰: 대동신셔관, 1910), 39쪽.

36 앞의 책, 102~105쪽.

37 리승만, 『일민주의 개술』, 4~10쪽.

38 앞의 책, 3, 16~24쪽. 1945년 10월 이승만의 주도로 결성된 대한독립촉성국민회의 총무부차장이었던 우갑린禹甲麟에 의하면, 이승만은 "노동자, 농민, 양반이 다 함께 잘살아야 한다"는것을 강조한 '만민공생萬民共生사상가' 내지 '민족공생주의자'였다. 김도형, 「건국의 아버지 이승만」(한국논단, 2001), 48~49, 177~178쪽. 김학재는 이승만이 집권 중후반기(1952. 8~1960. 4)에 이르러 일민주의를 언급하지 않았지만 이승만이 시정하려고 했던 빈부격차, 지역차별, 남녀차별 등의 폐습은 아직도 해결되어야 할 과제로 남아 있는 만큼 일민주의에 일정한 의미를 부여할 수 있다고 보았다. 김학재, 「이승만의 일민주의」, 고려대학교 대학원 정치외교학과 석사학위논문(2012. 7), 142, 181쪽.

39 리승만, 「정부수립 1주년 기념사」, 김광섭 편, 『이 대통령 훈화록』(중앙문화협회, 1950), 32쪽.

40 리승만, 「일민주의 정신과 민족운동」, 『일민주의 개술』, 24쪽.

41 리승만, 『독립정신』(정동출판사), 78~9쪽.

42 리승만, 「미국 헌법의 발전」, ≪태평양잡지≫ 1914년 2월호 (1권 6호)

43 앞의 논문.

44 리승만, 『독립정신』(정동출판사), 78~79쪽.

45 앞의 책, 76~8쪽.

46 김영우 편, 『대한독립혈전긔獨立血戰記』(호놀루루: 한인긔독학원, 1919), 130쪽.

47 이승만은 이 결의안을 '종지宗旨(Cardinal Principles)'라고 불렀다. 앞의 책, 27쪽 참조.

48 앞의 책, 27쪽.

49 〈부록 1〉의 결론 부분 참조.

50 우남실록편찬회 편, 앞의 책, 542쪽.

51 유진오, 『헌법기초회고록』, 101쪽.

52 앞의 책, 58, 101쪽. 최영희, 『격동의 해방 3년』, 489~506쪽; 김철수, 「유진오의 헌법초안에 나타난 국가형태와 정부형태」, 『한국사시민강좌』 17(1996), 150~157, 111쪽 참조.

53 예컨대, 이승만의 정치적 야심(이른바 '대통령병'), 오랜 기간 미국생활을 통해 익숙해진 친미적 가치관과 정치관, 그리고 신생 대한민국이 당면한 갖가지 국가적 사업을 효율적으로 추진하기 위해서는 이 제도가 가장 적합하다는 주장 등이 그것이다.

54 손세일, 『이승만과 김구』(일조각, 1970), 321~322쪽에서 재인용. Jungwon Alexander Kim, *Divided Korea* (Cambridge, Mass.: East Asian Research Center, Harvard University, 1975), pp. 118~119 참조.

55 원영희·최정태 편, 앞의 책, 132~133쪽.

56 유영익, 『젊은 날의 이승만』, 325~326쪽.

57 리승만, 『독립정신』, 76쪽.

58 앞의 책, 143~145쪽. 표트르 대제가 남긴 유언에 관해서는 유영익, 『젊은 날의 이승만』 122~123, 333~336쪽 참조.

59 리인수, 『대한민국의 건국』(촛불, 1988), 131쪽. Robert T. Oliver, *Syngman Rhee and American Involvement in Korea*, pp. 352, 391 참조.

60 리승만, 「공산당의 당 부당」, ≪태평양잡지≫(1923년 3월호) 제31호.

61 이승만은 자기의 영문 저서 『일본내막기』의 194쪽에서 중국의 쑨원孫文이 윌리엄의 책을 읽은 결과 처음에 호감을 느꼈던 공산주의를 배척하게 되었다고 기술했다. 이로 미루어 이

승만은 윌리엄의 책을 정독했을 가능성이 있다. 그런데 윌리엄은 러시아 태생의 뉴욕에 거주하는 치과의사로서 1900년에 창립된 미국 사회당의 창당 멤버였다가 러시아의 볼셰비키 혁명 이후 공산주의에 대해 환멸을 느끼고 미국 사회당을 탈당, 1921년에 3월에 자비로 이 책을 출판한 인물이다. 요행히 이 책이 쑨원의 사상 전환에 큰 영향을 미쳤기 때문에 그는 미국인으로서는 유일하게 중국 국민당의 평생 당원으로 추대되었고 그 후 중국 (의료) 원조 정보교환소China Aid Information Exchange의 미국 사무국 부회장직을 역임했다. 이승만은 그를 1942년부터 1943년까지 총 28명으로 구성된 한미협회The Korean-American Council의 전국위원회National Committee 위원으로 영입해 상호 협력했고 1960년 4월까지 그와 교신을 계속했다. 윌리엄의 저서와 이승만이 집필한 공산주의 관련 논설들을 대조해본 결과 필자는 이승만이 윌리엄의 저서를 통해 러시아 혁명에 뒤따른 지도자들 간의 피비린내 나는 권력투쟁의 측면을 철저히 파악했지만, 그 이상 별로 비익裨益한 바가 없다는 인상을 받았다. 윌리엄 박사의 생애와 업적에 관해서는, James L. Wick, "A Chinese Student Mailed a Book; It Saved China from Communism for 25 Years," *Human Events* 18:44 (November 3, 1961), pp. 743~745 참조. 이승만이 1942년 4월부터 1960년 4월까지 윌리엄에게 보낸 9통의 편지를 포함한 'Maurice William Papers'는 미국 University of California, Los Angeles (UCLA)내 The Center for Chinese Studies (www international.ucla.edu/ccs)에 소장되어 있다.

62 반병률, 「상해 임정의 이승만 탄핵과 그 주도세력」, 유영익 외 지음, 『이승만과 대한민국임시정부』(연세대학교 출판부, 2009), 70~71쪽 참조.

63 윤대원, 『상해시기 대한민국임시정부 연구』(서울대학교 출판부, 2006), 238~249쪽 참조.

64 유영익, 『이승만의 삶과 꿈』, 176쪽 참조.

65 이 책의 제1장 각주 170 및 171 참조.

66 Robert T. Oliver, *Syngman Rhee and American Involvement*, p. 352.

67 최영희, 앞의 책, 71쪽.

68 우남실록편찬위원회 편, 앞의 책, 121쪽.

69 앞의 책, 123~124쪽.

70 최영희, 앞의 책, 216쪽.

71 리승만, 『일민주의 개술』, 11~16쪽.

72 양동안, 앞의 논문, 79~80쪽 참조.

73 서중석, 앞의 책, 113쪽 참조.

74 6·25전쟁 중 1951년 4월부터 1953년 2월까지 22개월간 한국에서 미8군 사령관으로 복무했던 밴플리트James A. Van Fleet 대장은 퇴임 후 ≪라이프*Life*≫지에 발표한 「한국에 관한 진실」이라는 제목의 글에서 이승만 대통령을 '우리 시대의 가장 위대한 사상가, 학자, 정치가, 애국자 중의 한 사람one of the greatest thinkers, scholars, statesmen and patriots of our times'이라고 격찬한 바 있다. James A. Van Fleet, "The Truth about Korea" (Condensed from *Life*), *The Reader's Digest*, July 1953, p. 13.

제3부 업적

제3장 이승만 대통령의 업적

1 1990년대 후반, 한국 갤럽과 『한국논단』이 공동으로 실시한 대학생 의식 조사에 의하면, 한국 청년들은 김일성보다도 이승만 대통령을 더 부정적으로 보고 있다. 대체로 이 대통령을 '친미 사대주의자'(53%), '반민주적 독재자'(18%), '남북 영구분단의 원흉'(18%)으로 매도하며 '독립투사이며 건국의 아버지'라는 평가는 1.3%에 불과하다. 김충남, 『성공한 대통령, 실패한 대통령』(도서출판 둥지, 1998), 57쪽.

2 John M. Taylor, *General Maxwell Taylor: The Sword and the Pen* (New York etc.: Doubleday, 1989), 속표지 등 참조. 맥스웰 테일러 대장의 반反이승만적 태도와 '비상상비계획' 입안에 관해서는 홍석률, 「한국전쟁 직후 미국의 이승만 제거계획」, ≪역사비평≫(1994년 여름호), 151~153쪽; 李鍾元, 『東アジア冷戰と韓米日關係』(東京: 東京大學出版會, 1996), 61~62, 72~73쪽 참조.

3 Richard C. Allen, *Korea's Syngman Rhee: An Unauthorized Portrait* (Rutland, Vermont and Tokyo, Japan: Charles E. Tuttle Co., 1960), p. 12.

4 송건호, 「이승만」, 『한국현대인물사론』(한길사, 1984), 253~254쪽.

5 커밍스Bruce Cumings의 수정주의 학설이 국내의 한국 현대사 연구에 끼친 영향에 관해서는 유영익, 「수정주의와 한국 현대사 연구」, 유영익 편, 『수정주의와 한국현대사』, (연세대학교 출판부, 1998), 참조.

6 김삼웅, 「이승만은 우리 현대사에 어떤 '악의 유산'을 남겼는가?」, 『한국 현대사 뒷얘기』(가람기획, 1995), 282~285쪽.

7 올리버의 배경과 활동에 관해서는, Jungmin Kuk, "Helping Syngman Rhee and the Republic of Korea: Robert T. Oliver's Publicity and Lobbying Efforts in the United States, 1942~1960," M.A. thesis in Korean Studies, Graduate School of International Studies, Yonsei University, 2000 참조.

8 Robert T. Oliver, *Syngman Rhee: The Man Behind the Myth* (New York: Dodd Mead and Co., 1954), p. 321.

9 연세대학교 현대한국학연구소(현 이승만연구원)에 소장된 미간未刊 원고 Robert T. Oliver, "Syngman Rhee—A World Statesman"의 사본. 올리버는 조이제·카터 에커트 편저, 『한국 근대화, 기적의 과정』(월간조선사, 2005) 57~89쪽에 실린 논문 「박정희 이전 시대: 이승만 정부와 장면 정부」에서도 이승만을 동일하게 평가하고 있다.

10 군 장성 중 이승만 대통령을 높이 평가한 대표적 인물은 백선엽 장군이다. 이승만에 대한 그의 평가는 백선엽, 『내가 물러서면 나를 쏘아라』(중앙일보사, 2011) 3, 120~121, 124~125쪽에 잘 나타나 있다.

11 양동안, 「45~48년 기간에 있어서 이승만의 정치활동에 관한 연구」, 『정신문화연구』 25:3(2002, 가을), 191~192쪽.

12 전상인, 「이승만과 5·10총선거」, 유영익 편, 『이승만 연구—독립운동과 대한민국 건국』(연세대학교 출판부, 2000), 443쪽.

13 그 뒤 이승만은 워싱턴에 있는 구미위원부의 임병직 단장으로 하여금 빈센트에게 미국의 신

탁통치안을 반박하고 미국이 한국의 독립을 당장 지원하라고 요구하는 '9개 항의 근본방침'을 제출케 했다. 임병직, 「이 박사, 하지 중장 뿌리치다」, ≪월간중앙≫(1968. 8), 103쪽.

14 정병준, 앞의 책, 543~552쪽; 이한우, 『대한민국을 세운 독립운동가 이승만』(역사공간, 2002), 199~200쪽..

15 양동안, 앞의 논문, 212쪽; 김행선, 『해방정국 청년운동사』(선인, 2004), 290~210, 414~417쪽 참조.

16 1947년 11월 14일 유엔총회에서 43대 0으로 가결, 통과된 '유엔 감시하에 자유선거를 한반도에서 실시해 독립 정부를 수립할 것'이라는 결의안에서 "(B) 총회는 한국 국민의 독립에 대한 요청이 긴급하고 정당함을 인정하며 그 독립 건설에 참여할 대표를 선거하는 데 협력하기 위해 유엔 한국위원단을 설치키로 하며……"라는 문구가 들어가 있다. 임병직, 앞의 글, 108쪽.

17 정병준에 의하면, 이승만은 이미 1946년 초부터 남한 단정론을 주장했다. 정병준, 앞의 책, 564~556쪽.

18 이주영은 김구가 이승만 대신 김규식 등 중간파와 손잡은 것은 김구가 미 군정의 브라운 Albert E. Brown 소장과 비밀회담을 했던 1947년 10월 15일부터라고 주장한다. 이주영, 『이승만과 그의 시대』(기파랑, 2011), 128쪽. 반면에 도진순은 김구가 이승만과 정치적으로 결별하는 시점을 김구가 '미·소 양군 철수 후 유엔 감시하에 남북 지도자들 간의 합의에 의한 전국 총선'을 내세운 이른바 〈6개 항 의견서〉를 발표한 1948년 1월 29일로 보았다. 도진순, 『한국민족주의와 남북관계: 이승만·김구 시대의 정치사』(서울대학교 출판부, 1997), 202~203쪽.

19 이정식, 「냉전의 전개 과정과 한반도 분단의 고착화—스탈린의 한반도 정책, 1945」 유영익 편, 『수정주의와 한국현대사』(연세대학교 출판부, 1998), 91쪽. 이 논문은 이정식, 『대한민국의 기원』(일조각, 2006), 178~214에 전재되어 있다. 양호민, 『38선에서 휴전선으로』(생각의나무, 2004), 331쪽; Andrei Lankov, "The Soviet Politburo Decisions and the Emergence of the North Korean State, 1946~1948," *Korea Observer* 36:3 (Autumn, 2005), pp. 395~402; 김학준, 『북한의 역사 2: 미소냉전과 소련 군정 아래서의 조선인민공화국 건국, 1946년 1월~1948년 9월』(서울대학교 출판부, 2008), 139쪽 참조.

20 미국 정부 측에서 한국 문제 해결을 위해 유엔을 활용하자는 아이디어는 1947년 2월 말에 개최된 '부처간 특별위원회'에서 처음으로 논의되었다. 전상인, 앞의 논문, 450쪽. 이승만은 이에 앞서 1946년 9월 10일 임영신을 민주의원의 대표 자격으로 미국에 파견해 한국 독립 문제를 유엔에 상정하도록 지시하고 이어서 12월에 자기 자신이 도미해 그 일을 추진했다. 따라서 유엔을 통한 한국 문제 해결책을 처음으로 발안한 사람은 이승만이었다고 여겨진다. 이승만의 방미 외교 활동에 관해서는 리인수, 『대한민국의 건국』(도서출판 촛불, 1988), 89, 91쪽; 정용욱, 앞의 책, 299~315쪽 참조. 임영신의 방미 외교 활동에 관해서는, 승당임영신박사전집편찬위원회 편, 『나의 40년 투쟁사』(승당임영신박사전집편찬위원회, 1986), 228~250쪽; 승당임영신박사전집편찬위원회 편, 『승당 임영신 박사 문집』(승당임영신박사전집편찬위원회, 1986), I, 453~467, 535~585: II, 965~977쪽; 이달순, 『이승만정치연구』(수원대학교 출판부, 2000), 130~133쪽 참조.

21 Robert T. Oliver, 앞의 책, pp. 233~234; *The Way It Was—All The Way: A Documentary Accounting* (n.p./n.d.), pp. 63~70 참조. 힐드링은 1947년 5월 21일에 하

지에게 보낸 전문에서 "이승만이 국무부를 방문했을 때 나눈 이야기 가운데에 만약 미소공위가 재개되지 않으면 남한에 단독정부를 세울 수 있다는 가능성을 이야기한 것에 불과한데 그가 나로부터 그런 약속을 받았다고 주장하는 것은 그런 나와의 대화를 오해한 데서 나온 것 같다"라고 말했다. 임홍빈, 「미국 측 '극비자료'를 토대로 한 입체분석: 이승만·김구·하지(下)」, ≪신동아≫(1983년 11~12월호), 188쪽. 한편, 임병직은 힐드링이 "우리가 제출할 6개 항목의 계획안을 지지하겠다고 확약을 했다"고 회고했다. 임병직, 앞의 글, 106~107쪽.

22 임홍빈, 「이승만·김구·하지(上)」, 220~221, 223쪽. 정용욱, 앞의 책, 314~315쪽 참조.

23 William Stueck, "Syngman Rhee, the Truman Doctrine, and American Policy toward Korea," 유영익 편, 『이승만 연구—독립운동과 대한민국 건국』 현대한국학연구소 학술총서 2(연세대학교 출판부, 2000), pp. 659~661; 제임스 I. 매트레이, 「미국은 왜 한국에서 극우세력을 지지했는가—트루먼의 대한對韓정책에 대한 실증적 검토」, ≪계간 사상≫ 1990년 봄호, 102쪽 참조.

24 차상철에 의하면, 미국 정부에서 한국 문제를 유엔에 이관하는 문제를 논의하기 시작한 시점은 1947년 7월 23일이었다. 차상철, 『해방 전후 미국의 한반도 정책』(지식산업사, 1991), 150~151, 154~155쪽.

25 박찬표, 「남북한 단독정부의 수립」, 국사편찬위원회 편, 『한국사 52: 대한민국의 성립』(국사편찬위원회, 2002), 388~389쪽; 전상인, 앞의 논문 453쪽 참조.

26 박찬표, 앞의 논문 391~392쪽; 전상인, 앞의 논문, 455쪽 참조.

27 전상인, 앞의 논문, 451쪽. 제2차 미소공위의 개최와 그 좌절 경위에 관해서는 James Irving Matray, *The Reluctant Crusade: American Foreign Policy in Korea, 1941~1950* (Honolulu: University of Hawaii Press, 1985), pp. 117~120 참조.

28 최영희, 『격동의 해방 3년』(한림대학교 아시아문화연구소, 1996), 429쪽.

29 2월 28일의 유엔 임시위원회 임시회의에서 중국, 엘살바도르, 필리핀, 인도 대표는 찬성표를 던졌고 캐나다와 오스트레일리아 대표는 반대표를 던졌으며, 프랑스와 시리아 대표는 기권했다. 전상인, 앞의 논문, 456쪽. 모윤숙을 이용해 메논을 포섭하는 데 성공한 이승만의 미인계에 관해서는, 최종고, 『이승만과 메논 그리고 모윤숙』(기파랑, 2012), 200~222쪽, 최영희, 앞의 책, 449~451쪽, 임병직, 앞의 논문, 108~109쪽 등 참조.

30 양동안, 앞의 논문, 213쪽; 박찬표, 앞의 논문, 407~408쪽 참조.

31 황수익, 「제8장 제헌 국회의원 선거」, 서울대학교 한국정치연구소 편, 『한국의 현대정치, 1945~1948』(서울대학교 출판부, 1993), 327쪽.

32 5·10총선거를 반대한 세력들의 움직임에 관해서는, 박찬표, 앞의 논문, 403, 405~406, 409~410쪽; 전상인, 앞의 논문, 460, 461, 477쪽 참조.

33 황수익, 앞의 논문, 316쪽. 5·10총선거 기간에 발생한 사상자의 통계는 집계자에 따라 차이가 있다. 그 한 예로서, 미 군정청의 공식 발표에 의하면, 5월 7일부터 10일까지 검거, 투옥된 자가 5천425명, 사망자가 350명이었다고 한다. 같은 논문, 316쪽.

34 황수익, 앞의 논문, 322~23쪽, 박찬표, 앞의 논문, 415쪽, 전상인, 앞의 논문, 473~474쪽.

35 양동안, 『(개정신판)대한민국건국사』(현음사, 2001), 515~516쪽; 박찬표, 앞의 논문, 416쪽. 황수익은 5·10총선거의 공정성에 관련해 다음과 같이 주장하고 있다. 즉, "여러 가지 선거들을 종합적으로 고려해본다면 선거 등록과 투표에 있어서 강제성이 상당한 정도로 있었다고 보여진다. 그러나 선거 등록과 투표에 대한 부분적인 강제성은 있었는지 몰라도 대리

투표와 허위투표, 그리고 공개투표와 투표율의 조작과 같은 특정인의 당선을 위한 압력의 사례는 거의 없었다……. 이상의 설명을 통해 우리는 다음과 같은 결론에 이를 수 있다. 첫째, 남로당의 폭력투쟁에 대한 미 군정의 강경 대응 속에서 선거 분위기는 상당히 자유스럽지 못했지만 선거에 참여하는 것을 전제로 했을 때에는 정치활동의 자유가 비교적 존중되었다. 둘째, 유권자 등록과 투표 당일의 투표에는 강제가 있었지만 일단 투표를 할 경우 후보자의 선택이 자유로웠고 부정선거의 사례는 적었다. 이 점은 제헌국회의원 선거 이후의 선거가 투표는 자유스러우나 투·개표 부정이나 매표 등이 부정선거의 쟁점이 된 것과 대조를 이루는 것이라 하겠다." 황수익, 앞의 논문, 318쪽.

36 박광주, 「헌법 제정 과정과 대통령선거」, 한국정신문화연구원 현대사연구소 편, 『한국현대사의 재인식 2: 정부수립과 제헌국회』(오름, 1998), 261~271쪽 참조.

37 조용중, 「헌법 제정, 34일의 시작과 끝」, 『미 군정하의 한국정치현장』(나남, 1990), 154~155쪽. Joungwon A. Kim, *Divided Korea: The Politics of Development, 1945~1972* (Cambridge, Mass.: East Asia Research Center, Harvard University, 1976), pp. 118~119 참조.

38 유진오, 『헌법기초회고록』, 58~59, 62, 70~72쪽; 정윤재, 앞의 논문, 187쪽 참조. '내각책임제 요소가 약간 가미된 대통령중심제'란 국무총리라는 직제를 설치하고 대통령이 임명하는 국무총리에 대해 국회가 인준하도록 한 것 등을 의미한다.

39 조용중, 앞의 책, 133~134쪽. 국회 본회의 대체토론 과정에서 신익희 부의장의 제의로 각 의원의 발언시간이 5분으로 제한되었으며 축조심의 과정에서는 조속한 헌법 제정과 정부수립을 원하는 이승만 의장의 요구에 따라 100여 건에 달하는 수정안이 거의 다 철회되었다. 박찬표, 418쪽.

40 최영희, 앞의 책, 489쪽; 조용중, 앞의 논문, 154쪽; 유진오, 앞의 책, 101쪽 참조.

41 유진오, 앞의 책, 22, 35, 36, 41, 54쪽 참조. 박명림은 "건국 헌법은 대통령책임제와 내각책임제의 절충을 통해 내각책임제 위주의 혼합정부 형태를 띠었다"고 말하면서 "이론적으로 혼합정부는 권력분립 상태에서의 견제와 균형, 그리고 직접민주주의와 간접민주주의의 혼합을 통해 양 제도의 극단이 초래하는 약점을 극복할 수 있는 바람직한 정체," 즉 민주주의의 이상적 모델이라 했다. 박명림, 「한국의 초기 헌정체제와 민주주의: '혼합정부'와 '사회적 시장경제'를 중심으로」, 『한국정치학회보』 37:1(2003), 120~121쪽.

42 양동안, 앞의 책, 526~527쪽; 박찬표, 417~419, 423쪽; 김일영, 『건국과 부국—현대한국정치사 강의』(생각의나무, 2004), 72쪽; 李鍾元, 『東アジア冷戰と韓米日關係』(東京: 東京大學出版會, 1996), 133쪽 등 참조. Kwang Il Koh는 제헌헌법의 경제조항들은 1936년에 제정된 스탈린 헌법과 유사하다고 평했다. Kwang Il Koh, op. cit., pp. 210~211. 이승만 정부는—전후戰後 미국의 강력한 압력하에—1954년 11월 개헌을 통해 1948년의 '국가사회주의적' 헌법을 시장경제체제 지향의 헌법으로 개정했다. 박명림, 「헌법, 국가의제, 그리고 대통령 리더십: '건국 헌법'과 '전후 헌법의 경제조항 비교를 중심으로」, 『국제정치논총』 48:1(2008), 442~451쪽.

43 Allan R. Millett, *The War for Korea, 1945~1950: A House Burning* (Lawrence, Kansas: University Press of Kansas, 2005), p. 160.

44 박찬표, 앞의 논문, 422~423쪽 참조.

45 허정, 「이승만」, 신동아 편집실 편, 『한국근대인물 100인선』(동아일보사, 1970), 172쪽.

46 우남실록편찬회 편, 앞의 책, 566쪽.

47 김일영, 「전시 정치의 재조명—부산정치파동의 다차원성에 대한 복합적 이해」, 박지향 등 엮음 『해방전후사의 재인식』(책세상, 2006), 226쪽.

48 올리버는 부산정치파동을 거쳐 단행된 개헌을 '비폭력의 무혈혁명a bloodless and non-violent revolution' 또는 '위에서 조종된 무혈혁명a political revolution—engineered from the top and without blood'이라고 규정했다. Robert T. Oliver, *Syngman Rhee and American Involvement in Korea, 1942~1960* (Seoul: Panmun Book Co. Ltd, 1978), p. 397; "Syngman Rhee Reconsidered: Recollections and Evaluation on the Centennial Anniversary" (an unpublished manuscript dated 1957), p. 17. 조용중도 이 대통령의 제1차 개헌을 '무혈혁명'이라고 규정했다. 조용중, 『대통령의 무혈혁명: 1952년 여름, 부산』(나남, 2004), 표지의 제목. 1952년 5월 25일부터 7월 4일까지 지속한 '부산정치파동'에 관해서는 위에 제시한 김일영의 논문 이외에 Edward C. Keefer, "The Truman Administration and the South Korean Political Crisis of 1952: Democracy's Failure?" *Pacific Historical Review* 60: 2 (May 1991), pp. 145~168; 라종일, 「1952年의 정치파동—행정부, 의회, 군부, 외국의 상호작용」, 『한국정치학회보』 22:2(1988), 209~224쪽; 신명순, 「이승만의 집권과 권위주의체제로의 전환」, 『국사관논총』 27(1991), 66~67쪽; 조용중의 앞의 책, 제7장(185~210쪽), 제9장(243~262쪽) 및 제12장(299~339쪽); 이한우, 『거대한 생애: 이승만 90년(하)』(조선일보사, 1996), 107~112쪽 등 참조.

49 허정, 『허정 회고록: 내일을 위한 증언』(샘터사, 1979), 179~180쪽. 장택상에 의하면, 부산정치파동 무렵 이 대통령은 장면이 국회 의원들과 손잡고 차기 대통령 선거에서 대통령이 되려고 치밀하게 계획하고 있다고 믿었다. 장병혜 · 장병초 편, 『창랑 장택상 자서전: 대한민국 건국과 나』(창랑장택상기념사업회, 1992), 118~119쪽. 장면에 대한 이승만의 의구심과 경계심에 관해서는, Joungwon A. Kim, op. cit., pp. 144~145 참조.

50 이재학, 「안에서 본 이승만 박사」, ≪신동아≫(1965년 9월호), 199쪽.

51 Robert T. Oliver, *Syngman Rhee: The Man Behind the Myth*, pp. 271~273.

52 Robert T. Oliver, *Syngman Rhee and American Involvement in Korea*, pp. 388~389.

53 김영명은 1952년 이후 이승만 정권의 기본 특징을 '가부장적 권위주의'로 규정했다. 김영명, 「이승만 정권의 흥망과 그 정치사적 의미」, 『한국정치학회보』 25:1 (1991), 113~114, 131쪽. 이러한 규정은 이 대통령의 '독재'를 이승만 이후에 집권한 군부 독재자들의 '독재'와 차별화하는 데 유용한 개념이라고 생각한다.

54 한배호, 「제1공화국의 정치체제—체제의 형성과 변질」, 『한국 현대정치론 I: 제1공화국의 국가형성, 정치과정, 정책』(도서출판 나남, 1990), 27쪽; 木村幹, 『韓國における'權威主義的'體制の成立—李承晩政權の崩壞まで—』(東京: ミネルヴァ書房, 2003), 173~174쪽 참조.

55 조용중, 『대통령의 무혈혁명』, 251쪽.

56 Gregory Henderson, op. cit., pp. 303~304; 이한우, 앞의 책, 172~173쪽. 그 당시 주한 미 대사 다울링Walter C. Dowling도 이 같은 양당제도의 출현을 가리켜 '한국 정치의 정점high point'이라고 평가했다. 김일영, 『건국과 부국』, 220쪽.

57 조용중, 『대통령의 무혈혁명』, 160쪽. 이렇게 탄생한 지방의회의 의원들은 '부산정치파동'에서 이 대통령의 국회 압박용 전위세력으로 이용되었다. 그러나 "지방자치제는 민주주의 실현을 위해 꼭 필요한 것이며 지방자치제 없이 실시되는 총선거는 진정한 민의를 국정에

반영시킬 수 없는 것이다……. 나는 전시라 할지라도 민주제도의 확립을 위해 지방자치제를 실시해야 한다고 역설하고 국회 내무위원들을 설득시키는데 성공했다" 라는 장석윤의 주장도 경청할 가치가 있다. 최기영, 「장석윤의 독립운동과 제1공화국 정치」, 연세대학교 이승만연구원 소장 미간 원고, 56~57쪽.

58 백영철, 앞의 책, 245쪽.

59 예외적으로 이승만 정부는 1955년에 식자 오류를 범한 ≪동아일보≫와 ≪삼남일보≫에 대해 정간 처분을 내렸고, 1955년 9월 14일에는 자유당계의 괴한 20여 명이 대구매일신문사에 난입해 인쇄시설을 파괴하고 사원들을 폭행한 일이 있으며, 또 1958년 8월 8일 ≪사상계≫ 8월호에 「생각하는 백성이라야 산다」라는 글을 게재한 함석헌咸錫憲을 국가보안법 위반 혐의로 구속한 필화사건도 있었다. 임영태, 『대한민국 50년사 1』(들녘, 1998), 235~236쪽. 이러한 이유로 남시욱은 이 대통령의 공과를 논하면서 '언론탄압'을 그가 저질은 중요한 과오 가운데 하나로 꼽았다. 남시욱, 『한국 보수세력 연구』(나남, 2005), 355~356쪽.

60 "대부분의 권위주의적 정권과는 대조적으로 남한에는 상당한 언론의 자유가 허용되고 있다는 사실이 특기할 만하다. 그것은 [물론] 서구에서 알려진 것과 같은 언론의 자유는 아니다. 왜냐하면 한국의 신문[발행인]들은 모두 신문이 정부의 관용에 의존한다는 사실을 알고 있으며 대통령 개인에 대한 비판은 전례가 없기 때문이다. 나아가 언론의 자유는 지방에서 보다 외교관들이 지켜볼 수 있는 서울에서 더 많이 허용되고 있다. 그렇지만 헌법에 보장된 개인의 자유와 투표의 자유가 왕왕 유린되는 이 나라에서 언론이 누리는 자유의 정도는 꽤 놀라운 수준이다." Richard C. Allen, op. cit., p. 203. 핸더슨과 김정원도 이승만 집권기에 언론이 발달했다고 서술함으로써 언론의 자유가 있었음을 간접적으로 시인했다. Gregory Henderson, op. cit., pp. 172~173; Joungwon A. Kim, op. cit., pp. 156~157.

61 한배호, 「제1공화국의 정치체제」, 40~42쪽; 이정복, 「남북한의 정치체제와 남북한 관계의 회고」, 『한국과 국제정치』 5:2 (1989 가을), 128~129쪽.

62 조정환, 「머리말」, 외무부 편, 『외무행정의 10년』(외무부, 1959), 2쪽.

63 대한민국 외교통상부 편, 『한국외교 50년, 1948~1998』(대한민국 외교통상부, 1999), 119쪽.

64 앞의 책, 127쪽; 지철근, 『평화선』(범우사, 1970), 165~205쪽; 이한우, 앞의 책, 125쪽 참조.

65 외무부 편, 『외무행정 10년』, 6~13쪽. 한흥수, 「대한민국 건국의 역사적 의의」, 유영익 편, 『이승만 연구—독립운동과 대한민국 건국』(연세대학교 출판부, 2000), 581쪽.

66 홍순호, 「단독정부승인외교로부터 북방통일외교로, 1945~1987」, 한국정치외교학회 편, 『한국현대사의 재조명—1945~1980년대의 정치 외교분석』(대왕사, 1990), 243~245쪽; 한표욱, 『이승만과 한미외교』(중앙일보사, 1996), 177~207쪽 참조.

67 노기영, 「이승만 정권의 태평양동맹 정책과 한미일관계」, 부산대학교 대학원 석사학위논문 (1998. 8), 5~56쪽 참조.

68 이 대통령과 아이젠하워 대통령의 정상회담에 관해서는 李鍾元, 앞의 책, 191~193쪽 참조.

69 이호재, 「이승만 대통령의 대미외교」, 국제역사학회의 한국위원회 편, 『한미수교 100년사』 (국제역사학회의 한국위원회, 1982), 448~449쪽.

70 앞의 논문, 450쪽.

71 차상철, 『한미동맹 50년』(생각의나무, 2004), 32쪽.

72 한배호, 「한미방위조약 체결의 협상과정」, 『군사』 4(1982), 165쪽.

73 한배호, 앞의 논문, 165~66쪽.

74 한배호, 앞의 논문, 166~67쪽. Donald Stone Macdonald, *U.S.-Korean Relations from Liberation to Self-Reliance: The Twenty-Year Record* (Boulder, San Francisco and Oxford: Westview Press, 1992), p. 52; Yong-Pyo Hong, *State Security and Regime Security: President Syngman Rhee and the Insecurity Dilemma in South Korea, 1953~60* (New York: St. Martin's Press, Inc., 2000), p. 45; Stephen Jin-Woo Kim, *Master of Manipulation: Syngman Rhee and the Seoul-Washington Alliance* (Seoul: Yonsei University Press, 2001), p. 87 참조.

75 온창일, 『한민족전쟁사』(집문당, 2001), 1013쪽.

76 한배호, 앞의 논문, 168쪽; 온창일, 앞의 책, 1013~1014쪽; Barton J. Bernstein, "Syngman Rhee: The Pawn as Rook—The Struggle to End the Korean War," *Bulletin of Concerned Asian Scholars* 10 (January-March, 1978), pp. 41~2; Henry Chung, *Korea and the United States Through War and Peace, 1943~1960* (Seoul: Yonsei University Press, 2000), pp. 296~7; Yong-Pyo Hong, op. cit., p. 45.

77 이 대통령의 반공 포로 석방이 한미상호방위조약 체결에 끼친 영향에 관해서는, 이완범, 「이승만 대통령의 한미상호방위조약 추진배경과 협상과정」, 『이승만과 6·25전쟁』(연세대학교 출판부, 2012), 41~51쪽 참조.

78 '상시대비계획'에 관해서는 앞의 주 2)와 차상철, 『한미동맹 50년』, 46쪽 참조.

79 "Conversation between the President and Mr. Robertson, 3 July 1953." 이 문서는 연세대학교 이승만연구원에 소장되어 있다.

80 차상철, 「외교가로서의 이승만」, 『이승만 대통령의 역사적 재평가』, 연세대학교 국제학대학원 현대한국학연구소 제6차 국제학술회의 논문집 (2004. 11. 12~13), 72쪽; 유영익 편, 『이승만 대통령 재평가』(연세대학교 출판부, 2006), 172쪽. 차상철과 박실은 그들의 저서에서 한미상호방위조약 체결 과정을 자세히 다루었다. 차상철, 앞의 책, 51~68쪽; 박실, 『이승만 외교의 힘: 벼랑 끝 외교의 승리』(청미디어, 2010), 325~334쪽.

81 김일영·조성렬, 『주한미군—역사·쟁점·전망』(한울아카데미, 2003), 66~67쪽; Richard C. Allen, op. cit., pp. 167~8; Yong-Pyo Hong, op. cit., pp. 53~4; Stephen J. Kim, op. cit., pp. 106~112.

82 '합의의사록'의 체결과정에 관해서는 李鍾元, 앞의 책, 193~198쪽; Stephen Jin Woo Kim, *Master of Manipulation: Syngman Rhee and the Seoul-Washington Alliance, 1953~1960* (Seoul: Yonsei University Press, 2001), pp. 184~191; 차상철, 앞의 책, 78~79쪽 참조.

83 박실은 한미상호방위조약의 내용을 '미비조약美比條約과 ANZUS 조약의 내용을 지명만 바꾸어 그대로 복사한 것'이라고 파악했다. 박실, 앞의 책, 330쪽.

84 차상철, 앞의 책, 78~79쪽.

85 차상철, 앞의 책, 82~85쪽; Richard C. Allen, op. cit., p. 168 참조.

86 리승만, 「전국민에게 보냄」, 『대통령 이승만 박사 담화집』(공보처, 1953), 315쪽; Syngman Rhee, "Statement on ROK-US Mutual Defense Treaty," *Korea Flaming High* (Seoul: Office of Public Relations, R.O.K., 1954), p. 92.

87 유영익, 「한미동맹 성립의 역사적 의의—1953년 이승만 대통령의 한미상호방위조약 체결을 중심으로」, 『한국사시민강좌』 36(2005), 172~175쪽 참조. 한미상호방위조약 체결 전후

에 "미국은 한국에서 권위주의적 정권보다는 자유민주주의 정권을 원칙적으로 선호해 왔다. 그러나 그것이 현실적으로 성취 불가능한 상황에서[는] 권위주의적 정권을 묵인 또는 옹호해 왔다."; 김영명, 「한국의 정치변동과 미국—국가와 정권의 변모에 미친 미국의 영향」, 『한국정치학회보』 22: 2 (1988), 95쪽.

88 이종욱, 『춘추—신라의 피, 한국·한국인을 만들다』(효형출판, 2009), 239~260쪽 참조.

89 정병준, 『우남 이승만 연구』(역사비평사, 2005), 241~254쪽; 김광재, 「한국광복군의 한미공동작전과 의미」, 『군사』 52 (2004. 8), 10, 22쪽; 남정옥, 『이승만 대통령과 6·25전쟁』(이담, 2010), 42~53쪽 참조.

90 Jongnam Na, "Making Cold War Soldiers: The Americanization of the South Korean Army, 1945~1955," Ph.D. dissertation, the University of North Carolina at Chapel Hill, 2006, pp. 101~24. 특히, 밴플리트 중장의 한국군 증강 노력에 관해서는, 폴 F. 브레임 지음, 육군교육사령부 자료지원처 번역실 옮김, 『승리의 신념—밴플리트 장군 일대기』(도서출판 봉명, 2001), 358~66쪽; 백선엽, 『내가 물러서면 나를 쏴라』, 2, 115~9쪽, 3, 42~5쪽, 82~3쪽, 192~4쪽 참조. 클라크 대장이 한국군 증강에 기여한 사실에 대해서는, 김충남, 『대통령과 국가경영』(서울대학교 출판부, 2006), 124~125쪽 참조.

91 이은봉·조복현, 『건군 50년사』(국방군사연구소, 1998), 6, 43, 51쪽.

92 앞의 책, 38쪽. 한용원, 『창군』(박영사, 1984), 106쪽; 온창일, 「6·25전쟁과 한국군의 팽창」, 유영익·이채진 편, 『한국과 6·25전쟁』(연세대학교 출판부, 2002), 62~63쪽; 커터 에커트, 「5·16군사혁명, 그 역사적 맥락」, 조이제, 카터 에커트 편저, 『한국 근대화, 기적의 과정』(월간조선사, 2005), 97쪽 참조.

93 한용원, 「국군 50년: 창군과 성장」, 『국방연구』 41: 1(1998), 15~16쪽.

94 이호재, 『한국외교정책의 이상과 현실(제3증보판)』(법문사, 1980), 289~301쪽; 조병옥, 『나의 회고록』(도서출판 해동, 1986), 240~241쪽.

95 온창일, 앞의 책, 466쪽.

96 이은봉·조복현, 앞의 책, 61쪽.

97 앞의 책, 61~62쪽 참조. 이 밖에 이 대통령의 정부는 '애국기 헌납운동'을 통해 거둔 성금으로 1950년 5월 캐나다로부터 T-6형 항공기 10대를 도입했다.

98 국군 병력의 계수는 앞의 책, 49, 51, 54~55쪽; 온창일, 앞의 책, 489쪽 참조. 전쟁 발발 당시 육군의 장비는 27대의 장갑차, 140정의 57밀리 무반동총, 1천900문의 2.36인치 로켓포, 91문의 구형 M3 105밀리 야포가 고작이었고 탱크는 한 대도 없었다. 이은봉·조복현, 앞의 책, 49쪽.

99 이 대통령은 주한 미국 대사 무초John J. Muccio의 권고에 따라 맥아더 유엔군 총사령관에게 한국군에 대한 작전 지휘권을 위임했다. 연세대학교 이승만연구원에 소장된 영문 프란체스카 6·25전쟁 일기 ("Confidential Notes on Activities Between June 1950~May 1951")의 7월 14일자 기록. 이때 유엔군 총사령관에게 이양된 한국군의 작전지휘권 가운데 '평시 작전 통제권'은 1994년 말 한국군에게 환수되었다. 이은봉·조복현, 앞의 책, 11쪽.

100 온창일, 「6·25전쟁과 한국군의 팽창」, 79쪽; 한용원, 「국군 50년: 창군과 성장」, 22쪽. 양흥모, 「이승만 박사와 군대」, ≪신동아≫(1965년 9월호), 233쪽; Se-Jin Kim, *The Politics of Military Revolution in Korea* (Chapel Hill: The University of North Carolina Press, 1971), p. 40 참조. 브레진스키에 의하면, 1952년 6월과 1953년 7월 한국군의 규모는 각각

35만 7천 명과 49만 2천 명이었다. Gregg Brazinsky, *Nation Building in South Korea: Koreans, Americans, and the Making of a Democracy* (Chapel Hill, N.C.: The University of North Carolina Press, 2007), p. 79. 다른 한편, 남정옥에 의하면, 휴전 무렵 국군의 총 병력은 55만 명이었다. 남정옥, 「이승만 대통령의 전시지도자 역할」, 연세대학교 현대한국학연구소 제11차 우남학술회의 발표 논문 『이승만과 6·25전쟁』(연세대학교 현대한국학연구소, 2010.11.19), 107쪽. 나종남에 의하면, 1953년 5월 중순에 미 아이젠하워 대통령은 한국군의 규모를 20개 사단의 655,000명 수준으로 증원하려는—클라크 유엔군 총사령관이 원래 제안한—계획을 승인했다. Jongnam Na, op. cit., p. 133.

101 차상철, 『한미동맹 50년』(생각의나무, 2004), 79쪽. 이 '합의의사록'이 조인되기 전 한·미 간 협상에 관해서는 李鍾元, 앞의 책, 193~198쪽 참조.

102 미국은 원래 한국군 4개 사단을 감축할 예정이었으나 이 대통령의 완강한 반대에 부딪혀 할 수 없이 2개 사단을 감축하는 데 그쳤다. 이종원, 앞의 책, 242쪽.

103 앞의 책, 81~82쪽.

104 온창일, 「6·25전쟁과 한국군의 팽창」, 63, 72~89; 이은봉·조복현, 앞의 책, 134~139쪽 참조. 이 대통령은 1958년 1월에 주한 미군에 전술 핵무기를 배치하는 것을 허용함으로써 북한의 전쟁 도발에 대한 억제력을 강화했다. 핵무기의 남한 도입 과정에 관해서는 李鍾元, 앞의 책, 227~224쪽; Stephen Jin-Woo Kim, op. cit., pp. 274~276 참조.

105 Jongnam Na, op. cit. pp. 103~25; 김운태, 『한국현대정치사』 2(성문각, 1986), 469쪽. 이러한 장교 하사관 중심의 교육훈련 이외에 군에서는 문맹 퇴치 교육을 실시한 결과 1959년까지 52만 3천443명의 문맹 퇴치 실적을 올렸다. 이은봉·조복현, 앞의 책, 144~147쪽 참조.

106 국사편찬위원회 편, 『대한민국사』(탐구당, 1988), 72쪽; 한용원, 「국군 50년: 창군과 성장」, 22~23쪽. 그 가운데 장교는 7천여 명이었다. Gregg Brazinsky, op. cit. p. 90.

107 서인한, 『대한제국의 군사제도』(혜안, 2000), 290~291쪽. 서영희, 『대한제국 정치사 연구』(서울대학교 출판부, 2003), 358쪽 참조.

108 원영희 · 최정태 편, 앞의 책, 272~273쪽.

109 유영익, 『이승만의 삶과 꿈』, 49, 61쪽 참조.

110 이덕희, 『하와이 이민 100년: 그들은 어떻게 살았나?』(중앙M&B, 2003), 138~141쪽.

111 李鍾元, 앞의 책, 128~130쪽; 이열모, 「이승만 박사의 경제정책」, ≪신동아≫(1965년 9월호), 226~231쪽; Kwang Il Koh, op. cit., p. 215 참조.

112 박우희, 『한국의 경제발전』(독립기념관 한국독립운동사연구소, 1989), 41쪽; 이헌창, 『한국경제통사』(법문사, 2003), 405쪽.

113 박우희, 앞의 책, 40쪽. 그러나 1950년대 한국 경제의 연평균 성장률은 연구자에 따라 약간씩 다르다. 예컨대, "1953~1961년의 국민 총생산은 1953년의 2.2조 원에서 약 1.4배가 늘어난 3조 46억 원에 달함으로써 연평균 3.9%의 실질성장을 이룩했다." 박우희, 같은 책, 34쪽; "1953~1961년간 GNP 실질성장률은 겨우 3.9%였다. 그러나 인구가 연 2.9%로 증가했기 때문에 실질적인 1인당 GNP는 연평균 1% 성장에 불과했다." 조이제, 「(총론) 한국의 근대화」, 조이제 · 카터 에커트 편저, 『한국 근대화, 기적의 과정』(월간조선사, 2005), 31쪽; "흉년이었던 1956년과 4·19혁명이 있었던 1960년을 제외하면," 1953~1960년간 연평균 4.2~8.8%에 달하는 비교적 높은 경제성장을 달성했다. 대한민국사 편찬위원회 편, 『대한민국사』, 394쪽; 1953~1962년간 국민총생산은 연평균 4.2%였다. 이헌창, 『한국경제통

사』, 405쪽. 그리고 1953년 이후 경제 성장률은 다른 후진국에 비해 그리 뒤진 것이 아니었다. Jung-en Woo, *Race to the Swift: State and Finance in Korean Industrialization* (New York: Columbia University Press, 1991), pp. 46~47쪽 참조.

114 박태균, 「1956~1964년 한국 경제개발계획의 성립과정—경제개발론의 확산과 미국의 대한 정책 변화를 중심으로」, 서울대학교 대학원 국사학과 박사학위논문, 2000년 2월, 26쪽 참조.

115 김인서, 앞의 책, 4쪽.

116 이헌창, 앞의 책, 419~420쪽. 참고로 1953년 말 도매물가는 해방 직후의 약 390배로 상승했고, 전쟁 후 1953년부터 56년까지는 51%~37.9%의 악성 인플레이션에 휘말렸다. 이러한 인플레는 1957년부터 차츰 진정되기 시작했다. 박우희, 앞의 책, 34, 38쪽. Jung-en Woo에 의하면, 1945년부터 1950년까지 도매물가는 7만% [*sic*] 상승했고, 인플레 상승률은 1953년에 25%, 1953년에 80.5%였지만 1957년에는 16.1%로 하락했다. Jung-en Woo, op. cit., p. 60. 조순은 인플레 극복을 포함한 이승만 정부의 제반 노력이 1960년대 경제성장의 기초를 닦았다고 평가했다. Soon Cho, *The Dynamics of Korean Economic Development* (Washington, D.C.: Institute for International Economics, 1994), pp. 11~12.

117 이대근, 『해방 후 1950년대의 경제: 공업화의 사적 배경 연구』(삼성경제연구소, 2002), 460~471쪽; 이헌창, 앞의 책, 406쪽. 박우희는 1954~1961년간 2차산업의 성장률을 10.7%로 잡았다. 박우희, 앞의 책, 35쪽.

118 이한빈, 『사회변동과 행정—해방 후 한국행정의 발전론적 연구』(박영사, 1968), 138~139쪽. 박태균, 앞의 논문, 147~158쪽; 김용삼, 「이승만과 1950년대를 다시 본다: 이승만 시대 부흥부 장관 송인상 증언」, ≪월간조선≫(2000년 11월호), 445~448쪽 참조.

119 고승제, 「한국전쟁과 미국의 경제원조」, 세계평화교수협의회 편, 『한국현대사회사의 재구성』(일념, 1985), 77~78쪽 참조.

120 Robert T. Oliver, *Syngman Rhee and American Involvement in Korea, 1942~1960: A Personal Narrative* (Seoul: Panmun Book Company, 1978), pp. 152~53.

121 이 대통령이 농지개혁을 실시한 동기에 관해서는, 김성호 외, 『농지개혁사연구』(한국농촌경제연구원, 1989), 1058쪽; 박명림, 『한국전쟁의 발발과 기원』 II(나남, 1996), 509쪽; 김성보, 「입법과 실행과정을 통해 본 남한 농지개혁의 성격」, 홍성찬 편, 『농지개혁 연구』(연세대학교 출판부, 2001), 161, 138~9쪽; 김일영, 『건국과 부국』, 108~110쪽 참조. 이승만은 청년 시절부터 '가난한 백성'들을 위해 헌신하겠다는 생각을 하고 있었다. 유영익, 『이승만의 삶과 꿈』, 74쪽 참조.

122 김성호, 『농지개혁사연구』, 1151쪽.

123 이헌창, 앞의 책, 382쪽.

124 김일영, 앞의 책, 117쪽.

125 김성보, 「입법과 실행과정을 통해 본 남한 농지개혁의 성격」, 140쪽.

126 『국회사—제헌국회, 제2대 국회, 제3대 국회』, 507~508쪽, 박명림, 앞의 책, 507~508쪽에서 재인용. 김성호는 농지개혁은 '시행령을 뛰어넘는 대통령의 특별지시로 단행된 원인무효의 조치'라고 주장했다. 김성호, 「남북한 농지개혁의 비교연구」, 홍성찬 편, 『농지개혁 연구』(연세대학교 출판부, 2001), 269쪽. 김성보에 의하면, 여기서 농림부가 '완료'했다고 주장하는 분배작업은 농지분배예정통지서의 발급을 의미하는 것으로서 "비록 법적으로 농민에게 토지소유권이 이전된 것은 아니지만 사실상 농민 개개인이 자신의 소유가 될 농지를

확인함으로써 농지개혁의 절반을 차지하는 농지분배 사무가 사실상 실현되었음을 의미했다." 김성보, 「입법과 실행과정」, 160쪽.

127 김성호, 『농지개혁사연구』, 1150쪽; 김일영, 118~119, 163~164쪽. 농지 분배가 '완료' 된 시점에 관해서 김성호와 김일영은 1950년 '3월 25일 이전', 그리고 박명림은 '1949년 6월일 수도 있다' 라고 했다. 김성호, 『농지개혁사연구』, 601쪽; 김일영, 앞의 책, 119쪽; 박명림, 『한국전쟁의 발발과 기원』 II(나남, 1996), 507쪽. 반면에 정병준은 농지개혁은 6·25전쟁 발발 전에 완료되기는커녕 실시도 제대로 되지 않았는데 6·25전쟁 중(1950. 7. 17~9.14) 북한의 '공화국 농림성 남반부 토지개혁 지도위원회'가 남한에서 실시한 토지개혁에 자극을 받아 미국이 이승만 정부에 압력을 가한 결과 1951년 10월에 재개되어 1960년경에 완료되었다고 주장한다. 정병준, 「한국 농지개혁 재검토—완료시점·추진동력·성격」, ≪역사비평≫(2003년 가을호), 125~130, 137~141쪽. 6·25전쟁 발발 이전에 농지분배가 어느 정도 진척되었는가에 관해, 박명림은 분배 예정 토지의 2분의 1, 김일영은 70~80%가 분배 완료되었다고 주장한다. 박명림, 앞의 책, 507쪽; 김일영, 앞의 책, 118쪽. 필자가 본문에서 쓴 "전쟁 이전에 이미 60%의 농민이 토지소유권을 확보했다"라는 표현은 정병준이 발굴한 주한 미국 대사관 문서에서 따온 것이다. 정병준, 앞의 논문, 145쪽. 농민들이 분배받은 토지에 대한 상환을 완료한 시점에 대해서는 '1957년 말' 설과 '1970년경' 설 등이 있다. 이헌창, 앞의 책, 384쪽; 김성호, 『농지개혁사연구』, 1153쪽 참조.

128 김성호, 「남북한의 농지개혁 비교」, 269쪽.

129 장시원, 「지주제 해체와 자작농체제 성립의 역사적 의의」, 『광복 50주년 기념논문집』(한국학술진흥재단, 1995), 294~294, 297쪽.

130 농지개혁의 정치적 효과로는 (1) 급진 좌파의 몰락과 이에 따른 6·25전쟁 기간 남한 농민들의 이승만 정부 지지(즉, 남한의 공산화 예방), (2) 1952년부터 1960년까지의 대통령, 국회의원 선거에서 지속적으로 나타난 '여촌야도與村野都' 투표 성향(즉, 농민들의 꾸준한 이승만과 자유당 지지현상), (3) 지주 중심의 한국민주당(야당)의 세력 약화에 따른 자유당(여당)의 상대적 입지 강화(즉, 이승만과 자유당 정권의 장기 집권) 등을 들 수 있다. 신병식, 「한국의 토지개혁에 관한 정치경제적 연구」, 서울대학교 대학원 정치학과 정치학박사 학위논문(1992. 8), 317~319쪽; 김일영, 앞의 책, 171~173, 168~169쪽; 박명림, 「헌법, 국가의제, 그리고 대통령 리더십」, 437, 450쪽 참조. 농지개혁의 경제적 성과와 성격에 관해서는 1970년대에 학계에서 (1) 정부가 분배한 농지가 전체 경작농지의 40%에 불과했기 때문에 그것은 용두사미의 개혁이다, (2) 농민부재의 상태에서 추진된 개혁으로서 영세농경구조를 심화시키고 농민의 현물상환 부담을 증가시킨 개혁이다, (3) 임야와 미완성 개간 개척지가 제외된 문자 그대로의 '농지개혁이다'라는 등 여러 가지 비판이 제기된 바 있다. 1970년대의 이러한 비판적 견해에 관해서는 장시원, 앞의 논문, 291~293쪽 참조.

131 김성호, 「남북한 비교」, 269쪽.

132 장시원, 앞의 논문, 290, 317~318쪽.

133 김성호, 『농지개혁사연구』, 1153~1154쪽; 김성보, 앞의 논문, 160쪽.

134 김성호, 「남북한 농지개혁 비교」, 274쪽.

135 1968년 현재 액면가를 기준으로 한 일반 보상총액의 54%가 귀속사업체 불하에 이용되었다. 장시원, 앞의 논문, 295~296쪽.

136 김일영, 앞의 책, 110쪽. 김승욱은 이 대통령이 농지개혁을 통해 남한의 공산화를 예방했을

뿐만 아니라 사유재산권에 기초한 자유주의 시장경제를 확립함으로써 1960년대 이후 한국 경제 발전에 가장 중요한 기초를 닦아주었다고 주장한다. 김승욱, 「이승만 대통령의 농지개혁 추진과 성과」, 연세대학교 이승만연구원 제1차 학술회의 발표 논문집 『이승만 연구의 흐름과 쟁점』(연세대학교 이승만연구원, 2011. 9. 30), 106쪽.

137 1949년 11월부터 1955년 6월 사이에 증권회사의 총 거래액 약 107.3억 원 가운데 78.8억 원(73%)이 지가증권이었다. 장시원, 앞의 논문, 297쪽.

138 장시원, 앞의 논문, 297쪽.

139 유영익, 『젊은 날의 이승만』, 79~85쪽; Chong-Sik Lee, *Syngman Rhee: The Prison Years of a Young Radical* (Seoul: Yonsei University Press, 2001), pp. 64~68, 105~110.

140 이 여권은 연세대학교 이승만연구원에 보관되어 있다. Young Ick Lew and Sangchul Cha, comp., *The Syngman Rhee Presidential Papers: A Catalogue* (Seoul: Yonsei University Press, 2005), p. 17 참조.

141 백영철, 앞의 책, 231쪽. 6·25전쟁 기간(1950~1954)에 문교부 예산은 10%를 훨씬 밑도는 5.7%, 2.6%, 2.0%, 4.2%였다. "(Chapter One) The Development of Education Since 1945," Noel F. McGinn, et al., *Education and Development in Korea* (Cambridge, Mass.: Council on East Asian Studies, Harvard University, 1980), p. 47 (Table 15).

142 미 군정 하에서 이뤄진 교육개혁에 관해서는, 오천석, 『한국신교육사』(현대교육총서출판사, 1964), 377~422쪽; 馬越徹(우마고시 토오루), 「독립 후의 한국교육재건과 미국의 교육원조」, 『해방 후 한국의 교육개혁』(한국연구원, 1987), 167~199쪽 참조. 단선형simple school system은 민주형democratic school system이라고도 불리는 학제로서 복선형 또는 계급형dual school system or caste school system과 대비되는 개념이다. 이 제도 채택의 역사적 의의에 관해서는, 문교부 편, 『문교개관』(대한문교서적주식회사, 1958), 28~29쪽; 한기언·이학철·박은목 공저, 『한국교육사』(중앙교육연구원, 1986), 193쪽 참조.

143 여기에서의 '문맹자'는 '식민지 교육기관에 취학하지 않은 인구'를 의미한다. 김기석·강일국, 「1950년대 한국교육」, 문정인·김세중 편, 『1950년대 한국사의 재조명』(선인, 2004), 531~533쪽 참조. '문맹자'의 비율을 79~80%로 보는 견해도 있다. 교육50년사편찬위원회 편, 『교육 50년사, 1948~1998』(교육부, 1998), 42쪽.

144 교육50년사편찬위원회 편, 앞의 책, 42쪽; 김기석·강일국, 앞의 논문, 531쪽 〈표 2〉 참조.

145 김기석·강일국, 앞의 논문, 543쪽. 의무교육제의 성공적 실현은 정부의 예산 지원 이외에 미국의 원조에 힘입은 바가 컸다. 이 점에 관해서는 馬越徹, 앞의 논문, 183쪽 참조.

146 馬越徹, 『現代韓國教育研究』(東京: 高麗書林, 1981), 46쪽. 김기석·강일국, 앞의 논문, 541쪽 참고.

147 김기석·강일국, 앞의 논문, 538쪽. 미 군정 시기의 문맹퇴치운동에 관해서는, 교육50년사편찬위원회 편, 앞의 책, 45쪽 참조. '십자군운동'이라는 표현은 백영철, 앞의 책, 232쪽에서 땄다.

148 오천석, 『한국신교육사』, 514쪽.

149 오천석, 앞의 책, 511쪽.

150 馬越徹, 앞의 논문, 187쪽.

151 김기석·강일국, 앞의 논문, 545쪽.

152 오천석, 511쪽. 안해균에 의하면, "총인구에 대한 대학생(4년제 대학)의 비율은 1961년 현재 인구 10만 명 중 517명인데 이러한 비율은 영국보다도 높다." 그리고 "적령 인구에 대한 대학 취학인구는 1964년 현재 6.3%로서 영국의 5.7%, 서독의 5.7%보다도 높다." 안해균, 「교육문화행정」, 이한빈 등 공저, 『한국행정의 역사적 분석, 1948～1967』(한국행정문제연구소, 1969), 343쪽. 핸더슨도 이와 유사한 통계를 제시했다. Gregory Henderson, op. cit., p. 170 참조.

153 김종철, 『한국교육정책연구』(교육과학사, 1989), 314쪽; 馬越徹, 『現代韓國教育研究』, 225, 227쪽. 다른 한 통계에 의하면, 1953～1966년간에 국외 유학 인정 선발시험에 합격한 유학생은 총 7천398명이었고 그 중 6천368명(86%)이 미국으로 유학했다. 정범모, 「교육교환에 의한 미국문화의 영향」, 『아세아연구』 10:2 (1967), 4쪽.

154 馬越徹, 『현대한국교육연구』, 232쪽. 정범모에 의하면, 1954년부터 1965년까지 미국경제원조처USOM가 지원하는 '교육교환계획'에 따라 유학, 단기훈련, 시찰 명목으로 국외로 나간 고급인력은 2천464명이었고 그 중 1천774명(73%)이 미국으로 갔다. 정범모, 앞의 논문, 5쪽. 그 결과 1956～1957년에 이르러 미국 내 외국인 유학생 가운데 한국인 유학생의 수가 캐나다와 대만 학생 다음으로 3위에 이르렀다. "An Evaluation of the Uniqueness of Education Growth in Korea," Noel F. McGinn, et al., op. cit., p. 92.

155 정범모, 앞의 논문, 6쪽.

156 이 대통령 집권 기간에 미국이 한국 교육개혁에 끼친 막중한 영향에 관해서는 김인회, 「문화식민지 교육 경향과 그 탈피의 몸부림」, ≪월간조선≫(1982년 8월호), 364～368쪽 참조. 1950년대에 미국정부가 한국의 교육, 언론, 출판계 주요 인사들과 중앙정부, 지방정부의 관료들, 그리고 군의 장교와 부사관을 미국으로 보내 시찰, 교육, 훈련한 사실에 관해서는 Gregg Brazinsky, op. cit. pp. 41～100 참조.

157 오천석, 『한국신교육사』, 439～440쪽. 한기언·이학철·박은목, 앞의 책, 190쪽; 馬越徹, 『현대한국교육연구』, 74～76쪽 참조.

158 오천석, 『외로운 성주』(광명출판사, 1975), 240～243쪽.

159 김기석·강일국, 앞의 논문, 557～559쪽; 강만길, 『고쳐 쓴 한국 현대사』(창작과비평사, 1994), 355쪽.

160 백영철, 앞의 책, 232～233쪽 참조.

161 오천석, 앞의 책, 492～493쪽; 馬越徹, 「독립 후의 한국교육재건」, 184쪽 참조.

162 교육50년사편찬위원회 편, 앞의 책, 49쪽.

163 이승만이 1904년에 출옥한 다음 서울의 상동학원, 호놀룰루의 한인기독학원, 한인기독교회, 동지회 그리고 워싱턴의 구미위원부 등 기관에서 같이 일했던 임원들은 대체로 양반 출신이 아니었다. 그가 독립운동가로서 활약할 때 도움을 받은 인물 가운데에는 서재필과 이상재 등 양반 출신 인사들이 약간 있었지만 대부분은 잔반, 중인, 혹은 평민 출신이었다. 즉, 이승만은 양반과 평민, 그리고 남녀를 가리지 않고 능력 본위로 인물을 골라 사귀었다.

164 우남실록편찬회 편, 앞의 책, 577쪽.

165 서중석, 「이승만 정부 초기의 일민주의」, 167～168쪽.

166 이한빈, 「행정과 사회」, 이한빈 등 공저, 『한국행정의 역사적 분석, 1948～1967』(한국행정문제연구소, 1969), 27쪽 참조.

167 유영익, 「갑오경장과 사회제도 개혁」, 『동학농민봉기와 갑오경장』(일조각, 1998), 142～

145쪽.

168 송준호, 『조선사회사연구』(일조각, 1987), 162쪽 참조.

169 송준호는 전래의 양반제가 1960년대에 진행된 산업화와 도시화로 붕괴했다고 주장했다. 송준호, 「신분제를 통해서 본 조선 후기 사회의 성격의 일면」, 『역사학보』 133(1992. 3), 5, 61, 62쪽. 필자는 이 책에서 양반제의 붕괴 현상이 1960년대의 산업화와 도시화 이전, 즉 1950년대의 농지개혁으로 나타나기 시작했다고 주장하는 것이다.

170 정부가 보상을 완료하기로 예정된 1955년 5월 말 보상률은 28%에 그쳤고, 1957년 12월에도 87.6%였다. 인플레이션이 진행되는 와중에서 상환이 연기됨에 따라 곤궁해진 많은 지주는 지가증권을 액면가의 3~7할로 팔아버렸다. 총 보상액은 법정 가격으로 519만 석이어서 명목 보상량의 45%였고 시장 곡가로 평가한다면 25%에 불과했다. 상환과 보상의 차액으로 1950~1961년간 15.4억 환의 잉여금이 발생했는데, 그것은 주로 토지개량사업에 투자되었다. 이헌창, 앞의 책, 384쪽.

171 김성보, 앞의 논문, 162~163쪽.

172 1958년 농림부에 보고된 지주 전업 알선 상황에 의하면, 총 신청 건수가 181건이었는데 그중 전업을 알선한 것은 90건이었고, 당시 알선받은 사업체를 계속 유지했던 것은 20건에 불과했다. 이헌창, 앞의 책, 384쪽. 2천 명으로 추산되는 600석 이상의 보상받은 대지주 가운데 실제로 귀속기업체를 불하받은 사람은 34명에 불과했다. 김일영, 앞의 책, 166쪽.

173 조선은행 조사부, 『조선경제연보』(1948), 28~29쪽. 김일영, 「농지개혁을 둘러싼 신화의 해체」, 박지향 등 엮음, 『해방전후사의 재인식 2』(책세상, 2006), 301쪽에서 재인용.

174 이임하, 「1950년대 여성교육에서의 성性차별과 현모양처 이데올로기」, 『동방학지』 122(2003. 12), 299쪽. 1944년 당시 '조선인'의 학력별 인구통계에 의하면, 대학 졸업자 7천374명 가운데 여자는 102명이고, 전문학교 졸업자 2만 2천64명 가운데 여자는 3천539명이었다. 민전 사무국 편, 『조선해방 1년사』(1946), 347쪽. 김기석·강일국, 「1950년대 한국교육」, 531쪽에서 재인용.

175 조경원·이배용, 「해방 이후 여성교육정책의 변화와 여성의 사회진출 양상—미 군정기(1945)~제1공화국시기(1960)」, 『한국교육사학』 22:2(2000. 12), 274~280쪽.

176 조선 시대 한국 여성의 열악한 사회적 위상이 갑오경장을 계기로 어떻게 개선되기 시작했는지에 대해서는 유영익, 「갑오경장과 사회제도 개혁」, 『동학농민봉기와 갑오경장』, 163~171쪽 참조.

177 유영익, 「1950년대를 보는 하나의 시각」, 『한국근현대사론』(일조각, 1992), 262쪽.

178 이한빈, 「행정과 사회」, 28쪽.

179 안해균, 앞의 논문, 345~6쪽.

180 「우리나라[를] 예수교국으로 만들어—일본의 통치권을 벗는 그 날로」, ≪신한민보≫(1919년 4월 8일), 제536호, 기사.

181 우남실록편찬회 편, 앞의 책, 343쪽.

182 유영익, 앞의 책, 219쪽.

183 Chung-Shin Park, *Protestantism and Politics in Korea* (Seattle and London: University of Washington Press, 2003), p. 177.

184 유영익, 앞의 책, 219쪽.

185 대한민국공보처 편, 『대통령 이승만 박사 담화집: 정치편』(공보처, 1952), 1~6쪽 참조.

186 위와 같음.

187 최종고, 「제1공화국과 한국개신교회」, 『동방학지』 46, 47, 48합집(1985), 665쪽; 김홍수, 「기독교인 정치가로서의 이승만」, 유영익 편, 『이승만 대통령 재평가』(연세대학교 출판부, 2006), 416~417쪽.

188 리 프란체스카, 조혜자 옮김, 『대통령의 건강』(도서출판 촛불, 1988), 23, 33, 115, 124~125쪽; 프란체스카 도너 리 지음, 조혜자 옮김, 『6.25와 이승만: 프란체스카의 난중일기』(기파랑, 2010), 1950년 7월의 1일, 17일, 22일, 27일, 29일; 8월 2일; 9월 5일, 9일; 10월 12일, 12월 24일, 27일, 31일; 1951년 1월 1일, 2일자 일기 참조.

189 강인철, 『한국기독교회와 국가·시민사회: 1945~1960』(한국기독교역사연구소, 1996), 162쪽; 노길명, 「광복 이후 한국 종교와 정치 간의 관계—해방 공간부터 유신 시기까지를 중심으로」, 『종교연구』 27(2002, 여름), 9쪽. 이승만 대통령은 대통령 취임 직후 개신교인 국회의원과 교회 지도자들이 그를 찾아와 개신교 지도자들과의 정기적인 회견을 요청했을 때 이를 거절한 일이 있다. 강인철, 「해방 후 한국 개신교회와 국가, 시민사회(1945~1960)」, 한국사회사연구회 편, 『현대 한국의 종교와 사회』(문학과지성사, 1992), 134~135쪽. 이 사실로 미루어 적어도 형식상 정교분리의 원칙을 지키려 했다고 말할 수 있다. 이 대통령의 불교, 유교 등 다른 주요 종교들에 대한 차별 대우에 대해서는 강인철, 『한국기독교회와 국가·시민사회』, 188~189, 191~192쪽 참조.

190 강인철, 앞의 책, 186쪽.

191 1945년 4월 28일 경기도 파주의 한 초등학교 교장이 국기배례를 거부한 파주군 조리면 죽원리 장로교회 초등학생 신자 몇 명을 퇴학 처분하자 장로교회가 이에 항의하고 한국기독교연합회는 5월 11일 대통령에게 국기배례를 주목례로 하자는 전정서를 제출했는데, 이 대통령은 이를 수용하는 내용의 대통령령을 내렸다. 김홍수, 「기독교인 정치가로서의 이승만」, 197~198쪽.

192 김양선, 『한국기독교해방 10년사』(대한예수교장로회총회 종교교육부, 1956), 109쪽; 강인철, 앞의 책, 187쪽; 김홍수, 앞의 논문, 197쪽 참조.

193 군종제도의 도입 과정에 관해서는 한국기독교역사학회 편, 『한국 기독교의 역사 III: 해방 이후 20세기 말까지』(한국기독교역사연구소, 2009), 75쪽 참조.

194 이에 대해 김양선은 '이 사업은 실로 한국 기독교 반세기 사에 있어 가장 중대하고 위대한 획기적인 사실'이라고 평가했다. 김양선, 앞의 책, 108쪽. 강인철, 앞의 책, 187쪽 참조.

195 강인철, 앞의 책, 176~177쪽. 김홍수, 앞의 논문, 199~200쪽; Chung-Shin Park, op.cit., p. 174 참조.

196 전택부, 『한국교회발전사』(대한기독교출판사, 1987), 319쪽.

197 권순일, 『한국 방송의 어제와 오늘』(나남, 1991), 26쪽. 강인철, 「해방 후 한국 개신교와 국가, 시민사회」, 124쪽에서 재인용.

198 강인철, 앞의 책, 186쪽.

199 Harry A. Rhodes and Archibald Campbell, eds., *History of the Korea Mission, Presbyterian Church in the U.S.A.: 1935~1959* (New York: Commission on Ecumenical Mission and Relations, United Presbyterian Church in the U.S.A., 1965), pp. 138, 337, 343, 386~388; 『감리교 총회회의록』(1958), 55~56쪽; 김양선, 앞의 책, 122~125쪽. 강인철, 앞의 책, 172쪽에서 재인용.

200 강인철, 앞의 책, 172쪽.

201 강인철, 앞의 책, 172쪽.

202 김홍수, 「한국전쟁 시기 기독교 외원단체의 활동」, 한국기독교역사학회 제222회 연구모임 주제발표 (2004. 3. 6), 6~9쪽 참조.

203 김홍수, 『한국전쟁과 기복신앙 확산 연구』(한국기독교역사연구소, 1999), 90~96쪽; 강인철, 앞의 논문, 113~114, 117~118, 120, 125쪽; 박정신, 「6·25전쟁과 한국기독교—기독교공동체의 동향을 중심으로」, 유영익·이채진 편, 『한국과 6·25전쟁』(연세대학교 출판부, 2002), 235, 243쪽 참조.

204 David Kwang-Sun Suh, "American Missionaries and a Hundred Years of Korean Protestantism," Youngnok Koo and Dae-Sook Suh eds., *Korea and the United States: A Century of Cooperation* (Honolulu: University of Hawaii Press, 1984), p. 332. 1948~1960년간 한국 개신교 교인의 증가 추세에 관한 통계는 일정치 않다. 예컨대, 김용복은 그가 제시한 〈표 5〉「한국 교회의 양적 성장 추세」에서는 1950년의 교인 총수를 83만 9천711명으로 잡고 있다. 김용복, 「해방 후 교회와 국가」, 한국기독교사회문제연구원 편, 『국가 권력과 기독교』(민중사, 1982), 192쪽. 그리고 강인철은 "해방 당시 남북한을 합해도 30만 명을 넘지 못하던 교인 수는 1960년에는 남한에서만 150만 명을 넘어섰다"고 주장한다. 강인철, 앞의 논문, 123쪽.

205 이만열, 「(서설)민족사적 관점에서 본 한국 기독교 100년」, 『한국기독교와 민족의식』(지식산업사, 1991), 29쪽; 강인철, 앞의 책, 89쪽; Chung-Shin Park, op. cit., p. 174.

206 이 대통령이 1954년 이후 두드러진 업적을 달성하지 못한 것은 그의 노령(1954년 당시 만 79세)과 깊은 관련이 있다고 본다. 1956년 여름에 이 대통령을 만나 대화를 나누었던 정한경Henry Chung은 이 대통령이 옛날의 총명을 잃고 횡설수설했다고 회고했다. Henry Chung, *Korea and the United States Through War and Peace, 1943~1960* (Seoul: Yonsei University Press, 2000), p. 394.

207 박명림, 「6·25전쟁의 영향: 세계, 한국문제, 남북관계, 내부에의 조망」, 국가보훈처 공훈심사과 편, 『나라사랑: 국가수호정신』(국가보훈처, 2005), 405~9쪽 참조.

208 Jongnam Na(나종남)는 앞에 제시한 학위논문에서 1950년대에 미국 주도하에 실시된 대한민국의 군사개혁을 '미국화Americanization' 개혁으로 파악했는데 필자는 이 대통령 집권기에 추진된 주요 제도의 개혁 모두가 미국을 벤치마킹했다는 점에서 '미국화' 개혁으로 볼 수 있다고 생각한다.

209 필자는 갑신정변과 갑오경장을 주도했던 개혁관료들과 고종의 개혁사상을 검토해 본 결과 그들은 1차적으로 일본을 개혁의 모델로 삼았지만, 궁극적으로는 '세계 최선진국'인 미국을 모델로 삼았다고 생각하게 되었다. 유영익, 「갑오개화파 관료의 집권경위, 배경 및 개혁구상」, 『갑오경장연구』(일조각, 1990), 220~222쪽; 「박영효와 갑오경장」, 『동학농민봉기와 갑오경장』, 90~97쪽; 「한미동맹 성립의 역사적 배경」, 143~153쪽 참조. 이러한 필자의 견해는 "한국 근현대사에서 대한민국의 건국은 이승만을 주요 대리인으로 한 개화기 이래의 문명개화파에 의해 주도되었다"라고 하는 이영훈의 주장과 일맥상통한다. 이영훈, 『대한민국 이야기』(기파랑, 2007), 249쪽.

210 신상초, 「밖에서 본 이승만 박사」, ≪신동아≫(1965년 9월호), 202, 207쪽. 한편 기독교 목사 출신의 언론인 김인서는 『망명 노인 이승만 박사를 변호함』에서 이 박사가 이룩한 업적

으로서 (1) 90평생을 한국독립운동에 국궁진력鞠躬盡力한 것 (2) 대한민국 건국의 공로 (3) 6·25전쟁에서 적군을 격퇴한 공로 (4) 한미상호방위조약을 체결한 공로 등 '4대 공로'와 (5) 한국 민주주의의 발전 (6) 교육의 발달, (7) 전재戰災 복구 (8) 경제 안정 등 '8대 치적'을 들면서 이승만을 '희세의 위재'라고 평가했다. 그리고 4·19의거 이후 국민에게 배척받아 망명한 이승만을 『구약성경』「레위기」 16장에 나오는 아사셀Azazel 즉, 민족의 죄를 대신 짊어진 속죄양에 비유했다. 동시에 그는 '이승만 정권'이 저지른 '5대 죄과'와 이 대통령이 저지른 '한 가지 죄'를 지적했다. 그가 지적한 '이승만 정권의 5대 죄과'는 (1) 3·15부정선거를 자행하고 4·19 데모 대열에 발포해 불소不少한 사상자를 낸 것 (2) 국민방위군 부정사건을 일으킨 것 (3) 거창양민학살사건 (4) 관에 탐관오리와 사회에 모리, 간상, 사기, 폭력; 국회에 정상배,당파 싸움; 민(民)에 밀주, 밀수, 밀음, 산에 도벌, 공비; 지하에 적도赤徒 오열 등 상황을 단속하지 못한 것 (5) 반공 포로의 불법 석방으로 우방에 배신한 것이며, '이 대통령이 저지른 한 가지 죄'는 '헌법 운영을 잘못한 것'이었다. 김인서, 앞의 책, 2~3, 284쪽.

제4부 보론

제4장 제헌국회 의장 이승만과 대한민국 헌법 제정

1 유진오는 헌법안을 구상, 기초할 때 여기에 제시한 문건들 이외에 다른 많은 자료를 참고했다. 유진오, 『헌법기초회고록』(일조각, 1980)(아래에서 『회고록』으로 약칭), 22쪽. 유진오가 참고했다고 하는 문건들 가운데에는 「대한민국임시헌법(민주의원안)」이 포함되어 있다. 헌법기초위원회 위원장 서상일은 1948년 6월 23일 본회의에서 기초위원회의 헌법안 작성 경위를 보고할 때 "이 헌법은 우리나라에 있어서 대한민국임시정부헌장, 현 민주의원에서 제정된 임시헌장, [그리고] 과도입법의원에서 제정한 약헌 등을 종합하고 그 외에 구미 각국에 현재에 있는 모든 헌법을 종합해서 이 원안이 기초된 것이라고 볼 수 있는 것입니다"라고 발언했다. 대한민국국회 편, 『제헌국회속기록 1』(대한민국국회, 1987)(아래서 『속기록』으로 약칭), 208쪽. 필자는 유진오의 참고자료 목록에 제시된 『대한민국임시헌법(민주의원안)』과 서상일이 언급한 '현 민주의원에서 제시된 임시헌장'은 동일한 것이며 이들은 모두 민주의원이 채택한 '임시정책 대강(National Program of the Representative Democratic Council of South Korea)'의 별칭이나 오칭이라고 판단한다. '임시정책 대강'의 출전에 대해서는 아래의 주)30 참조.

2 류수현, 「제1공화국 헌법 제정과정」, 한국정신문화연구원 편, 『한국의 사회와 문화』 7(1986), 243쪽. 유진오는 자기가 기초한 헌법안을 '정치적 민주주의와 경제적·사회적 민주주의를 잘 조화시킨' 헌법이라고 했고, 김철수는 제헌 헌법을 '미국식 민주주의의 이름으로 알려진 정치적 자유와 이념을 둘 다 비판적 태도로 섭취'해 만든 헌법이라고 평했다. 유진오, 「대한민국헌법 제안이유 설명」, 『회고록』, 236쪽; 김철수, 「유진오의 헌법 초안에 나타난 국가형태와 정부형태」, 『한국사시민강좌』 17(1995), 98쪽.

3 유진오, 『회고록』, 30~31쪽; 전광석, 「헌법학자 유진오」, 『연세법학연구』 2(1992), 60쪽.

4 유진오, 『회고록』, 46쪽.

5 헌법기초위원회에는 '유진오안'과 함께 '권승렬안權承烈案'도 제출되었지만 '권승렬안'은

원래 유진오가 기안한 것이기 때문에 내용은 대동소이했다. 유진오, 『회고록』, 37, 48~49쪽. 따라서 이 글에서는 권승렬안을 논외로 한다.

6 전광석, 앞의 논문, 52쪽. 유수현도 "제1공화국 헌법은 유진오 개인의 현대적 헌법 이념이 지배적으로 반영된 것"이라고 보았다. 류수현, 앞의 논문, 243쪽. 이승만 의장도 7월 7일 제27차 국회에서 "여기에 국회 헌법에 대해서는 특히 기초위원은 물론이지만, 국회의원 외에 전문가가 많이 노력하셨는데 그분들에게 더욱 우리가 치사하려고 합니다. 그중에 의장으로서 대단히 깊이 느끼는 것은 외국 친구들도 한인의 모든 법률가가 자발적으로 이것을 만들었다고 하는데…… 보통 유진오 씨라는 이가 헌법 법률 만든 것을…… 다 칭찬합니다."(『속기록』 1, 513쪽. 현대어로 수정)라고 말함으로써 유진오의 공을 인정했다.

7 유진오, 『회고록』, 36~40쪽. 유진오가 한민당 발기인의 한 사람이었다는 사실에 대해서는, 國分典子(구니와케 노리코), 「韓國憲法思想の淵源－第一共和國憲法制定における兪鎭午の民主主義觀を中心に－」, 『青丘學論集』 20(2002), 210쪽 참조.

8 필자는 최종고 교수의 아래와 같은 지적에 공감한다. 즉, "국가의 기본법인 헌법의 제정은 해방 후부터 미 군정과 남조선 과도정부에서의 법전기초위원회의 과제로 출발해 1948년 7월 17일 대한민국 정부의 수립과 함께 공포되기까지 우여곡절을 겪어 제정되었다. 이에 대해서는 헌법 제정사라는 독립된 분야로 연구된 업적들이 있다. ……그렇지만 아직도 연구되어야 할 사항들이 적지 않게 남아 있음을 지적하면서 여기서는 생략한다." 최종고, 「해방 후 기본법제의 제정과정」, 『법제연구』 8(1995.8), 120쪽.

9 김철수, 앞의 논문, 114쪽. 박광주도 이승만의 역할에 대해 이와 유사한 견해를 표명했다. 박광주, 「헌법 제정과정과 대통령선거」, 한국정신문화연구원 현대사연구소 편, 『한국현대사의 재인식 2: 정부수립과 제헌국회』(새오름, 1998), 283, 285쪽 참조.

10 리승만, 『독립정신』(로샌즐리쓰: 대동서관, 1910), 65~70쪽. 이승만이 번역한 '법률장정'의 원본이 무엇인지는 아직 구명되지 않고 있다.

11 앞의 책, 63~64쪽.

12 이승만이 미국 대학에서 무엇을 공부, 전공했는지는, 유영익, 『이승만의 삶과 꿈－대통령이 되기까지』(중앙일보사, 1996), 48~61쪽 참조.

13 이 결의문이 대한인총대표회의에서 채택된 경위에 대해서는, 유영익, 「3·1운동 후 서재필의 신대한新大韓 건국구상」, 김용덕 등 편, 『서재필과 그의 시대』(서재필기념회, 2003), 325~402쪽 참조.

14 유영익, 앞의 논문, 371~374쪽.

15 Dae-Sook Suh ed., *The Writings of Henry Cu Kim* (Honolulu: Center for Korean Studies, University of Hawaii, 1987), p. 130 참조.

16 *The First Korean Congress* (Philadelphia, 1919), pp. 43, 44; 유영익, 앞의 논문, 380~181쪽.

17 이 자료는 연세대학교 이승만연구원에 소장된 1919년 8월 27일자 「한민족의 독립운동 지속 의지 선포 및 [열국의] 지원 요구Proclamation and Demand for Continued Independence of the Korean Nation」에 실려있다.

18 위와 같음.

19 Syngman Rhee→Philip Jaisohn, January 18, 1921. 이 편지는 연세대학교 이승만연구원 소장 문건 가운데 하나이다.

20 이승만의 일기("Log Book of S.R.")의 1944년 4월 21자 기록. 슬라이 교수의 이름은 3월 17일, 5월 16일, 19일, 23일, 26일, 6월 2일의 일기에도 나온다.

21 슬라이 교수에 관한 신상 정보는 프린스턴대학교의 Seeley G. Mudd Manuscript Library에서 입수한 것이다.

22 유진오, 『회고록』, 61쪽.

23 배성동, 「한국정치의 민주적 발전과제—그 첫째, 민주적 지도자의 정치적 생애: 해공 신익희」(명지대학교 사회과학연구소) 『사회과학논집』 14(1998), 146쪽; 김수자, 『이승만의 집권초기 권력기반 연구』(경인문화사, 2005), 75쪽.

24 신창현, 『내가 모신 해공 신익희 선생』(인물연구소, 1992), 112쪽; 조동걸, 「해공 신익희의 임시정부 활동」(국민대학교 한국학연구소) 『한국학논집』 18(1995), 102쪽; 김영수, 『대한민국임시정부 헌법론』(삼영사, 1980), 109쪽; 우남실록편찬위원회 편, 『우남실록, 1945~1948』(열화당, 1976)(아래에서 『우남실록』으로 약칭), 288쪽.

25 유진오, 『회고록』, 34, 35쪽; 유수현, 앞의 논문, 191쪽.

26 정한경의 배경에 대해서는, Young Ick Lew(유영익), "Foreword," Henry Chung, *Korea and the United States Through War and Peace, 1943~1960* (Seoul: Yonsei University Press, 2000), pp. 13~18 참조.

27 Henry Chung, ibid., pp. 133~134.

28 Ibid., p. 134. 유진오는 그의 「인촌 김성수론」에서 헌법기초위원회가 처음에 마련했던 내각책임제안이 대통령중심제안으로 번복된 경위에 대해 다음과 같은 회고담을 남겼다. "문제의 내각책임제는 결국 누구 한 사람의 반대도 없이 국회 헌법기초위원회까지 올라갔으며 국회 헌법기초위원회에서도…… 그대로 채택되었던 것이다. 그런데 어찌 된 일인지 국회 헌법기초위원회의 심의 도중에 이승만 박사는 갑자기 반대를 표명하기 시작해, 헌법기초위가 주장을 굽히지 않자 나중에는 노발대발해 내각책임제 헌법이 채택되면 그러한 헌법 밑에서는 자기는 어떠한 지위도 받지 않겠다, 이에 반대하는 국민운동을 일으키겠다고 선언함에 이른 것이었다. 처음에는 좋다 해놓고 나중에 반대하고 나선 이 박사의 태도 변화는 무엇 때문에 일어난 것일까. 이 박사가 아무리 정치적 술수에 능하다 해도 처음에 짐짓 좋다 해놓고 나중에 반대한 것이라고는 생각할 수 없다. 필연 누구인가 목적이 있어 헌법기초위 심의 도중에 이 박사에게 가서 그 헌법이 그대로 채택되면 이 박사는 '뒷방 영감'이 되고 김성수가 총리가 되어 차車치고 포包치고 할 것이다라고 이간질을 한 것임이 틀림없다. 그 이간질을 한 장본인이 누구인가 하는 문제는 알 길이 없으나……" 유진오, 「인촌 김성수론」, 『미래로 향한 창』(일조각, 1978), 282~238쪽. 그런데 여기서 유진오가 알 수 없다는 '이간질의 장본인'은 바로 정한경이었을 가능성이 높다.

29 「과도정부 당면 정책 33항」은 원래 1946년 3월 4일부터 9일까지 『대동신문』에 연재되었던 것으로 『우남실록』, 382~384쪽에 실려 있다.

30 「임시정책 대강」은 1946년 3월 20일자 ≪조선일보≫와 국사편찬위원회 편, 『자료대한민국사 1』(탐구당, 1969), 244~245쪽에 실려 있다. 그리고 이 문건의 영문 번역본은 Robert T. Oliver, *Syngman Rhee: The Man Behind the Myth* (New York: Dodd Mead and Co., 1960), pp. 365~366에 실려 있다.

31 Robert T. Oliver, ibid., p. 365.

32 주 30과 같음.

33 유진오는 『회고록』에서 「임시정책 대강」에 대해 전혀 논급하지 않았다.

34 유진오, 앞의 책, 62쪽. 1948년 6월 중순 '서울의 한 신문'이 실시한 여론조사에서 응답자의 40.8%가 이승만이 대통령이 될 것으로 예상한다고 대답했다. 조용중, 「헌법 제정, 34일의 시작과 끝」, 『미군정하의 한국정치현장』(나남, 1990), 172쪽.

35 이승만, 「제1회 국회(임시회) 개회식사」, 국회사무처, 『제헌국회 경과보고서』(국회사무처, 1986), 229, 230~231쪽 참조.

36 『우남실록』, 290쪽. 이 인용문의 원문은 『속기록』 I , 347쪽 참조.

37 『속기록』 I , 376~377쪽.

38 『속기록』 I , 440~441쪽; 유진오, 『회고록』, 93, 101쪽.

39 국회사무처, 앞의 책, 229쪽.

40 『속기록』 I , 348쪽.

41 『속기록』 I , 512쪽; 김영수, 앞의 책, 202쪽.

42 유진오, 『회고록』, 196쪽.

43 유진오, 『회고록』, 112쪽.

44 유진오, 『회고록』, 208쪽.

45 양동안, 『(개정신판) 대한민국건국사』(현음사, 2001), 522쪽; 홍기태. 「해방후의 헌법구상과 1948년 헌법성립에 관한 연구」, 『법과 사회』 1(1989), 177쪽.

46 조용중, 앞의 논문, 156쪽.

47 조용중, 앞의 논문, 155~156쪽.

48 김영상, 「헌법을 싸고도는 국회 풍경」, 『신천지』, 1948년 7월호, 29쪽.

49 『속기록 1』, 349쪽.

50 유진오, 『회고록』, 238~239쪽.

51 조용중, 앞의 논문, 156쪽.

52 이승만 의장의 입장은 7월 5일 국회 본회의에서의 발언은 물론 1948년 12월 18일 제1회 국회 폐회식에서의 치사致辭에 잘 나타나 있다. 「이승만 대통령 제1회 국회폐회식 치사」 국회사무처 편, 앞의 책, 238쪽 참조. 이로 미루어 그는 양원제 자체를 반대하지 않았으며 장차 적당한 시기에 그 제도를 도입할 생각을 갖고 있었다고 볼 수 있다.

53 조용중, 앞의 논문, 154쪽 참조.

54 이종구, 「대한민국헌법이 제정되기까지」, 『신동아』, 1965년 8월호, 293~294쪽.

55 조용중, 앞의 논문, 162쪽.

56 이종구, 앞의 글, 296쪽, 『속기록』 I , 447~448쪽 참조.

57 『속기록』 I , 448쪽.

58 유진오, 『회고록』, 57~58쪽.

59 권영설, 「이승만과 대한민국 헌법」, 유영익 편, 『이승만 연구—독립운동과 대한민국 건국』(연세대학교 출판부, 2000), 538쪽, 양동안, 앞의 책, 524쪽 참조.

60 Robert T. Oliver, *Syngman Rhee and American Involvement in Korea, 1942~1960: A Personal Narrative* (Seoul: Panmun Book Co., 1978), p. 170; 조용중, 앞의 논문, 149~150쪽.

61 양우정 편, 『이승만 대통령 독립노선의 승리』(독립정신보급회, 1948), 24쪽.

62 김영상, 앞의 글, 25쪽.

63 김영상, 앞의 글, 25쪽. 유진오, 『회고록』, 58~59쪽 참조.
64 조용중, 앞의 논문, 156쪽.
65 이종구, 앞의 글, 293쪽.
66 이종구, 앞의 글, 294쪽; 유진오, 『회고록』, 62쪽; 『우남실록』, 288쪽; 조용중, 앞의 논문, 158~159쪽.
67 이종구, 앞의 글, 294쪽; 조용중, 앞의 논문, 160쪽.
68 『우남실록』, 288쪽.
69 이종구, 앞의 글, 294쪽; 조용중, 앞의 논문, 160쪽; 허도산, 『건국의 원훈: 낭산 김준연』(자유지성사, 1998), 174~175쪽 참조.
70 유진오, 『회고록』, 74~80쪽.
71 이종구, 앞의 글, 295쪽.
72 이종구, 앞의 글, 295쪽; 조용중, 앞의 논문, 162쪽.
73 박광주, 앞의 논문, 272~273쪽.
74 김홍우, 「제헌국회에 있어서의 정부형태론 논의」, 한국정치학회 1996년 연례학술대회 발표논문, 34~36쪽(〈도표: 대체토론 참석자들의 찬반분포도〉)
75 『속기록』 I, 315쪽(최봉식), 291쪽(이항발); 330~331쪽(조한상); 285쪽(진헌식).
76 박광주, 앞의 논문, 275쪽.
77 유진오, 『회고록』, 96~97쪽; 『속기록』 I, 463쪽.
78 유진오, 『회고록』, 100~101쪽.
79 『속기록』 I, 531쪽, 속기록에는 '전원 기립해' 통과되었다고 기록되어 있으나 실제로는 이문원, 임석규(대동청년단) 및 이종근(독촉)이 기립하지 않았다. 조용중, 앞의 논문, 172쪽.
80 『속기록』 I, 623쪽.

제5장 이승만 대통령과 한미상호방위조약

1 Tyler Dennet, *Americans in Eastern Asia: A Critical Study of the Policy of the United States with Reference to China, Japan and Korea in the Nineteenth Century* (New York: Macmillan, 1922), pp. 461~462.
2 송병기, 「쇄국기의 대미인식」, 유영익·송병기·양호민·임희섭 공저, 『한국인의 대미인식—역사적으로 본 형성과정』(민음사, 1994), 37쪽.
3 송병기, 『개방과 예속—대미 수교 관련 수신사 기록(1880)초』(단국대학교 출판부, 2000), 107~109, 199~201, 217~219쪽 참조. 고종과 그를 에워싼 개화파 관료들이 1882년 이후 1905년까지 연미 정책을 추구한 배경에는 『조선책략』 이외의 다른 여러 가지 자료들, 특히 1883년 이후에 발간된 각종 신문, 복명보고서와 미국 관련 저서들의 영향이 컸다. 이 점에 관해서는 유영익 등 공저, 『한국인의 대미인식』에 실린 유영익, 「개화기의 대미인식」 참조.
4 유영익, 「조미조약의 성립과 초기 한미관계의 전개」, 『한국근현대사론』(일조각, 1992), 6~8쪽.
5 조미조약 제1조의 국문 번역은 국회도서관 입법조사국 편, 『구한말조약휘찬』 중권 (국회도서관 입법조사국, 1965), 288~9쪽에서 따온 것이다. 조미조약 제1조의 영문과 한문 원문은 아래와 같다.

"There shall be perpetual peace and friendship between the President of the United States and the King of Corea and the citizens of and subjects of their respective Governments. *If other Powers deal unjustly or oppressively with either Government, the other will exert their good offices, on being informed of the case, to bring about an amicable arrangement, thus showing their friendly feelings.*"(若他國有何不公輕藐之事 一經照知 必須相助 從中善爲調處 以示友誼關切).

6 George M. McCune and John A. Harrison, ed., *Korean-American Relations: Documents Pertaining to the Far Eastern Diplomacy of the United States* I: *The Initial Period, 1883~1886* (Berkely and Los Angeles: University of California Press, 1951), p. 105.

7 유영익, 앞의 논문, 14~15쪽.

8 앞의 논문, 15쪽.

9 앞의 논문, 17~18쪽.

10 1885년부터 1894년까지 서울에 파견된 청의 주차관 원세개袁世凱가 조선의 내외정에 간섭하면서 조선의 개화, 자강운동을 억제한 사실에 대해서는 졸고(Young Ick Lew), "Yüan Shih-k'ai's Residency and the Korean Enlightenment Movement (1885~94)," *The Journal of Korean Studies* (Seattle) 5 (1984), pp. 78~106 참조.

11 앞의 논문, pp. 16, 26~27.

12 유영익, 「개화기 미국인 군사교관 빙용 시말」, 앞의 책, 63~68쪽.

13 유영익, 「조미조약의 성립과 초기 한미관계의 전개」, 16~17쪽.

14 Raymond A. Esthus, *Theodore Roosevelt and Japan* (Seattle and London: University of Washington Press, 1967), p. 98.

15 Ok-Yul Kim, "Early Korean-American Relations," *Journal of Social Sciences and Humanities* 43 (June 1976), p. 55; Harold F. Cook, *Pioneer American Businessman in Korea: The Life and Times of Walter Davis Townsend* (Seoul: Computer Press, 1981), p. 30.

16 구영록 · 배영수, 『한미관계, 1882~1982』(서울대학교 미국학연구소, 1982), 26쪽. 김일영 · 조성렬, 『주한미군—역사 · 쟁점 · 전망』(한울아카데미, 2003), 37쪽에서 재인용.

17 Yur-bok Lee, "American Policy toward Korea during the Sino-Japanese War of 1894~1895," *Journal of Social Sciences and Humanities* 43 (June 1976), p. 94 참조.

18 Tyler Dennet, "President Roosevelt's Secret Pact with Japan," *Current History* 21 (1924), pp. 15~27; Raymond A. Esthus, "The Taft-Katsura Agreement—Reality or Myth?" *Journal of Modern History* 30 (1959), pp. 46~51; Andrew C. Nahm, "U.S. Policy and the Japanese Annexation of Korea," Tae-Hwan Kwak, et al. eds., *US-Korean Relations, 1882~1982* (Seoul: Kyungnam University Press, 1982), pp. 38~53.

19 유영익, 『이승만의 삶과 꿈—대통령이 되기까지』(중앙일보사, 1996), 42쪽.

20 이승만은 1941년에 출판된 그의 영문 저서 『일본내막기』에서 조미조약 체결 경위와 1905년에 미국이 대한제국을 배신한 과정을 논하면서—위의 주)18에서 인용한—데넷 교수의 논문을 각주에 인용하고 있다. Syngman Rhee, *Japan Inside Out: The Challenge of Today* (New York: Fleming H. Revell Co., 1941), p. 171 참조.

21 예컨대, 이승만은 1943년 5월 15일 F. 루스벨트Franklin D. Roosevelt 대통령에게 보낸 서한에서, "May I call your attention to the fact that *now* is the time for the United States to rectify the wrong and injustice done to the Korean people and their nation during the last thirty-eight years[?]. In 1905, as your Excellency will recall, the United States allowed Japan to occupy Korea and in 1910 to annex her, all in violation of the American-Korean treaty of 1882. As your Excellency has graciously mentioned in one of your public addresses, the Korean people have since suffered more and longer than all conquered races in the world...."라고 썼고, 또 1945년 5월 15일에는 트루먼 대통령에게 다음과 같은 내용의 서한을 보냈다. "The first secret agreement by which Korea was sold to Japan in 1905 was kept secret until twenty years later.... We have to appeal to your Excellency to intervene. For that is the only way to rectify the past wrong and to prevent the further enslavement of the thirty million people." Young Ick Lew ed., *The Syngman Rhee Correspondence in English, 1904~1948* (Seoul: Institute for Modern Korean Studies, Yonsei University, 2009) 1, pp. 525, 542.

22 이호재, 「이승만 대통령의 대미외교」, 국제역사학회의 한국위원회 편, 『한미수교 100년사』(국제역사학회의 한국위원회, 1982), 448~9쪽.

23 앞의 논문, 450쪽.

24 차상철, 『한미동맹 50년』(생각의나무, 2004), 32쪽.

25 김일영 · 조성렬, 앞의 책, 50쪽.

26 김계동, 「한미방위조약 체결과정과 개선방안」, ≪사상과 정책≫(1989년 여름호), 155쪽; Stephen Jin-Woo Kim, *Master of Manipulation: Syngman Rhee and the Seoul-Washington Alliance* (Seoul: Yonsei University Press, 2001), p. 66.

27 차상철, 「이승만과 1950년대의 한미동맹」, 문정인 · 김세중 편, 『1950년대 한국사의 재조명』(선인, 2004), 348쪽.

28 한배호, 「한미방위조약 체결의 협상과정」, 『군사』 4 (1982. 7), 165쪽.

29 앞의 논문, 165~166쪽.

30 차상철, 「이승만과 한미상호방위조약」, 유영익 · 이채진 편, 『한국과 6 · 25전쟁』(연세대학교 출판부, 2002), 295쪽.

31 한배호, 앞의 논문. 166~167쪽; Donald Stone Macdonald, *U.S.-Korean Relations from Liberation to Self-Reliance: The Twenty-Year Record* (Boulder, San Francisco and Oxford, Westview Press, 1992), p. 50; Yong-Pyo Hong, *State Security and Regime Security: President Syngman Rhee and the Insecurity Dilemma in South Korea, 1953~60* (New York: St. Martin's Press, Inc., 2000), p. 45; Stephen Kim, ibid., p. 87 참조.

32 온창일, 『한민족 전쟁사』(집문당, 2001), 1013쪽.

33 온창일, 앞의 책, 1013쪽; 한배호, 앞의 논문, 167~168쪽.

34 온창일, 앞의 책, 1013~4쪽; 한배호, 앞의 논문, 168쪽; Barton J. Bernstein, "Syngman Rhee: The Pawn as Rook—The Struggle to End the Korean War," *Bulletin of Concerned Asian Scholars* 10 (January-March 1978), pp. 41~2.; Henry Chung, *Korea and the United States Through War and Peace, 1943~1960* (Seoul: Yonsei University Press, 2000), pp. 296~7; Yong-Pyo Hong, op. cit., p. 45.

35 '상시대비계획'에 관해서는 홍석률, 「한국전쟁 직후 미국의 이승만 제거계획」, ≪역사비평≫(1994년 가을호), 150~162쪽; Bernstein, "Syngman Rhee: The Pawn as Rook," pp. 40~4; Yong-Pyo Hong, ibid., p. 51~2; Stephen Kim, ibid., pp. 89~92 참조.

36 온창일, 앞의 책, 1016쪽.

37 "Conversation between the President and Mr. Robertson, 3 July 1953." 이 자료는 연세대학교 이승만연구원에 소장된 문건의 하나이다. 차상철, 「이승만과 한미상호조약」, 264쪽; Rebecca Eunjung Her, "The Rhee-Robertson Negotiations for the U.S.-Korean Mutual Defense Treaty, June-July 1953," M.A. thesis, the Graduate School of International Studies, Yonsei University, June 2002, p. 42 참조.

38 차상철, 「외교가로서의 이승만 대통령」, 유영익 편, 『이승만 대통령 재평가』(연세대학교 출판부, 2006), 166~167쪽.

39 차상철, 「이승만과 한미상호방위조약」, 291쪽.

40 차상철, 앞의 논문, 288쪽. Stephen Kim, ibid., pp. 113~114 참조.

41 차상철, 앞의 논문, 290~291쪽.

42 김일영·조성렬, 앞의 책, 66~67쪽; Richard C. Allen, *Korea's Syngman Rhee: An Unauthorized Portrait* (Rutland, Virginia and Tokyo, Japan: Charles E. Tuttle Co., 1960), pp. 167~168; Yong-Pyo Hong, ibid., 53~54; Stephen Kim, ibid., pp. 106~112.

43 온창일, 「한국전쟁(6·25전쟁)과 한미상호방위조약」, 『군사』 40(2000.6), 131쪽.

44 온창일, 앞의 논문, 131쪽.

45 온창일, 앞의 논문, 131쪽; Yong-Pyo Hong, ibid., p. 55; 한표욱, 『이승만과 한미외교』(중앙일보사, 1996), 170~171쪽 참조.

46 Robert T. Oliver, *Syngman Rhee and American Involvement in Korea, 1942~1960: A Personal Narrative* (Seoul: Panmun Book Co., 1978), p. 427; 한표욱, 『이승만과 한미외교』, 173쪽; Macdonald, op. cit.,, p. 81.

47 백봉종, 「한미상호방위조약」, 한국정신문화연구원 편찬부 편, 『한국민족대백과사전』 24(한국정신문화연구원, 1991), 202쪽.

48 차상철, 「이승만과 1950년대 한미동맹」, 363쪽.

49 Allen, *Korea's Syngman Rhee*, p. 168; Bernstein, "Syngman Rhee: The Pawan as Rook," p. 38; Stephen Kim, op. cit., p. 112 참조.

50 온창일, 『한민족전쟁사』, 1017쪽.

51 이승만의 8월 9일자 성명서는 영문과 국문으로 발표되었는데 그 제목과 내용이 서로 약간 다르다. 이 인용문은 필자가 영문 성명서를 기본으로 삼되 국문본을 참고해 나름대로 번역한 것이다. "Statement on ROK-US Mutual Defense Treaty" by President Syngman Rhee on August 9, 1953, in *Korea Flaming High* (Seoul: Office of Public Relations, R.O.K., 1954), pp. 91~2; 「전국민에게 보냄」, 『대통령 리승만 박사 담화집』 2 ([대한민국] 공보처, 1956), 314~5쪽.

52 차상철은 연세대학교 이승만연구원 소장 문서를 활용해 한미상호방위조약이 공산권만을 겨냥한 것이 아니라 일본의 팽창주의 위협에 대비한 조약임을 밝혀냈다. 차상철, 「이승만과 한미상호방위조약」, 295쪽.

53 이호재, 앞의 논문, 464쪽.

54 온창일, 「한미상호방위조약과 한국의 안보」, 37쪽.

55 앞의 논문, 35쪽.

56 이호재, 앞의 논문, 464쪽.

57 온창일, 「6·25전쟁과 한국군의 팽창」, 유영익·이채진 편, 『한국과 6·25전쟁』, 72~90쪽 참조.

58 김진현, 「한국의 해양화 혁명과 해양화의 세계화」, 『업코리아』(2005), webmaster@upkorea.net 참조.

제6장 3·1운동 후 이승만과 서재필 등의 새 나라 건국 구상

1 김병조, 『한국독립운동사략(상편)』(1920年 序, 영인본: 서울: 아세아문화사, 1974), 88쪽; 김원용, 『재미한인 50년사』(Reedley, Cal.: Warren Y. Kim/Charles Ho Kim, 1959), p. 372; 김원모, 「서재필의 재미한인 회의록 첫 공개」, ≪월간조선≫(1985년 3월호), 198쪽; 이정식, 『서재필: 미국망명 시절』(정음사, 1984), 95~99쪽; 「송재 서재필의 재미시절」, 재단법인 송재문화재단 편, 『인간 송재 서재필』(재단법인 송재문화재단 출판부, 1986), 80~81쪽; 원성옥 역, 『*First Korean Congress*: 최초의 한국의회』(범한서적, 1986); 이윤주 역, 「(부록) 제1차 한인회의 의사록」, 재단법인 송재문화재단 편, 『인간 송재 서재필』, 221~317쪽; 방선주, 「3·1운동과 재미한인」, 국사편찬위원회 편, 『한민족독립운동사 3: 3·1운동』(국사편찬위원회, 1988), 506쪽; 신재홍, 「대한민국 임시정부와 구미와의 관계」, 『한국사론 10』(1981), 314쪽; 주진오, 「유명인사 회고록 왜곡 심하다: 서재필 자서전」, ≪역사비평≫(1991년 가을호), 305쪽; 이우진, 「서재필의 재미활동」, 이택휘 등 공저, 『서재필』(민음사, 1993), 273~274쪽; 이현희, 『유일한의 독립운동연구』(동방도서, 1995), 77~78쪽; 홍선표, 『서재필: 생애와 민족운동』(독립기념관 한국독립운동사연구소, 1997). 127~129쪽; 이정식, 『구한말의 개혁·독립투사 서재필』(서울대학교 출판부, 2003), 290~291쪽; 고정휴, 『이승만과 한국독립운동』(연세대학교 출판부, 2004), 77, 325~333쪽; 정병준, 『우남 이승만 연구』(역사비평사, 2005), 162쪽. ≪신한민보≫는 1919년 4월 3일의 기사에서 이 대회를 '북미대한인연합대회'라고 칭했다가 5월 6일 기사에서는 '대한자유대회'라고 불렀다. 그리고 김영우 편, 『대한독립혈젼긔大韓獨立血戰記』(호놀루루: 한인기독학원, 1919), 15, 27쪽에서 '필라델피아 총대표회' 혹은 '한인총대표회'라고 불렀다. 다른 한편, Warren Y. Kim과 John K. Hyun은 이 대회를 영어로 'Liberty Conference(자유대회)'라고 지칭했다. Warren Y. Kim, *Koreans in America* (Seoul: Po Chin Chai Printing Co. Ltd., 1971), p. 122; John K. Hyun, *A Condensed History of the Kungminhoe: The Korean National Association (1903~1945)* (Seoul: The Korean Cultural Research Center, Korea University, 1986), p. 21.

2 김옥균, 「갑신일록」, 1884년 12월 4일조. 신복룡은 서재필이 약관에 종2품의 고위 관직에 임명되었다는 사실에 의문을 제기했다. 신복룡, 「개화당과 갑신정변에서의 서재필의 활동」, 이택휘 등 공저, 『서재필』(민음사, 1993), 195~196쪽.

3 서재필, 「≪신민≫ 6월호 '순종실기'를 읽고」, ≪신민≫(1926년 9월호), 정진석, 『독립신문. 서재필 문헌해제』(나남, 1996), 162쪽.

4 서재필은 1938년에 갑신정변은 경험이 없고 세상 물정에 어두운unsophisticated 개혁가들

이 일반 국민에게 계몽과 홍보를 제대로 하지 않은 상태에서 일본을 과신하면서 일으킨, 잘못 저질러진 정변이라고 비판했다. Philip Jaisohn, "My Days in Korea" (August 25, 1938), *My Days in Korea and Other Essays*, ed. Sun-pyo Hong, (Seoul: Yonsei University Press, 1999), pp. 21~22; 서재필, 「회고 갑신정변—서재필 박사 수기」, 정진석 편저, 『독립신문. 서재필 문헌해제』, 200~201쪽 참조.

5 이우진, 「서재필의 재미활동」, 266쪽 참조.

6 국사편찬위원회 편, 『윤치호 일기』 5(탐구당, 1975), 152~153쪽의 1898년 4월 22일 일기와 159쪽의 1898년 5월 11일 일기 그리고 1899년 12월 31일 일기를 참조; 이광린, 『한국 개화사상 연구』(일조각, 1979), 188~195쪽; 주진오, 「서재필 자서전」, 303~304쪽 참조.

7 서재필, 「체미 50년」, 현종민 편, 『서재필과 한국 민주주의』(대한교과서주식회사, 1990), 139~140쪽; Channing Liem, *Philip Jaisohn* (Seoul: Kyujang Publishing Co., 1984), pp. 218~219; 이우진, 「서재필의 재미활동」, 271쪽; 백학순, 「서재필, 그는 누구인가?」, 서재필기념회 엮음, 『선구자 서재필』(기파랑, 2011), 12~48쪽 등 참조.

8 서재필의 소망素望이 정치가가 되려는 것이었다는 사실에 대해서는, 전봉덕, 「서재필의 법사상」, 『한국근대법사상사』(박영사, 1981), 265쪽; 이우진, 「서재필의 재미활동」, 263~264쪽 등 참조.

9 1919~1922년간 서재필의 독립운동에 관해서는, 이정식, 「송재 서재필의 재미시절」, 77~119쪽; 이우진, 「서재필의 재미활동」, 271~288쪽; 홍선표, 『서재필: 생애와 민족운동』, 127~206쪽; 방선주,「1921~22년의 워싱턴회의와 재미한인의 독립청원운동」, 국사편찬위원회 편, 『한민족독립운동사 6』(국사편찬위원회, 1989), 195~222쪽 참조.

10 김도태, 『서재필 박사 자서전』(수선사, 1948), 249~250쪽. 임창영林昌榮(Channing Liem)은 그의 서재필 영문 전기에서 앞의 회고담을 아래와 같이 부연했다. "그 당시 내 심정을 설명하기는 힘들었다. 나는 한국인이 틀림없이 죽음을 각오하고 그들의 압제자에게 항거하는 용기를 보인 것에 감동했다. 나는 이 쾌거를 통해 한민족이 결코 타락하거나 퇴화한 민족이 아니라는 사실을 증명했기에 자랑스러웠다. 그리고 나는 1896~1898년간 내가 [서울에서] 신문과 강연을 통해 그들의 마음속에 심어주려고 했던 자유애love of freedom의 씨앗이 일제 침략자의 야수적 탄압하에서 싹튼 것이라고 느꼈다. 그 결과 나는 그들의 정당한 염원을 실현해주기 위해 내가 할 수 있는 모든 일을 하겠다고 결심했다." Channing Liem, *Philip Jaisohn*, p. 220~221.

11 연세대학교 현대한국학연구소 소장 이승만의 (미간) 영문 일기("Log Book of S.R.")에 의하면, 이승만은 3월 10일에 서재필로부터 3·1운동 발발 소식을 들었다. 필자는 서재필이 안창호로부터 그 소식을 3월 9일에 들었다고 생각한다.

12 Channing Liem, *Philip Jaisohn*, pp. 216~217; 유영익, 『이승만의 삶과 꿈』(중앙일보사, 1996), 42쪽 참조.

13 유영익, 『이승만의 삶과 꿈』, 104쪽 참조.

14 1918년 2월 20일자 ≪신한민보≫(제524호), 「셔재필 박사의 편지」.

15 1919년 3월 13일자 ≪신한민보≫ '호외' 참조. 안창호는 3월 13일에 이승만에게 보낸 서한에서 "지금 중앙총회에 있는 돈이 독립운동을 목적해 모은 돈뿐이라. 이번 독립운동의 일밖에는 달리는 돈을 쓸 수 없으니 더욱이 일이 끝나기 전에는 영문 잡지를 도울 수 없습니다"라고 하면서 서재필의 제의를 일단 거절했음을 알렸다. 동시에 그는 "서재필 씨가 오랫동안

우리 한족을 돌아보지 않다가 다시 한국 사람을 위해 몸을 내어놓고 도와주시려 한다 하오니 매우 기쁘고 감사합니다. 지혜 많으신 서군[徐君]이 오늘 한국 사람의 정형을 밝히 살피어 그중 합당한 일을 택해 실시하기를 바라며 제[弟]는 친히 좋은 가르침을 얼굴로 대해 듣지 못함이 안타깝습니다"(원문을 필자가 현대어로 바꿈)고 첨언하면서 서재필에 대한 자신의 높은 기대감을 드러냈다. (연세대학교 현대한국학연구소 우남이승만문서편찬위원회 편, 『(이화장 소장) 우남 이승만 문서: 동문편』, 제17권, 235~238쪽. 이로써 미루어 안창호는 1918년 12월 서재필의 영문 잡지 발간 제의에 부정적인 회답을 했음이 틀림없다. 그러나 대한인국민회 중앙총회에서는 3월 15일에 전한인대표회의를 개최하고 7가지의 결의안을 채택했는데 그 가운데 '서재필 박사'를 미주 대한인국민회의 외교, 선전 고문으로 임명하며 그에게 신설될 필라델피아 한국홍보사무소a Korean Information Office의 책임을 맡기기로 결정했다. Warren Y. Kim, *Koreans in America*, pp. 120~121; 신재홍, 「대한민국 임시정부와 대미외교」, 국제역사학회의 한국위원회 편, 『한미수교 100년사』(국제역사학회의 한국위원회, 1982), 274쪽.

16 평양 근처 순천이 고향인 정한경은 14세 때인 1905년 미국에 건너가 네브래스카 주의 커니Kearney와 해이스팅스Hastings에서 고등학교와 사범학교를 우등으로 졸업하고 링컨Lincoln에 있는 네브래스카주립대학교에 입학해 정치학, 사회학, 철학을 전공한 끝에 1917년에 학사학위를, 그리고 1918년에 석사학위를 취득했다. 1918년부터 1921년까지는 노스웨스턴대학교Northwestern University와 아메리칸대학교American University의 연구원fellow으로 종사했다. 정한경은 석사학위를 받은 1918년 5월에 『중국유학생 월보』*The Chinese Students' Monthly*에 「한국과 일본("Korea and Japan")」이라는 제목의 논문을 발표할 정도로 문재文才가 뛰어났다. 3·1운동 후 *Korean Treaties* (1919), *The Oriental Policy of the United States* (1919), *The Case of Korea* (1921), *The Russians Came to Korea* (1947) 등 한국독립운동 관련 저서를 출판했고 "The Americans Came to Korea"라는 제목의 유고를 남겼다. 이 유고는 연세대학교 현대한국학연구소에서 *Korea and the United States Through War and Peace, 1943~1960*이라는 제목으로 편집, 출판되었다. Young Ick Lew(유영익), "Foreword," Henry Chung, *Korea and the United States Through War and Peace, 1943~1960* (Seoul: Yonsei University Press, 2000), pp. 13~14 참조. 이승만과 정한경이 대한인국민회 중앙총회에서 파견하는 파리강화회의 대표로 선발되어 필라델피아에 나타나는 과정에 관해서는, 프랑크 볼드윈, 「윌슨, 민족자결주의, 3·1운동」, 동아일보사 편, 『3·1운동 50주년 기념논집』(동아일보사, 1969), 517~520쪽; 홍선표, 「1910년 후반 하와이 한인사회의 동향과 대한인국민회의 활동」, 『한국독립운동사연구 8』(1994), 173~175쪽 참조.

17 장택상이 1919년 2월 초 필라델피아에 출현한 경위에 관해서는 장병혜, 『창랑 장택상 일대기: 상록의 자유혼』(창랑장택상기념사업회, 1992), 61~62쪽 참조. 민규식은 1919년 8월부터 존스홉킨스대학교의 대학원에서 공부를 시작했다. 조흥은행 문서부 「임원대장」 참조. 이승만의 영문일기에 의하면, 이승만은 장택상과 1919년 2월 3일, 2월 5일, 2월 12일, 3월 22~23일에 필라델피아 혹은 뉴욕에서 만났고, 민규식을 2월 5일, 3월 8일, 3월 9일, 3월 12일, 3월 13일, 3월 17일, 3월 18일, 3월 22~23일, 3월 29~30일, 6월 22일, 6월 26일에 만났다. "Log Book of S.R." 참조.

18 "Log Book of S.R."의 1919년 2월 5일자 일기.

19 관련 원문은 다음과 같다. "Feb. 13: During this time I proposed to hold a Korean Convention in Philadelphia and a parade to the Independence Hall. Circulars were sent out to that effect signed by Jaisohn and myself. (See the Report on Korean Congress)."

20 이 인용문은 미국 펜실베이니아대학교의 이정식 명예교수가 소장하고 있는 비망록 형태의 문건에 실려 있는 것이다. 이 문건의 서두에 "I am sending you a copy of my impressions of Dr. Rhee. I hope it will be of some help to you in writing his biography"라고 적혀 있는 것으로 미루어 이것은 올리버가 이승만 전기 집필을 위해 수집했던 자료의 하나라고 판단한다. 이 논문에서 필자는 이 문건을 「이 박사에 대한 나의 인상」이라는 가제假題로 인용하기로 한다. 이 문건을 필자에게 할애해주신 이정식 박사에게 감사의 마음을 전한다.

21 주진오가 이미 지적했듯이, 서재필의 자전적自傳的 기록들에는 오류와 과장이 많다. 주진오, 「서재필 자서전」, 297~307쪽 참조. 이 인용문도 예외가 아니다. 이 인용문 안에 서재필이 필라델피아 한인대회를 개최하자는 안을 이승만에게 먼저 제의했다는 얘기도 사실이 아니라고 생각된다.

22 총대표회에서 서기로 활약했던 임병직은 그의 회고록에서 "이승만 박사는 서재필 박사와 협의, 새로운 독립 방안을 모색한 끝에 '전한인회의'를 소집하게 된 것이다"라고 서술함으로써 이 대회의 주동자가 이승만이었음을 강조했다. 임병직, 『임병직 회고록』(여원사, 1964), 115쪽. 김현구도 이 대회는 이승만과 서재필이 소집한 회의였다고 회고했다. Dae-Sook Suh, ed., tr. *The Writings of Henry Cu Kim: Commentaries on Syngman Rhee, Pak Yong-man, and Chŏng Sun-man* (Honolulu: University of Hawaii Press and Center for Korean Studies, University of Hawaii, 1987), p. 114. 다른 한편, 이승만은 자신의 미간 원고, "Historical Account of K. Prov. Gov. [Korean Provisional Government]" 에서, "In America, Dr. Rhee called a Korean Convention to meet in Philadelphia in the middle of March.... The convention marched to Independence Hall where the Declaration of Independence was read and signed by Dr. Rhee on the chair where George Washington sat when he signed the American Declaration of Independence nearly a century and a half before"라고 기술했다. 이렇게 그는 이 대회가 자기가 주동한 행사였다고 못 박았다. 이 자료는 연세대학교 이승만연구원에 소장된 (미정리) '이화장 문서'에 속해 있다.

23 ≪신한민보≫ 1919년 4월 3일(제534호), 3면. 여기서는 구식 문체의 원문을 필자가 현대문으로 바꾸어 인용했다.

24 이승만은 1910년 3월에 대한인국민회에 가입했다. 유영익, 『이승만의 삶과 꿈』, 69쪽 참조. 그리고 그는 1918년 11월 25일에 대한인국민회 중앙총회로부터 파리강화회의에 참석할 한국 대표의 한 사람으로 지명받은 다음 그 지명을 수락한다는 뜻을 12월 2일에 안창호에게 밝혔다. 고정휴, 『이승만과 한국독립운동』, 74쪽; Syngman Rhee, "Log Book of S.R. Since 1904," pp. 42~46 참조. 따라서 그때부터 1919년 4월 초까지 그가 미국에서 벌인 모든 정치활동은 대한인국민회의 대표 명의로 한 것이었다고 볼 수 있다.

25 안창호→이승만 서한, 1919년 4월 1일, 『우남 이승만 문서』, 제17권, 239~240쪽.

26 *First Korean Congress* (Philadelphia, 1919: 아래에서 FKC로 약칭), p. 40; 김원모, 「서재필의 재미한인 회의록 첫 공개」, 200쪽.

27 *FKC*, p. 18 참조.

28 아래에서 인용하게 될 4월 17일자 이승만의 김규식 앞 전문; 김영우 편, 『대한독립혈전긔』, 16~19쪽. 서재필의 「이 박사에 대한 나의 인상」과 김도태의 『서재필 박사 자서전』에서는 대회 참가자를 약 250명이라고 집계했다. 김도태, 『서재필 박사 자서전』, 251쪽.

29 국문 이름이 확인되지 않은 참가자들의 영문 이름은 다음과 같다(알파벳 순): Kiyhan Chang, Henry Chang, Y. P. Chung, K. S. Deyo, Paihynk [*sic*] Kim, "Mr. Im," Charles F. Lee, Charles L. Lee, R. K. Lee, Y. C. Lee, Samuel Lee, Wonnick Leigh, D. W. Lim, Y. N. Park, Taikwon Sur, Miss Joan Woo, A. K. Yim (이상 15여 명). 고정휴는 1919년 5월 13일자 ≪신한민보≫, 「필라델피아 자유대회의 경비와 의연」이라는 기사를 바탕으로 본문에 제시된 이춘호, 윤영선, 노정민, 선성구, 이용직, 강영대, 김영기 등 참가자들의 이름을 밝혀냈다. 고정휴, 『이승만과 한국독립운동』, 326~327쪽, fn. 28.

30 이승만은 3월 28일에 안창호에게 4월 14일에 개최될 대회에 윤병구와 함께 꼭 참석해달라는 전보를 쳤다. The Institute for Modern Korean Studies (IMKS), ed., *The Syngman Rhee Telegrams* (Seoul: JoongAng Ilbo and the Institute for Modern Korean Studies, Yonsei University, 2000), I, p. 52. 그런데 안창호가 4월 10일 자기한테 미리 통보하지 않은 채 하와이를 거쳐 상해로 직행한 사실을 알고 그날 일기에 섭섭하다는 문투의 기록을 남겼다. ("Ahn Changho passed through Honolulu on his way to Shanghai. He left Cal. without notice.") "Log Book of S.R." April 10, 1919.

31 IMKS, ed., *The Syngman Rhee Telegrams*, I, pp. 101, 119 참조. 백낙준이 홍사단 단원이었다는 점에 대해서는, 윤병석, 「미주지역과 일본에서의 한국독립운동」, 『근대한국 민족운동의 사조』(집문당, 1996), 550쪽 참조.

32 3·1운동 전후 안창호·박용만·김헌식 등의 동향에 관해서는 방선주, 「3·1운동과 재미한인」, 국사편찬위원회 편, 『한민족독립운동사』(국사편찬위원회, 1988), 3, 484~498쪽; 『재미한인의 독립운동』(한림대학교 아시아문화연구소, 1989), 303~324쪽 참조.

33 Warren Y. Kim, *Koreans in America*, p. 23; John K. Hyun, *A Condensed History*, p. 11. 홍선표, 「일제하 미국 유학 연구」 158, 159쪽 fns. 35, 36 참조.

34 필자는 *FKC*, pp. 36, 44에 나오는 Mr. Chang은 장택상이 확실하며, p. 43에 나오는 Mr. Min은 Rev. Min(민찬호 목사)과 구별되는 민규식일 가능성이 높다고 판단한다.

35 김영우 편, 『대한독립혈전긔』, 17쪽.

36 *FKC*, p. 8.

37 대회 분위기가 기독교 부흥회를 방불케 했다는 점에 관해는, 홍선표, 『서재필: 생애와 민족운동』, 135쪽 참조.

38 신헌민의 본명은 신석우申錫雨(1894~1953)이고 그가 회장직을 맡았던 단체의 국문 명칭은 '고려교민친목회'였다. 이 점에 관해서는 조동걸, 「임시정부 수립을 위한 1917년의 '대동단결선언'」, 『한국학논총』 7(1987) 132~133, 145쪽 참조. 상하이 임시정부에서의 신석우의 활동에 관해서는, 반병률, 「대한국민의회와 상해 임시정부의 통합정부 수립운동」, 『한민족독립운동사연구 2』(1988년 3월), 96쪽; 이현희, 『대한민국임시정부사연구』(혜안, 2001), 120, 165, 224, 438, 415~416쪽 참조.

39 '이승만 박사'가 옛날 조지 워싱턴이 앉았던 의자에 정좌해서 찍은 사진은 『의사록』과 김영우 편, 『대한독립혈전긔』에 실려 이승만의 이미지 홍보에 십분 활용되었다. *FKC*, p. 56~57

간지間紙 및 김영우 편, 『대한독립혈전긔』, 136~137쪽 간지. 이 사진은 이승만의 임시정부 수반 취임 기념사진이라고 볼 수 있다.

40 *FKC*, p. 54.

41 *FKC*, p. 71.

42 이승만의 이러한 성격적 결함에 관해서는 유영익, 『젊은 날의 이승만: 한성감옥 생활(1899~1904)과 옥중 잡기 연구』(연세대학교 출판부, 2002), 164~165쪽 참조.

43 *FKC*, pp. 30~31.

44 이정식, 『송재 서재필의 재미시절』, 83~84쪽; 이우진, 『서재필의 재미활동』, 277~281쪽 참조.

45 Philip Jaisohn → Syngman Rhee, February 6, 1922. Young Ick Lew, ed., *The Syngman Rhee Correspondence in English, 1904~1948* (Seoul: Institute for Modern Korean Studies, Yonsei University, 2009) 3, p. 123.

46 [Syngman Rhee, ed.,] *Korea Liberty Conference* (Los Angeles and Honolulu: The United Korea Committee in America, 1942), pp. 65~71, 99~100 참조.

47 1942년 7월 23일자 ≪신한민보≫, 서재필, 「나의 모든 한국인 친구들에게 보내는 공개서한」.

48 주20)에서 소개한 서재필, 「이 박사에 대한 나의 인상」 종결부. 미 군정기에 군정장관이었던 윌리엄 딘William F. Dean 소장이 어느 날 서재필에게 워싱턴 당국에서는 이승만을 달갑게 여기지 않는다고 말하자 서재필은 "그래도 한국에서 가장 적합한 대통령 후보자는 이승만"이라고 말했다고 한다. 송건호, 「송재 서재필의 두 번째 귀국」, 『인간 송재 서재필』, 188~189쪽. 이와 대조적으로, 미 군정 당시 서재필의 비서로 방한했던 임창영은 서재필이 미국 정부가 남한에 단독정부를 수립하기로 했다는 소식을 듣고는 장차 대통령이 될 이승만을 불신不信했으며 이승만이 대통령이 되면 남한 정부가 무능한 독재정권으로 전락하고 남북한의 극한 대립이 생길 것을 우려했다고 기술했다. Channing Liem, *Philip Jaisohn*, p. 297. 임창영은 이 주장을 뒷받침하는 자료를 제시하지 않았다.

49 IMKS, ed., *The Syngman Rhee Telegrams* 1, pp. 135, 136, 137.

50 Henry Chung, *Korea and the United States Through War and Peace, 1943~1960*, p. 81. 이 책은 유영익(Young Ick Lew)이 정한경의 원고를 개재改題해 연세대학교 현대한국학연구소에서 편집, 출판한 것이다.

51 Ben C. Limb, "Syngman Rhee - the Man," (1943년경 집필), pp. 5~6. 이 자료는 이정식 교수가 소장하고 있는 미간 자료이다.

52 *FKC*, pp. 17~18, 23, 79 참조.

53 *FKC*, pp. 24~25.

54 *FKC*, pp. 26~27 참조. 이승만의 영문 일기에 의하면, 그는 4월 5일 신문을 통해 '만주에 있는 임시정부 내각' 명단을 알게 되었다. ("News in papers of the Cabinet of Provisional Gov. [*sic*] in Manchuria"). 그는 4월 7일 연합통신의 기자와 회견할 때 '국무경' 직함을 처음으로 사용했다. 홍선표, 『서재필: 생애와 민족운동』, 137쪽. 그리고 4월 14일의 총대표회의에서 자기가 분과위원장이 되어 기안한 「미국[인]에의 호소문」에서 '3월 1일'에 '만주 접경에' 임시정부(a provisional government on the border of Manchuria)가 수립되었다고 서술했다. *FKC*, p. 29. 이러한 점들로 미루어 그는 4월 14일까지 대한공화국 임시정부가 '만주 접경'에 수립된 것으로 믿고 있었음을 알 수 있다. ≪신한민보≫의 4월 5일자 임시정

부 수립 관련 기사는 현순이 4월 4일에 이승만에게 보낸 영문 전보에 근거한 것으로서 보도 내용 가운데 '만주 운운' 한 것은 오보誤報였다고 여겨진다. 현순의 4월 4일자 영문 전보에는 이승만의 직함이 영어로 'Secretary [of] State'(국무경)로 표시되어 있다. *The Syngman Rhee Telegrams* 1, p. 63. 그러나 이승만의 영문 일기에는 그가 현순의 4월 4일자 (영문)전보를 접수했다는 기록이 없다. 반병률은 1919년 3월 21일에 손병희·박영효·이승만을 대통령·부통령·국무경으로 각각 추대한 임시정부의 내각 명단은 3월 17일 러시아령 우수리스크에서 선포된 문창범文昌範·이동휘李東輝 중심의 '대한인국민의회'에서 만든 내각 명단이라는 종래의 학설이 오류임을 지적했다. 반병률, 「대한인국민의회의 성립과 조직」, 『한국학보』 46(1987년 봄), 147~149, 157~167쪽. 따라서 『의사록』에 나오는 '만주 접경'의 임시정부는 대한인국민의회를 지칭한 것은 아님이 분명하다. 그러나 이것이 전단으로만 알려진 '간도 임시정부'였을 가능성은 배제할 수 없다. 조동걸, 「대한민국임시정부의 조직」, 『한국민족주의의 발전과 독립운동사연구』(지식산업사, 1993), 319쪽 참조.

55 IMKS ed., *The Syngman Rhee Telegrams* 1, p. 124. 이 내각의 조각組閣작업은 4월 11일에 이뤄졌으며 의정원은 이승만을 국무총리로 '선거'했다. 이 점에 관해서는 유영익, 『이승만의 삶과 꿈』, 135쪽; 이현희, 『대한민국임시정부사』(집문당, 1982). 62쪽; 이현주, 「임시정부의 수립과 초기 활동」, 국사편찬위원회 편, 『한국사 48: 임시정부의 수립과 독립전쟁』(국사편찬위원회, 2001), 118~120쪽 참조.

56 서재필은 4월 15일 회의 도중에 이승만이 임시정부의 '국무경Secretary of State'으로 임명되었다고 공표했다. *FKC*, p. 54. 따라서 필라델피아 대회 참가자들은 적어도 4월 15일까지 이승만이 '만주접경'에 세워진 임시정부의 '국무경'으로 파악하고 있었다고 여겨진다.

57 *FKC*, p. 69.

58 김영우 편, 『대한독립혈전긔』, 27~28쪽. 이 번역본에는 종결부 문단이 빠져 있다. 이 결의안의 번역문은 이승만의 것 이외에 원성옥 역(145~146쪽), 이윤주 역(255~257쪽) 및 이현희 역(145~146쪽) 등이 있다.

59 1919년 8월 28일자 ≪신한민보≫에는 한국이 독립한 후 10~15년간 '굳센 중앙정부를 두어 인민의 자유를 구속'해야 한다는 일부 영수 추종자들의 주장을 비판하는 논설이 실렸다. ≪신한민보≫ 제597호, 「인도자의 도덕」. 고정휴, 『이승만과 한국독립운동』, 331쪽, 주39).

60 Dae-Sook Suh, ed., *The Writings of Henry Cu Kim*, p. 130.

61 *FKC*, pp. 42~43.

62 Ibid. pp. 34~35.

63 Ibid., p. 43.

64 Ibid., p. 43.

65 Ibid., p. 44.

66 Ibid., p. 44.

67 Ibid., p. 9.

68 「우리나라 예수교국으로 만들어—일본의 통치권을 벗는 그날로」, ≪신한민보≫(1919년 4월 8일자), 제536호 기사.

69 「필라델피아 총대표회의」, 김영우 편, 『대한독립혈전긔』, 18쪽.

70 *FKC*, p. 4.

71 Philip Jaisohn, *My Days in Korea and Other Essays*, p. 189.

72 3 · 1운동 후 동시다발적으로 수립된 거의 모든 임시정부에서 공화제 혹은 이에 준하는 정체를 채택하고 있었다는 점에 관해서는, 이현주, 「해제」, 『3 · 1운동 독립선언서와 격문』(국가보훈처, 2002), 22~24쪽; 김영수, 『대한민국임시정부헌법론』(삼영사, 1980), 93쪽; 조동걸, 「대한민국임시정부의 조직」, 316~322쪽 등 참조. 19세기 말~20세기 초에 한국 지식인들 간에 공화제 정체를 수용하자는 논의가 활발히 전개되었는데 이 점에 관해서는, 류영렬, 「개화기 민주주의 정치운동」, 이종욱 · 이기백 · 신호철 · 정만조 · 류영렬 공저, 『한국사상의 정치형태』(일조각, 1993), 294~311쪽; 이태진, 「서양 근대 정치제도 수용의 역사적 성찰—개항에서 광무개혁까지」, 『진단학보』 84(1997년 12월), 91, 121~123, 131쪽; 김학준, 『한말의 서양정치학 수용 연구—유길준 · 안국선 · 이승만을 중심으로』(서울대학교 출판부, 2000), 106~169~170쪽 등 참조. 1910년 이후 중국(상해)과 미국에 있는 한국인 독립운동가들—특히 조소앙 · 박용만 · 김헌식—간에 공화제 정부수립론이 꾸준히 제기되었다. 이 점에 관해서는, 조동걸, 「임시정부 수립을 위한 1917년의 '대동단결선언'」, 『한국학논총』 9(국민대 한국학연구소, 1987), 131쪽; 이현주, 「임시정부의 수립과 초기 활동」, 국사편찬위원회 편, 『한국사 48: 임시정부의 수립과 독립전쟁』(국사편찬위원회, 2001), 105~107쪽; 방선주, 『재미한인의 독립운동』, 53~68, 314쪽 참조.

73 필자가 알고 있는 한 3 · 1운동 후에 수립된 여러 임시정부의 헌법과 헌장 가운데 '미국의 정체를 모방'한 민주공화제 정부를 세우겠다고 명시적으로 규정한 것은 조소앙이 1919년 4월 10일에 기초한 것으로 알려진 '조선공화국'의 '가헌법'假憲法뿐이다. 이 가헌법에 관해서는 윤대원, 『상해시기 대한민국임시정부 연구』(서울대학교 출판부, 2006), 36~37쪽 참조. 한국에 미국의 공화제(대통령중심제)를 처음으로 소개한 책은 최한기(1803~1873)의 『지구전요』(1857)였다. 그 후 1905년까지 한국에서 '미국식' 공화제가 어떻게 논의 · 수용되었는가에 대해서는, 유영익, 「개화기의 대미인식」, 류영익 · 송병기 · 양호민 · 임희섭 공저, 『한국인의 대미인식—역사적으로 본 형성과정』(민음사, 1994), 55~110쪽; 정용화, 「조선에서의 입헌민주주의 관념의 수용: 1880년대를 중심으로」, 『한국정치학회보』 32(1998년 여름), 105~124쪽 등 참조.

74 필자는 1919년 8월 15일 호놀룰루에서 출판된 김영우 편, 『대한독립혈전긔』에 실린 「필라델피아 총대표회 종지」와 그 이전에 출판되었을 (영문) '의사록'이 상해에 있는 독립운동가들로 하여금 1919년 8월 하순부터 헌법 개정을 서두르게 한 촉매제로 작용하지 않았을까 라고 생각한다. 김철수 역시 아래와 같이 필라델피아대회의 결의안이 상해 임정의 제1차 개헌에 영향을 미쳤다고 추정한다. "이 결의안(「한국민의 목적과 열망」)은 앞으로 조국이 해방되고 신생 민주공화국이 성립되면 헌법의 기초가 된다는 대전제에 입각하고 있었다. 따라서 대표자 간에도 열띤 토론이 있었다고 한다. 이러한 결의안이 자극이 되어 상하이 임시정부의 제1차 개헌에 미국식인 기본권 보장제도와 국민주권주의, 공화제, 권력분립주의, 입헌주의, 대통령제가 도입된 것으로 볼 수 있다." 김철수, 『한국헌법사』(태학출판사, 1988), 20쪽.

75 서재필은 1920년 10월 3일 워싱턴을 떠나 상하이로 가는 김규식 편으로 상하이 임시정부 지도자들에게 '[임시]정부의 정책과 조직 대강Outline of Policy and Organization of Government'이라는 정책 건의서를 전달했다. 이 정책 대강에는 건국 후 초기 10년간 훈정이 필요하다는 그의 생각이 더욱 분명히 표출되어 있다. 이 점에 관해서는 필자의 졸고 「3 · 1운동 후 서재필의 신대한新大韓 건국구상」, 김용덕 등 편, 『서재필과 그 시대』(서재필기념회, 2003), 385~397쪽 참조 바람.

부록 I

과도정부 당면 정책 33항
모범적 독립국을 건설하자

이승만의 방송 성명 전문

1946년 2월 말

삼일절 기념이 임박한 이날에 한족의 복리를 위해 진행할 대정 방침의 대략을 설명하는 것이 적합할 줄로 믿습니다. 우리 민국民國이 부강하며 세계의 존경할 만한 나라를 이루자면 우리가 마땅히 행해야 할 정책이 여러 가지입니다. 오늘 저녁에 이 모든 정책의 대강만 말하고 일후日後에 상세한 조건을 해석하여 알리려 합니다.

1. 우리 독립국의 건설은 민중의 빈부귀천을 물론하고 국법상에는 다 평등 대우를 주장할 터입니다.
2. 이 주의 내內에서 최속한도最速限度 내에 정부를 조직하되 남녀를 물론하고 18세 된 시민권을 가진 자는 다 투표권과 또는 피선거권을 가지게 할 것입니다.
3. 민주헌법民主憲法을 기초하여 언론과 집회와 종교와 출판과 정치운동의 자유를 보호할 터인데 이 헌장은 다수 민의를 따라서 결정하고 공포, 실행할 것입니다.

4. 지난 40년 동안에 왜적倭賊에 제국주의가 우리 법률과 사회와 교육 등 모든 기관에 다 섞여 있으니 이 독해를 제어하기 위해 청결할 방침을 행할 것입니다.
5. 일인日人이나 반역자에게 속한 재산은 공사公私를 물론하고 전부 몰수해 국유로 할 것입니다.
6. 경제책經濟策을 제도制度해 우리 경제와 공업을 속히 회복, 발전하며 일용 필수품에 물산을 속히 산출하여 민중의 생산 정도를 개량시킬 것입니다.
7. 중요한 공업과 광업과 삼림과 은행과 철도와 통신과 운수와 모든 공익기관 등 사업을 국유로 만들어 발전시킬 것입니다.
8. 모든 상업을 정부 검열하에 두어 소비자와 산출자와 무역자에게 불균한 이익을 담보할 것입니다.
9. 모든 몰수한 토지는 다시 나누어 민간에 이익을 증진시키되 토지 소재지에 있는 농민에게 부쳐서 경작하게 할 것이고 먼 데 있는 지주에게 주지 아니하리니 이는 농민이 자기 땅을 경작하면 소출을 많이 늘일 수 있는 연고입니다.
10. 큰 농장은 나누어 여러 사람이 경작하게 하되 소유지 농민에게 맡겨서 소출이 늘게 하게 장려하며 그 토지의 가격을 상당하게 마련하여 매년 얼마씩 분배하여서 여러 해를 두고 지주에게 갚기로 계획을 정하려 합니다.
11. 다만 적몰籍沒한 땅을 농민에게 분배할 때에는 그 보수를 정부에 변납해 국민 공용公用에 보충하리니 이는 새 국가 건설에 많은 경비를 요구하는 이유입니다.
12. 민간에 전당과 부채조負債條에 매양 과도한 높은 변으로 이익을 도모하는 고로 빈민의 사정에 큰 폐단이 되나니 법률 제정하여 고리대금에 악습을 금할 것입니다.
13. 화폐제도를 세워서 물가가 오르는 폐단에 한 가지 이유를 막을 것이며.

14. 물건 값을 제정하여 모든 식물食物 중에 특별히 미곡과 다른 필수품에 최고 가격을 법으로 제정하여 빈민으로 하여금 모든 곤란을 면하게 할 것입니다.
15. 공평한 납세를 일정하게 만들어 궁민과 농민은 면세하는 법을 마련할 것이고 특별히 소작인에게 격외格外 징세하는 습관은 일체 금지할 것입니다.
16. 상속세납相續稅納에 관한 조례를 교정矯正하여 많은 부담을 큰 농장에 징수하게 할 것입니다.
17. 강제 교육령을 발하여 학령에 참여한 남녀 아이兒孩는 학교에 안 가지 못하게 할 것이며 교육 경비는 정부에 담보로 할 것입니다.
18. 국민에 문화를 발전하되 정부에서 경비를 담임할 것입니다.
19. 무직업자를 도와서 모든 노동자와 고용인에게 직업을 담보할 것입니다.
20. 최소고금령最小雇金令을 제정하여 근로자에 생계를 보호할 것입니다.
21. 의약과 위생상 편의를 정부에게 관할해 모든 일꾼과 농민과 고용인들에게 일체를 돈으로 주게 할 것입니다.
22. 소아小兒의 고용을 법으로 제정하여 남녀 아이兒孩 14세 이하는 노동을 금하게 할 것입니다.
23. 모든 부녀와 아이兒孩가 16세 이하 된 자는 하루 6시간이요, 모든 장정壯丁 일군은 하루 8시간 노동 외에는 금할 것입니다.
24. 임산부를 위하여 모든 의약과 사회상 보조를 준비해 생산의 도움을 줄 것입니다.
25. 모든 자유를 사랑하는 나라들과 교제를 친근히 하며 외국 통상을 장려하되 모든 나라들을 동등으로 대우하고 어떤 나라에게든지 특별 이익을 허락하지 않을 것입니다.
26. 국방을 위해 상당한 군사軍事[*sic*]를 양성할 것입니다.
27. 개인의 신분을 보호하여 법정에 구인장이 없이는 아무나 구금하지 못하고 오직 죄를 범하다가 잡힌 자만 구금할 수 있을 것입니다.

28. 사사私私 가정을 보호하며 무단히 수색하거나 그 재산을 법정의 명령이 없이는 침해하지 못하게 할 것입니다.

29. 국내에서 어디든지 여행하거나 혹 물품을 운반하는 등 사事는 범법 등절等節이 있기 전에는 자유권을 막지 못합니다.

30. 법률 안에서는 무슨 일을 하든지 생계를 돕기 위하여 행한 공작工作은 극히 보호할 것입니다.

31. 일남일부一男一婦의 가정법을 보호하기 위하여 소실 두는 폐습을 금지하되 법령이 반포된 이후로 작첩作妾하는 자는 벌칙을 제정하여 금지할 것입니다.

32. 정부에 무슨 관원이 되거나 순검 병정으로 채용되거나 공립 대소학교에 교사 교장의 책임을 띄우는 자는 설무洩務하기 전에 혹 법정 앞에서나 다른 공석에서나 선서식을 행行하되 그 선서에 대지大旨는 대략 다음과 같이 할 것입니다. "나는 대한 시민의 자격으로 이에 선서하노니 우리 헌법과 국법을 복종하며 우리 정부를 옹호하며 국내에 있는 민국의 원수를 항거하여 나라를 보호하기로 맹서함."

33. 이상과 같이 모든 남녀가 일심 보호해 국권이 견고케 해 우리 민중이 자유권을 누리고 자유권의 보호를 받아 우리의 화복을 우리도 누리고 우리 후생에게도 유전遺傳할 것입니다.

이상에 말한 바는 이 자유세계에 생존한 우리 민족을 해방하여 군주정치나 독재정권하에서 구속을 받고 지내는 습관을 다 타파하고 민주정체 밑에서 자유 활동하여 전 세계에 해방된 민족들과 같이 동등의 복리를 누리는 주의입니다. 그러나 자유권이라는 것은 값진 물건이므로 남이 예물로 주거나 혹 우연히 생겨서 차지할 것이 아니오, 오직 노력하여 분투해서 버티어야 됩니다.

지금 세상에 상등 자유권을 누리는 민족들은 다 땀과 피로 귀중한 값을 갚고 얻은 것이니 우리 한족韓族도 이것을 얻으려며는 분투 노력해서 상당한 가격을 갚은 후에야 될 것이니 누가 말하던지 아무 일도 하지 아니하고 가만히 앉아서 얻을 수 있다 하거든 이런 말은 듣지 말아야 합니다. 우리가 지난 40년 동안에 우리의 의열 남녀들이 [이를 위해] 귀중한 피를 흘린 것입니다.

자유를 위하여 갚은 가격이니 남의 힘을 의뢰하거나 타국의 후의를 믿고 가만히 앉아서 자유권의 복리를 얻고자 한다는 비평은 없을 것이나 우리가 아직도 완전한 자유권을 못 얻은 것은 아직도 상당한 값을 갚지 못한 연고입니다.

그런즉 지금부터 우리가 준비할 것은 우리의 땀과 피로써 자유의 가격을 충분히 전취戰取하고 우리 권리를 찾기로 결심하리니 일반 민중은 이에 대해 굳센 결심을 가지고 독립을 위하여 목숨으로써 싸울 일을 두려워 말아야 할 것입니다. 이때에 우리가 존대尊大한 기회를 가졌으니 이 기회를 잘만 이용하면 우리의 앞길이 한량없이 벌려 있어 세계 무대에 활보闊步 전진하리니 이 비상한 기회를 가지고 비상한 공업功業을 세우기 위하여 동심 합력하기 바랍니다.

* 출전: 《대동신문大東新聞》 1946년 3월 4일~9일 연재된 기사와 우남실록편찬회 편, 『우남실록 1945-1948』(열화당, 1976), 382~385쪽.

부록 2

한미상호방위조약
The Mutual Defense Treaty between the Republic of Korea and the United States

본 조약의 당사국은,

모든 국민과 모든 정부가 평화적으로 생활하고자 하는 희망을 재확인하며, 또한 태평양 지역에서의 평화 기구를 공고히 할 것을 희망하고 당사국 중 어느 한 나라가 태평양 지역에서 고립해 있다는 환각을 어떠한 잠재적 침략자도 가지지 않도록 외부로부터의 무력 공격에 자신을 방위하고자 하는 공통의 결의를 공공연히 또한 정식으로 선언할 것을 희망하고, 또한 태평양 지역에서 더욱 포괄적이고 효과적인 지역적 안전보장 조직이 발달할 때까지 평화와 안정을 유지하고자 집단적 방위 노력을 공고히 할 것을 희망해 다음과 같이 동의한다.

The Parties to this Treaty,

Reaffirming their desire to live in peace with all peoples and all governments, and desiring to strengthen the fabric of peace in the Pacific area;

Desiring to declare publicly and formally their common determination to defend themselves against external armed attack so that no potential aggressor could be under the illusion that either of them stands alone in the Pacific area;

Desiring further to strengthen their effort for collective defense for the preservation of peace and security pending the development of a more comprehensive and effective system of regional security in the Pacific area;

Have agreed as follows:

제1조

당사국은 관련될지도 모르는 어떠한 국제적 분쟁이라도 국제적 평화와 안정과 정의를 위태롭게 하지 않는 평화적 수단으로 해결하고, 또한 국제관계에서 국제연합의 목적이나 당사국이 국제연합에 부담한 의무에 배치되는 방법으로 무력으로 위협하거나 무력을 행사하지 않도록 할 것을 약속한다.

Article I: The Parties undertake to settle any international disputes in which they may be involved by peaceful means in such a manner that international peace and security and justice are not endangered and to refrain in their international relations from the threat or use of force in any manner inconsistent with the purposes of the United Nations, or obligations assumed by any Party toward to United Nations.

제2조

당사국 중 어느 한 나라의 정치적 독립 또는 안전이 외부로부터의 무력공격으로 위협을 받고 있다고 어느 당사국이든지 인정할 때에는 언제든지 당사국은 서로 협의한다. 당사국은 단독적으로나 공동으로나 자조自助와 상호 원조 하에 무력 공격을 방지하기 위한 적절한 수단을 지속하며 강화시킬 것이며, 본 조약을 이행하고 그 목적을 추진할 적절한 조치를 협의와 합의에 따라 취할 것이다.

Article II: The Parties will consult together whenever, in the opinion of them, the political independence or security of either of the Parties is threatened by external armed attack. Separately or jointly, by self-help and mutual aid the Parties will maintain and develop appropriate means to deter armed attack and will take suitable measures in consultation and agreement to implement this Treaty and to further its purposes.

제3조

각 당사국은 타 당사국의 행정권에 있는 영토와 각 당사국이 타 당사국의 행정지배 하에 합법적으로 들어갔다고 인정하는 금후의 영토에서, 타 당사국에 대한 태평양 지역에서의 무력 공격을 자국의 평화와 안정을 위태롭게 하는 것이라고 인정하고, 공통한 위험에 대처하기 위해 각자의 헌법상의 절차에 따라 행동할 것을 선언한다.

Article III: Each Party recognizes that an armed attack in the Pacific area on either of the Parties in territories now under their respective administrative control, or hereafter recognized by one of the Parties as lawfully brought under the administrative control of the other, would act to meet the common danger in accordance with its constitutional processes.

제4조

상호 합의에 따라 미합중국의 육군, 해군과 공군을 대한민국의 영토와 그 부근에 배치하는 권리를 대한민국은 승인하고 미합중국은 이를 수락한다.

Article IV: The Republic of Korea grants, and the United States accepts, the right to dispose United States land, air and sea forces in and about the territory of the Republic of Korea as determined by mutual agreement.

제5조

본 조약은 대한민국과 미합중국에 의해 각자의 헌법상의 절차에 따라 비준되어야 하며, 그 비준서가 워싱턴에서 양국 간 교환되었을 때 효력을 발휘한다.

Article V: This Treaty shall be ratified by the United States of America and the Republic of Korea in accordance with their respective constitutional processes and will come into force when instruments of ratification thereof have been exchanged by them at Washington.

제6조

본 조약은 무기한으로 유효하다. 어느 당사국이든지 타 당사국에 통고한 후 1년 뒤에 본 조약을 종료할 수 있다.

Article VI: This Treaty shall remain in force indefinitely. Either party may terminate it one year after notice has been given to the other Party.

이상의 증거로 하기 전권위원은 본 조약에 서명한다.

In Witness Whereof the undersigned Plenipotentiaries have signed this

Treaty.

본 조약은 1953년 10월 1일에 워싱턴에서 한글과 영문으로 두 벌 작성됨.

Done in duplicate at Washington, in the English and Korean languages, this first day of October 1953.

대한민국 변영태

미합중국 존 포스터 덜레스

For The Republic of Korea: Y. T. Pyun

For The United States of America: John Foster Dulles

출전: 김정건 등 편/역, 『국제조약집』(연세대학교출판부, 1986)와 Se-Jin Kim ed., *Documents on Korean-American Relations, 1943-1976* (Seoul: Research Center for Peace and Unification, 1976) 참조.

참고문헌

1차 자료

〈이 목록에 인용된 1차 자료들의 약자〉

FRUS: U.S. Department of State. *Foreign Relations of the United States*. Washington: United States Government Printing Office, 1943~1960.

LBSR: Syngman Rhee. "Log Book of S.R. Since 1904." The manuscript of Syngman Rhee's diary preserved in the Syngman Rhee Institute, Yonsei University.

SRCE: Young Ick Lew, ed. *The Syngman Rhee Correspondence in English*, 1904~1948. Seoul: The Institute for Modern Korean Studies, Yonsei University, 2009.

USPRK: Department of State, U.S. *United States Policy Regarding Koea*, 1834~1950. Edited and published by the Institute of Asian Culture Studies, Hallym University, 1987.

1. 이승만 관련 자료집

우남이승만문서편찬위원회 편. 『(이화장 소장) 우남 이승만 문서: 동문편』. 전17권. 중앙일보사, 연세대학교 현대한국학연구소, 1998.

우남실록편찬회 편. 『우남실록, 1945~1948』. 열화당, 1976.

원영희·최영태 편. 『뭉치면 살고…… 1898~1944: 언론인 이승만의 글 모음』. 조선일보사, 1995.

유영익·송병기·이명래·오영섭 편. 『이승만 동문 서한집』. 전3권. 연세대학교 출판부, 2009.

The Institute for Modern Korean Studies, ed. *The Syngman Rhee Telegrams*. 4 volumes. Seoul: JoongAng Ilbo and the Institute for Modern Korean Studies, Yonsei University. 2000.

Lew, Young Ick and Sangchul Cha, comp. *The Syngman Rhee Presidential Papers: A Catalogue*. Seoul: Yonsei University Press, 2005.

Lew, Young Ick ed., with an Introduction, in Collaboration with Young Seob Oh, Steve G. Jenks and Andrew D. Calhoun. *The Syngman Rhee Correspondence in English, 1904~1948*. 8 volumes. Seoul: The Institute for Modern Korean Studies, Yonsei University, 2009.

[Office of Public Information, Republic of Korea, comp.] *Korea Flaming High: Excerpts from Statements by President Syngman Rhee in Crucial 1953*. Seoul: Office of Public Information, 1954.

김광섭 편. 『이 대통령 훈화록』. 중앙문화협회, 1950.

구자열 발행. 『대통령 이승만 박사 유교 담화집』. 유도회총본부, 1958.

대한민국 공보처 편. 『대통령 이승만 박사 담화집: 정치편』. 대만민국 공보처, 1952.

대한민국 공보처 편. 『대통령 이승만 박사 담화집』. 전2집. 대한민국 공보처, 1953.

2. 이승만의 저작, 논설, 비망록

가. 기간既刊 문서

리승만. 『독립정신』. 미국 로샌즐리쓰: 대동신셔관, 1910.

_____. 『독립정신』. 정동출판사, 1993.

_____. 신호열 역주. 『체역집替役集』. 전 2권. 동서출판사, 1961.

_____. 『한국교회핍박』. 미령 하와이: 신한국보사, 1913.

_____. 『일민주의 개술』. 일민주의보급회, 1949.

_____. 이은상 역편. 『우남시선雩南詩選』. 공보실, 1959.

_____. 정인섭 역. 『이승만의 전시중립론—미국의 영향을 받은 중립』. 나남, 2000.

_____. 최병진 역. 『*Japan Inside Out*: 일본, 그 가면의 실체』. 청미디어, 2007.

_____. 이정식 역주. 「청년 이승만 자서전」. 『신동아』, 1979년 9월호.

_____. 「동지회 사업순서」. ≪태평양잡지≫, 1930년(3권 6호).

_____. 「전 국민에게 보냄」. 『대통령 이승만 박사 담화집』. 제1집. 공보처, 1953.

_____. 「한일 교회 합동문제」. ≪태평양잡지≫, 1914년 2월호(1권 6호).

_____. 「미국 헌법의 발전」. ≪태평양잡지≫, 1914년 2월호(1권 6호).

_____. 「공산당의 당 부당」. ≪태평양잡지≫, 1923년 3월호(제31호).

_____. 「정부수립 1주년 기념사」. 김광섭 편, 『이 대통령 훈화록』, 중앙문화협회, 1950.

_____. 「일민주의 정신과 민족운동」. 리승만, 『일민주의 개술』 소수所收.

_____. 리승만 인터뷰 기사. 「우리나라 예수교국으로 만들어—일본의 통치권을 벗는 그 날로」. ≪신한민보≫, 1919년 4월 8일(제536호).

Rhee, Syngman. "Child Life in Korea." *The Korea Mission Field* 8:3 (March 1912)

_____. *Neutrality As Influenced by the United States*. Princeton, N.J.: Princeton University Press, 1931.

_____. *Koreans in Manchuria: Extracts from the LYTTON REPORT with Comments by Dr. Syngman Rhee*. Geneva, 1933.

_____. *Japan Inside Out: The Challenge of Today*. 2nd edition. New York: Fleming H. Revell Co., 1941.

_____. *The Spirit of Independence: A Primer of Korean Modernization and Reform*. Translated, Annotated, and with an Introduction by Han-Kyo Kim. Honolulu, Hawaii: University of Hawai'i Press and The Institute for Modern Korean Studies, Yonsei University, 2001.

_____. "Statement on ROK-US Mutual Defense Treaty." *Korea Flaming High* (Seoul: Office of Public Relations, R.O.K., 1954).

나. 미간未刊 문서

Rhee, Syngman. "Log Book of S.R. Since 1904." 연세대학교 이승만연구원 소장 원고.

_____. "Autobiography of Dr. Syngman Rhee." Unpublished manuscript preserved in the Harvard-Yenching Library, Harvard University, as a part of the George A. Fitch Papers.

_____. "Auto-Biographical Notes." 이정식 교수 소장 문건.

_____. [가제] "How I Smuggled Myself to and from Shanghai." Untitled manuscript preserved in the Syngman Rhee Institute, Yonsei University.

_____. "Historical Account of K. Prov. Gov. [Korean Provisional Government]." Ditto.

_____. "April 18~December 1896." Ditto.

"Conversation between the President and Mr. Robertson, 3 July 1953." One of the Syngman Rhee Presidential Papers deposited at the Syngman Rhee Institute, Yonsei University.

[Rhee, Francesca Donner]. "Confidential Notes on Activities between June 1950~May 1951." (Or "Mrs. Rhee's Diary, 1950"). 연세대학교 이승만연구원 소장 문서.

3. 서한문

Adolf A. Berle to Syngman Rhee. February 19, 1942. *FRUS*, 1942, I, p. 862

Earle R. Dickover to Syngman Rhee. March 28, 1945. *UPRK*, p. 92.

Prentiss B. Glibert to Secretary of State [Henry L. Stimson]. February 9, 1933.

Document File No. 895.01/36, National Archives.
Prentiss B. Gilbert to Secretary of State [Henry L. Stimson]. April 28, 1933. No. 576 Political, F/HS 895.00/718, National Archives.
O. T. Jamerson, etc. to Syngman Rhee. July 30, 1945. *SRCE* 7, pp. 638~9
Syngman Rhee to Henry Chung. July 24, 1921. *SRCE* 1, p. 412
Syngman Rhee to M. P. Goodfellow. November 8, 1945, *SRCE* 1, p. 549
Syngman Rhee to Cordell Hull. February 7, 1942. *FRUS*, 1942, I, p. 859
Syngman Rhee to Philip Jaisohn. January 18, 1921, *SRCE* 1, pp. 379~81.
Syngman Rhee to Philip Jaisohn. February 19, 1921, *SRCE* 1, pp. 385~6.
Syngman Rhee to the Secretary of State [Edward R. Stettinius, Jr.]. March 8, 1945, *SRCE* 1, p. 531
Syngman Rhee to Frank P. Lockhart. July 25, 1945. *SRCE* 1, p. 544
Syngman Rhee to Douglas MacArthur. December 18, 1946. *SRCE* 1, p. 566
Syngman Rhee to George C. Marshall. January 21, 1947. *SRCE* 1, p. 577
Syngman Rhee to Edwin W, Pauley. December 21, 1946. *SRCE* 1, pp. 569~70
Syngman Rhee to Edwin W. Pauley. January 4, 1947. *SRCE* 1, pp. 572~3
Syngman Rhee to Franklin D. Roosevelt. May 15, 1943. *SRCE* 1, pp. 525~6.
Syngman Rhee to Franklin D. Roosevelt. December 9, 1943. *SRCE* 1, p. 527.
Syngman Rhee to President Harry S. Truman. May 15, 1945, *SRCE* 1, p. 542; *FRUS*, 1945, VI, pp. 1028~9
Syngman Rhee to President Harry S. Truman. July 18, 1945. Telegram. *SRCE* 1, p. 544.
Syngman Rhee to Harry S. Truman. March 13, 1947. *SRCE* 1, p. 586.
Syngman Rhee to His Excellency the President [Harry S. Truman]. August 27, 1945. *SRCE* 7, p. 640.
Syngman Rhee to Horace G. Underwood. April 19, 1910. *SRCE* 1, pp. 1~2.
Syngman Rhee to Charles A. Willowby. December 18, 1946. *SRCE* 1, pp. 567~8
Syngman Rhee's letter to an unidentified person. May 11, 1945. *SRCE* 1, p. 539
John Z. Moore to Franklin D. Roosevelt. November 19, 1943. Record Group 353, 895.01/308, National Archives.
Floyd W. Tomkins to Shidehara Gijuro. June 28, 1921], *Korea Review* 3:6 (August 1921), pp. 13~4.

4. 자료집

국사편찬위원회 편. 『자료대한민국사』. 전 8권. 1968~1974.
국회사무처 편. 『제헌국회 경과보고서』. 국회사무처, 1986.
김승태 · 박혜진 엮음. 『내한 선교사 총람, 1884~1984』. 한국기독교역사연구소, 1994.
김학준. 『한국정치론 사전』. 한길사, 1990.
대한민국국회 편. 『제헌국회 속기록』. 대한민국 국회, 1987.

독립기념관 한국독립운동사연구소 편. 『대한민국임시정부공보』. 독립기념관 한국독립운동사연구소, 2004.
이해선 편. 『종사즙[집]요宗事輯要』. 양녕대군제5자장평부정공파長平副正公派종회, 1971.
조흥은행 문서부. 「임원대장」.
한림대학교 아시아문화연구소 편. Department of State, U.S., *United States Policy Regarding Korea, 1834~1950*. Ch'unch'ŏn: Institute of Asian Culture Studies, Hallym University, 1987.
한시준 편. 『대한민국임시정부 법령집』. 국가보훈처, 1999.
Boorman, Howard L. ed. *Biographical Dictionary of Republican China*. 4 vols. New York and London: Columbia University Press, 1970.
U.S. Department of State. *Foreign Relations of the United States*. Washington, D.C.: United States Government Printing Office, 1943~1960.
McCune, George M. and John A. Harrison, eds. *Korean-American Relations: Documents Pertaining to the Far Eastern Diplomacy of the United States*, Vol. I: *The Initial Period, 1883~1886*. Berkely and Los Angeles: University of California Press, 1951.
The Maurice William Papers. Preserved at the Center for Chinese Studies, University of California, Los Angeles. www international.ucla.edu/ccs.

5. 신문과 잡지

≪신한민보≫. 샌프란시스코·로스엔젤레스 북미국민회, 1909~1936.
≪독립신문≫. 상하이, 1919~1925.
≪동아일보≫. 서울, 1920~.
≪조선일보≫. 서울, 1920~.
≪대동신문大東新聞≫. 서울, 1946년 3월 4일~9일.
≪서울신문≫. 서울, 1946년 6월 4일.
≪태평양잡지≫. 호놀룰루, 1913~1930.
북미한인유학생회 편. 『우라키*The Rocky*』, 북미유학생회, 1925~1936.
김영우 편. 『대한독립혈전긔大韓獨立血戰記』. 호놀룰루: 한인긔독학원, 1919.
The Korean Mission Field. Seoul: June 1, 1908.
The New Korea. Los Angeles: August 20, 1942.
Korea Review. Philadelphia: The Korean Students League of America under the auspices of the Bureau of Information for the Republic of Korea/The Korean Information Bureau, 1919~1922.

6. 개인 일기, 회고록 및 전집류

국사편찬위원회 편. 『윤치호 일기』. 전 11권. 탐구당, 1974~1975.

김구 지음, 윤병석 직해. 『직해 백범일지』. 집문당, 1995.

_____. 도진순 주해. 『백범 김구 자서전: 백범일지』. 돌베개, 1997.

김도태. 『서재필 박사 자서전』. 수선사, 1948.

김명구. 『해위 윤보선: 생애와 사상』. 고려대학교 출판부, 2011.

김용삼. 「이승만과 1950년대를 다시 본다: 이승만 시대 부흥부 장관 송인상 증언」. ≪월간 조선≫, 2000년 11월호(통권 제248호).

리 프란체스카 도너 지음, 조혜자 옮김. 『6·25와 이승만: 프란체스카의 난중일기』. 기파랑, 2010.

_____. 조혜자 옮김. 『대통령의 건강』. 도서출판 촛불, 2006.

민전 사무국 편. 『조선해방연보』. 문우인서관, 1946.

백선엽. 『군과 나: 6·25 한국전쟁 회고록』. 시대정신, 2009.

_____. 『내가 물러서면 나를 쏘아라』. 전 3권, 중앙일보사, 2011.

백완기. 『인촌 김성수의 삶--인간자본의 표상』. 나남, 2012.

서재필. 「『신민』 6월호 '순종실기'를 읽고」. 『신민』, 1926년 9월호.

_____. 「회고 갑신정변—서재필 박사 수기」. 정진석 편저, 『독립신문·서재필 문헌해제』, 나남, 1996.

_____. 「체미滯美 50년」. 현종민 편, 『서재필과 한국 민주주의』. 대한교과서주식회사, 1990.

승당임영신박사전집편찬위원회 편. 『나의 40년 투쟁사』. 승당임영신박사전집편찬위원회, 1986.

_____. 『승당 임영신 박사 문집』. 승당임영신박사전집편찬위원회, 1986.

신창현. 『내가 모신 해공 신익희 선생』. 인물연구소, 1992.

오천석. 『외로운 성주』. 광명출판사, 1975.

원성옥 역. 『*First Korean Congress*: 최초의 한국 의회』, 범한서적주식회사, 1986.

유진오. 『미래로 향한 창』. 일조각, 1978.

_____. 『헌법기초회고록』. 일조각, 1980.

윤치영. 『윤치영의 20세기: 동산회고록』. 삼성출판사, 1991.

이원순. 『세기를 넘어서: 해사 이원순 자전』. 신태양사, 1989.

임병직. 『임병직 회고록』. 여원사, 1964.

장병혜·장병초 편. 『창랑 장택상 자서전: 대한민국 건국과 나』. 창랑장택상기념사업회, 1992.

장석윤. 「풍상 끝에 얻은 섭리」. 이재학 등 편, 『격랑의 반세기: 강원도 저명인사 회고록』, 강원일보사, 1988.

정두옥. 「재미한족독립운동실기」. 『한국학연구』 3, 별집, 1991년 3월.

정한경. 「이과已過의 위임통치설을 설명」. 우남이승만문서편찬위원회 편, 『(이화장 소장) 우남 이승만 문서: 동문편』, 제8권, 중앙일보사, 연세대학교 현대한국학연구소, 1998.

조병옥. 『나의 회고록』. 도서출판 해동, 1986.

주요한. 『안창호전』. 삼중당, 1975.

천관우. 『자료로 본 대한민국 건국사』. 지식산업사, 2007.
최기영 엮음. 『서재필이 꿈꾼 나라: 서재필 국문 자료집』. 푸른역사, 2010.
최영희. 『격동의 해방 3년』. 한림대학교 아시아문화연구소, 1996.
폴 F. 브레임 지음, 육군교육사령부 자료지원처 번역실 옮김. 『승리의 신념—밴플리트 장군 일대기』. 도서출판 봉명, 2001.
한표욱. 『한미외교 요람기』. 중앙일보사, 1984.
______. 『이승만과 한미외교』. 중앙일보사, 1996.
허도산. 『건국의 원훈: 낭산 김준연』. 자유지성사, 1998.
허정. 『허정 회고록: 내일을 위한 증언』. 샘터사, 1979.
현순. 『화성돈외교실기』. 미간 자료.

Eddy, Sherwood. *Eighty Adventurous Years: An Autobiography*. New York: Harper and Brothers, 1955.
Fitch, George A. *My Eighty Years in China*. Taipei: Mei Ya Publications, Inc., 1967.
Jaisohn, Philip. "My Days in Korea." In *My Days in Korea and Other Essays*, ed. Sun-pyo Hong. Seoul: Yonsei University Press, 1999.
Korean Liberty Conference. Washington D.C.: The United Korean Committee in Los Angeles and Honolulu, 1942.
League of Nations. *League of Nations Official Journal*. Special Supplement No. 112: *Records of the Special Session of the Assembly Convened in Virtue of Article of the Covenant at the Request of the China Government*, Vol. IV. Geneva, 1933.
"M. P. Goodfellow, 81, Publisher, Dies." *The Washington Post*, September 7, 1973
"Oliver's Notes on Rhee." 이정식 교수 소장 문서.
Oliver, Robert T. *The Way It Was—All the Way: A Documentary Accounting*. N.p. and n.d.
Suh, Dae-Sook ed., tr. *The Writings of Henry Cu Kim: Commentaries on Syngman Rhee, Pak Yong-man, and Chŏng Sun-man*. Honolulu: University of Hawaii Press and Center for Korean Studies, University of Hawaii, 1987.
Woodall, Emery J. "Molotov and Byrnes." *The Washington Post*, October 20, 1946.

2차 자료

1. 단행본

강만길. 『고쳐 쓴 한국 현대사』. 창작과비평사, 1994.
강영심. 『신규식의 생애와 독립운동』. 독립기념관 한국독립운동사연구소, 1992.
강인철. 『한국기독교회와 국가 · 시민사회: 1945~1960』. 한국기독교역사연구소, 1996.
고정휴. 『이승만과 한국독립운동』. 연세대학교 출판부, 2004.

고춘섭 편저. 『연동교회 100년사, 1894～1994』. 대한예수교장로회 연동교회, 1995.
교육50년사편찬위원회 편. 『교육 50년사, 1948～1998』. 교육부, 1998.
구대열. 『한국국제관계사연구2—해방과 분단』. 역사비평사, 1995.
구영록 · 배영수. 『한 · 미관계, 1882～1982』. 서울대학교 미국학연구소, 1982.
권순일. 『한국 방송의 어제와 오늘』. 나남, 1991.
그랙 브라진스키 지음, 나종남 옮김. 『대한민국 만들기, 1945～1987: 경제성장과 민주화, 그리고 미국』. 책과함께, 2011.
김낙환. 『우남 이승만 신앙 연구』. 청미디어, 2012.
김병조. 『독립운동사략(상편)』. 출판사 불명, 1920, 영인본: 아세아문화사, 1977.
김성호 외. 『농지개혁사 연구』. 한국농촌경제연구원, 1989.
김수자. 『이승만의 집권 초기 권력기반 연구』. 경인문화사, 2005.
김양선. 『한국기독교 해방10년사』. 대한예수교장로회총회 종교교육부, 1956.
김영수. 『대한민국임시정부 헌법론』. 삼영사, 1980.
김영철. 『영어, 조선을 깨우다』. 전2권, 일리, 2011.
김운태. 『한국현대정치사 2』. 성문각, 1986.
김원용. 『재미한인 50년사』. Reedley, Cal.: 김원용 · 김호, 1959.
김인서. 『망명노인 이승만 박사를 변호함』. 독학협회출판사, 1963.
김일영. 『건국과 부국—현대 한국정치사 강의』. 생각의나무, 2004.
김일영 · 조성렬. 『주한미군—역사 · 쟁점 · 전망』. 한울아카데미, 2003.
김종철. 『한국교육정책연구』. 교육과학사, 1989.
김철수. 『한국헌법사』. 태학출판사, 1988.
김충남. 『성공한 대통령, 실패한 대통령』. 도서출판 등지, 1998.
______. 『대통령과 국가경영—이승만에서 김대중까지』. 서울대학교 출판부, 2006.
김학준. 『한말의 서양 정치학 수용 연구—유길준 · 안국선 · 이승만을 중심으로』. 서울대학교 출판부, 2000.
______. 『북한의 역사 2: 미소 냉전과 소련 군정 아래서의 조선인민공화국 건국, 1946년 1월～1948년 9월』. 서울대학교 출판부, 2008.
______. 『한국전쟁—원인 · 과정 · 휴전 · 영향』. 제4 수정증보판, 박영사, 2010.
김행선. 『해방정국 청년운동사』. 선인, 2004.
김홍수. 『한국전쟁과 기복신앙 확산 연구』. 한국기독교역사연구소, 1999.
김희곤. 『중국관 내 한국독립운동단체 연구』. 지식산업사, 1995.
______. 『대한민국임시정부 연구』. 지식산업사, 2004.
나가타 아키후미 지음, 이남규 옮김. 『미국, 한국을 버리다—시어도어 루스벨트와 한국』. 기파랑, 2007.
______. 박환무 옮김, 『일본의 조선 통치와 국제관계—조선독립운동과 미국, 1910～1922』. 일조각, 2008.
남시욱. 『한국 보수세력 연구』. 나남, 2005.
남정옥. 『이승만 대통령과 6 · 25전쟁』. 이담, 2010.
대한민국 외교통상부 편. 『한국외교 50년, 1948～1998』. 대한민국 외교통상부, 1999.
도진순. 『한국민족주의와 남북관계: 이승만, 김구 시대의 정치사』. 서울대학교 출판부,

1997.
로버트 올리버 지음, 황정일 옮김. 『신화에 가린 인물 이승만』. 건국대학교 출판부, 2002.
_____, 서정락 옮김. 『대한민국 건국대통령 이승만』. 단석연구원, 2009.
리인수. 『대한민국의 건국』. 도서출판 촛불, 1988.
문교부 편. 『문교개관』. 대한문교서적주식회사, 1958.
문정인·김세중 편. 『1950년대 한국사의 재조명』. 선인, 2004.
민두기. 『중국의 공화혁명』. 지식산업사, 1999.
박명림. 『한국전쟁의 발발과 기원』. 전 2권, 나남, 1996.
박 실. 『이승만 외교의 힘: 벼랑 끝 외교의 승리』. 청미디어, 2010.
박우희. 『한국의 경제발전』. 독립기념관 한국독립운동사연구소, 1989.
박지향·김철·김일영·이영훈 엮음. 『해방 전후사의 재인식』. 전 2권, 책세상, 2006.
방선주. 『재미한인의 독립운동』. 한림대학교 아시아문화연구소, 1989.
백영철. 『제1공화국과 한국민주주의—의회 정치를 중심으로』. 나남, 1995.
브루스 커밍스 지음, 김동노 등 옮김. 『브루스 커밍스의 한국현대사』. 창비사, 2010.
서영희. 『대한제국 정치사 연구』. 서울대학교 출판부, 2003.
서인한. 『대한제국의 군사제도』. 혜안, 2000.
서정주. 『이승만 박사전』. 삼팔사, 1949.
서중석. 『이승만의 정치 이데올로기』. 역사비평사, 2005.
_____. 『이승만과 제1공화국—해방에서 4월 혁명까지』. 역사비평사, 2007.
손세일. 『이승만과 김구』. 일조각, 1970.
_____. 『이승만과 김구, 1875~1919』. 전 3권, 나남, 2008.
송남헌. 『해방 3년사, 1945~1948』. 전 2권, 까치, 1985.
송병기. 『개방과 예속—대미 수교관련 수신사 기록(1880)초』. 단국대학교 출판부, 2000.
송준호. 『조선사회사연구』. 일조각, 1987.
신용하. 『독립협회 연구』. 일조각, 1976.
_____. 『백범 김구의 사상과 독립운동』. 서울대학교 출판부, 2003.
_____. 『한국 항일독립운동사 연구』. 경인문화사, 2006.
양동안. 『(개정신판) 대한민국건국사: 해방 3년의 정치사』. 현음사, 2001.
양우정 편. 『이승만 대통령 독립노선의 승리』. 독립정신보급회, 1948.
양호민. 『38선에서 휴전선으로』. 생각의나무, 2004.
_____. 『한반도의 격동 1세기 반; 권력, 이데올로기, 민족, 국제관계의 교착』. 전 2권, 한림대학교 출판부. 2010.
오천석. 『한국신교육사』. 현대교육총서출판사, 1964.
온창일. 『한민족 전쟁사』. 집문당, 2001.
외무부 편. 『외무행정의 10년』. 외무부, 1958.
유동식. 『하와이의 한인과 교회—그리스도감리교회 85년사』. 그리스도연합감리교회, 1988.
유영익. 『이승만의 삶과 꿈—대통령이 되기까지』. 중앙일보사, 1996.
_____. 『젊은 날의 이승만—한성감옥생활(1899~1904)과 옥중잡기 연구』. 연세대학교 출판부, 2002.

유영익 편. 『이승만 연구—독립운동과 대한민국 건국』. 연세대학교 출판부, 2000.
______. 『이승만의 대통령 재평가』. 연세대학교 출판부, 2006.
유영익 · 이채진 편. 『한국과 6 · 25전쟁』. 연세대학교 출판부, 2002.
윤경로. 『105인사건과 신민회 연구』. 일지사, 1990.
윤대원. 『상해시기 대한민국 임시정부 연구』. 서울대학교 출판부, 2006.
윤병석. 『근대한국 민족운동의 사조』. 집문당, 1996.
이광린. 『한국개화사상연구』. 일조각, 1979.
이달순. 『이승만정치 연구』. 수원대학교 출판부, 2000.
이대근. 『해방 후 1950년대의 경제: 공업화의 사적 배경 연구』. 삼성경제연구소, 2002.
이덕주. 『한국현대사 비록』. 기파랑, 2007.
이덕희. 『하와이 이민 100년: 그들은 어떻게 살았나?』. 중앙M&B, 2003.
______. 『한인기독교회 · 한인기독학원 · 대한인동지회』. 한국기독교역사연구소, 2008.
______. 『하와이 대한인국민회 100년사』. 연세대학교 대학출판문화원, 2013.
이도형. 『건국의 아버지 이승만』. 한국논단, 2001.
이명화. 『도산 안창호의 독립운동과 통일노선』. 경인문화사, 2002.
이병주. 『대통령들의 초상』. 서당, 1991.
이영훈. 『대한민국 이야기』. 기파랑, 2007.
이인수. 『대한민국의 건국: 이승만 박사의 나라 세우기』. 도서출판 촛불, 2009.
이은봉 · 조복현. 『건군 50년사』. 국방군사연구소, 1998.
이완범. 『한국 해방 3년사, 1945～1948』. 태학사, 2007.
이정식. 『서재필: 미국망명 시절』. 정음사, 1984.
______. 『초대 대통령 이승만의 청년 시절』. 동아일보사, 2002.
______. 『구한말의 개혁 · 독립투사 서재필』. 서울대학교 출판부, 2003.
______. 『시대와 사상을 초월한 융화주의자 몽양 여운형』. 서울대학교 출판부, 2008.
______. 『대한민국의 기원』. 일조각, 2006.
이종욱. 『춘추-신라의 피, 한국 · 한국인을 만들다』. 효형출판, 2009.
이주영. 『이승만과 그의 시대』. 기파랑, 2011.
이주천. 『루스벨트의 친소정책 1933～1945』. 신서원, 1998.
이한빈. 『사회변동과 행정—해방후 한국행정의 발전론적 연구』. 박영사, 1968.
이한우. 『거대한 생애: 이승만 90년』. 전 2권. 조선일보사, 1996.
______. 『대한민국을 세운 독립운동가 이승만』. 역사공간, 2010.
이헌창. 『(제2판) 한국경제통사』. 법문사, 2003.
이현주. 『해방 전후 통일운동의 전개와 시련—민족통일전선에서 평화통일론까지』. 지식산업사, 2008.
이현희. 『유일한의 독립운동연구』. 동방도서, 1995.
정병준. 『우남 이승만 연구』. 역사비평사, 2005.
정용욱. 『해방 전후 미국의 대한정책』. 서울대학교 출판부, 2003.
정일화. 『대한민국 독립의 문: 카이로선언』. 선한약속, 2010.
정진석. 『한국언론사』. 나남, 1990.
______. 『독립신문, 서재필 문헌해제』. 나남, 1996.

조용중. 『대통령의 무혈혁명: 1952년 여름, 부산』. 나남, 2004.
_____. 『미군정하의 한국정치현장』. 나남, 1990.
조이제·커터 에커트 편저. 『한국 근대화, 기적의 과정』. 월간조선사, 2005.
지철근. 『평화선』. 범우사, 1970.
진덕규·한배호·김학준·한승주·김대환 외. 『1950년대의 인식』. 한길사, 1981.
차상철. 『한미동맹 50년』. 생각의나무, 2004.
_____. 『해방 전후 미국의 한반도정책』. 지식산업사, 1991.
최상룡. 『미군정과 한국민족주의』. 나남, 1988.
최상오·홍선표 지음. 『이승만과 대한민국 건국』. 연세대학교 출판부, 2010.
최영희. 『격동의 해방 3년』. 춘천: 한림대학교 아시아문화연구소, 1996.
최장집 편. 『한국현대사 1: 1945~1950』. 열음사, 1985.
최종고. 『대한민국 건국대통령 사상록: 우남 이승만』. 청아출판사, 2011.
_____. 『이승만과 메논 그리고 모윤숙』. 기파랑, 2012.
한국기독교역사학회 편. 『한국 기독교의 역사 III: 해방 이후 20세기 말까지』. 한국기독교역사연구소, 2009.
한기언·이학철·박은목 공저. 『한국교육사』. 중앙교육연구원, 1986.
한배호. 『자유를 향한 20세기 한국정치사』. 일조각, 2008.
한용원. 『창군』. 박영사, 1984.
홍선표. 『서재필: 생애와 민족운동』. 독립기념관 한국독립운동사연구소, 1997
_____. 『자주독립과 통일정부수립을 위한 재미한인의 꿈과 도전』. 연세대학교 출판부, 2011.
木村幹(기무라 간). 『韓國における '權威主義的' 體制の成立－李承晩政權の崩壞まで－』. 東京: ミネルヴァ書房, 2003.
野澤豊(노자와 유타가). 『孫文と中國革命』. 東京: 岩波書店, 1966.
佐佐木春隆(사사키 하루타가). 『朝鮮戰爭前史としての韓國獨立運動』. 東京: 圖書刊行會, 1985.
坪江汕二(수보에 센지). 『(改訂增補)朝鮮民族獨立運動史』. 서울: 高麗書林, 1993.
馬越徹(우마고시 토오루). 『現代韓國教育硏究』. 東京: 高麗書林, 1981.
李鍾元(이종원). 『東アジア冷戰と韓米日關係』. 東京: 東京大學出版會, 1996.

Allen, Richard C. *Korea's Syngman Rhee: An Unauthorized Portrait*. Rutland, Vermont and Tokyo, Japan: Charles E. Tuttle Co., 1960.
Brazinsky, Gregg. *Nation Building in South Korea: Koreans, Americans, and the Making of a Democracy*. Chapel Hill, N.C.: The University of North Carolina Press, 2007.
Chang, Roberta. *The Koreans in Hawaii: A Pictorial History*. Honolulu: University of Hawaii Press, 2003.
Cho, Soon. *The Dynamics of Korean Economic Development*. Washington, D.C.: Institute for International Economics, 1994.
Cho, Soon Sung. *Korea in World Politics, 1940~1950*. Berkeley and Los Angeles:

University of California Press, 1967.

Ch'oe, Yŏng-ho, ed. *From the Land of Hibiscus: Koreans in Hawai'i, 1903~1950.* Honolulu: University of Hawai'i Press, 2007.

Choy, Bong-youn. *Koreans in America.* Chicago: Nelson-Hall Inc., Publishers, 1979.

Chung, Henry. *Syngman Rhee: Prophet and Statesman.* Washington, D.C.: The Korean American Council, 1946.

_____. *Korea and the United States Through War and Peace, 1943~1960*, Ed. with a Foreword by Young Ick Lew. Seoul: Yonsei University Press, 2000.

Cook, Harold F. *Pioneer American Businessman in Korea: The Life and Times of Walter Davis Townsend.* Seoul: Computer Press, 1981.

Cumings, Bruce. *The Origins of Korean War: Liberation and the Emergence of Seperate Regimes, 1945~1947.* Princeton, N.J.: Princeton University Press, 1981.

_____, *The Origins of the Korean War*, Volume II: *The Roaring of the Cataract, 1947~1950.* Princeton, N.J.: Princeton University Press, 1990.

_____, *Korea's Place in the Sun: A Modern History.* New York and London: W. W. Norton and Co., 1997.

Dennet, Tyler. *Americans in Eastern Asia: A Critical Study of the Policy of the United States with Reference to China, Japan and Korea in the Nineteenth Century.* New York: Macmillan, 1922.

Dobbs, Charles M. *The Unwanted Symbol: American Foreign Policy, the Cold War, and Korea, 1945~50.* Kent, Ohio: The Kent State University Press, 1981.

Eddy, Sherwood. *The New Era in Asia.* New York: Missionary Education Movement of the United States and Canada, 1913.

Esthus, Raymond A. *Theodore Roosevelt and Japan.* Seattle and London: University of Washington Press, 1967.

First Korean Congress. Held in the Little Theatre, 17th and Delancey Steets, April 14, 15, 16. Philadelphia, 1919.

Henderson. Gregory. *Korea: The Politics of the Vortex.* Cambridge, Mass. and London, England: Harvard University Press, 1968.

Hong, Yong-Pyo. *State Security and Regime Security: President Syngman Rhee and the Insecurity Dilemma in South Korea, 1953~60.* New York: St. Martin's Press, Inc., 2000.

Hyun, John K. *A Condensed History of the Kungminhoe: The Korean National Association (1903~1945).* Seoul: The Korean Cultural Research Center, Korea University, 1986.

Kim, Joungwon A. *Divided Korea: The Politics of Development, 1945~1972.* Cambridge, Mass.: East Asian Research Center, Harvard University, 1975

Kim, Se-Jin. *The Politics of Military Revolution in Korea.* Chapel Hill: The University of North Carolina Press, 1971.

Kim, Stephen Jin-Woo. *Master of Manipulation: Syngman Rhee and the Seoul-*

Washington Alliance. Seoul: Yonsei University Press, 2001.

Kim, Warren Y. *Koreans in America*. Seoul: Po Chin Chai Co. Ltd., 1971.

Lee, Chong-Sik. *The Politics of Korean Nationalism*. Berkeley and Los Angeles: University of California Press, 1965.

_____, Syngman Rhee: *The Prison Years of a Young Radical*. Seoul: Yonsei University Press, 2001.

Lee, Won Sul. *The United States and the Division of Korea*. Seoul: Kyung Hee University Press, 1982.

Lew, Young Ick. *The Making of the First Korean President: Syngman Rhee's Quest for Independence, 1875-1948*. Honolulu: University of Hawai'i Press, 2014.

McGinn, Noel F. et al., *Education and Development in Korea*. Cambridge, Mass.: Council on East Asian Studies, Harvard University, 1980.

Matray, James I. *The Reluctant Crusade: America's Foreign Policy in Korea, 1941~1950*. Honolulu: University of Hawaii Press, 1985.

Meade, E. Grant. *American Military Government in Korea*. New York: King's Crown Press, 1951.

Millett, Allan R. *The War for Korea, 1945~1950: A House Burning*. Lawrence, Kansas: University Press of Kansas, 2005.

Oh, John Kie-chiang and Bonnie Bongwan Cho Oh. *The Korean Embassy in America*. Elizabeth, New Jersey: Hollym International Corp., 2003.

Oliver, Robert T. *Syngman Rhee: The Man Behind the Myth*. New York: Dodd Mead and Co., 1960.

_____. *Syngman Rhee and American Involvement in Korea: A Personal Narrative*. Seoul: Panmun Book Co. Ltd., 1978.

Park, Chung-Shin. *Protestantism and Politics in Korea*. Seattle and London: University of Washington Press, 2003.

Rhodes, Harry A. and Archibald Campbell, eds. *History of the Korea Mission, Presbyterian Church in the U.S.A.: 1935~1959*. New York: Commission on Ecumenical Mission and Relations, United Presbyterian Church in the U.S.A., 1965.

Richard Rutt. *James Scarth Gale and His History of the Korean Peope*. Seoul; Royal Asiatic Society, Korea Branch in Conjunction with Taewon Publishing Co., 1972.

Sandusky, Michael C. *America's Parallel*. Alexandria, Virginia: Old Dominion Press, 1983.

Stueck, William. *Rethinking the Korean War: A New Diplomatic and Strategic History*. Princeton, New Jersey: Princeton University Press, 2002.

Taylor, John M. *General Maxwell Taylor: The Sword and the Pen*. New York etc.: Doubleday, 1989.

White, G. Edward. *Alger Hiss's Looking-Glass Wars: The Covert Life of a Soviet Spy*. Oxford and New York: Oxford University Press, 2004.

William, Maurice. *The Social Interpretation of History: A Refutation of the Marxian Economic Interpretation of History*. Brooklyn, N.Y: 1920.

Woo, Jung-en. *Race to the Swift: State and Finance in Korean Industrialization*. New York: Columbia University Press, 1991.

2. 논문

강인철. 「해방 후 한국 개신교회와 국가, 시민사회(1945~1960)」. 한국사회사연구회 편, 『현대 한국의 종교와 사회』(문학과지성사, 1992).

고승제. 「한국전쟁과 미국의 경제원조」. 세계평화교수협의회 편, 『한국 현대사회사의 재구성』(일념, 1985).

고정휴. 「개화기 이승만의 사상형성과 활동(1975~1904)」. 『역사학보』 109, 1986.

_____. 「대한인동지회 회원 분석: 1930년대 하와이 '회적'을 중심으로」. 『한국민족운동사연구』 40, 2004.

_____. 「이승만의 '일본내막기' 집필 배경과 내용 분석」. 연세대학교 현대한국학연구소 제10차 학술회의 발표논문집 『저서를 통해 본 이승만의 정치사상과 현실 인식』(2009년 11월).

권영설. 「이승만과 대한민국 헌법」. 유영익 편, 『이승만 연구—독립운동과 대한민국 건국』(연세대학교 출판부, 2000).

김계동. 「한·미방위조약 체결과정과 개선방안」. ≪계간 사상과 정책≫, 1989년 여름호.

김광재. 「한국광복군의 한미공동작전과 의미」. 『군사』 52, 2004.

김기석·강일국. 「1950년대 한국 교육」. 문정인·김세중 편, 『1950년대 한국사의 재조명』(선인, 2004).

김도현. 「이승만 노선의 재검토—민족통일사관의 입지에서」. 송건호 등 공저, 『해방전후사의 인식 1』(한길사, 1997).

_____. 「1950년대의 이승만론」. 진덕규 외, 『1950년대의 인식』(한길사, 1981).

김도형. 「1930년대 초반 하와이 한인사회의 동향—소위 '교민총단관 점령사건'을 통하여」. 『한국근현대사연구』 9, 1998.

김보영. 「대한독립촉성국민회의 조직과 활동」. 한양대학교 대학원 석사학위 논문, 1994.

김삼웅. 「이승만은 우리 현대사에 어떤 '악의 유산'을 남겼는가?」. 『한국 현대사 뒷얘기』(가람기획, 1995).

김상태. 「1920~30년대 동우회와 흥업구락부 연구」. 『한국사론』 28, 1992.

김성보. 「입법과 실행과정을 통해 본 남한 농지개혁의 성격」. 홍성찬 편, 『농지개혁연구』(연세대학교 출판부, 2001).

김승욱. 「이승만 대통령의 농지개혁 추진과 성과」. 연세대학교 이승만연구원 제1차 학술회의 논문집 『이승만 연구의 흐름과 쟁점』(2011년 9월 30일).

김수자. 「해방정국 이승만의 대동단결론과 단체 통합 운동」. 최상오·홍선표 외 지음, 『이승만과 대한민국 건국』(연세대학교 출판부, 2010).

김영명. 「이승만 정권의 흥망과 그 정치사적 의미」. 『한국정치학회보』 25:1, 1991.

_____.「한국의 정치변동과 미국—국가와 정권의 변모에 미친 미국의 영향」.『한국정치학회보』 22:2, 1988.
김영상.「헌법을 싸고도는 국회 풍경」.『신천지』, 1948년 7월호.
김용복.「해방 후 교회와 국가」. 한국기독교사회문제연구원 편,『국가 권력과 기독교』(민중사, 1982).
김용호.「대한민국 정부수립과정에서 이승만의 역할에 대한 재평가: 미군정시기 미국의 대한반도 정책을 둘러싼 이승만-하지의 갈등과 협력관계 분석」.『한국정치연구』 20:2, 2011.
김원모.「서재필의 재미한인회의록 첫 공개」. ≪월간조선≫, 1985년 3월호(통권 60호).
김인회.「문화식민지 교육경향과 그 탈피의 몸부림」. ≪월간조선≫, 1982년 8월호.
김일영.「전시 정치의 재조명—부산정치파동의 다차원성에 대한 복합적 이해」. 박지향 등 엮음,『해방 전후사의 재인식 2』(책세상, 2006).
_____.「농지개혁을 둘러싼 신화의 해체」. 박지향 등 엮음『해반전후사의 재인식』 2(책세상, 2006).
김진현.「한국의 해양화혁명과 해양화의 세계화」,『업코리아』(2005), webmaster@upkorea.net.
김철수.「유진오의 헌법초안에 나타난 국가형태와 정부형태」.『한국사시민강좌』 17, 1996.
김학재.「이승만의 일민주의」. 고려대학교 대학원 정치외교학과 석사학위 논문, 2012년 7월.
김현철.「제2차 일본 망명 시기 박영효의 행적과 정변 시도」.『근현대사강좌』 11, 2000.
김홍수.「기독교인 정치가로서의 이승만」. 유영익 편,『이승만 대통령 재평가』(연세대학교 출판부, 2006).
_____.「한국전쟁 시기 기독교 외원단체의 활동」. 한국기독교역사학회 제222회 연구모임 주제발표 논문, 2004년 3월 6일.
김홍우.「제헌국회에 있어서의 정부형태론 논의」. 한국정치학회 1996년 연례학술대회 발표 논문.
나종일.「1952년의 정치파동—행정부, 의회, 군부, 외국의 상호작용」.『한국정치학회보』 22:2, 1988.
남정옥.「이승만 대통령의 전시지도자 역할」. 연세대 현대한국학연구소 제11차 우남학술회의 발표 논문집,『이승만과 6·25전쟁』(2010년 11월 19일).
노기영.「이승만 정권의 태평양동맹 정책과 한미일관계」. 부산대학교 대학원 석사학위 논문, 1998년 8월.
노길명.「광복 이후 한국 종교와 정치 간의 관계—해방 공간부터 유신시기까지를 중심으로」.『종교연구』 27, 2002년 여름.
로버트 올리버.「박정희 이전 시대: 이승만 정부와 장면 정부」. 조이제·카터 에커트 편저,『한국 근대화, 기적의 과정』(월간조선사, 2005).
류수현.「제1공화국 헌법 제정과정」. 한국정신문화연구원,『한국의 사회와 문화』 7, 1986.
류영렬.「개화기 민주주의 정치운동」. 이종욱·이기백·신호철·정만조·류영렬 공저,『한국사상의 정치형태』(일조각, 1993).
류(유)영익.「개화기의 대미인식」. 류영익·송병기·양호민·임희섭 공저,『한국인의 대미

인식』(민음사, 1994).
민경배. 「게일—한국을 사랑하고 한국문화를 아낀 선교사」. 『한국사시민강좌』 34, 2004.
박광주. 「헌법 제정과정과 대통령선거」, 한국정신문화연구원 현대사연구소 편, 『한국현대사의 재인식 2: 정부수립과 제헌국회』(오름, 1998).
박명림. 「한국의 초기 헌정체제와 민주주의: '혼합정부'와 '사회적 시장경제'를 중심으로」. 『한국정치학회보』 37:1, 2003.
_____. 「6·25전쟁의 영향: 세계, 한국문제, 남북관계, 내부에의 조망」. 국가보훈처 공훈심사과 편, 『나라사랑: 국가수호정신』(국가보훈처, 2005).
_____. 「헌법, 국가의제, 그리고 대통령 리더십: '건국 헌법'과 '전후 헌법'의 경제조항 비교를 중심으로」, 『국제정치논총』 48:1, 2008.
박정신. 「6·25전쟁과 한국기독교—기독교공동체의 동향을 중심으로」. 유영익·이채진 편, 『한국과 6·25전쟁』(연세대학교 출판부, 2002).
박찬표. 「남북한 단독정부의 수립」. 국사편찬위원회 편, 『한국사 52: 대한민국의 성립』, (국사편찬위원회, 2002).
박태균. 「1956~1964년 한국 경제개발계획의 성립과정—경제개발론의 확산과 미국의 대한정책 변화를 중심으로」. 서울대학교 대학원 국사학과 박사학위논문, 2000년 2월.
반병률. 「이승만과 이동휘」. 유영익 편, 『이승만 연구—독립운동과 대한민국 건국』(연세대학교 출판부, 2000).
_____. 「상해 임정의 이승만 탄핵과 그 주도세력」. 유영익 외 지음, 『이승만과 대한민국임시정부』(연세대학교 출판부, 2009).
방선주. 「3·1운동과 재미한인」. 국사편찬위원회 편, 『한민족독립운동사 3: 3·1운동』(국사편찬위원회, 1988).
_____. 「1921~22년의 워싱턴회의와 재미한인의 독립청원운동」. 국사편찬위원회 편, 『한민족독립운동사』 6(국사편찬위원회, 1989).
_____. 「1930년대의 재미한인독립운동」. 국사편찬위원회 편, 『한민족독립운동사』 8(국사편찬위원회, 1990).
_____. 「아이프러기관機關과 재미한인의 복국운동」. 인하대학교 한국학연구소 편, 『해방 50주년, 세계 속의 한국학』(인하대학교 한국학연구소, 1995).
배성동. 「한국정치의 민주적 발전과제—그 첫째, 한 민주적 지도자의 정치적 생애: 해공 신익희」. 명지대학교 사회과학연구소, 『사회과학논총』 14, 1998.
백학순. 「서재필, 그는 누구인가?」, 서재필 기념회 엮음, 『선구자 서재필』(기파랑, 2011).
서정민. 「구한말 이승만의 활동과 기독교(1875~1904)」. 연세대학교 교육대학원 석사학위논문, 1987년 11월.
서중석. 「이승만정부 초기의 일민주의」. 『진단학보』 83, 1997.
서희경. 「이승만과 대한민국 건국헌법 제정」. 최상오·홍선표 외 지음 『이승만과 대한민국 건국』(연세대학교 출판부, 2010).
손세일. 「손세일의 비교평전(49): 한국민족주의의 두 유형—이승만과 김구」. ≪월간조선≫, 2006년 4월호.,
_____. 『미·일전쟁 예언한 베스트 셀러—이승만 박사 영문 저서 "일본, 그 가면의 실체"』. (청미디어, 2007).

_____. 「이승만의 자본주의 정신」. NewDaily이승만연구소 제11회 이승만 포럼, 2012년 1월 11일.
송건호. 「이승만 박사의 정치사상」. ≪신동아≫, 1965년 9월호.
송병기. 「쇄국기의 대미인식」. 류영익·송병기·양호빈·임희섭 공저, 『한국인의 대미인식—역사적으로 본 형성과정』(민음사, 1994).
송준호. 「신분제를 통해서 본 조선 후기 사회의 성격의 일면」. 『역사학보』 133, 1992년 3월.
신명순. 「이승만의 집권과 권위주의체제로의 전환」. 『국사관논총』 27, 1991.
신병식. 「한국의 토지개혁에 관한 정치경제적 연구」. 서울대학교 대학원 정치학과 정치학 박사 학위논문, 1992년 8월.
신상초. 「밖에서 본 이승만 박사」. ≪신동아≫, 1965년 9월호.
신재홍. 「대한민국임시정부와 구미와의 관계」. 『한국사론』 10, 1981.
_____. 「대한민국 임시정부와 대미외교」. 국제역사학회의 한국위원회 편, 『한미수교 100년사』(국제역사학회의 한국위원회, 1982).
안정애. 「좌우합작운동의 전개과정」. 최장집 편, 『한국현대사 1; 1945~1950』(열음사, 1985).
안종철. 「문명개화에서 반공으로: 이승만과 개신교의 관계의 변화, 1912~1950」, 『동방학지』 145, 2009년 3월.
안해균. 「교육문화행정」. 이한빈 등 공저, 『한국행정의 역사적 분석, 1948~ 1967』(한국행정문제연구소, 1969).
양동안. 「45~48년 기간에 있어서 이승만의 정치활동에 관한 연구」. 『정신문화연구』 25:3, 2002년 가을.
_____. 「이승만과 반공」. 연세대학교 이승만연구원 제1차 학술회의 발표논문집 『이승만 연구의 흐름과 쟁점』(2011년 9월).
양영석. 「위임통치청원(1919)에 관한 고찰—그 비판과 반론」. 『한국학보』 49, 1987.
양흥모. 「이승만 박사와 군대」. ≪신동아≫, 1965년 9월호.
엄광용. 「이승만 대통령 약전: 엄청난 카리스마로 나라를 세우고, 그 나라를 지켰다」. 월간조선 엮음, 『비록: 한국의 대통령』(조선일보사, 1993).
오영섭. 「개항 후 만국공법 인식의 추이」. 『동방학지』 124, 2004년 3월.
_____. 「이승만과 한글파동」. 문정인·김세중 편, 『1950년대 한국사의 재조명』(선인, 2004).
_____. 「상해임정내 이승만 통신원들의 활동」. 유영익 외, 『이승만과 대한민국임시정부』(연세대학교 출판부, 2009).
_____. 「윤치영, 대한민국 건국의 일등공신」. 『한국사시민강좌』 43, 2008.
_____. 「이승만의 대한민국임시정부 통치구상」. 『한국민족운동사연구』 61, 2009.
_____. 「이승만의 언론활동」. 연세대학교 현대한국학연구소 학술회의 발표논문집 『이승만과 하와이 한인사회』(2007년 11월).
_____. 「대한민국임시정부 초기 위임통치 청원논쟁」. 『한국독립운동사연구』 41, 2012년 4월.
_____. 「이승만의 『청일전기』 번역, 간행과 자주독립론」. 연세대학교 현대한국학연구소 학술회의 발표논문집 『저서를 통해 본 이승만의 정치사상과 현실인식』(2009년 11월).

온창일. 「6·25전쟁과 한국군의 팽창」. 유영익·이채진 편, 『한국과 6·25전쟁』(연세대학교 출판부, 2002년).
유영익. 「갑오경장과 사회제도 개혁」. 『동학농민봉기와 갑오경장』(일조각, 1998).
_____. 「조미조약의 성립과 초기 한미관계의 전개」. 『한국근현대사론』(일조각, 1992).
_____. 「1950년대를 보는 하나의 시각」. 『한국근현대사론』(일조각, 1992).
_____. 「우남 이승만의 개혁·건국사상」. 『아세아학보』 20, 1997.
_____. 「박영효와 갑오경장」. 『동학농민봉기와 갑오경장』(일조각, 1998).
_____. 「갑오경장과 사회제도 개혁」. 『동학농민봉기와 갑오경장』(일조각, 1998).
_____. 「수정주의와 한국현대사 연구」. 유영익 편, 『수정주의와 한국 현대사』(연세대학교 출판부, 1998).
_____. 「3·1운동 후 서재필의 신대한新大韓 건국구상」. 김용덕 등 편, 『서재필과 그 시대』(서재필기념회, 2003).
_____. 「우남 이승만의 『독립정신』론」. 『한국논단』, 2004년 8월호.
_____. 「한미동맹 성립의 역사적 의의—1953년 이승만 대통령의 한미상호방위조약 체결을 중심으로」. 『한국사시민강좌』 36, 2005.
_____. 「이승만 국회의장과 대한민국 헌법 제정」. 『역사학보』 189, 2006년 3월.
_____. 「대한민국 건국과 국회개회 기도」. 미래한국신문 편집국 편, 『한국역사를 움직인 기도』(도서출판 언약, 2007).
_____. 「대한민국임시정부 수반 이승만의 초기 행적과 사상」. 유영익 외 지음, 『이승만과 대한민국임시정부』(연세대학교 출판부, 2009).
윤경로. 「김규식—이념을 초월한 통일전선 지도자·외교가」. 『한국사시민강좌』 47, 2010.
윤종문. 「하와이 한인중앙학원의 설립과 운영」. 『사학연구』 88, 2008.
윤치영. 「국제연합과 선거를 통한 대한민국 수립」. 한승조 외 공저 『해방전후사의 쟁점과 평가』 2(형설출판사, 1990).
이기동. 「피치—한국의 독립운동과 기독교청년회를 도운 은인」. 『한국사시민강좌』 34, 2004.
이덕희. 「하와이 한인들이 하와이 감리교회에 끼친 영향, 1903~1952」. 김찬희 편, 『미주한인감리교회 100년사』 2 (Upland, CA: The United Methodist Publishing House, 2003).
이만열. 「(서설) 민족사적 관점에서 본 한국 기독교 100년」. 『한국기독교와 민족의식』, 지식산업사, 1991.
_____. 「미주 한인교회와 독립운동」. 연세대학교 국학연구원 편, 『미주 한인의 민족운동』(혜안, 2003).
_____. 「하와이 이민과 한국교회」. 한국기독교역사연구소 편, 『한국기독교와 역사』 16, 2002년 2월.
이상돈. 「(해외서평) 앨저 히스의 거울 전쟁」. 『시대정신』 27, 2004년 겨울.
이상호. 「이승만과 건군」. 최상오·홍선표 외 지음, 『이승만과 대한민국 건국』(연세대학교 출판부, 2010).
이상훈. 「김규식의 구미위원부 활동(1919~1920)」. 한림대학교 대학원 사학과 석사학위논문, 1995.

이열모.「이승만 박사의 경제정책」. ≪신동아≫, 1965년 9월호.
이인수.「우남 이승만」. 한국사학회 편,『한국 현대 인물론』 1, (을유문화사, 1987).
_____.「미 군정의 한국 정치지도자에 대한 정책연구(1945~1948)」.『국사관논총』 54, 1994.
이완범.「해방전후사 연구 10년의 현황과 자료」. 최장집 등,『해방전후사의 인식』 4(한길사, 1989).
_____.「이승만 대통령의 한미상호방위조약 추진 배경과 협상 과정」. 연세대학교 현대한국학연구소 편,『이승만과 6·25전쟁』(연세대학교 출판부, 2012).
이우진.「서재필의 재미활동」. 이택휘 등 공저,『서재필』(민음사, 1993).
이윤주 역.「(부록) 제1차 한인회의 의사록」. 재단법인 송재문화재단 편,『인간 송재 서재필』(재단법인 송재문화재단 출판부, 1986).
이임하.「1950년대 여성교육에서의 성차별과 현모양처 이데올로기」.『동방학지』 122, 2003년 12월.
이재학.「안에서 본 이승만 박사」. ≪신동아≫, 1965년 9월호.
이정복.「남북한의 정치체제와 남북한관계의 회고」.『한국과 국제정치』 5:2, 1989 가을.
이정식.「송재 서재필의 재미시절」. 재단법인 송재문화재단 편,『인간 송재 서재필』. (재단법인 송재문화재단 출판부, 1986).
이종구.「대한민국 헌법이 제정되기까지」. ≪신동아≫, 1965년 8월호.
이주천.「앨저 히스 간첩사건에 대한 연구사적 검토—전통주의의 입장에서」.『미국사연구』 22, 2005.
이철순.「이승만의 대미외교를 통한 국가생존 전략(1895~1953)」.『한국정치연구』 21:3, 2012.
이태진.「서양 근대 정치제도 수용의 역사적 성찰—개항에서 광무개혁까지」,『진단학보』 84, 1997년 12월.
이현주.「임시정부의 수립과 초기 활동」. 국사편찬위원회 편,『한국사 48: 임시정부의 수립과 독립전쟁』(국사편찬위원회, 2001).
_____.「조선 공산당의 영입 추진과 이승만의 대응」. 최상오·홍선표 외 지음,『이승만과 대한민국 건국』(연세대학교 출판부, 2010).
이호재.「이승만 대통령의 대미외교」. 국제역사학회의 한국위원회 편,『한미수교 100년사』(국제역사학회의 한국위원회, 1982).
임홍빈.「이승만, 김구, '하지' I」. ≪신동아≫, 1983년 11월호.
장기윤Chi-yun Chiang.「카이로 회의기록」. 한국정신문화연구원 편,『한국독립운동사자료집: 중국인사 증언』(박영사, 1983).
장시원.「지주제 해체와 자작농체제 성립의 역사적 의의」.『광복 50주년 기념논문집』(한국학술진흥재단, 1995).
전광석.「헌법학자 유진오」.『연세법학연구』 2, 1992.
전봉덕.「서재필의 법사상」.『한국근대법사상사』(박영사, 1981).
정범모.「교육교환에 의한 미국문화의 영향」.『아세아연구』 10:2, 1967.
정병준.「이승만의 정치고문들」. ≪역사비평≫, 1998년 여름호.
_____.「한국 농지개혁 재검토—완료시점, 추진동력, 성격」. ≪역사비평≫, 2003년 가을호.

_____. 「여운형—좌우와 남북의 통일독립국가를 지향했던 진보적 민족주의자」. 『한국사시민강좌』 47, 2010.
정용화. 「조선에서의 입헌민주주의 관념의 수용: 1880년대를 중심으로」. 『한국정치학회보』 32:2, 1998년 여름.
정윤재. 「이승만 대통령의 카리스마의 권위—그 성격과 한계」. 『정치리더쉽과 한국민주주의』(나남, 2003).
정진석. 「언론인 이승만의 말과 글」. 원영희 · 최정태 편, 『뭉치면 살고……1898~1944 언론인 이승만의 글 모음』(조선일보사, 1995).
제임스 I. 매트레이. 「미국은 왜 한국에서 극우세력을 지지했는가—트루먼의 대한對韓정책에 대한 실증적 검토」. ≪계간사상≫, 1990년 봄호.
조경원 · 이배용. 「해방이후 여성교육정책의 변화와 여성의 사회진출 양상—미군정기(1945)~제1공화국시기(1960)」. 『한국교육사학』 22:2, 2000년 12월.
조동걸. 「대한민국임시정부의 조직」. 『한국사론』 10, 1981.
_____. 「임시정부 수립을 위한 1917년의 '대동단결선언'」. 국민대학교 한국학연구소, 『한국학논총』 9, 1987.
_____. 「해공 신익희의 임시정부 활동」. 국민대학교 한국학연구소, 『한국학논총』 18, 1995.
조이제. 「(총론) 한국의 근대화」. 조이제 · 카터 에커트 편저, 『한국 근대화, 기적의 과정』(월간조선사, 2005).
조정환. 「머리말」. 외무부 편, 『외무행정의 10년』(외무부, 1959).
주진오. 「유명인사 회고록 왜곡 심하다: 서재필 자서전」. ≪역사비평≫, 1991년 가을.
_____. 「19세기 후반 개화 개혁론의 구조와 전개—독립협회를 중심으로」, 연세대학교 대학원 사학과 박사학위 논문, 1995.
차상철. 「외교가로서의 이승만」. 유영익 편, 『이승만 대통령 재평가』(연세대학교 출판부, 2006).
_____. 「이승만과 1950년대의 한미동맹」. 문정인 · 김세중 편, 『1950년대 한국사의 재조명』(선인, 2004).
_____. 「이승만과 한미상호방위조약」. 유영익 · 이채진 편, 『한국과 6 · 25전쟁』(연세대학교 출판부, 2002).
천관우. 「독립협회와 의회개설운동」. 『한국사의 재발견』(일조각, 1974).
최기영. 「장석윤의 독립운동과 제1공화국 정치」. 연세대학교 이승만연구원 소장 미간 원고.
최봉춘. 「대한민국임시정부와 중화민국정부의 관계」. 한국민족운동사연구회 편, 『한국독립운동과 중국』(국학자료원, 1997).
최영호. 「박용만—문무를 겸비한 비운의 민족주의자」. 『한국사시민강좌』 47, 2010.
최장집. 「해방에서 6 · 25까지의 정치사회사 연구 현황과 문제점」. 역사문제연구소 편, 『한국근현대사 연구입문』(역사비평사, 1988).
최정수. 「이승만의 『미국 전시중립론 연구』와 외교독립론」. 연세대 현대한국학연구소 학술회의 발표논문집, 『저서를 통해 본 이승만의 정치사상과 현실인식』(2009년 11월).
최종고. 「제1공화국과 한국개신교회」. 『동방학지』 46 · 47 · 48합집, 1985.
_____. 「해방후 기본법제의 제정과정」. 『법제연구』 8, 1995년 8월.

커터 에커트. 「5·16군사혁명, 그 역사적 맥락」. 조이제, 카터 에커트 편저, 『한국 근대화, 기적의 과정』(월간조선사, 2005).
프랑크 볼드윈. 「윌슨, 민족자결주의, 3·1운동」. 동아일보사 편, 『3·1운동 50주년 기념논집』(동아일보사, 1969).
하영선. 「편자 서문」. 하영선 편, 『한국전쟁의 새로운 접근』(나남, 1990).
한규무. 「게일James S, Gale의 한국 인식과 한국 교회에 끼친 영향—1898~1910년을 중심으로」. 『한국 기독교와 역사』 4:1, 1995.
한배호. 「제1공화국의 정치체제—체제의 형성과 변질」. 『한국 현대정치론 I: 제1공화국의 국가형성, 정치과정, 정책』(나남, 1990).
_____. 「한미방위조약 체결의 협상과정」. 『군사』 4, 1982년 7월.
한승주. 「제1공화국의 유산」. 진덕규 등 외 지음, 『1950년대의 인식』(한길사, 1981).
한시준. 「이승만과 대한민국임시정부」. 유영익 편, 『이승만 연구—독립운동과 대한민국 건국』(연세대학교 출판부, 2000).
한용원. 「국군 50년: 창군과 성장」. 『국방연구』 41:1, 1998.
한지은. 「임영신 박사와 한국 여성들의 독립 및 건국 외교 활동」. 『이승만 회보』 70, 2012년 1월.
한흥수. 「대한민국 건국의 역사적 의의」. 유영익 편, 『이승만 연구—독립운동과 대한민국 건국』(연세대학교 출판부, 2000).
허　정. 「이승만」. 신동아 편집실 편, 『한국근대인물 100인선』(동아일보사, 1970).
현광호. 「딘스모어의 조선외교인식과 활동」, 『역사학보』 210, 2011년 6월.
홍기태. 「해방후의 헌법구상과 1948년 헌법성립에 관한 연구」. 『법과사회』 1, 1989.
홍석률. 「한국전쟁 직후 미국의 이승만 제거계획」. 『역사비평』 26, 1994 여름.
홍선표. 「1910년 후반 하와이 한인사회의 동향과 대한인국민회의 활동」. 『한국독립운동사연구』 8, 1994.
_____. 「이승만의 통일운동—1930년 하와이 동지미포대표회를 중심으로」, 『한국독립운동사연구』 11, 1997.
_____. 「1945년 샌프란시스코 회의를 둘러싼 미주 한인의 대응과 전략」, 『한국독립운동사연구』 25, 2005년 12월.
_____. 「이승만과 동지회」. 연세대학교 현대한국학연구소 학술회의 발표논문집 『이승만과 하와이 한인사회』(2007).
_____. 「이승만의 견제 세력—재미한족연합위원회의 국내 정치활동을 중심으로」. 최상오·홍선표 외 지음, 『이승만과 대한민국 건국』(연세대학교 출판부, 2010).
홍순호. 「단독정부승인외교로부터 북방통일외교로, 1945~1987」. 한국정치외교학회 편, 『한국현대사의 재조명—1945~1980년대의 정치·외교분석』(대왕사, 1990).
황수익. 「제헌 국회의원 선거」. 서울대학교 한국정치연구소 편, 『한국의 현대정치, 1945~1948』(서울대학교 출판부, 1993).
國分典子(구니와케 노리코). 「韓國憲法思想の淵源—第一共和國憲法制定における兪鎭午の民主主義觀を中心に」. 『青丘學論集』 20, 2002.
馬越徹(우마고시 토오루). 「독립 후의 한국교육 재건과 미국의 교육원조」. 『해방 후 한국의 교육개혁』(한국연구원, 1987).

Baldwin, Frank P. "The March First Movement: Korean Challenge and Japanese Response." Unpublished Ph.D. dissertation, Columbia University, 1969.

Ban, Byung Yul. "Korean Nationalist Activities in the Russian Far East and North Chientao (1905~1921)." Unpublished Ph.D. dissertation, University of Hawaii, 1996.

Bernstein, Barton J. "Syngman Rhee: The Pawn as Rook—The Struggle to End the Korean War." *Bulletin of Concerned Asian Scholars* 10 (January-March, 1978).

Clark, Chas. Allen. "Some Startling Church Statistics." *The Korean Mission Field* 33:1 (January 1937).

Dennet, Tyler. "President Roosevelt's Secret Pact with Japan." *Current History* 21 (1924).

Esthus, Raymond A. "The Taft-Katsura Agreement—Reality or Myth?" *Journal of Modern History* 30 (1959).

Fisher, J. Earnest "Syngman Rhee, Ph.D. (1875~1965): First President of the Republic of Korea." J. Earnest Fisher, *Pioneers of Modern Korea* (Seoul: The Christian Literature Society of Korea, 1977).

Gardner, Arthur Leslie. "The Korean Nationalist Movement and An Ch'ang-ho, Advocate of Gradualism." Unpublished Ph.D. dissertation, University of Hawaii, December 1979.

Han, Sung-joo. "Syngman Rhee: The Political Entrepreneurship of a Conservative Nationalist." *The Journal of Asiatic Studies* 22:1 (January 1979).

Her, Rebecca Eunjung. "The Rhee-Robertson Negotiations for the U.S.-Korean Mutual Defense Treaty, June~July 1953." M.A. thesis, the Graduate School of International Studies, Yonsei University, June 2002.

Keefer, Edward C. "The Truman Administration and the South Korean Political Crisis of 1952: Democracy's Failure?" *Pacific Historical Review* 60:2 (May 1991).

Kim, Ok-Yul. "Early Korean-American Relations." *Journal of Social Sciences and Humanities* 43 (June 1976).

Kim, Richard S. "Local Struggles and Diasporic Politics: The 1931 Court Cases of the Korean National Association of Hawaii." In Yŏng-ho Ch'oe, ed., *From the Land of Hibiscus: Koreans in Hawaii* (Honolulu: University of Hawaii Press, 2007).

Koh, Kwang Il. "In Quest of National Unity and Power: Political Ideas and Practices of Syngman Rhee." Unpublished Ph.D. dissertation, The Rutgers State University, 1963.

Kuk, Jungmin. "Helping Syngman Rhee and the Republic of Korea: Robert T. Oliver's Publicity and Lobbying Efforts in the United States, 1942~1960." M.A. thesis in Korean Studies, Graduate School of International Studies, Yonsei University, 2000.

Kwon, Chan. "The Leadership of Syngman Rhee: The Charismatic Factor as an

Analytical Framework." *Koreana Quarterly* 13:1~2 (Spring 1971).
Lankov, Andrei. "The Soviet Politburo Decisions and the Emergence of the North Korean State, 1946~1948." *Korea Observer* 36:3 (Autumn, 2005).
Lee, Chong-Sik. "The Road to the Korean War: The United States Policy in Korea, 1945~48." G. Krebs and C. Oberlander, eds., *1945 in Europe and Asia* (München, Germany: Iudicium, 1997).
Lee, Chuhyon Angie. "Syngman Rhee as Secretary of Seoul YMCA, 1910~1912—With Emphasis on the Possible Impact of His activities on the Korean Conspiracy Case (1910~1913)" M.A. thesis, Graduate School of International Studies, Yonsei University, December 2002.
Lee, Yur-bok. "American Policy toward Korea during the Sino-Japanese War of 1894~1895." *Journal of Social Sciences and Humanities* 43 (June 1976).
Lew, Young Ick. "Yüan Shih-k'ai's Residency and the Korean Enlightenment Movement (1885~94)." *The Journal of Korean Studies* (Seattle) 5 (1984).
_____. "Foreword." Henry Chung, *Korea and the United States Through War and Peace, 1943~1960* (Seoul: Yonsei University Press, 2000).
Lyu, Kingsley K. "Korean Nationalist Activities in Hawaii and the Continental United States, 1900~1945." *Amerasia Journal* 4:1 and 4:2 (1977).
Matray, James I. "Hodge Podge: American Occupation Policy in Korea, 1945~1948." *Korean Studies* 19 (1995).
Morris, William G. "The Korean Trusteeship, 1941~1947: The United States, Russia, and the Cold War." Unpublished Ph.D. dissertation, the University of Texas at Austin, 1974.
Na, Jongnam. "Making Cold War Soldiers: The Americanization of the South Korean Army, 1945~1955." Unpublished Ph.D. dissertation, the University of North Carolina at Chapel Hill, 2006.
Nahm, Andrew C. "U.S. Policy and the Japanese Annexation of Korea." Tae-Hwan Kwak, et al. eds., *U.S.-Korean Relations, 1882~1982* (Seoul: Kyungnam University Press, 1982).
Oh, Bonnie B. C. "Kim Kyu-sik and the Coalition Effort." Idem ed., *Korea under the American Military Government, 1945~1948* (Westport, Connecticut: Praeger Publishers, 2002).
Oliver, Robert T. "Syngman Rhee—A World Statesman." A manuscript dated ca. 1995 preserved at the Syngman Rhee Institute, Yonsei University.
_____, "Syngman Rhee Reconsidered: Recollections and Evaluation on the Centennial Anniversary." A manuscript dated 1957 preserved at the Syngman Rhee Institute, Yonsei University.
Palmer, John D. "Syngman Rhee's Activities in Geneva and Moscow, 1933." M.A. thesis, Graduate School of International Studies, Yonsei University, December 1996.

Park, Hong-Kyu. "From Pearl Harbor to Cairo: America's Korea Diplomacy, 1941～43." *Diplomatic History* 13:3 (Summer 1989).

Savage, Timothy L. "The American Response to the Korean Independence Movement, 1910～1945." *Korean Studies* 20 (1996).

Stueck, William. "Syngman Rhee, the Truman Doctrine, and American Policy toward Korea." 유영익 편, 『이승만 연구—독립운동과 대한민국 건국』(연세대학교 출판부, 2000).

Suh, David Kwang-Sun. "American Missionaries and a Hundred Years of Korean Protestantism." Youngnok Koo and Dae-Sook Suh eds., *Korea and the United States: A Century of Cooperation* (Honolulu: University of Hawaii Press, 1984).

Van Fleet, James A. "The Truth about Korea." Condensed from *Life, The Reader's Digest* (July 1953).

Weems, Clarence N. "Washington's First Steps toward Korean-American Joint Action (1941～1943)." 미 남가주대학 동아시아연구소 및 한국독립기념관 한국독립운동사연구소 주관 '한국무장독립운동에 관한 국제학술회의' (1988.11.12～13) 발표논문.

_____, "American-Korean Cooperation (1941～1945): Why Was It So Little and So Late?" Columbia University Seminar on Korea (1981.2.20).

Wick, James L. "A Chinese Student Mailed a Book; It Saved China from Communism for 25 Years." *Human Events* 18:44 (November 3, 1961).

Wilz, John Edward. "Did the United States Betray Korea in 1905?" *Pacific Historical Review* 54 (August 1985).

찾아보기

ㄴ

ㅇ

ㅊ

ㅋ

유영익(柳永益, Young Ick Lew)

서울대학교 문리과대학 정치학과 졸업, 미국 하버드대 대학원 역사·동아시아언어학과에서 석사·박사 학위 취득. 휴스턴대학교, 고려대학교, 한림대학교의 사학과 교수를 지냈으며, 스탠퍼드대 역사학과 객원교수와 연세대학교 국제학대학원 한국학 석좌교수, 한동대학교 국제개발대학원 T. H. Elema 석좌교수를 역임했다. 『한국사시민강좌』 편집위원, 역사학회 회장, 연세대학교 현대한국학연구소 창립소장, 국사편찬위원회 위원장 등을 지냈다. 하성학술상, 성곡학술문화상, 경암학술상 등을 수상했다.

주요 저서로는 『갑오경장연구』, 『동학농민봉기와 갑오경장』, 『한국근현대사론』, 『한국인의 대미인식』(공저), 『이승만의 삶과 꿈』, 『수정주의와 한국현대사』(공저), 『이승만 연구—독립운동과 대한민국 건국』(공저), 『젊은 날의 이승만—한성 감옥생활(1899~1904)과 옥중잡기 연구』, 『이승만 대통령 재평가』(공저) 등이 있으며, 영문 저서로는 *Early Korean Encounters with the United States and Japan*, *Korea Old and New: A History*(공저), *The Making of the First Korean President: Syngman Rhee's Quest for Independence, 1875–1948* 등이 있다.

건국대통령 이승만

생애·사상·업적의 새로운 조명

1판 1쇄 펴낸날 2013년 5월 10일
1판 6쇄 펴낸날 2025년 9월 20일

지은이 유영익
펴낸이 김시연
펴낸곳 (주)일조각
등록 1953년 9월 3일 제300-1953-1호(구 : 제1-298호)
주소 03176 서울시 종로구 경희궁길 39
전화 02-734-3545 / 02-733-8811(편집부)
02-733-5430 / 02-733-5431(영업부)
팩스 02-735-9994(편집부) / 02-738-5857(영업부)
이메일 ilchokak@hanmail.net
홈페이지 www.ilchokak.co.kr
ISBN 978-89-337-0650-3 93340
값 30,000원